그린뉴딜 시대의 친환경 전력에너지 전환을 위한 법체계 구축이 저서는 2020년도 서울대학교 융·복합 연구과제 지원사업의 지원을 받아 수행된 연구이다.

그린뉴딜 시대의 친환경 전력에너지 전환을 위한 법체계 구축

이재협 엮음

Establishment of Legal System for Sustainable Energy

Transition in the Age of Green New Deal

경인문화사

서 문

본서는 2020년 8월부터 1년 동안 서울대학교 교내 융복합 지원사업을 통해 진행한 "포스트 코로나 시대의 전환적 에너지 시스템 구축을 위한 융복합 연구"의 결과물을 단행본으로 엮은 것이다. 우리나라의 에너지 시스템의 구조적 변화를 위해 전력부문에서의 재생에너지의 활용과 에너지 효율을 가속화할 수 있는 기술적, 법정책적 해법을 모색하였다.

지구를 강타한 코로나 위기는 세계적 팬데믹으로 인한 경기의 침체를 초래함과 동시에, 그 근본적인 원인이 기후변화에 있음을 인지하게 만들었다. 기후변화는 우리가 예상하지 못한 방식과 규모, 그리고 경로를 통해 인류의 생존을 위협할 수 있는 실재적인 위협이다. 이에 인류는 기후변화의 심각성을 깨닫고, 그린뉴딜을 근본적인 해결책으로 내세웠다. 그린뉴딜을 통해 인류 문명의 끝없는 확장을 허용한 현재의 에너지시스템을 근본적으로 개혁하여, 보다 지속가능한 방향으로 전환하자는 것이다. 문재인 정부에서 추진해 왔던 그린뉴딜 정책은 윤석열 정부 하에서 그 이행 범위와 속도가 달라질 수 있겠으나, 기후위기에 대응하고 탄소중립을 위한 국제사회의 합의를 실천한다는 점에서 그 근본적인 방향성에 대해서는 이론의 여지가 없을 것이다.

에너지 영역은 법과 제도와의 상호작용이 필수적이다. 에너지와 관련된 문제들은 특유의 가치의존성과 가치다원성으로 인해 유일한 정답이 존재하지 않는 까닭에, 법률을 통한 사회 구성원의 집합적 행동을 이끌어내야 한다. 또한 에너지 관련 법률은 그 규율의 대상, 범위, 방법을 여하히 정할 것인가에 따라 강력한 사회적 재분배 효과를 초래하기 때문에 충분한 논의와 민주적 숙고를 전제로 해야 한다. 본서는 에너지 문제를 공학, 건축학, 법학, 행정학 분야의 전문가들 간의 협업을 통해 풍부한 자료와 통찰을 담았다는 측면에서 매우 뜻깊다 할 것이다.

본서는 크게 3부로 구성되어 있다. 우선 제1부는 **'그린뉴딜 시대의 에너지법정책'**이라는 제하에서 4개의 장을 포함한다. 제1장은 국내에서 발의 및 논의된 그린뉴딜 관련 법안들의 내용과 함의를 살펴보는 동시에, 법이론적 관점에서 법제정 과정에서 고려되어야 하는 요소들을 조명한다. 우리나라는 이미 「기후위기 대응을 위한 탄소중립·녹색성장 기본법」을 제정하였지만, 신정부의 원자력 비중확대 정책으로 인해 탄소중립을 실천하는 이행방향의 수정이 예상된다. 그럼에도 본 장에는 향후 기후변화·에너지 또는 그린뉴딜 관련 법률을 제·개정함에 있어서 반드시 참고해야 할 내용이 포함되어 있기에 여전히 유의미하다. 제2장은 공학적 관점에서 그린뉴딜의 구체적인 이행방안을 제언한다. 그중에서도 '그린허브스테이션' 개념을 통해 그린뉴딜 시대에 부합하는 차세대 전력망을 구상하고, 이를 뒷받침하기 위한 핵심기술, 국내 동향, 그리고 파급효과 등을 검토한다. 이어지는 제3장은 건축과 도시의 관점에서 그린뉴딜과 에너지를 바라본다. 그린뉴딜을 추진함에 있어서 지역의 역할이 강조되는 만큼 지자체 차원에서의 도시생태계를 여하히 구축할 것인가에 대한 글의 함의는 주목할 만하다. 제4장은 '에너지법'이라는 영역의 구축에 관심을 가진다. 에너지 문제가 가지는 특성과 여기에 대한 규율의 필요에 따라 '에너지법'이라는 독자적인 영역을 논의할 필요가 있음을 타진한다.

제2부는 **'해외 에너지법정책 사례'**를 살펴본다. 여기에는 미국 바이든 행정부의 기후정책 동향(제5장), 중국의 탄소중립 국가계획에 대한 법적 연구(제6장), 그리고 하와이의 100% 재생에너지 전환과 마이크로그리드의 사례(제7장)를 다룬다. 해외 사례를 선정함에 있어서 다양한 국가를 고심하였지만, 중국과 미국이 세계 온실가스 배출량의 1, 2위를 차지하고 있다는 현실을 고려하였으며, 재생에너지의 보급을 성공적으로 달성하고 있는 하와이의 사례를 채택하였다. EU에 관해서는 이어지는 제3부 제12장에서 그린딜 정책의 일반적인 정보를 담고 있다.

마지막으로, 제3부는 '에너지법정책의 구체적인 쟁점들'을 다룬다. 제8장은 RE100 캠페인의 확산을 위하여 제3자 전력구매를 허용한 법률의 제·개정 내용과 함의, 그리고 향후 과제를 살펴본다. 제3자 전력구매는 기존의 경직된 우리의 전력시장을 활성화하기 위한 핵심적인 쟁점인 만큼, 향후 법제도의 보완에 있어서 역할을 하리라 생각한다. 제9장으로 가상발전소(Virtual Power Plant, VPP)에 관한 산업과 기술의 동향을 정리하였다. 해당 기술 역시 재생에너지를 확대하고 전력시장을 유연화하기 위한 필수적 쟁점인 바, 적절한 논의의 시작점이 될 것이다. 또한 제10장은 탄소중립의 과정에서 발생할 수 있는 석탄화력발전소의 폐지와 여기에 대한 보상 문제를 다룬다. 이는 매우 민감하지만 피할 수 없는 쟁점인데 비해 사회적 논의가 부족한 것이 현실인 만큼, 중요성과 시급성을 모두 갖춘 사안이다. 제11장은 이산화탄소 포집·저장(Carbon Capture and Storage, CCS)기술을 규율하는 단일 법안을 다룬다. 에너지 집약적인 산업구조를 가진 우리나라에서 탄소중립을 달성하기 위해 CCS 기술은 필수적이라 할 수 있다. 해당 장(章)은 여기에 관한 미국, EU, 독일의 법체계를 구체적으로 비교 검토하고 시사점을 도출하는 만큼, 유의미한 자료가 될 것이다. 마지막으로 제12장은 유럽의 그린딜, 그 중에서도 탄소가격제를 분석하여 한국판 뉴딜에 던지는 시사점을 탐구한다. 향후 그린(뉴)딜이 본격화되면서 무역장벽으로 작용할 수 있다는 지적이 제기되고 있어, 여기에 대한 대응의 차원에서도 글이 가지는 교훈을 곱씹어볼 필요가 있을 것이다.

연구 과제를 수행하고 이를 단행본으로 엮어내는 과정에서 참여해준 연구자들과의 논의는 물론, 이를 확장 및 심화시키기 위한 국내·외 연사들과의 세미나를 다수 진행하였다. 이러한 작업을 통해 다양한 분야의 전문가들로부터 귀중한 제안과 견해를 받을 수 있었지만, 이를 모두 단행본에 포함시키지 못해 아쉬움이 남는다. 다만 본서를 출발점으로 삼아 다양한 후속연구를 통해 관련 논의가 더욱 활발해지기를 기대한다.

본서가 탄생하기까지 헤아릴 수 없을 만큼의 분들의 노력과 시간이 할애되었다. 먼저 연구과제에 참여해주시고 귀중한 옥고를 제공해주신 저자분들에게 감사의 말씀을 드린다. 또한 연구 수행의 거점이 된 환경에너지법정책센터에서 연구보조원으로 활동해 준 강다연, 김동운, 김명섭, 김유라, 김학유, 정세용 법학전문대학원생들의 부단한 노력이 없었다면 본서는 빛을 보지 못했을 것이다. 마지막으로 원고의 교열과 편집을 맡아준 박진영 박사와 행정업무에 열과 성의를 다해준 최미경 조교에게 고마움을 전한다.

2022년 10월
서울대학교 법학전문대학원에서

편저자 이 재 협

약 어 표

약어	풀어쓰기	번역어
IPCC	Intergovernmental Panel on Climate Change	기후변화에 관한 정부간 협의체
CCUS	Carbon Capture, Utilization & Storage	이산화탄소 포집, 이용, 저장
CCS	Carbon Capture & Storage	이산화탄소 포집·저장
VPP	Virture Power Plant	가상 발전소
UNFCCC	United Nations Framework Convention on Climate Change	유엔기후변화협약
NDC	Nationally Determined Contribution	국가온실가스감축목표
BAU	Business As Usual	배출전망치 (특별한 조치를 취하지 않을 경우 배출될 것으로 예상되는 미래 온실가스 배출전망치)
ESS	Energy Storage System	에너지저장장치

차 례

제1부 그린뉴딜 시대의 에너지법정책 · 13

제2부 해외 에너지법정책의 사례 · 159

제1장 그린뉴딜의 법정책학
— 그린뉴딜법안의 법이론적 검토 각서(覺書) —*

조홍식(서울대학교 법학전문대학원 교수)

최지현(변호사)

박진영(서울대학교 법학연구소/환경에너지법정책센터 객원연구원)

I. 서론

바야흐로 기후위기의 시대이다.[1] 2013년 IPCC의 보고서에 따르면, 인류의 인위적인 활동이 지구의 평균 온도를 상승시키고 있음은 이미 과학계의 공통된 상식으로 자리매김하고 있다.[2] 나아가서, 돌이킬 수 없는 기후시스템의 붕괴를 저지하기 위해서는 지구의 평균 상승 온도를 1.5℃ 이내로 제한하도록 노력해야 하며, 2℃라는 최후의 마지노선을 사수해야 한다는 경고가 제기되었다. 이를 바탕으로, 2030년까지 2010년 기준 배출량의 45%를 줄여야 하며, 2050년까지는 실질적인 탄소중립(Net-Zero)에 도달해야 한다는 인류적 도전과제가 설정된 것이다.[3]

---

* 이 글은 2020년 7월부터 2021년 1월까지의 기간 동안 수행된 환경부 "그린뉴딜 추진에 따른 기후변화 대응법령 정비방안 연구"의 결과물을 바탕으로 작성된 것이며, **환경법연구** 제43권 제2호 (2021)에 게재된 논문을 일부 각색한 것임을 밝혀둔다.

1) 기후시스템의 변화는 단순한 현상이 아닌, 인류의 위기로 다가오고 있다. United Nations, "Climate Change 'Biggest Threat Modern Humans Have Ever Faced', World-Renowned Naturalist Tells Security Council, Calls for Greater Global Cooperation," 2021. 2. 23.

2) IPCC, Climate Change 2013: The Physical Science Basis, 2013; J. Cook, et al., Consensus on consensus: a synthesis of consensus estimates on human-caused global warming, Environmental Research Letters, 11(4), 2016.

3) IPCC, "Global Warming of 1.5℃ Summary for policymakers," 2018.

이처럼, 기후위기 대응은 결코 쉬운 과제가 아니다. 이미 수십 년 전부터 기후위기에 대비해야 한다는 지적이 제기되어 왔으나, 인류는 이를 귀담아 듣지 않았다.[4] 그 원인으로는, 장기적인 관점의 부재, 보이지 않는 가치에 대한 경시, 불특정 다수에게 분산되는 피해에 대한 둔감성을 비롯한 인간의 불완전성을 꼽을 수 있을 것이다. 즉, 우리는 장기적이고 거시적인 기후의 변화를 제한된 시점(時点)과 공간, 그리고 인지능력으로 바라본다는 것이다. 이를 빗대어, 영국의 사회학자 앤서니 기든스는 *"기후문제에서는 맞서 싸울 분명한 적군이 존재하지 않는다. 우리는 그것이 제 아무리 엄청난 파괴 잠재력을 가졌다고 해도 지극히 추상적이고 모호한 위험과 싸우고 있는 셈"*이라고 꼬집는다.[5]

한편, 기후위기 대응이 가치 의존적인 문제임에 착목하면[6], *"기후위기 대응이 필요하다"*라는 일반추상적인 차원에서의 주장에는 모두가 공감하지만, 구체적인 각론으로 들어가게 되면 복잡하게 얽혀있는 이해관계에 마주하게 되고, 결국에는 하나의 통일된 의견이 도출되기 어렵다는 결론에 도달하게 된다. 게다가 각각의 견해가 나름의 가치를 내재하기 때문에 그것들은 서로 통약불가능하고 나아가서는 비교불가능하다는 주장은 기후위기 대응을 위한 집합적 행동의 도출을 더욱 복잡하게 만든다.[7] 이러한 상황을 매듭짓기 위

---

4) *"It is time to stop waffling so much and say that the evidence is pretty strong that the greenhouse effect is here."* 1988년 미국 국회 증언에서 위와 같은 경종을 울린 당시 NASA소속의 James Hansen은 기후위기의 위험성과 대응의 필요성을 처음으로 지적한 기후과학자로 알려져 있다. The New York Times, "Global Warming Has Begun, Expert Tells Senate," 1988. 6. 24.

5) 앤서니 기든스, 『기후변화의 정치학』, 홍욱희 옮김, 에코리브르, 2009, 10면.

6) Richard J. Lazarus, "Super Wicked Problems and Climate Change: Restraining the Present to Liberate the Future," *Cornell Law Review*, 94(5), 2009.

7) 가치다원주의란 풀어서 말하자면, 하나의 객관적 답이 존재하는 것이 아니라 다양한 이해관계와 가치관에 터 잡은 신념과 관점이 공존함을 의미하며, 한 발 더 나아가면 이러한 다원적 가치관은 서로 통약불능하며 동시에 비교불능하다는 주장으로 발전한다. 마치 무게와 길이를 하나의 척도로 측정할 수 없는 것과 같이 말이다. 조홍식, 『사법통치

해서는, 개개인의 사회 성원들이 정치적 공론장에 참여하여 자신의 견해를 피력하고, 민주적 절차에 터 잡은 문제의 해결, 즉 법을 통한 행위의 조정이 수반되어야 할 것이다.

물론, 법률의 제정으로 모든 문제가 해결되는 것은 아니다. 특히 기후위기라는 문제가 가지는 특유의 불확실성과 복잡성을 고려하면, 자연과학적 발견에 따라 규율대상과 방식을 꾸준히 갱신할 필요가 있기 때문에 그것을 관장하는 법률도 끊임없이 발전되어야 한다. 또한, 개별 법률로 모든 사안을 규율할 수도 없을 것이기에, 복수의 법률과 층위로 구성된 법체계를 여하히 구축하고 운용할 것인가가 문제해결의 관건이 된다.

II. 그린뉴딜법안의 배경과 개요

1. 그린뉴딜의 제안 배경

돌이켜보면, 우리는 「저탄소 녹색성장 기본법」(이하, "녹색성장법")을 정점으로 하는 기후위기 대응을 위한 법체계를 이미 갖추고 있다. '녹색성장' 담론은 환경성과 경제성의 동시적 추구를 이론적으로 완성하였고, 이를 통하여 추가적 비용으로만 여겨졌던 환경규제가 장기적 관점에서는 오히려 기술과 산업의 혁신이라는 새로운 경제성장의 기회를 창출할 수 있음을 설파한 것이다. 다만, 법제정 10년이 지난 오늘날에 와서는 대응의 강도가 부족하고 사회적 형평성이 간과되었다는 지적을 비롯하여, 현행 체계의 여러 한계점이 지적되고 있다.[8]

의 정당성과 한계」, 박영사, 2010.
8) 국회기후변화포럼, 기후위기 대응, 21대 국회 입법방안 공청회, 2020. 6. 26.

한편, 미증유의 감염병 사태로 비유되는 코로나 팬데믹은 세계적인 경기
침체와 금융시장의 위축으로 이어졌으며, 국내에서도 엄격한 사회적 거리두
기 정책의 시행으로 인해 소비 및 서비스업의 생산지표가 외환위기 이후 최
대폭으로 감소하는 등, 사회적·경제적 어려움을 초래하고 있다. 또한 우리나
라의 수출주도형 국가경제구조는 일자리 감소와 내수경제의 위축을 한 층
더 심화시키는 요인으로 작용하고 있다.[9]

이처럼, 코로나 팬데믹의 심화로 인한 세계적 경기침체가 계속되자, 1930
년대 미국의 대공황을 극복하기 위하여 시행된 뉴딜정책과 같이, 정부의 강
력한 개입의 필요성이 고개를 들게 되었다. 무엇보다, 기후위기가 코로나 감
염병의 근본적인 원인으로 지적되면서, 이를 발본색원하기 위한 사회·경제
적 구조의 '전환'을 요구하는 목소리가 설득력을 얻게 된 것이다. 아닌 게 아
니라, 당시의 뉴딜정책은 단순히 과감한 재정투자를 통한 경기의 회복
(Recovery)에만 힘쓴 것이 아니라, 그와 동시에 1935년 제정된 와그너법
(Wagner Act)을 비롯하여 사회적 약자의 구제(Relief), 그리고 사회적 제도의
개혁(Reform)이라는 '3R'을 주축으로 하는 '새로운 사회계약(New Deal)'이라
평가된다는 점에서, 더욱 매력적인 수단으로 다가왔다.[10]

요컨대, 코로나 위기로 인한 사회적·경제적 위기와 그 근본적 원인으로
지적받는 기후위기라는 이중고(二重苦)를 타개하기 위한 수단으로 그린뉴딜
이 조명을 받게 된 것이다.[11] 이러한 배경에서 우리 정부도 2020년 7월 14일,
범정부 차원의 「한국판 뉴딜 종합계획」을 발표하면서 그 한 축으로 그린뉴
딜을 내세우게 되었다. 동시에, 정부의 선도적인 정책발표에 발맞추어, 이를

---

9) 관계부처 합동, 2020년 하반기 경제정책방향, 2020
10) 박경로, "뉴딜의 체제 전환적 의미와 빅딜의 재평가," 시장과정부연구센터, 2016. 11.
11) Lee Jae-Hyup & Woo Jisuk, "Green New Deal Policy of South Korea: Policy Innovation
    for a Sustainability Transition," *Sustainability*, 12(23), 2020.

뒷받침하기 위한 법률안이 활발히 발의·논의되고 있다. 이어지는 절에서는 각 법안들의 내용을 구체적으로 살펴보고자 한다.

2. 그린뉴딜을 둘러싼 법안들

국내에서도 본격적으로 그린뉴딜이 논의되기 시작하면서 2021년 7월 기준, 무려 7개의 주요 법안이 발의되었다. 이를 정리하면 아래의 [표 1-1]과 같다.

[표 1-1] 그린뉴딜관련 주요 법안

법안명	약칭	발의일	발의자
기후위기 대응을 위한 탈탄소사회 이행 기본법안	탈탄소사회 기본법안	2020. 11. 11.	이소영 의원
지속가능한 사회를 위한 녹색전환 기본법안	녹색전환 기본법안	2020. 12. 18	한정애 의원
기후위기 대응 기본법안	기후위기 대응 기본법안	2020. 12. 18	유의동 의원
기후위기 대응법안	기후위기 대응법안	2020. 12. 01.	안호영 의원
기후위기 대응과 정의로운 녹색전환을 위한 기본법안	정의로운 녹색전환 기본법안	2021. 4. 23.	강은미 의원
기후위기 대응 및 탄소중립 이행에 관한 기본법안	탄소중립 이행 기본법안	2021. 6. 18.	이수진 의원
탄소중립 녹색성장 기본법안	탄소중립 녹색성장 기본법안	2020. 6. 16.	임이자 의원
탈탄소사회로의 정의로운 전환을 위한 그린뉴딜정책 특별법안	탈탄소사회 특별법안	2020. 8. 4.	심상정 의원

한 가지 특기할 점은 해당 법안들의 대부분이 기존의 녹색성장법을 대체하는 방식으로 설계되어 있기 때문에, 기본법적 지위를 가진다는 것이다. 이와 함께, 일반법 형식으로 발의된 기타 법률안을 시야에 넣는다면, 다음과 같이 분류해볼 수 있을 것이다.

[표 1-2] 그린뉴딜관련 법안들의 분류[12]

	〈그룹 1〉	〈그룹 2〉	〈그룹 3〉	〈그룹 4〉	〈그룹 5〉
기본법안	탈탄소사회 기본법안 (5226)	녹색전환 기본법안 (6737)	정의로운 녹색전환 기본법안 (9705)	탄소중립 이행 기본법안 (10890)	탄소중립 녹색성장 기본법안 (10825)
이행법안	기후위기대응법안 (6016)	기후위기대응 기본법안 (6733)	탈탄소사회로의 정의로운 전환을 위한 그린뉴딜정책 특별법안 (2679)		
기타제도	■ 기후위기 대응을 위한 녹색금융 촉진 특별법안 (5346) ■ 국가재정법 일부개정안 (5227) ■ 정부조직법 일부개정안 (5225) ■ 환경기술 및 환경산업 지원법 일부개정안 (6186, 5788) ■ 국가재정법 일부개정안 (1260)	■ 국가재정법 일부개정안 (6735) ■ 에너지법 일부개정안 (6726)	■ 교통·에너지·환경세법 전부 개정 법률안 (11470) ■ 정의로운 전환기금 설치에 관한 법률안 (11473) ■ 탄소세법안 (8732) ■ 환경정책 기본법 일부개정법률안 (11471)		

이러한 분류의 배경은 아래와 같다. 우선 〈그룹 1〉의 탈탄소사회기본법안과 기후위기대응법안은 의안정보시스템상 참고사항에 상호 언급되어 있지는 않지만, 전자의 법안을 대표발의한 의원을 포함하여 여러 의원이 양 법안의 발의에 함께 참여하고 있으며, 주요 기본계획의 명칭이 겹치고 양 법안이 신설하는 중앙정부 집행 기구의 위상이 명확히 구분되는 까닭에, 법안의 주요 내용상 전자인 기본법에 관해 후자가 이행법적 성격을 갖는 하나의 그룹으로 파악하였다. 또한, 의안정보시스템 상의 "참고사항"에 「국가재정법 및

---

12) 괄호안은 의안번호.

정부조직법 일부개정법률」(5227, 5225)의 의결을 전제로 한다고 기재되어 있고, 그로부터 이틀 후 발의된 「녹색금융촉진특별법안」(5346)(이하, "녹색금융특별법안")의 경우, 그 "참고사항"에 이소영 의원 대표발의 탈탄소기본법안의 의결을 전제로 한다고 기재되어 있다. 즉, 각 법안들은 상호언급을 통해 일체성을 나타낸다고 볼 수 있을 것이다.

한편, 〈그룹 2〉의 녹색전환 기본법안과 기후위기 대응 기본법안은 의안정보시스템상 함께 발의되는 법안이라는 점이 명시되어 있으며, "참고사항"에 임종성 의원 대표발의 에너지법 일부개정안(6726)의 의결을 전제로 한다고 기재되어 있기에, 하나의 그룹으로 구분해볼 수 있으리라 판단하였다.

〈그룹 3〉의 경우에는 정의당 소속 의원들이 주축이 되어 발의한 법안들로 구성되어 있다는 특징을 가진다. 정의로운 녹색전환 기본법안과 심상정 의원이 대표발의한 「탈탄소사회로의 정의로운 전환을 위한 그린뉴딜정책 특별법」(2679)을 뒷받침하기 위한 개별 제도안의 발의자가 대부분 중복된다는 점과 의안정보시스템에서도 상호 언급하고 있다는 점을 들어, 하나의 카테고리로 포섭할 수 있을 것이다.

〈그룹 4〉와 〈그룹 5〉에 관해서는 관련된 개별 법안을 찾아보기 힘들었기에, 하나의 법안만을 포함한 그룹으로 각각 구성하였다.

[표 1-3] 각 그룹의 주요 내용[13]

	〈그룹 1〉	〈그룹 2〉	〈그룹 3〉	〈그룹 4〉	〈그룹 5〉
감축목표	2050 탄소중립	■ 2050 탄소중립 ■ (2030까지 2017 대비 24%)	■ 2050 탄소중립 ■ 2030까지 2010대비 50% 감축	■ 2050 탄소중립 ■ 2030까지 2017 대비 50%감축	2050 탄소중립

13) 괄호 안의 내용은 이행법안의 내용.

	〈그룹 1〉	〈그룹 2〉	〈그룹 3〉	〈그룹 4〉	〈그룹 5〉
집행기구	국가기후위기 위원회	▪ 지속가능발전을 위한 녹색전환 국가위원회 ▪ 녹색전환 지방위원회 ▪ (국가기후위기대응 위원회)	탈탄소사회 위원회	탄소중립 위원회	탄소중립 녹색성장 위원회
점검기구	▪ 국가기후 위기위원회 ▪ 총리 ▪ (환경부장관)	▪ 지속가능발전을 위한 녹색 전환국가위원회 ▪ (국가에너지위원회)	탈탄소사회위원회	탄소중립 위원회	탄소중립 녹색성장 위원회
기본전략·계획·대책·정책	▪ 국가전략 -중앙추진계획 -지방추진계획 ▪ 국가기후 위기 대응기본계획 ▪ 에너지기본계획 ▪ 기후위기 적응대책(국가기후위기적응대책)	▪ 지속가능발전을 위한 녹색전환 기본전략 중앙추진계획 ▪ 지속가능발전을 위한 녹색전환 지방기본전략 -지방추진계획 ▪ (기후위기대응 국가종합계획 -중앙시행계획 ▪ 광역종합계획 -광역시행계획 ▪ 기초종합계획 -기초시행계획 ▪ 기후위기적응대책 ▪ 국가에너지기본계획)	▪ 탈탄소사회 국가전략 -국가기후위기대응기본계획 -지방기후위기대응기본계획 -공공기관기후위기대응계획 ▪ 에너지기본계획 ▪ 정의로운 전환기본계획 ▪ 기후위기적응대책 ▪ 에너지전환정책	▪ 탄소중립 국가전략 -중앙추진계획 -광역추진계획 -기초추진계획 -탄소중립 기본계획 ▪ 에너지 기본계획 ▪ 정의로운 전환대책	▪ 탄소중립 녹색성장 국가전략 -광역종합계획 -지역종합계획
지방분권	▪ 지방기후 위기위원회 ▪ 기후탄력도시	녹색전환 지방 위원회	지방 탈탄소 사회 위원회	지방탄소 중립위원회	▪ 지방탄소 중립녹색 성장위원회 ▪ 탄소중립 실천연대
재정	▪ 한국녹색 금융공사 ▪ 기후위기 대응기금	(기후위기대응기금)	정의로운 전환 기금	정의로운 전환기금	기후위기 대응기금
정의로운전환	▪ 정의로운 전환지원센터 ▪ 지방기후 행동센터	(기후위기대응기금)	정의로운 전환 기금	▪ 정의로운 전환특별지구 ▪ 정의로운 전환지원센터 ▪ 정의로운 전환기금	▪ 기후위기 사회안전망 ▪ 공정전환 특별지구 ▪ 공정전환 지원센터

	〈그룹 1〉	〈그룹 2〉	〈그룹 3〉	〈그룹 4〉	〈그룹 5〉
주요제도	■ 목표관리제 배출권거래제 ■ 탄소예산 ■ 기후위기 영향평가 (예산 및 기금) ■ 기후위기 영향평가 (계획 및 사업) ■ 국외감축사업	■ 목표관리제 ■ 배출권거래제 ■ 기후위기영향 평가(전략환경영향평가)	■ 목표관리제 ■ 기후위기영향평가 (계획 및 정책) ■ 탄소인지예산	■ 목표관리제 ■ 온실가스 인지예산 ■ 온실가스 배출세 ■ 온실가스 배출권거래 ■ 기후변화 영향평가(계획 및 정책, 사업)	■ 목표관리제 ■ 배출권거래

위에서 정리된 각 그룹의 내용을 살펴보면, 모든 그룹은 2050년까지 탄소
중립을 달성해야 한다는 공통된 목표를 제시하고 있다. 또한, 큰 틀에서 모
든 법안들이 위의 목표에 도달하기 위하여 산업과 사회의 구조를 재편·전환
하고 그 과정에서 발생할 수 있는 격차를 해소하는 사회안전망을 구축하여
공동체의 지속가능한 발전을 도모하고 있다고 읽힌다.[14] 다만, 각각의 그룹
은 나름의 차별점을 내세우고 있는데, 대표적으로 2030년 목표가 그것이다.
예컨대, 〈그룹 2〉, 〈그룹 3〉, 그리고 〈그룹 4〉만이 명문의 규정을 가지고
있다. 다만, 2010년과 2017년 중 무엇을 기준년도로 삼을지에 관하여 의견이
갈리는 점, 아직 우리 사회가 이에 대한 사회적 합의에 이르지 못하고 있음
을 나타내고 있다고 보인다. 또한, 〈그룹 3〉은 정의로운 녹색전환기본법의
제4조에서 국가와 지방자치단체의 책무에 기후위기로부터 국민의 생명·신체
및 재산을 보호하여야 한다는 강력한 규정을 추가하였고, 이어지는 제5조에
서는 사업주에게까지 기후위기 대응과 탈탄소사회의 실현을 위한 책무를 부
여한 점에서 다른 그룹에 비해 강력한 의지가 돋보인다.

한편, 기후위기 대응정책을 주도할 중앙정부기구로, 각 그룹은 국가기후

---

14) 박기령, "그린뉴딜의 목적과 입법과제 그리고 법규범의 역할," Special Issue, 9, 법연, 법
제연구원, 2020. 9. 1.

위기위원회, 녹색전환국가위원회, 탈탄소사회위원회, 탄소중립위원회, 그리
고 탄소중립 녹색성장위원회라는 대통령 소속의 독립된 위원회를 두고 있으
며, 국가전략의 수립 및 변경 시의 심의와 함께, 이행점검 및 평가, 그리고
의견제시를 할 수 있다는 구조적 유사성을 가진다. 특히, 〈그룹 2〉에서는
녹색성장법의 제정과 함께 기본법의 지위에서 격하된 「에너지기본법」을 부
활시키고, 정부가 수립·이행하는 국가에너지기본계획을 심의하기 위하여, 현
재 산업통상자원부 소속인 에너지위원회를 국무총리 소속 국가에너지위원회
로 격상시키고 있다는 점이 특징적이다.

마지막으로 오늘날 그린뉴딜 논의의 핵심에 자리하는 정의로운 전환의
경우, 모든 그룹의 기본법안이 해당 개념을 언급하고 있으나, 〈그룹 5〉에서
는 정의로운 전환을 대신하여, "공정전환"이라는 용어를 사용하고 있으며, 기
후위기로 인한 취약계층의 피해를 최소화하기 위하여 사회안전망의 구축에
노력하고 있다.[15) 또한, 대부분의 법안이 국가전략 또는 기본계획의 기본원
칙으로 정의로운 전환을 언급하고 있는 반면, 〈그룹 3〉과 〈그룹 4〉에서는
각각 별도의 계획과 대책을 수립하도록 규정하고 있는 점도 주목할 만하
다.[16) 나아가서, 각 그룹은 기후위기 대응과 그로 인한 취약계층의 배려를
위하여 기금의 설치에 관한 규정을 포함하고 있다. 그 중에서도 〈그룹 1〉은
다른 법률안의 입법 및 개정을 통해 한국녹색금융공사의 설립과 기후위기대
응기금의 설치를 예정하고 있다는 점이 눈에 띈다.[17)

---

15) 「탄소중립 녹색성장 기본법안」 제48조.
16) 「정의로운 녹색전환을 위한 기본법안」 제46, 47조의 정의로운 전환기본계획과 「탄소중립
   이행 기본법안」 제44조.
17) 이는 한국녹색금융공사의 설치와 함께 경제활동과 금융행위에 대한 녹색분류체계를 도
   입하여, 향후 국가의 환경적 순편익 달성을 위한 경제활동에 금융지원을 집중시키기 위
   함이라 보인다. 동 제도는 유럽연합이 도입한 녹색금융 분류체계(taxonomy)에 기반한
   녹색금융 제도에 대응되는 것으로, 시장에 기후위기 대응의 필요성에 관한 일관된 시그
   널을 제공하는 기능을 수행함과 동시에, 우리의 주요 수출국들이 탄소국경세 도입 등을
   통해 외국의 기후위기 대응 제도의 정비를 촉구하고 있는 움직임에 대비하는 제도의 하

이렇듯, 각 그룹이 나름의 체계를 구축하고 있는 가운데, 무엇보다 이들이 2050년 또는 2030년 목표를 달성하기 위하여 어떠한 이행수단을 내세우고 있는가를 살펴볼 필요가 있을 것이다. 이어지는 절에서는 그 중 대표적인 탄소예산제도와 기후위기영향평가제도의 개요와 국내 운용상의 쟁점을 검토해보고자 한다. 일단, 각 그룹별로 양 제도에 관한 규정을 포함하고 있는지에 관하여, 아래의 [표 1-4]와 같이 정리해볼 수 있을 것이다.

[표 1-4] 그룹별 탄소예산과 기후위기영향평가에 관한 규정 현황

	탄소예산	기후위기영향평가		
	탄소예산	기후위기 취약성평가	탄소인지예산	국가계획, 정책 및 개발사업
〈그룹 1〉	○	○	○	○
〈그룹 2〉	×	○	×	○
〈그룹 3〉	×	○	○	○
〈그룹 4〉	×	○	○	○
〈그룹 5〉	×	○	×	×

Ⅲ. 그린뉴딜법안의 주요 쟁점

1. 탄소예산제도

가. 탄소예산제도의 개요

현재 "탄소예산"이라는 용어는, 주어진 배출량 목표를 달성하기 위하여 배출가능한 탄소의 잔여량이라는 과학적 의미로 널리 사용되고 있다. 일례로, IPCC는 1.5℃ 특별보고서에서 대기 중 이산화탄소 농도에 상응하는 온도

나로 이해된다. 이들 금융 관련 신규 제도들은 「환경기술 및 환경산업 지원법 일부개정안」(6186, 5788)의 상장법인 환경정보공개제도 대상 확대 및 환경책임투자를 위한 기준이 되는 표준평가체계 도입 등과 함께 상호 보완적으로 운영될 것으로 보인다.

상승폭을 계산하고, 해당 이산화탄소 농도에 이를 때까지 전지구적으로 배출 가능한 온실가스의 양을 "탄소예산"으로 설정하여 제시하였다. 동 보고서는 66%의 확률로 온도상승을 1.5℃로 제한하기 위해서는 전지구적인 온실가스 배출이 4,200억톤을 넘어서는 안 되고, 66%의 확률로 온도상승을 2℃로 제한하기 위해서는 전지구적 온실가스 배출이 1조 1,700억톤을 넘어서는 안 된다는 "잔여 탄소예산"이라는 개념을 고안하였다.[18]

이러한 자연과학적 개념으로서의 탄소예산은 특정 국가의 온실가스 감축목표가 적정한지를 판단하는 벤치마크 또는 준거점(reference point)의 역할을 할 수 있다는 점에서 의미를 가진다. 예컨대, 전지구적 탄소예산은 한 국가의 감축기여(NDC)가 충분한 수준인지 또는 감축 부담이 시간적으로 균등하게 분배되어 있는지를 판단하는 기준으로 활용되고, 결국 장기적인 관점에서의 감축경로의 설정을 용이하게 만들어준다.[19]

탄소예산의 위와 같은 역할을 보다 선명하게 만든 사건은 바로 지난 2021년 3월 24일에 내려진 독일연방헌법재판소의 결정(1 BvR 2656/18, 1 BvR 96/20, 1 BvR 78/20, 1 BvR 288/20)일 것이다. 재판소는 독일의 기후보호법이 2050년 탄소중립을 목표로 설정하고 있음에도 불구하고, 2020~2030년의 기간에 대해서만 구체적인 연간 배출량을 명시하고 있을 뿐만 아니라, 2030년까지의 누적 배출량이 독일의 탄소예산의 대부분을 소진함으로써 그 이후의 국민들의 생활 전반에 중대한 자유의 침해가 발생한다는 점을 들어, 이른바 "통시적 자유권 보호(intertemporal freedom protection)" 위반으로 위헌판결을 내리면서 2022년 말까지의 법률 개정을 촉구하였다.[20]

---

18) IPCC (전게 각주 3). 104면.
19) 특정 국가의 기여분배를 확인하는 기준으로 탄소예산이 언급된 사례로는 Carbon Market Watch, The 2030 Effort Sharing Regulation, Policy Brief, 2016. 탄소예산과 국가의 장기적 감축목표를 연계한 경우는, UK Government, United Kingdom of Great Britain and Northern Ireland's Nationally Determined Contribution, 2020.

나. 국내 운용방안

현재 탄소예산을 명시하고 있는 법안은 〈그룹 1〉이 유일하다. 예컨대 탈탄소기본법안은 제10조에서 2050년 탄소중립을 장기목표로 설정하고, 2030년 배출량 목표를 중간목표로 설정한 후, 제11조에서 각 목표를 달성하기 위한 산업, 건물, 수송, 발전 등 부문별 목표와 함께, 부문별·연도별 이행계획을 마련하여야 한다고 규정하고 있다. 또한 연간·반기별·분기별로 온실가스 배출량의 잠정치를 산정하여 이를 공개하고, 실적이 이행계획에 부합하지 않는 경우에는 해당 부문의 업무를 관장하는 행정기관의 장에게 배출 저감 계획을 작성하여 제출할 것을 요구하고 있다.

한편, 탈탄소기본법안의 이행법안으로 제시된 기후위기 대응법안은 해당 부분을 구체화하면서 국가 온실가스 감축목표와 부문별 감축목표를 달성할 수 있도록 탄소예산을 설정한다는 규정을 두고 있다.[21] 기후위기 대응법안 제17조 제1항에서 2050년 탄소중립을 달성하기 위한 중장기 온실가스 감축목표를 "국가 온실가스 감축목표"로 정의하고 있으며, 이는 5년 단위의 탄소예산으로 해석될 수 있을 것이다.[22] 5년 단위의 탄소예산이 설정되면 정부는 해당 기간 동안 발생한 각 부문별 순배출량이 기준치를 넘지 않도록 노력하여야 하며, 배출량이 탄소예산을 초과하였을 경우, 해당 부분을 차기 탄소예산에서 공제하도록 규정하고 있다.[23] 이를 허용함으로써, 최종 목표인 2050년 탄소중립에 이르기까지의 누적 배출량을 유연하게 통제할 수 있는 제도적 근거를 마련한 것이다. 또한, 해당 메커니즘은 현행의 온실가스 감축 로드맵이 가지는 규범적 한계를 보완할 것이라 기대된다.[24]

---

20) 독일연방헌법재판소의 판결의 개요와 법적 의미에 대해서는, 사단법인 선·강원대 환경법센터 공동심포지엄, 독일 연방헌법재판소 연방기후보호법 위헌 결정 자료집, 2021. 6. 9.
21) 제17조 제2항.
22) 제17조 제3항.
23) 제17조 제7항 및 8항.
24) 박지혜, "국가 온실가스 감축목표의 법적 위상과 구속력—新기후체제의 요청과 향후 과

다만, 독일의 사례에 비추어보면, 탄소예산제를 단순히 3년 또는 5년 단위의 온실가스 감축 규제 수단으로 접근하는 것만으로는 충분치 않다. 탄소예산을 통해 누적 배출량을 통제하는 목적은, 탄소중립을 향한 전 과정에서 감축 부담을 합리적인 수준으로 분배하고 있는지, 국제적으로도 충분한 책임 분담에 해당하는지를 점검하는 데 있으며, 이를 위해서는 전지구적 탄소예산에서 한국의 적정 탄소예산을 도출하고 이를 합리적인 수준에서 정당화하는 작업도 수반되어야 할 것이다.[25]

나아가서, 〈그룹 1〉에서 설계하고 있는 탄소예산제도는 설정 시기와 범위가 명확하지 않아 하위법령을 통한 구체화가 필요하다. 특히, 탈탄소기본법안은 제11조에서 정부에게 부문별·연도별 이행계획을 수립할 것을 요구하고 있고, 이 내용은 기후위기대응법안 제17조에 따른 부문별 탄소예산과 실질적으로 동일한 내용이 될 것으로 보인다. 그렇다면 5년 단위의 예산기간 동안 정책의 일관성과 유연성을 부여하려는 탄소예산제와 기본법상의 연간 이행계획의 접근 방식이 서로 상이하여 조화를 이루지 못할 우려가 있다. 이를 해소하기 위해서는 기본법상 이행계획의 수립과 평가 기준에 탄소예산제도가 의도한 유연성을 충분히 반영할 필요가 있다. 추가적으로, 〈그룹 1〉에서 구상하는 탄소예산제도가 범국가적 감축목표로 작용할 것임을 고려하면, 효율적인 운용을 위한 부처간의 조율 및 협력체제의 구축 또한 고민해야 할 것이다.[26]

제를 중심으로," **환경법연구**, 제42권 제2호, 2020.
25) 이와 같은 취지의 연구로는, Climate Analytics, "탈탄소 사회로의 전환 :파리협정에 따른 한국의 과학 기반 배출 감축 경로," 2020.
26) 일찌감치 탄소예산제를 활용하고 있는 영국의 사례가 시사하는 바가 크다. Climate Change Committee, Local Authorities and the Sixth Carbon Budget, 2020, 20.

2. 기후위기영향평가제도

기존의 "기후위기영향평가" 또는 "기후변화영향평가"라는 용어는 기후위기 적응의 관점에서 특정 지역 또는 국가의 취약성을 평가하고 회복력을 강화하기 위한 자연과학적 또는 정책적 분석으로 이해되어왔다.[27] 그린뉴딜과 관련된 법안들에서도 위와 같은 취지에서 취약성 평가의 실시를 규정하고 있지만, 오늘날 기후위기영향평가라는 용어는 크게 ① 예산편성 및 기금의 설립과 ② 국가계획 및 일반 개발사업을 시행함에 있어서, 그것이 기후위기와 그 대응에 어떠한 영향을 미치는가에 초점을 맞추고 있다. 아래에서는 양 대상에 대한 기후위기영향평가제도의 쟁점과 국내 운용을 위한 시사점을 살펴볼 것이다.

가. 탄소인지예산제도

(1) 탄소인지예산제도의 개요

위에서 언급한 기후위기영향평가 중 전자를 대상으로 한 논의는 '탄소인지예산'으로 일컬어지며, 기후위기영향을 비롯한 환경적 영향을 예산의 편성과 결산시에 반영하여 지속가능성을 추구하고자 하는 친환경 예산제도(Green Budgeting)를 시작점으로 한다.[28] 대표적으로 프랑스가 2021년 예산안에 해당 제도를 도입하였고, 노르웨이 등에서도 도입을 준비 중인 것으로 알려져 있다.[29]

---

27) 이에 관한 대표적인 연구는, 박기령, "기후변화 대응을 위한 기후변화영향 평가에 관한 법제연구," 기후변화법제 연구, 법제연구원, 2014.
28) OECD가 2017년 Paris Collaborative on Green Budgeting을 주창하였다. 근래의 자료로는, OECD, "Paris Collaborative on Green Budgeting: Climate Change and Long-term Fiscal Sustainability, 2021. 이는 UN과 OECD가 친환경 재정제도의 도입을 적극 지원하면서 지속가능성을 '주류화(mainstreaming)'하고자 하는 흐름을 반영한 것으로 보여진다. 관련해서는, UN, Mainstreaming the 2030 Agenda for Sustainable Development," 2017. 국내 문헌으로는 고재경, "그린뉴딜 성공의 조건: 탄소인지예산," 이슈&진단, 경기연구원, 2020 .9.
29) 안상욱 & 한희진, "프랑스 재정 및 예산분야의 기후변화 대응: 녹색국채와 녹색예산 사

각 그룹을 살펴보면, 〈그룹 1〉의 탈탄소기본법안 제40조에서 기후위기로 인한 영향을 평가하여 그 결과를 정책의 수립과 시행에 반영하도록 규정하고 있으며, 기후위기 대응법안은 제13조에서 국가재정법상 세출예산사업과 기금사업에 대한 기후위기영향평가를 실시하도록 규정하고 있다.[30] 또한, 〈그룹 3〉의 정의로운 녹색전환 기본법안 제36조에서도 탄소인지예산제도의 시행을 명시하면서, 정부와 지방자치단체는 예산이 기후위기에 미치는 영향을 분석해야 한다고 규정하고 있다. 다만, 그 영향의 시점과 범위는 분명하지 않다. 마찬가지로, 〈그룹 4〉의 탄소중립이행기본법안에서도 온실가스인지예산 규정을 마련하고 있다.[31]

(2) 탄소인지예산제도의 해외사례

탄소인지예산제도를 도입하고 본격적으로 시행하고 있는 국가로는, 앞서 언급한 프랑스를 들 수 있다. 프랑스는 2020년 9월에 발표한 2021년 국가 예산에서 해당 제도를 대대적으로 도입하였으며, 이는 실제 시행된 가장 광범위한 친환경 예산제도로 알려져 있다. 특히, 정부지출과 조세지출을 포함한 국가 전체 예산의 환경적 영향을 평가하고 있으며, 기후위기뿐 아니라 생물다양성이나 전통적인 오염원에 의한 환경오염 등, 환경에 미치는 긍정적 영향과 부정적 영향을 함께 평가한다는 특징을 가진다.

프랑스는 이러한 메커니즘을 구축하기 위하여 여러 단계의 준비절차를

례," **국제지역연구** 제25권 제2호, 2021; Norway Today, "Everything you need to know about Norway's 2021 budget," 2020. 10. 7.

30) 〈그룹 1〉의 「국가재정법 일부개정안」(1260)의 제26조의2에서 언급하는 탄소인지예산과 일맥상통한다고 이해된다. 다만, 해당 법안은 소관 상임위(기획재정위원회)의 논의를 통하여, 기획재정위원회 위원장의 대안(의안번호 10269)으로 통합된 후, 가결되었다. 해당 법안은 온실가스감축인지 예·결산제도를 도입하였으며, 2022년 1월 1일부터 시행될 예정이다.

31) 탄소중립 이행기본법안 제31조.

진행해 왔다. 프랑스 환경부의 환경·지속가능개발 일반위원회와 회계감사원
이 작성한 보고서에 의하면, 우선, 예산안의 친환경성 여부를 평가하는 방법
을 개발하였다. 유럽연합에서 논의되어 온 녹색금융 분류체계(taxonomy)를
바탕으로 ① 기후위기 방지, ② 기후위기 적응, ③ 지속가능한 수자원 관리,
④ 순환경제로의 전환과 기술적 리스크의 예방, ⑤ 환경오염 방지, 그리고 ⑥
생물다양성의 보전 및 환경, 삼림 및 농업 공간의 지속가능한 관리 등 6대
환경 관련 목표를 설정하였다.[32] 그리고 이러한 목표를 기준으로 예산을 다
음과 같이 5단계로 평가하는 체제를 수립하였다.

- 부정적(-1): 환경에 직접적으로 부정적인 영향을 미치거나 환경적 관점에
  서 부정적인 행동을 유인하는 예산
- 중립(0): 중요한 환경상 영향이 없거나 환경상 영향을 평가할 정보가 없는
  예산
- 긍정적이나 그 효과가 지속가능하지 않아 논란의 소지가 있는 경우(+1):
  예를 들어 단기적 영향은 긍정적이나, 장기적 리스크를 수반하는 예산
- 긍정적(+2): 환경 관련 목적과는 거리가 있는 예산이나, 중요한 간접적 영
  향이 있는 경우
- 매우 긍정적(+3): 거의 환경 관련 목적을 위한 것이거나 환경친화적인 제
  품이나 서비스 생산에 직접 참여하기 위한 예산인 경우

이와 같이 수립한 기준을 2019년 예산안 중 환경에 영향을 비교적 많이
미치는 국토 이용, 농수산 및 식품, 지속가능한 교통, 연구와 고등교육 분야
의 예산에 사후적으로 적용하여 테스트한 결과, 약 550억 유로가 환경상 영
향 면에서 중립적이지 않은 것으로 확인되었고, 약 250억 유로가 부정적인

---

32) Conseil général de l'environnement et du développement durable(프랑스의 환경부의 환
경·지속가능개발 일반위원회) & Inspection générale des finances(회계감사원), Green
Budgeting: proposition de méthode pour une budgétisation environnementale, 2019. 9. 17.

것으로 평가되었다.

두 번째 단계는 이와 같은 기준을 직접 예산안을 작성하는 각 부처의 실무자들에게 전달하고, 지속적인 협의를 통해 실제 응용할 수 있도록 교육 및 미세조정하는 과정이다.[33] 그리고 마지막으로, 평가기준을 수립한 워킹그룹이 다시 각 부처에서 작성된 친환경 예산안의 일관성을 담보하는 과정을 거쳐, 2021년 친환경 예산안을 완성하였다고 한다. 그 결과, 프랑스 정부의 자체 평가에 의하면 2020년 예산 대비 환경에 부정적인 영향을 미치는 예산이 약10억 유로 감소했다고 한다.[34]

(3) 탄소인지예산제도의 국내 운용방안

프랑스는 6대 환경 관련 목표를 설정함에 있어서, 기후위기의 완화와 적응을 포함한 다양한 요소를 포괄적으로 반영한 반면, 국내에서 탄소인지예산제도를 시행한다면, 기후위기 영향을 온실가스 저감에 관한 영향과 기후위기 적응에 관한 영향으로 구분할 것인지 혹은 통합할 것인지의 여부를 고민해야 한다. 효과적인 기후위기 대응을 위해서는 프랑스와 같이 양자를 통합하여 운용할 필요가 있지만, 적응의 경우, 명확한 방법론이나 기준이 부재하기 때문에 예산안 검토에 있어서 실무적 어려움과 비효율성이 발생할 것으로 예상된다. 이에, 온실가스 저감과 기후위기 적응을 구분하여, 전자를 기준으로 제도를 시험 운행한 후, 후자를 포함한 보다 포괄적 방향으로 나아가는 것도 고려해볼 수 있는 방안이라 생각된다.

---

33) Margaux-Lucrèce Lelong & Claude Wendling, France's "Green Budget" for 2021, Public Financial Management Blog, 2020. 11. 2.

34) Ministère de l'Économie et des Finances (프랑스 재정경제부), Budget vert : La France est le 1er pays au monde à mesurer l'impact du budget de l'État sur l'environnement, 2020. 10. 1.

두 번째는 기후위기영향을 표기하는 방식에 관한 것이다. 예컨대, 단순히 영향이 있는 것이거나 없는 것으로 기준을 설정하게 된다면 운용상의 편의성을 확보할 수 있겠지만, 이를 예산집행의 기준의 하나로 삼아야 한다는 점을 고려하면, 동일한 기준 내에서의 차이를 명확히 하기 위해서라도 단순한 해당 여부보다 상세한 평가 항목이 필요할 것이다. 여기에 대해서는 전술한 프랑스의 5단계 평가가 참고가 될 것이다.

나. 국가계획에 대한 기후위기영향평가

국가의 계획이 기후에 어떠한 영향을 미칠 것인가를 평가하는 작업은 결코 쉬운 일이 아니다. 다만 몇몇 선진국가에서는 이미 해당 제도를 시행하고 있으며, 대표적으로 영국을 꼽을 수 있다. 영국은 국토개발 계획에 대한 기본법에 해당하는 「Planning and Compulsory Purchase Act 2004」 및 「Combined Authorities (Spatial Development Strategy) Regulations 2018」 등의 법규에 따라 지속가능성 평가(Sustainability Appraisal)를 받도록 규정하고 있다.[35] 해당 제도는 광범위한 사회적·경제적 영향을 검토하며, 다음과 같은 특징을 가진다.[36]

첫째, 최상위 평가기준은 UN의 지속가능발전 목표를 기반으로 설정하고, 세부 항목에는 국제법과 국내법, 가이드라인, 해당 지방의 법규 등에 설정된

---

35) UK Ministry of Housing, Communities & Local Government, National Planning Policy Framework, 2019. 2.
36) 이는 개발계획에 관한 지속가능성평가 보고서로 최근 작성된 Wales 정부의 국가개발기본계획(National Development Framework)안에 대한 지속가능성평가 보고서와 Cambridge City 정부의 Greater Cambridge Local Plan안에 대한 지속가능성평가 항목 보고서 및 지속가능성평가 보고서를 바탕으로 도출되었다. 자세히는, Llywodraeth Cymru Welsh Government, Integrated Sustainability Appraisal of the National Development Framework (incorporating Environmental Report), 2019. 6.; South Cambridgeshire District Council and Cambridge City Council, Greater Cambridge Local Plan strategic spatial options assessment Sustainability Appraisal, 2020. 11.

감축 및 적응 목표를 각기 준수하고 있는지 여부, 그리고 해당 지방에서 특별하게 고려하는 기후위기영향 등으로 구성되어 있다. 둘째, 세부 항목별로 단기, 중기, 장기 전망 및 누적적, 종합적 영향을 각기 별도 항목화하여 평가점수를 산출한다. 셋째, 평가 결과는 점수와 부가의견 및 개선의견 등으로 구성되어 있다. 점수는 매우 긍정적(++), 다소 긍정적(+), 중립적(0), 긍정 또는 부정적일 수 있음(+/-), 불확실함(?), 다소 부정적(-), 매우 부정적(--) 등 7-9 단계로 정하고, 불확실성이 큰 경우는 물음표를 병기하기도 한다. 각 세부항목 별로 위와 같이 문자로 부여된 평가결과에 더하여, 이에 대한 설명과 개선사항이 부기된다. 마지막으로, Wales에서 시행된 평가보고서에 의하면, 개발계획에 관하여 논의된 여러 대안의 지속가능성평가 결과도 함께 담고 있어, 최종 선택된 안과 경쟁하던 초안들의 심층적인 비교가 가능하도록 설계한 점도 주목할 만하다.[37]

우리나라의 경우, 교통망 사업에 관한 예비타당성조사보고서 등에서 간략하게나마 탄소의 사회적 비용을 상정·반영하는 항목이 마련되어 있으나, 사업수행의 결정 여부에는 그다지 큰 영향을 미치지 못하고 있는 것으로 보여진다.[38] 이러한 한계를 극복하고 다수의 법안이 언급하고 있는 기후위기영향평가제도가 성공적으로 착근하기 위해서는, 세부 항목을 등급화하여 분류하는 등의 과정이 필요할 것이다. 또한 단일한 계획안이 아닌 복수의 방안을 모으고, 이에 관한 평가와 의견청취를 시행한 후, 최종 계획안과 대안 간의 비교를 가능하게 하는 방안도 고려해봐야 할 것이다.

다. 일반 개발사업에 대한 기후위기영향평가

일반 개발사업에 대한 평가의 경우, 규정된 형식이 존재하는 것은 아니

---

37) 무려 4가지의 대안을 함께 고려하고 있다. *Id*, Llywodraeth Cymru Welsh Government, 6면
38) 국토교통부, 교통시설투자평가지침, 2017, 210면

다. 하지만 영국에서 통용되는 가이드라인 및 실제 보고서를 참고해보면, 프로젝트의 준비, 건설 및 운영 단계에서 예상되는 온실가스 배출량을 예측하고, 그에 대한 직접적·부수적 저감 방안을 상세히 수립하도록 요구하고 있다.[39]

이러한 구조는 현재 우리의 환경영향평가서상 기후변화 관련 항목과 크게 다르지 않을 것이다. 다만, 영국의 경우에는 프로젝트의 탄소발자국 (carbon footprint)을 측정하여, 더 근본적인 평가가 이루어지도록 설계한 점이 우리 제도와 비교할 때 특징적이다. 그 일환으로, 신축 시설의 수명이 다한 후의 기간(beyond asset life cycle)도 평가 대상으로 삼고 있다.[40] 또한, 영국은 특정 개발사업이 국가 단위 탄소예산에 미치는 영향을 상세히 분석·평가하고 있는데, 해당 사업이 해당하는 부문에 배정된 탄소예산 또는 국가 전체의 그것과, 같은 기간 신축 시설에서 배출되는 온실가스의 탄소발자국을 비교하고 있다는 점이 인상적이다.[41]

만약 국내에서 개발사업에 대한 기후위기영향평가를 본격적으로 시행한다면, 영국과 같이 탄소예산제도와 연계하여 할당된 예산의 달성에 어느 정도 기여 또는 저해하는지를 기준으로 삼을 수 있도록 제도를 디자인할 필요가 있을 것이다. 또한, 특정 시설의 수명 완료 후의 기간을 평가의 대상으로 삼는 영국의 제도는 국내에도 적지 않은 시사점을 던져줄 것으로 생각된다. 예컨대, 국내에서도 원자력발전시설의 경우, 수명을 마친 후에도 중저준위

---

39) Institute of Environmental Management & Assessment (IEMA), Environmental Impact Assessment Guide to: Assessing Greenhouse Gas Emissions and Evaluating their Significance, 2017; EDF Energy, Sizewell C Project - Environmental Statement, Vol. 2., Chapter 26, 2020; VPI Immingham, Environmental Statement: Vol I, Chapter 15, 2019.

40) 대표적으로, ADAPT, MSG Sphere: Environmental Statement, Vol 3. Technical Appendices, 2019. 11.

41) IEMA (전게 각주 39). 그 중에서도 26.4.10 참조.

핵폐기물은 물론, 사용 후 핵연료 등과 같은 고준위 방사성폐기물의 보관이 사회적 논란의 대상이 되고 있기 때문에, 다양한 시간축을 통한 환경적 영향의 측정을 가능하게 하는 제도적 방안을 고민해야 할 것이다.

Ⅳ. 그린뉴딜법안과 복잡계 이론

1. 법진화론

법과 사회는 공진화적 관계를 가진다. 즉, 사회의 변화에 따라 그에 걸맞은 법률이 제정되고, 그렇게 제정된 법률이 또다시 해당 사회의 변화를 이끌어 낸다. 이러한 주장의 토대가 되는 법진화론은, 애당초 법이 "일정한 순서와 방향에 따라 보다 낮은 단계로부터 보다 높은 단계로 발전해"나가는 것으로 보았다.[42] 다만, 법이 일정한 방향성을 가지고 '발전'하는 것이 아니라, 주어진 사회적·문화적 환경에 적응하면서 '진화'하는 것으로 이해되어야 한다는 주장이 제기되면서,[43] 법진화론의 주된 물음은 법변화의 예측가능성에서 벗어나, 법과 세분화·전문화된 현대 사회와의 괴리를 축소하기 위한 법변화의 과정과 조건을 모색하고, 이에 대한 평가로 확장되었다.

---

42) 양건, 『법사회학』, 아르케, 2004, 222면. 이것은 보다 바람직한 법으로의 변화의 측면보다 예측가능한 방향으로 나아간다는 의미를 가진다.

43) 이처럼 법을 수동적으로 파악하는 접근방식은 ① 법이 스스로를 둘러싼 환경을 적절하게 규율하고 일정한 방향으로 조정·형성하는 법체계의 임무에 부합하지 않으며, ② 역사적으로 축적된 법규범의 규범적 원리나 가치들이 훼손될 우려가 있다고 지적한다. 양천수, "법진화론의 새로운 가능성," **법철학연구**, 제15권 제2호, 2012, 170면. 다만, 생각건대, 두 번째 지적과 관련해서는 법규범의 규범적 원리들과 가치들이 법체계가 자생적으로 축적하였다기보단 그것을 제정, 수정, 그리고 폐기한 '사람들(the people)'이 가진 가치로 바라볼 수 있을 것이다.

2. Ruhl의 복잡적응시스템

위와 같은 물음에 대하여, 미국의 법학자 J. B. Ruhl은 복잡적응 시스템(Complex Adaptive System)이라는 독창적인 관점을 통하여 법과 사회의 공진화적 관계를 설명한다. 그에 따르면, 법체계는 특유의 역동성을 가지는 까닭에, 특정 방향으로 나아가는 단순한 '발전'의 모델이 아닌, 비선형적이고 역동적인 '적응'의 형태를 띤다고 주장한다. 즉, 오늘날 끊임없이 발생하는 다양한 사회의 변화와 자연과학적 발견에 발맞추어 법체계 또한 수시로 그에 적응한다는 것이다.44) 그는 마치 법체계가 자연상태 또는 우리의 신체와 같이, 항상 균형을 유지하고자 하는 힘을 가진다고 평가한다. 예컨대 대지진이 발생하고 화산이 폭발하여도 시간이 지나면 원상태로 복귀하는 자연과 같이, 그리고 외상으로부터 회복하는 우리의 신체와 같이 말이다.45)

법체계의 시스템적 측면에 착안한다면, 그 특징으로는, 다양한 요소들이 중심 없는 네트워크를 구성하고 복잡한 집합행동, 정보처리, 그리고 학습과 진화를 통하여 적응한다는 것을 꼽을 수 있을 것이다. 이러한 경향은 현대 사회의 복잡성이 증대될수록 현저하게 나타나곤 한다.46) 즉 시스템이 거대화 또는 복잡화될수록, 각 요소들간의 상호작용(interaction)과 환류(feedback) 또한 활성화될 것이며, 그 결과로 "혼란(chaos)", "창발(emergence)", 그리고 "붕괴(catastrophe)"가 발생하곤 한다. 여기서 '혼란'은 시스템의 복잡성이 예

---

44) J. B. Ruhl, "Law's complexity: primer," *Georgia State University Law Review*, 24(4), 2008. 유사한 맥락에서 Ruhl은 Panarchy theory of law를 주창한다. 관련해서는 J. B. Ruhl, "Panarchy and the law," *Ecology and Society*, 17(3), 2012.

45) J. B. Ruhl, "Complexity Theory As a Paradigm for the Dynamical Law-and-Society System: A Wake-Up Call for Legal Reductionism and the Modern Administrative State," *Duke Law Journal*, 45, 1996.

46) Michael C. Dorf & Charles F. Sabel, "A Constitution of Democratic Experimentalism," *Columbia Law Review*, 98(2), 1998; J. B. Ruhl & Daniel Martin Katz, Measuring, Monitoring, and Managing Legal Complexity, *Iowa Law Review*, 101, 2015.

상 범주를 넘어가는 현상, '창발'은 전혀 예상하지 못했던 현상의 발현, 그리고 '붕괴'는 그로 인한 시스템의 붕괴를 각각 지칭한다. 이러한 현상은 모두 시스템에 대한 "불의타(surprise)"로 해석될 수 있을 것이다.[47)

요약하자면, 현대 사회의 복잡성이 향상됨에 따라 불의타는 필연적으로 발생하게 되며, 법체계 역시 그러한 충격에 적응하기 위하여 기존의 법률을 수정·폐기하거나 새로운 법률을 만들게 된다. 그렇다면, 법체계의 가치는 분쟁의 예상가능성 또는 설명가능성을 확보하여 복잡성을 걷어내는 것이 아니라, 불의타를 이겨낼 수 있는 '지속가능성'에 있다고 새길 수 있을 것이다.[48)

인류가 마주한 대표적인 불의타가 바로 기후위기일 것이다. 기후위기의 등장은 법체계를 강타한 미증유의 불의타로 해석될 수 있을 것이며, 거대한 불확실성을 내포하는 기후위기를 규율하기 위한 법체계는 필연적으로 불확실하고, 그로 인해 복잡해질 수 밖에 없다. 이러한 필연성을 고려하면, 기후위기를 규율하기 위한 법체계는 불확실성의 제거와 함께, 이를 포용하면서도 어떻게 이를 관리해 나갈 것인가에 주목할 필요가 있는 것이다.[49)

3. 복잡성 해소를 위한 법체계

물론 법체계가 항상 지속가능성을 성공적으로 유지하는 것은 아니다. Ruhl은 어떤 법체계의 복잡성이 예상보다 비대해질 경우, 사회의 불평등이 발생하고, 이를 완화하기 위하여 제성된 대중적·분절적 법률은 또 다른 복잡성과 불평등을 야기하는 악순환에 빠질 수 있다고 지적한다. 아닌 게 아니

---

47) J. B. Ruhl (전게 각주 44), 875면.

48) Id., 886면.

49) J. B. Ruhl & Jamse Salzman, "Climate change, dead zones, and massive problems in the administrative state: A guide for whittling away," *Vanderbilt Law Review*, 73(6), 2020, 1577면.

라, 기후위기를 둘러싼 자연과학적 사실들이 발견됨에 따라 새로운 입법과 규제가 끊임없이 도입되고 있는 과정을 보노라면, 기존의 기후위기 대응을 위한 법체계의 한계와 과제를 성찰하지 않은 채로 연속적으로 발의되는 대중적·분절적, 그리고 상징적 법안은 문제를 해결하기는커녕, 오히려 법체계의 복잡성을 더욱 증폭시키는 게 아닌가 하는 우려를 낳는다. 특히 기후위기와 같이 범국가적 노력이 요구되는 사안에서 법체계의 복잡성이 가져오는 부작용은 가히 치명적이다. 명확한 기준을 결한 법률은 예측가능성의 저하와 행위의 불일치, 그리고 이에 동반되는 사회적·법적 갈등을 초래하고, 결국 문제의 해결을 더욱 요원하게 만들기 때문이다.

가. 문제해결형 법체계의 지향

법률의 수가 많아질수록 법체계의 복잡성은 자연스럽게 증가한다. 물론 새로운 문제가 계속해서 발생하는 현대 사회에서 법률을 제정하지 않을 수는 없지만, 실질적으로 사회 문제의 해결에 기여하지 못하는 대중적·분절적, 그리고 상징적 입법은 최대한 줄이도록 노력해야 한다.

기후위기 대응과 같은 사례에서는 더욱 그러하다. 전술하였듯이, "기후위기에 대응해야 한다"는 일반추상적 지향목표에 관해서는 모두가 동의하지만, 그 수단을 구체화하는 각론으로 넘어가게 되면 각자의 이해관계가 드러나고 의견대립이 격화되기 때문이다. 이러한 복잡한 이해관계를 조정하는 것은, 물론 정치의 역할이다. 하지만 현실 세계에서 정치인들은 자신이 발의한 법안만이 성공적으로 기후위기에 효과적으로 대응할 수 있다는 장밋빛 미래를 강조하지만, 이를 위해 필요한 정치적으로 민감한 논의는 정작 회피하는 현상이 나타나곤 한다.[50] 게다가, 상징적 입법은 문제해결에 기여하지 못할 뿐만 아니라 법률의 구체적인 이행방식을 설계해야 하는 행정관료가 정치적

---

50) John P. Dwyer, "The Pathology of Symbolic Legislation," *Ecology Law Quarterly*, 17(233), 1990.

이해관계에 포획되는 결과로까지 이어질 수 있다.51)

　이처럼, 불확실성으로 가득한 사안을 규율하기 위한 법률을 제정함에 있어서, 모든 문제를 일소(一掃)하고자 하는 태도는 대중적·분절적, 그리고 상징적 입법으로 이어질 수 있어, 오히려 사회의 불평등을 증폭시키는 결과를 초래할 수 있다. 그러므로 이러한 사안에 있어서는 급진적인 태도보다 점진적이고 실용적인 접근방식을 중시해야 한다.52)

나. 불평등의 해소

　아무리 선한 의도를 가진 법이라 하여도, 극도로 세분화된 현대 사회에서는 예상하지 못한 사회적 불평등을 야기할 수 있음을 명심해야 한다. 예컨대, 오늘날 법률의 대부분은 사회적 문제의 해결을 통하여 공동체 전체의 후생을 증대시킨다는 명분 아래 제정되지만, 그 결과, 해당 법률의 시행에 따른 비용과 위험이 특정 계층 또는 지역에 편중되어, 사회적 불평등은 오히려 증대되기 십상이다.53)

　여기서 제기하는 불평등이란, 정책 또는 법률의 시행으로 인한 결과적 불평등을 포함하여, 정치적 의사결정과정에서 자신의 이해관계를 피력할 수 있

---

51) 상징적 입법은 구체적 내용을 결여하기 때문에, 행정관료에게 규제설계의 커다란 재량이 부여된다. 이 상황에서 행정관료는 다양한 이해관계자의 이익에 부합하는 방식으로 법안을 해석하고 제도를 설계할 수 있기 때문에 정치적 포획과 예측가능성의 저하가 심각한 문제로 대두된다. 이러한 우려는 문제를 해결하기는커녕, 오히려 이해관계자들간의 합의를 방해하는 결과로 이어질 수 있다. *Id*, 278-9면.

52) Daniel Farber, *Eco-Pragmatism: Making Sensible Environmental Decisions in an Uncertain World*, University of Chicago Press, 1999; Daniel Farber and Philip Frickey, "Integrating Public Choice and Public Law," in *Law and Public Choice*, University of Chicago Press, 1991.

53) J. B. Ruhl & Harold j Ruhl, Jr., "The Arrow of the Law in Modern Administrative States: Using Complexity Theory to Reveal the Diminishing Returns and Increasing Risks the Burgeoning of Law Poses to Society," *U. C. Davis Law Review*, 30(2), 1997, 480면.

는 정치적 힘의 비대칭을 포함한다. 기후위기와 같이, 전문가의 영역에 속하면서 자연과학적 인과관계가 불분명하고, 불확실성으로 가득 찬 사안에서는 이런 경향이 더욱 나타나기 쉽다. 이러한 까닭에, 하나의 입법을 통하여 단번에 문제를 해결하려고 하는 접근방식은 지양해야 한다. 복잡한 사안을 단편적으로 인식하게 하고, 조급한 대응을 제시해 풍선효과나 부작용을 초래할 수 있기 때문이다.

4. 복잡계 이론으로부터 바라본 그린뉴딜법안

Ruhl의 주장을 받아들인다면, 그린뉴딜법의 발의는 다음과 같은 측면에서 평가할 수 있을 것이다.

우선, 녹색성장법을 주축으로 하는 기존의 기후위기 대응 법체계는 기후위기 대응의 구체적 목표가 부재했고 동시에 사회적 형평성을 간과했다는 지적이 제시되는바, 그린뉴딜법의 발의는 더 강력한 기후위기 대응 목표와 함께 불평등의 완화를 요구하는 사회적 목소리를 반영한 것이라 읽는다. 이는 법과 사회의 공진화라는 측면에서 일견 바람직한 방향이라 보인다. 또한, 그린뉴딜법안들이 공통적으로 '2050년 탄소중립'이라는 도전적인 목표를 내세우면서, 그 과정에서 발생하리라 예상되는 사회적 갈등과 불평등을 해소하기 위한 접근방식으로 '정의로운 전환' 또는 '공정전환'을 포함시키고 있다는 점도 눈에 띈다. 그럼에도 불구하고, 현재 논의되는 정의로운 전환이 우리 사회가 2050년 탄소중립을 달성하는 과정에서 발생하는 사회적 불평등과 소외를 적절히 포용할 수 있는가에 관한 의문은 여전히 남는다. 나아가서, 오히려 그러한 노력이 또 다른 불평등을 발생시키는 것은 아닌지 검토되어야 할 것이다.

한편, 그린뉴딜과 관련하여 발의된 복수의 법안들은 기후위기 대응을 위한 법체계 전체의 정합성이란 문제의식에 터 잡아 기존 녹색성장법의 폐지를 주장하고 있으나, 신중하게 접근해야 할 것으로 생각된다. 녹색성장법의 폐지는, 녹색성장법과 새로운 그린뉴딜 관련 기본법의 관계를 정리하겠지만, 녹색성장법을 토대로 하는 수많은 계획과 정책과의 관계를 어떻게 설정할 것인가의 문제는 여전히 남는다. 요컨대 법체계 전체의 복잡성은 감소하는 게 아니라, 오히려 증가할 수 있는 것이다. 이에 관해서는, 신규 법안이 기존의 녹색성장법의 큰 체계와 틀을 계승하고 있기 때문에 복잡성의 완화에 기여할 것이라는 반론이 가능하다. 하지만 이러한 주장을 수용하더라도, 그렇다고 한다면 어째서 기존법의 개·수정이 아닌, 신규 입법이라는 방식을 채택해야 하는지에 관한 해명이 필요할 것이다. 새롭게 기본법을 제정하기보다는 기존 녹색성장법을 발전적으로 수정하는 방식(가령 '저탄소' 녹색성장기본법에서 '탄소중립' 녹색성장기본법으로의 개정)이 적절하다는 주장은, 바로 이런 논란을 배경으로 한다. 아닌 게 아니라, 정권이 교체될 때마다 목격되는 "과거지우기"는 적어도 법진화론의 관점에서는 바람직하지 못하다.[54]

V. 그린뉴딜법안과 법점증주의

1. 법정책결정의 두 가지 방식

가. 합리주의 모델

법정책결정의 주요한 모델 중 하나인 합리주의는, 어떠한 문제가 발생하면 이를 해결하기 위한 모든 대안을 테이블 위에 올려놓고, 그로 인한 사회적 영향을 '분석(analyze)'한 후, 사회 전체의 효용을 극대화시킬 수 있는 하나의 선택지를 결정한다.[55] 즉 문제의 포착, 수단의 제시, 그리고 결과의 예

---

54) 조선비즈, "정권 바뀔 때마다 성장전략 리셋… 경제체력 못키운다," 2016. 10. 18.
55) 국내 문헌으로 우선은, 박호숙, "합리적정책결정에 있어서 정책대안의 비교·평가방법,"

측이라는 포괄적인 검토의 과정을 거친다. 이 과정에서 정책결정자는 필연적으로 광범위한 정보의 수집과 해석을 요구받는데, 여기에는 단순히 수치적 정보뿐만 아니라 다양한 선택지들이 내포하고 있는 가치들의 형량까지도 포함되곤 한다. 바꾸어 말하자면, 합리주의 모델은 위와 같은 분석과 형량이 가능한 초인(超人)적인 정책결정자를 전제로 한다.

주지하듯이, 행정부의 조사능력과 인지능력에는 현실적인 제한이 있다.[56] 무엇보다, 현대 사회에서 발생하는 문제는 대부분 사회 구성원들의 상이한 가치관에 터 잡은 견해의 대립을 수반하기 때문에, 모든 이를 만족시킬 수 있는 해법을 제시하는 것은 불가능에 가깝다. 실제 1970년대 미국에서는, 행정부에 대한 엄격한 증거기반정책결정이 요구되었지만, 위와 같은 한계로 인하여 이따금 과도한 비용과 기간이 소요될 뿐만 아니라 그 결과로서 도출된 정책안의 실효성이 의문시되는 사례도 발생하였다.[57] 또한 합리주의 모델은 현상(現狀)을 '근본적으로' 변화시켜 문제를 해결하고자 하는 접근방식을 취하기 때문에, 종종 극한 정치적 대립과 갈등을 야기하기에, 정치적 수용성 측면에서 약점을 드러낸다.[58]

지방행정연구 제3권 제1호, 1988.

56) 여기에 관해서는 상당히 많은 문헌이 축적되어 있다. 일단은, 조홍식, 2010.

57) 예컨대, 미국의 연방공정거래위원회(FTC)는 엄격한 규칙기반정책결정을 요구하는 Magnuson-Moss Act of 1975에 의거하여 규칙제정에 노력하였지만, 계획한 19개 규칙 가운데 4개만 완성하였을 뿐 아니라, 나머지를 만들어내는데 4,5년의 시간과 100만 달러 이상의 자금이 요구될 것이라는 예측도 나타났다. Colin S. Diver, "Policymaking Paradigms in Administrative Law," *Harvard Law Review*, 95(2), 1981, 429면; 증거기반정책에 대한 지적은 Edward Woodhouse, When expertise goes awry, and when it proves helpful, International Symposium on Technology and Society Technical Expertise and Public Decisions, 1996.

58) Lindblom은 기업과 같이 거대한 이해관계단체가 정책결정에 사실상 거부권(veto)을 행사하는 특권적 지위에 의하여 복잡한 문제를 단번에 해결하고자 하는 시도는 사실상 불가능하다고 지적한다. Charles E. Lindblom, *Politics And Markets: The World's Political-economic Systems*, Basic Books, 1980.

나. 점증주의 모델

한편, 점증주의(Incrementalism)는 정책결정자의 '제한적 합리성'을 인정하고, 현상을 조금이라도 개선할 수 있는 정책적 변화를 반복적으로 취한다. 즉, "소규모의 임시적인 교정(small and temporary adjustments)"을 되풀이하는 방식이다.[59] 합리주의 모델은 정책결정으로 인한 장기적인 영향까지 예측해야 하지만, 점증주의 모델은 오로지 정책실현으로 인한 단기적인 영향만을 고려하면 충분하기에, 불확실하고 다원적인 미래의 대응에 유리하다.[60] 심지어, 만약 잘못된 판단이 이루어진 경우에도 발 빠른 교정을 통하여 궤도를 수정할 수 있다는 강점을 가진다. 이러한 측면에서 점증주의는 "연속적인 제한된 비교(successive limited comparisons)"라는 특징을 가진다.[61]

여기서 점증주의 역시도 정책결정을 위한 가치간의 형량을 피할 수 없다는 지적이 제기될 수 있지만, 그 부담이 온전히 정책결정자에게 집중되는 것이 아니라, 사회 구성원들 간의 "당파적 상호교정(partisan mutual adjustment)"을 통하여 분산된다는 점에서 합리주의와는 근본적인 차이를 보인다. 환언하면 행정관료에 의한 중앙통제방식에 전적으로 의존하는 게 아니라, 사회구성원들 사이의 정치적 상호작용이 작동하여 각자의 이해(利害)를 조금씩 교정해 나간다는 것이다.[62] 즉, 점증주의는 현대 사회의 가치다원주의를 수용하면서, 그 속에서 이루어지는 정책결정과정의 불확실성과 갈등을 제거하는 것이 아니라, 이를 어떻게 관리하고 조정할 것인가에 초점을 둔다. 그리고 이

---

59) 합리적 모델의 한계와 점증주의의 가능성에 관해서는, Charles E. Lindblom, "The Science of "Muddling Through,"" *Public Administration Review*, 19(2), 1959.

60) 점증주의를 주장하는 대표적인 학자인 Charles E. Lindblom은 Herbert A. Simon의 '제한된 합리성(bounded rationality)'의 개념을 받아들여, 정책결정자의 인지능력의 한계, 정보와 자원의 부족, 시간적 제약에 의하여 대안의 탐색과 그로 인한 합리적 의사결정의 가능성을 부정한다. *Id*, 86면.

61) *Id*, 83면

62) Charles E. Lindblom, *The intelligence of democracy;: Decision making through mutual adjustment*, Free Press, 1965.

는 자연스럽게 문제해결을 위한 '민주주의'에 대한 강조로 이어지게 된다.[63]

다만, 점증주의는 이러한 조정의 과정이 원활하게 작동한다는 전제하에서만 의미를 가진다. 예컨대, 어떠한 정책의 오류를 발견하여 이를 교정하는 과정에서 특정한 이해관계자의 이익만을 대변하거나, 반대로 반영하지 않는 경우가 발생한다면, 심각한 사회적 외부효과로 이어질 수 있음을 지적하지 않을 수 없다.[64] 요컨대 점증주의의 성공 여부는 민주주의라는 정치적 체제를 어떻게 효과적으로 운용할 것인가의 문제와 맞닿아있다고 볼 수 있을 것이다.[65]

반면, 점증주의는 장기적 불확실성에 대응할 수 있다는 강점을 가지지만, 만약 단 한 번의 결정에 의하여 정책의 경로가 고착되거나 결정의 번복이 치명적인 결과를 초래하는 경우에는 적합하지 않을 것이다. 대표적으로 원자력발전의 안전규제, 멸종위기종의 보호정책 등을 꼽을 수 있고, 교정불가능한 정치적 권한의 재할당, 예컨대 귀화, 이민, 저소득층에 대한 공공서비스의 지원, 반차별규제 등의 경우도 거론할 수 있다. 왜냐하면 이러한 정책결정의 대상자들은 정치적 협상력이 낮은 까닭에, 한번 결정이 내려지면 그것이 교정되기까지 감당할 수 없는 수많은 시간과 사회적 비용이 소요되기 때문이다.[66]

---

63) *Id.*; Weiss, Andrew and Edward Woodhouse, "Reframing Incrementalism: A Constructive Response to the Critics," *Policy Sciences* 25(3), 1992, 265면; Charles E. Lindblom & Edward Woodhouse, *The Policy-Making Process*, Prentice Hall, 1993;

64) Lindblom은 거대기업의 특권에 조명하였다. Charles Lindblom (전게 각주 59).

65) Lindblom은 정책의 변화가 정부에 의한 분석이 아니라, 정치과정을 통하여 발현됨을 강조한다. Robert Gregory, "Political Rationality or 'Incrementalism'? Charles E. Lindblom's Enduring Contribution to Public Policy Making Theory," *Policy and Politics*, 19(2), 1989.

66) Colin S. Diver (전게 각주 57), 430-34면.

다. 기후위기 대응과 점증주의

기후위기는 인류가 지금까지 경험하지 못한 미증유의 과제인 까닭에, 마치 거대한 불확실성을 상대하는 것과 같다. 이와 같은 배경에서 합리주의 모델에 입각하여 기후위기의 영향을 분석하고, 최적의 대응방식을 가려내는 것은 사실상 불가능에 가깝다. 게다가, 설사 가능하다고 해도 그것이 실현될 가능성은 매우 낮아 보인다. 요컨대 기후위기 대응에 있어서는 조그마한 교정을 반복적으로 실행하는 것이 '합리적'인 것이다.

한편, 점증주의는 현상유지의 경향성을 가지는 보수주의라는 지적이 종종 보인다. 특히, 기후위기 대응과 같이 국가 또는 세계적인 규모의 구조적 전환이 시급하게 요구되는 사안에서 점증주의 모델에 터 잡은 정책결정은, 오히려 대중을 안심시켜 결과적으로 적극적인 대응을 저해한다는 지적을 귀담아들을 필요가 있다.[67] 그 지적이 타당하다면, 기후위기에 대한 점증적 대응이 지구의 기후시스템을 자칫 '티핑 포인트'를 넘어 회복불가능한 상태에 빠뜨릴 수 있기 때문이다.[68]

위와 같은 주장에 대하여는, 점증주의가 오히려 변화를 촉진하는 가장 안전하고 신속한 방식이라는 반론이 가능하다.[69] 점증주의는 정치과정을 중시하기 때문에, 기후위기 대응을 요구하는 사회적 압력이 강해진다면 이를 반영하기 위한 민주적 정치과정이 작동할 뿐만 아니라, 가령 "2050년 탄소제로"와 같은 총론적 목표에 어느 정도 사회적 합의가 형성된다면 그 목표는 -그

---

67) Cary Coglianese & Jocelyn D'ambrosio, "Policymaking under pressure: The perils of incremental responses to climate change," *Connecticut Law Review*, 40(1411), 2008, 1425면.

68) 임계점의 관점에서 지금 인류는 "지구적 위기(planetary emergency)"에 처해있다고 지적된다. 대표적으로, Timothy M. Lenton *et al.*, "Climate Tipping Points-Too Risky to Bet Against," *NATURE*, 575, 2019.

69) Charles E. Lindblom, "Still Muddling, Not Yet Through," *Public Administration Review*, 39(6), 1979, 520면.

엄청난 사회적 파급력에도 불구하고- 불가역적 지위를 가질 수 있기 때문이다.[70] 이와 동시에, 아직 기술적·사회적으로 합의가 형성되지 않은 각론의 영역, 가령 무엇이 기후위기 대응을 위한 최적의 기술조합인가 또는 2050년 탄소중립 달성을 위한 최적의 시나리오는 무엇인가와 같은 문제는, 점증주의가 그 강점을 발휘할 수 있는 점증주의의 본령이기 때문이라는 것이다.

2. 점증주의 모델로부터 바라본 그린뉴딜법안

점증주의는, 복잡한 사안을 해결함에 있어서 모든 대안의 사회적 영향과 그것이 포함하고 있는 가치를 종합적으로 분석하는 합리주의와 달리, 작은 교정을 반복하여 사안의 해결을 위한 변화를 이끌어내는 접근방식이다. 이러한 입장에 입각한다면, 기존의 법체계의 근간을 유지하면서 '2050년 탄소중립 달성'이나 '사회적 형평성'과 같은 사회적 요구를 반영하는 방식으로 개정하는 것이 바람직하다고 생각된다. 다만, 그 과정에서 '정의로운 전환'과 같이 합리주의 모델에 입각한 정책결정의 방식이 기여할 수 있는 부분도 놓쳐서는 안 될 것이다.[71]

한편, 녹색성장법을 필두로 하는 기존의 기후위기 대응 법체계의 한계가 점증적 방식의 교정으로 해결되지 못한다는 엄격한 입장에 선다면, 새로운 법률안의 제정이 정당화될 수도 있을 것이다. 그러나 녹색성장법을 폐기할 것인가를 둘러싸고 정치권에서 치열한 공방이 이어지고 있는 현실을 보노라면, 아직 기존의 녹색성장 담론에 터 잡은 기후위기 대응의 한계가 새로운 법률의 제정을 정당화할 만큼 드러나고 있지는 않다는 것을 간파하게 된다.[72]

---

70) 이러한 측면에서 점증주의는 기후위기대응법안이 갖춰야 할 유연성과 안정성을 동시에 확보할 수 있는 것이다. Richard J. Lazarus (전게 각주 6), 1157면
71) 점증주의를 옹호하면서도 정책결정에 있어서 합리주의의 역할을 완전히 부정하는 건 아니다. 다만 그 영역이 매우 좁다는 점을 지적한다. Colin S. Diver, (전게 각주 57), 434면
72) 이와 같은 취지는 제388회 및 389회 국회 환경노동위원회의 환경법심사소위원회의 회의

이상을 배경으로 하여, 각 그룹이 녹색성장법을 어떻게 바라보고 있는가를 살펴보자. 〈그룹 1〉, 〈그룹 2〉, 그리고 〈그룹 3〉은 "부칙"에서 녹색성장법의 폐지를 명시하고 있으며, 〈그룹 4〉는 명문의 언급은 없지만 내용상 대체로 그렇게 해석될 수 있을 것이다. 한편, 〈그룹 5〉의 탄소중립 녹색성장 기본법안은 〈그룹 2〉의 정의로운 녹색전환법안의 의결을 전제로 하면서도 녹색성장을 유지·보완, 그리고 계승할 뿐만 아니라, 2050년 탄소중립과 공정전환을 포섭하는 등, 사회적 요구에 적응하고 있다고 평가할 수 있을 것이다. 요컨대 〈그룹 5〉만이 다른 그룹에 비하여 보다 점증주의의 방식으로 기후위기 대응의 법체계 구축을 도모하는 것으로 보인다.

VI. 그린뉴딜법안과 게임이론

1. "제1조 제7항" 게임

미국 헌법 제1조 제7항에 따르면, 연방 법률은 상·하원과 대통령의 3자가 일치된 입장에 서는 경우에만 제정될 수 있다.[73] 이는 3자 모두가 거부권을 가짐을 의미하고, 따라서 어느 한쪽이라도 그 권한을 행사한다면, 법률은 제정되지 못하고 현상이 유지된다.

이와 같은 정치구조 속에서 새로운 법률이 만들어지기 위해서는 어떠한 조건이 충족되어야 하는가에 관하여 John A. Ferejohn과 Barry W. Weingast의 통찰은 많은 시사점을 제공한다.[74] 이들은 게임이론을 통하여 법률의 제

록에서 찾을 수 있다.

73) 미국 연방헌법 제1조 제7항은 Revenue Bills, Legislative Process, Presidential Veto에 관하여 설파하고 있다. 이는 몽테스키외의 법의 정신 제11편 제6장에서 지적한 국가의 구조와 삼권분립에 관한 내용이기도 하다. 몽테스키외, 『법의 정신』, 동서문화사, 1978.

74) John A. Ferejohn & Barry W. Weingast, "A Positive Theory of Statutory Interpretation,"

정을 둘러싼 각각의 행위자들의 정치적 역학관계를 분석하였다. 우선 다음과 같은 상황을 상정해보자. 현행법(Q)은 이전 정권에서 통과된 법률이다. 그러나 시간이 흐르고 정권이 교체되어 대통령과 입법부의 중위선호가 크게 변화하였다고 하자. 진보적 색채의 대통령과 다수의 하원의원의 취임은 기존의 법률을 새로운 정치적 압박에 놓이게 한다. 이와 같은 배경에서, 하원을 중심으로 새로운 법률안(L)이 입안된다면, 해당 법률안은 대통령의 선호에는 가까워지나, 상원(S)의 선호와는 멀어지게 된다. 따라서 새로운 법률안은 그 대안 -적어도 상원(S)과 기존의 법률(Q) 사이의 거리 이하의 범위 내에 있는 대안- 이 만들어지지 않는 한, 통과될 수 없다. 그 결과, 새로운 타협안(C)이 대통령과 상원, 그리고 하원의 정치적 타협을 통하여 탄생한다. 이러한 정치적 움직임은 아래의 [그림 1-1]과 같이 정리될 수 있다. 여기서 선분 위의 점과 점 사이의 거리는 선호의 차이를 나타낸다.

[그림 1-1] 제1조 제7항 게임에 의한 법률안 제정의 움직임

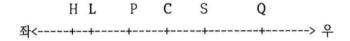

Q: 현상유지, C: 타협안, L: 새로운 법률안
P: 대통령, H: 하원, S: 상원

International Review of Law and Economics, 12, 1992. 본래, 해당 논문에서는 입법, 사법, 그리고 행정의 삼부간의 역학관계를 고찰한다. 다만, 이 글에서는 법원의 역할을 생략하고 행정부와 입법부(상원과 하원 또는 여당과 야당)이라는 3자 간의 역학관계를 살펴본다. 사법의 역할을 분석한 국내 문헌으로는, 허성욱, "정치와 법—법원의 법률해석 기능에 대한 실증적 고찰에 관하여," 서울대학교 **법학**, 제46권 제2호, 2005. 6.

2. 제1조 제7항 게임으로부터 바라본 그린뉴딜법안

법률안의 입법과정을 둘러싼 상원과 하원, 그리고 대통령이라는 3자간의 정치적 역학관계에 관한 분석은 상·하원이 구분되지 않은 우리나라의 경우에도 여당과 야당을 구분하여 적용해볼 수 있을 것이다.

우선, 녹색성장법을 사례를 살펴보기로 한다. 당시 대통령인 이명박의 강력한 이니셔티브에 의하여 제정된 녹색성장법(C)은, 이념적 측면에서, 당시 성장중심 정부의 정책성향보다 환경적 측면을 강조한 법률로 볼 수 있다. 그러므로 아래 [그림 1-2]에서 나타나듯이, 성장에 치우친 법제정 이전의 상황보다 환경과 성장의 균형을 도모하는 위치에, 녹색성장법이 자리잡고 있는 것이다. 그리고 당시 집권여당(R)의 입장에 보면 현상유지와 녹색성장법 사이의 선호상의 차이가 크지 않았으며, 무엇보다 자당 소속의 대통령의 시그니처 정책의 일환으로 추진된 법안이었다는 점에서 찬성하지 않을 이유가 없었을 것이다. 게다가, 성장중심의 이념적 정체성에 환경이라는 진보적 색채를 보완함으로서, 중도적 또는 진보적 유권자에게 호소할 수 있는 정치적 이득을 얻을 수 있었기 때문에, 녹색성장법은 당시 여당에게 상당히 매력적인 법률안으로 여겨졌을 것이다. 이에 반해, 당시 야당(O)이던 진보정당은 자신들의 진보적 이념에 비하면 턱없이 부족하지만, 녹색성장법안이 성장제일주의에서 탈피하여 환경친화성을 담고 있기에, 여기에 반대한다면 진보정당이 환경을 중시하는 법안에 반대한다는 자기모순에 빠지게 되고, 결국 해당 법안에 찬성하지 않을 수 없었을 것이다. 이렇듯, 녹색성장법은 대통령과 여당, 그리고 야당의 정치적 이해관계가 합치하여 무사히 통과된 것으로 분석할 수 있다.

[그림 1-2] 제1조 제7항 게임으로 바라본 녹색성장법

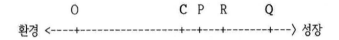

Q: 현상유지(법제정 이전), C: 녹색성장법
P: 대통령, R: 여당, O: 야당

이제, 본격적으로 그린뉴딜법안들을 살펴보자. 녹색성장법이 제정되고 10여 년의 시간이 흐른 지금, 상대적으로 진보적인 이념을 가진 대통령이 선출되고 상대적으로 진보적인 집권 여당이 의회의 절대다수를 차지하게 되었다. 이러한 상황 하에서, 대통령, 집권여당, 그리고 야당을 주요 행위자로 설정하고, 현상유지(녹색성장법)와 그린뉴딜법안의 각 그룹을 도식적으로 표현하면, 아래의 [그림 1-3]과 같을 것이다.

[그림 1-3] 제1조 제7항 게임으로 바라본 그린뉴딜법안

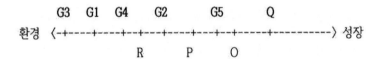

Q: 녹색성장법, G1: 그룹1, G2: 그룹2. G3: 그룹3, G4: 그룹4, G5: 그룹5
P: 대통령, R: 여당, O: 야당

생각건대, 그린뉴딜법안의 제정가능성은 다음 같은 요소로부터 영향을 받을 것이다. 우선, 해당 법안의 필요성의 정도이다. 기후위기에 대응하기 위한 법적 뒷받침이 요구된다는 국민적 목소리가 민주적 절차를 통하여 입법부와 행정부에 도달하게 된다면, 법안의 제정가능성은 큰 폭으로 상승할 것이다. 이번에 살펴본 법안들 모두 강력한 기후위기 대응 목표가 내세워진

다는 점에서 법안의 필요성은 어느 정도 확보한 것으로 읽힌다. 다만, 해당
목표를 달성하는 방식이 지나치게 환경 중심적이거나 사회적 합의가 이루어
지지 않은 사항으로 점철된다면, 사회적 논란과 정쟁의 대상이 될 것이라 쉽
게 예상해볼 수 있다. 그 중에서도 〈그룹 1〉은 전방위적인 기후위기영향평
가제도와 유일하게 탄소예산제도의 시행을 주요 수단으로 삼고 있기 때문에
더욱 그러하다. 한발 더 나아가서, 〈그룹 3〉은 탄소세라는 강력한 수단을
내세우고 있을 뿐만 아니라, 국가와 지방자치단체, 그리고 사업자에 대한 새
로운 책무를 규정하고 있는 까닭에, 법안의 시행으로 인해 직·간접적 피해를
입으리라 우려하는 수많은 이해관계자들로부터의 저항을 피할 수 없을 것이
다. 다른 한편, 〈그룹 1〉과 〈그룹 5〉를 제외한 모든 기본법안에서 2030년
까지의 탄소배출량의 삭감목표를 명언하고 있으나, 여기에 관한 사회적 논의
가 아직까지 성숙되지 않은 점을 고려하면, 해당 법안들은 상당한 논란의 대
상이 될 수 있을 것이다.

다음은 야당의 정치적 이념과의 거리, 그리고 정치적 입장을 고려할 필요
가 있을 것이다. 현재 집권여당이 절대다수를 차지하고 있으므로 야당이 거
부권을 갖는다고 볼 수는 없을지도 모른다. 하지만 법안의 입법취지, 즉
'2050년 탄소중립'과 '정의로운 전환'이라는 거시적이고 장기적인 전사회적 목
표를 고려하면, 야당의 협조는 필수적이라 생각된다. 따라서 여당과 행정부
의 입장에서 법안을 통과시키기 위해선 야당을 어떻게 설득할 것인가가 가
장 크고 어려운 과제가 될 것이다. 이를 위해서는 야당의 정치적 이념으로부
터 지나치게 거리를 둔 법안을 자제함과 동시에, 법안의 통과로 인한 정치적
이득을 제공하여 타협점을 모색해야 한다. 이와 같은 관점에서 〈그룹 5〉는
기존의 녹색성장 이념을 유지·계승한다는 입장을 취하기 때문에, 해당 법안
이 통과된다면, 야당은 체면을 유지했다고 생각할 가능성이 크다.[75] 그리고

---

75) 현재 야당이 녹색성장법에 대한 고수의 의향을 내비추는 가운데, 대안의 제시라는 정치
   적 타협의 가능성을 논의해볼 충분한 가치가 있으리라 생각된다. 에너지데일리, "임이자

여당의 입장에서도 자당 의원이 발의한 법안, 예컨대 〈그룹 1〉과 〈그룹 4〉, 보다는 한발 물러서지만, 그것들의 핵심 목표로 삼는 '2050년 탄소중립'과 '정의로운 전환'을 후퇴시키지 않고 그대로 유지한다면, 충분히 수용가능한 안이 될 것이라 생각된다. 무엇보다, 현재 논의되고 있는 그린뉴딜과 관련된 법안들이 앞으로도 정치적 논쟁의 중심이 될 것임은 분명하기 때문에, 만약 야당과 여당의 타협을 통한 협치가 성사된다면, 대통령의 정치적 부담 또한 경감시킬 수 있는 유인책이 될 것이다.

VII. 결론

오늘날, 기후위기는 더 이상 단순한 이론이 아니라, 우리 삶의 모든 측면에 지대한 영향을 미치는 현실로 다가왔다. 이에, 기후위기 대응의 필요성 그 자체는 물론이고, '무엇이 효과적인 대응방식인가'가 중요한 쟁점으로 부상하게 되었다. 이러한 배경에서 '기후위기 대응을 위한 최적의 법체계란 무엇인가' 또는 '그린뉴딜법안을 제정함에 있어서 무엇을 고려해야 하는가'와 같은 고민이 고개를 드는 것이다.

이 글은, 위와 같은 문제의식을 가지고 현재 논의되고 있는 그린뉴딜 관련 법안들의 구체적인 내용과 쟁점을 살펴보고, 이론적 분석을 통하여 관련 법안의 제정에 대한 나름의 시사점을 제공하였다. 기후위기라는 사안 자체가 가지는 불확실성을 고려하면, 그에 대한 대응은 점진적으로 나아갈 수 밖에 없을 것이다. 이는 또한 불의타에 대한 대응이라는 법체계가 가지는 지향과도 궤를 같이 하는 것이다. 그리고 제1조 제7항 게임이 시사하는 바와 같이, 이전 정권의 시그니처 법안이었던 녹색성장법과 그 핵심에 자리하고 있

의원, "기후변화 문제에 있어서 녹색성장법은 무죄" (2021. 6. 24.).

는 녹색성장의 개념을 폐기하는 것은 주요 행위자들의 정치적 이해관계를 조정해서 법제정에 도달한다는 목표에서 오히려 멀어지는 접근방식이라 생각된다. 요컨대는 복잡계 이론, 법점증주의, 그리고 제1조 제7항 게임 모두 이와 같은 방향을 가리키고 있는 것이다. 결과적으로, 그린뉴딜법안들은 임의자 의원이 발의한 탄소중립 녹색성장 기본법안으로 통합되었으며, 이는 앞선 복잡계이론, 게임이론, 그리고 점증주의의 관점에서의 검토를 뒷받침한 것으로 읽힌다.

이와 같은 결과에 더하여, 우리는 오토 노이라트(Otto Neurath)의 비유를 음미해볼 필요가 있을 것이다. 그에 따르면, 우리는 망망대해의 한 가운데에서 고장 난 배를 수리하는 선원과 같다. 선체에 크고 작은 문제가 발생했다 하더라도, 당장에 드라이독에 들어가서 모든 고장을 수리할 수는 없고, 아무런 조치 없이 목적지를 향해 나아갈 수도 없다. 그렇기 때문에 항해를 계속하면서 배를 수리할 수밖에 없는데, 만약 물이 샌다면 다른 곳에서 판자를 떼어서라도 덧대야하고, 돛이 찢어진다면 기워서라도 사용해야 한다. 이것이 바로 "노이라트의 배(Neurath's boat)"에 타고 있는 선원의 처지이다. 기실, 인간의 기획도, 기후위기 대응을 위한 법체계의 구축도 마찬가지다. 기존의 체계에 크고 작은 문제가 발견되더라도, 그것과 관련된 모든 법률과 정책, 그리고 계획 등을 폐기하고 처음부터 새롭게 시작하는 것은 불가능하다. 계속해서 드러나는 자연과학적 사실과 역동적으로 변화하는 사회 구성원들의 요구를 끊임없이 반영하면서 적응해 나갈 수 밖에 없는 것이다. 이것이 바로 기존의 체계를 유지하면서 그 속에서 발생하는 문제를 점진적으로 해결해야 하는 이유이다.

제2장 탄소중립 시대의 차세대 전력망

문승일(한국에너지공과대학교 석좌교수)

I. 서론

전 세계적으로 이상고온 및 폭우 발생으로 인한 인명, 재산 피해가 속출하고 있다. 우리나라에서도 기록적인 폭염, 폭우, 한파 등 이상기후 현상들로 인해 사회적, 경제적 피해가 심각하다. 실제로 국내에서 최근 10년 간 기상재해로 인해 20만 명의 이재민이 발생했으며 경제적 손실은 약 12조 원에 육박하는 수준에 이르렀다. 기후위기에 대응하는 것은 인류의 생존과 직결되는 것으로 당장의 시급한 현안으로 부각되고 있다.

국제사회는 이와 같은 기후위기에 대응하고자 공동체적 행동을 펼치고 있다. 지난 2015년 12월, 기후위기에 대응하기 위해 파리협정을 채택하였다. 파리협정은 유엔기후변화협약에서 채택된 조약으로서 지구 평균온도 상승폭을 산업화 이전 대비 2℃ 이하로 유지하고, 더 나아가 온도 상승 폭을 1.5℃ 이하로 제한하기 위해 함께 노력하기 위한 국제적인 협약이다. 파리협정의 목표를 달성하기 위해 각 국가들은 2050년까지 탄소중립을 달성하겠다는 비전을 제시하고 여러 방면에서 달성을 위해 무던한 노력을 하고 있다. 2020년 전 세계를 강타한 코로나 팬데믹 사태는 대공황 이후 최악의 경제 충격을 불러왔다. 경기 침체와 더불어 기후변화에 대한 강한 위기의식이 증대 되었고 이에 대응하는 체제가 돌입되어 유럽연합(EU), 영국, 미국, 중국, 일본 등 134개국이 탄소중립을 선언하고 지속가능한 사회를 만들기 위해 노력하고 있다.

탄소중립은 인간의 활동에 의한 온실가스 배출을 최대한 줄이고, 남은 온실가스는 흡수(산림 등), 제거(CCUS, Carbon Capture Utilization & Storage, 탄소 포집, 이용, 저장)해서 실질적인 배출량이 0(Zero)이 되는 개념이다. 즉 배출되는 탄소와 흡수되는 탄소량을 같게 해 탄소 '순배출이 0'이 되게 하는 것으로 '넷-제로(Net-Zero)'라고도 불린다. 에너지 분야에서는 에너지 주공급원을 화석연료에서 신·재생에너지로 변환하는 것이 핵심인데, 전기자동차의 보급도 증가할 것으로 예상되며 소비되는 전체 에너지 중 전력이 차지하는 비중 또한 증가될 것으로 예상된다. 이러한 변화를 준비하는 과정에서 증가되는 전력 수요량에 따른 전력 설비가 필요하고 이를 수용하고 효율적으로 활용하기 위한 전력망의 변화가 우선적으로 이뤄져야 한다.

Ⅱ. 탄소중립 시대와 차세대 전력망

탄소중립 목표를 달성하기 위해 반드시 풀어야 할 숙제들이 있다. 재생에너지원의 보급 확대를 중심으로 한 에너지 전환이 핵심 사안이지만 아쉽게도 정부의 발표안에는 재생에너지원 수용에 대한 구체적인 대안이 없다. 재생에너지 보급과 관련된 내용만 있을 뿐 이를 어떻게 수용하여야 하는지에 대한 구체적인 방안이 보이지 않는다. 고속 기관차가 제대로 달리기 위해서는 고속 철도가 필요하듯이 재생에너지를 제대로 보급하기 위해서는 이에 걸맞은 새로운 인프라를 먼저 구축하여야 한다.

1. 기존 전력망의 한계

'2050 탄소중립 시나리오'를 살펴보면 전기자동차의 보급 확대와 소비되는 전체 에너지 중 전력 에너지 비중이 증가하는 추세로서 현재에 비해 전력 수요량이 200% 증가 될 것으로 예측된다. 또한 전력 피크 수요 역시 현재의

100GW 수준에서 200GW 수준으로 증가될 것으로 예상된다. 풍력, 태양광 등 간헐적인 재생에너지의 특성을 고려했을 때 재생에너지 발전 설비의 가동률은 약 20% 수준이 된다. 재생에너지는 전체 에너지 중 60% 비중을 담당할 것으로 전망되는데 가동률을 고려하여 피크 수요 중 120GW를 감당하기 위한 재생에너지 발전 설비량은 700GW 규모가 된다. 이는 현재 발전 설비의 약 50배(2019년 기준 국내 전체 재생에너지 발전 설비 용량은 약 13GW)에 이르는 규모의 재생에너지 설비가 필요하다는 결과를 도출할 수 있다.

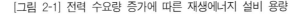

[그림 2-1] 전력 수요량 증가에 따른 재생에너지 설비 용량

하지만 현재의 AC 전력망 구조를 유지한 상태에서 대규모의 재생에너지를 수용하는 데 한계가 있다. 재생에너지는 대부분 도심지가 아닌 도서/산간 지역에서 이루어지고 있어 재생에너지 발전 설비를 통해 생산된 전기를 수용가에 전달하기 위해서는 전력망, 변전소의 변압기, 송전소 등 다양한 전력 설비가 갖춰져야 한다. 특히 전력계통 운영은 전기품질 유지를 위해 보수적인 접근 방법이 적용되어 모든 설비는 정격 용량(최대 출력)에 기반하여 평가되기 때문에, 낮은 이용률을 갖는 재생에너지 발전 설비는 높은 출력에 비해 낮은 에너지량을 가지고 있어 많은 설비 용량 연계가 요구된다. 일반적으로 AC 전력망의 재생에너지 수용 한계치는 계통 용량의 약 20% 수준이다. 앞서 살펴본 국내의 2050 탄소중립 달성을 위해 필요한 재생에너지 설비 용량 700GW로 이를 수용하기 위해서는 3,500GW 규모의 AC 전력망이 필요

하다.

대규모의 AC 전력망 증설에는 비용, 건설 시간 및 주민 수용성 문제 등 현실적인 제약이 존재한다. 한전에서 발표한 자료에 따르면 탄소중립이 이뤄지는 2050년까지 필요한 배전 선로 신설 회선 수는 약 1만 6800회선, 신설 비용은 32조 원에 달한다고 추산한다. 비용 문제 이외에도 새로운 설비 건설에 걸리는 대기 시간이 길다는 추가적인 걸림돌이 존재한다. 또한, 전력망 건설에 따른 민원 문제를 해결하기 위한 이해관계자의 의견 조율 등 추진 과정에서 발생하는 다양한 애로사항에 대한 고려도 필요하다. 이러한 구조적, 현실적 한계를 지닌 현재의 국내 전력망은 대규모의 재생에너지 수용은 불가능하며 새로운 전력망이 필요하다.

[표 2-1] 계통연계 건설 기간 및 민간 희망기간

공사 종류	한국전력 예상 소요기간	민간사업자 희망 소요기간
예산확보	1년	수시
배전선로 건설	1년	6개월
뱅크(변압기) 건설	2년	1년
변전소 건설	4년	2년

2. 차세대 전력망 기술

탄소중립 목표 달성을 위해 전력망의 혁신적인 변화가 필요하다. 즉 전력 관련 신기술을 적극적으로 도입하여 전력 계통의 전면적인 개편이 진행되어야 한다. 이에, 세 가지 핵심 기술을 살펴본다.

가. DC 그리드

기존의 교류 전력 시스템이 아닌 직류(DC) 기반의 전력망 구축을 통해 송전용량을 증가시키고 조류조절 능력을 향상시킬 수 있다. 또한 재생에너지 설비와 이를 저장할 수 있는 에너지저장장치(ESS, Energy Storage System)는 직류 설비로서 이를 효율적으로 활용하기 위한 직류 기술 개발이 활발하게 진행되고 있다. 특히 HVDC(High Voltage Direct Current) 기술과 MVDC(Medium Voltage Direct Current) 기술은 각각 송, 배전급 전력망의 혁신을 불러일으킬 기술로 기대된다.

나. 계통 분산화

기존의 전력시스템은 중앙 집중형 발전 구조로서 단방향적인 전력의 흐름이 필연적인 특성을 지녔다. 재생에너지 발전 설비와 에너지저장장치 등 분산된 형태의 에너지원이 보급됨에 따라 분산형 발전 형태로 변화가 진행되고 있다. 특히 정확한 예측이 어려운 다양한 규모의 재생에너지 발전원이 도입됨에 따라 공급 능력의 확대보다 유연성을 확보하는 능력이 더욱 중요해졌다. 전력을 생산하고 동시에 소비하는 프로슈머들이 나타나고 양방향 전력의 흐름을 가능케 만들었다. 특히 마이크로그리드(Microgrid) 기술을 통해 분산형 시스템의 조합 제어가 가능해지고 효율적이고 안전한 설비 운영을 수행할 수 있다.

다. IT 기술

빅데이터를 기반으로 AI 기술을 도입해 전력 시장 및 전력망 운영의 혁신이 가능하다. 분산전원의 확대 보급으로 계통 운영의 복잡성이 증가하고 스마트 계량기, 전기차의 충방전 설비(V2G, Vehicle to Grid) 등으로 인한 전력 관련 데이터가 증가하고 있는 추세이다. 이러한 설비들을 효율적이고 최적으로 운영하기 위해 데이터 처리가 필수적이며 AI/Big Data 기술을 활용해 운영 및 수요 관리 능력을 향상시킬 수 있다.

[그림 2-2] 전력망 변화를 위한 핵심 요소 기술

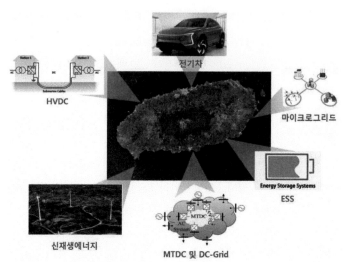

Ⅲ. 그린허브스테이션

탄소중립 목표 달성을 위해 대규모의 재생에너지를 수용할 수 있는 전력 인프라가 필수적이며 그린허브스테이션(Green Hub Station)이 바로 그 솔루션이 될 수 있다. 그린허브스테이션은 기본적으로 설비 건설비용, 시간 그리고 주민 수용성 측면에서 AC 전력망 증대보다 우수한 특성을 지닌다. 동시에 자원의 활용성을 증대시켜 안정적이고 효율적인 계통 운영에 큰 이바지할 수 있는 차세대 전력망의 핵심 요소기술이다.

그린허브스테이션은 재생에너지 설비의 수용성을 극대화하는 것이 목적이다. 재생에너지 발전 피크 저감을 통해 설비 용량의 감소 효과를 이끌어 낼 수 있으며, 재생에너지 발전의 정확한 예측과 시스템 내 자원과의 협조 제어를 통해 전체 발전량을 조절함으로써 안정적이고 효율적인 운영이 가능하다. 그린허브스테이션은 다양한 이해관계를 가진 참여자들을 포용하는 미래 배전 플랫폼이라 할 수 있다.

[그림 2-3] 그린허브스테이션 구성도

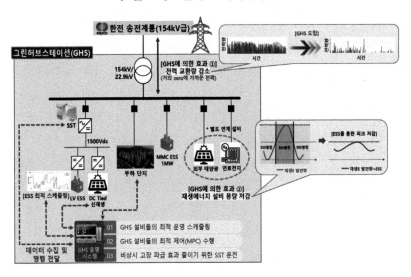

1. 그린허브스테이션 기술의 필요성

탄소중립 달성을 위해 대규모의 재생에너지 발전원 도입은 필수적이며 이를 전력 계통에서 수용할 수 있는 능력을 확보하는 것이 중요하다. 특히 재생에너지 발전원에서 만들어진 전력을 소비자 단에서 공급받아 활용할 수 있도록 계통이 변화되어야 한다. 전력계통 운영은 전기품질의 유지를 위해 보수적인 접근 방법을 사용하고 있고, 모든 설비는 정격 용량(최대 출력)을 바탕으로 평가된다. 재생에너지원의 간헐성은 기존 발전 설비에 비해 낮은 이용률 특성을 갖는다. 예를 들어 이용률 15% 수준의 100MW 태양광 설비는 이용률 75% 수준의 20MW 용량의 화력 발전기와 동일한 에너지를 갖는다. 이렇듯 재생에너지 발전원은 높은 출력에 비해 낮은 에너지량을 갖고 있어 많은 설비 용량의 연계가 요구된다. 탄소중립 달성을 위해 약 700GW 이상의 재생에너지 설비가 계통에 연계되어야 한다고 판단되기 때문에 이를 수용하기 위해서는 기하급수적인 송전망 확충이 필요하나 이는 현실적으로 불가능하다.

재생에너지 발전원의 확대 도입에 따라 송배전망 확충과 더불어 이를 대체할 수 있는 NWA(Non-Wire Alternatives) 기술의 개발 및 적용이 필요하다. ESS 기술, V2G(Vehicel to Grid), P2G(Power to Gas), P2H(Power to Hydrogen) 등의 섹터 커플링 기술, 마이크로그리드 기술 등이 대표적인 NWA 기술로 재생에너지 설비의 확대에 대비할 수 있는 계통 보강 기술이다. 그린허브스테이션은 이러한 기술을 적용하고 활용하기 유용한 플랫폼이 될 것이다. 또한 계통의 복잡도가 크게 증가될 것으로 예상되기 때문에 이를 분산화하고 단순화함으로서 복잡도 증가에 대응하는 전략을 마련하는 데도 활용될 것이다.

재생에너지의 수용량 문제를 해결하기 위해서는 에너지 밀도를 높여야 한다. 에너지 밀도를 높이기 위해서는 재생에너지 발전원에서 계통으로 전력을 공급할 때 ESS를 활용해 피크를 저감하여 계통에 전력을 투입하는 형태를 갖춰야 한다. 단순히 ESS 설비의 충방전 특성을 활용해 피크를 저감하는 수준에서 벗어나 비상 상황에서 재생에너지 감발 운전, DC 그리드 차단, 고장 전류 저감 등을 활용해 피크 저감을 달성하고 이를 통해 설비 용량을 감소시킬 수 있다.

또한 그린허브스테이션은 재생에너지 발전에 대한 정확한 예측과 플랫폼 내 타 자원과의 협조 제어를 통해 재생에너지 발전원들의 출력을 변동시킬 수 있다. 이를 활용해 유효, 무효 전력을 제어하여 기성 발전원의 수행 동작을 모사하여 계통의 효율성, 안정성을 극대화 할 수 있다.

[그림 2-4] 그린허브스테이션 기반 신재생 수용성 개선 예시

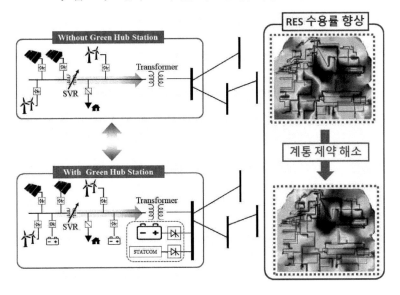

[그림 2-5] 그린허브스테이션 도입을 통한 발전 피크 감축 기능

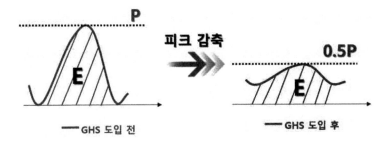

2. 그린허브스테이션 관련 국내 법·제도 동향

국내에서는 재생에너지 도입을 앞당기고 정책을 수립하고자 '신에너지 및 재생에너지 개발·이용·보급 촉진법'에 따라 '신재생에너지 기본계획'을 수립하고 있다. 특히 '에너지기본계획'등과 연계하여 신재생에너지 분야의 중장기

목표 및 이행방안을 제시한다. 지난 2020년 12월 정부는 '제5차 신재생에너지 기본계획'을 발표하였으며, 해당 계획에는 기존의 보급 위주의 정책을 넘어 계통 기여 및 시장 제도 등 다각도의 정책이 논의되었다.

특히 계통혼잡 완화를 위해 기존의 고정(Firm) 접속방식에서 선로별 접속용량 차등, 최대출력 제한, 先접속-後제어 등 유연한(Non-Firm) 접속방식을 도입할 계획을 밝혔다. 재생에너지의 변동성 대응을 위해 설비 스스로의 예측·제어능력을 향상시키고, 유연성 자원 및 관성 자원 확보, 재생에너지 관제 인프라 통합 등 대응 인프라 강화를 준비하고 있다.

[그림 2-6] 제5차 신재생에너지 기본계획 주요 특징

기존 계획(1~4차)		제5차 계획('20~'34)
신재생에너지 **양적 확대에 중점, 계통 안정성 등 감안 부족**	⇒	**계통 수용성 증대를 위한 시스템 구축**
공급・의무화 측면에 중점 (RPS, FIT 등)	⇒	**수요・자발적 확산** 보완 (RE100, 자가용 촉진 등)
신에너지(수소분야)에 대한 **고려 미흡**	⇒	**수소산업 생태계 육성 포함**

+ (추가) 탄소중립 시대의 도전과제
❶ 획기적 잠재량 확충·개발방식 혁신 ❷ 기술한계 돌파 ❸ 전력계통 대전환 ❹ 그린수소 확대 및 에너지시스템 통합

또한 정부는 2021년 06월 '분산에너지 활성화 추진전략'을 통해 기존의 대규모 발전소를 중심으로 한 급전·제어 방식을 탈피해 분산에너지 특성을 고려한 계통관리방식 및 법체계 도입의 필요성을 언급하였다. 해당 자료에는 재생에너지 확대에 따른 일부 지역(제주도, 신안-안좌 등 육지 일부 지역)의 계통 불안정성 문제를 해결하기 위한 공공 주도 ESS 구축 방안이 제시되어 있다. 추가적으로 재생에너지의 잉여전력을 해소하기 위한 전력-비전력 부문 간 결합(Sector-Coupling) 기술에 대한 개발 및 상용화 추진 방안도 제시하였다.

[그림 2-7] 공공 주도 ESS 주요 특징

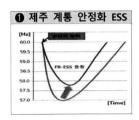 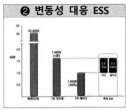 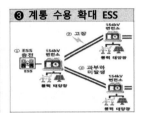

그린허브스테이션 기술은 이러한 정부의 정책 및 제도 변화에 가장 적합한 기술로서 전력계통 대전환에 핵심적인 역할을 수행할 것으로 기대된다. 기존의 설비 증대 방식을 벗어나 유연한 방식으로 재생에너지 계통 수용성을 증대시켜줄 수 있으며 동시에 분산에너지 특성을 고려해 변동성 대응 및 계통 안정화에 도움을 줄 수 있는 핵심 기술이 될 것이다.

3. 국내·외 기술 동향 및 시장 수준

가. 국내 기술 동향 및 수준

국내에서는 재생에너지 확대를 대비하기 위한 이동형 변전소에 대한 연구가 개발되고 있으며 실증 단계에 있다. 이동형 변전소는 변압기, 스위치, 제어장치 등 변전소의 설비들을 모듈화하고 이를 트레일러에 탑재해 전력 수요지로 이동해 운영하는 새로운 방식의 변전소로서 표준화된 설비를 활용하여 설치 기간이 짧은 특성을 갖는다. 이를 통해 재생에너지 설비의 확대에 따른 문제점들을 조기에 대응하고 계통을 안정시키는데 큰 효과가 있을 것으로 기대되는 기술로서 실제로 한전 전력연구원에서 20MVA 규모의 시스템을 고창 지역에 실증할 것으로 예정 중이다.

한편 한국전력 계통계획처에서는 공공ESS(KEPCO Grid-ESS, KG-ESS) 기술을 통해 송전망용 에너지저장시스템을 개발하고 있다. 이를 통해 주파수, 전

[그림 2-8] 이동형 변전소의 전력망 연결 개념도

압, 발전기 출력을 제어하고 블랙아웃을 방지할 수 있는 기술 개발을 목표로
하고 있다. 계통에 설치된 ESS가 재생에너지의 공급 과잉 시 수요로 기능하
면서 과전압과 고주파수 문제의 해결에 도움을 줄 수 있을 것으로 기대된다.
또한 ESS의 빠른 속응성 특성을 이용한 주파수 조정 예비력 영역이 마련되면
재생에너지의 출력의 급변동에 대응이 가능하여 주파수 안정도에 기여할 수
있고 추가적으로 대용량 발전기 탈락 시 주파수 하락 최저점에 개선이 가능
한 특징을 갖는다.

[그림 2-9] 계통 안정화용 ESS 용도

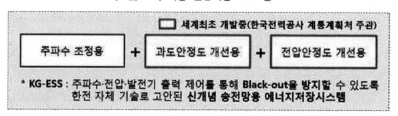

나. 국내 시장 규모 및 수출·입 현황

탄소중립을 이행하는 과정에서 산업부문의 최종에너지 소비 중 석유·석탄·도시가스의 상당 부분을 전력이 대체하면서 전력 소비가 증가될 것으로 전망된다. 또한 재생에너지 발전 비중이 큰 폭으로 증가될 것은 필연적이다.

[그림 2-10] 국내 태양광 시장 현황 및 전망

(단위: MW)

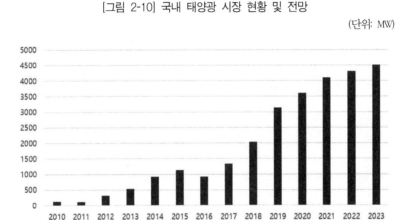

자료 : 한국에너지공단, 전망치는 수출입은행

국내 태양광 산업의 동향을 살펴보면 2015년 1GW를 돌파했던 국내 시장은 2018년 2GW, 2019년 3GW를 빠르게 넘어섰으며, 2021년 4GW 규모를 넘어설 것으로 예상된다. 2020년을 기준으로 국내 태양광 시장의 규모는 약 3.5조 원으로 추정되며, 글로벌 기준 약 8위권의 시장으로 성장하였다. 정부의 보급정책으로 국내의 태양광 설치량도 빠르게 증가하고 있으며 최근 기업들의 ESG 경영강화로 기업의 태양광 발전 수요도 꾸준히 증가할 것으로 예상된다.

국내 풍력 발전은 글로벌 트렌드에 비해 성장 속도가 더딘 편이다. 2020년 7월 정부는 '해상풍력 발전방안'을 발표하여 2030년까지 국내에 해상풍력 12GW를 준공하고 세계 5대 해상풍력 강국으로 도약하겠다는 비전을 제시하였다. 풍력 발전 분야 또한 정부의 재생에너지 경쟁력 강화 방안과 보급 계획에 따르면 향후 3년간 6조 3천억 원이 투자될 예정이다.

[그림 2-11] 연도별 국내 풍력발전 용량

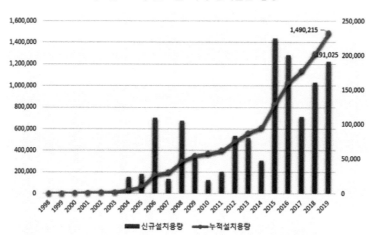

다. 국외 기술 동향 및 수준

해외 에너지 기업들도 재생에너지의 계통 연계 및 설비의 효율적 활용을 위해 여러 기술을 개발하고 이를 적용하고 있다. GE(General Electric) 社에서는 GridNode DER Management System을 개발하여 분산된 재생에너지원의 자동 제어 기능을 갖춘 에너지 관리 시스템을 구축하고 있다. 해당 기술은 재생에너지의 유/무효 전력, 전압 등을 사용자가 통합 제어할 수 있는 기능을 제공한다. 이를 통해 재생에너지 발전원의 신뢰성을 향상 시키고 효율적인 운영으로 수익성 향상, 에너지 비용의 절감을 달성할 수 있으며 기타 설비의 수명 연장 등 긍정적인 효과를 기대할 수 있다. 비슷한 기술로는 Hitachi ABB 社에서는 e-mesh 기술이 있으며 이 또한 분산된 재생에너지 효율적이고 신뢰성 있게 활용하는 방안을 제시하고 있다.

또한 해외 선진사들은 이동형 변전소를 적극적으로 활용하여 재생에너지 수용성을 증진시키려는 노력을 하고 있다. 단순히 기존 변전소를 대체하는 개념이 아니라 신규 변전소 건설이 어려운 지리적 여건을 극복하고 태양광, 풍력과 같은 재생에너지 설비의 효율성을 증진시키기 위한 형태로 기술이 활용되고 있다. 중압부터 초고압까지 다양한 전압 범위에 대한 기술이 개발되고 있으며 재생에너지의 수용성을 향상 시키고 계통의 유연성을 확보하는 자원으로 널리 활용되고 있다.

라. 국외 시장 규모 현황

세계적으로 전체 에너지 소비 중 재생에너지의 비중이 증가하는 추세에 있다. 에너지 발전 측면에서도 기존의 화석에너지 발전 비중을 줄이고 재생에너지로 대체되고 있는 추세이다. 전 세계의 재생에너지 비중은 2027년까지 연간 약 7.9%씩 증가할 전망으로 관련 분야에 대규모 투자가 될 것으로 예상된다. 태양광, 풍력을 비롯한 재생에너지 발전 설비의 설치와 ESS 설치도 큰 폭으로 증가되어 대규모 설비가 계통에 연계될 것으로 예상된다. 이러한 변화 속에 에너지 산업 내 새로운 시장이 창출 되고 있으며 독일, 호주, 미국 등의 여러 기업들은 ESS와 재생에너지 자원을 결합하여 간헐적 발전 특성을 극복하고 잉여 전력을 거래하는 등 여러 비즈니스 모델을 개발하고 다른 업종 간 융합과 디지털화를 기반으로 시장을 개척해하고 있다.

[그림 2-12] 전 세계 태양광, 풍력발전 설비 용량

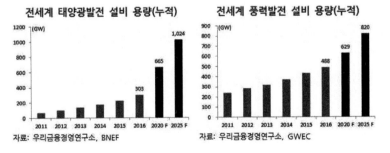

4. 그린허브스테이션 핵심 기술

가. 최적 설비 용량 산정 기술

그린허브스테이션을 구성하는 대용량 ESS, SST(Solid State Transformer) 등 다양한 종류의 설비를 선정하고 적정 용량을 산정하는 단계가 필수적이다. 그린허브스테이션에 연계할 재생에너지 설비 용량 및 위치를 고려하여 재생에너지 발전원의 변동성을 완화시켜 안정적이고 효율적으로 자원을 활용하기 위한 추가 자원들이 필요하다. 실제 시스템과 유사한 형태의 시뮬레이션 환경을 구축하여 설계하고 이를 바탕으로 재생에너지 도입 시나리오에 따른 영향을 분석하고 알맞은 최적 설비를 도출하는 기술 개발이 필요하다.

나. 운영 알고리즘 기술

그린허브스테이션 내에는 재생에너지 발전원을 비롯해 분산된 형태의 여러 자원들이 존재한다. 제어 가능한 해당 구성 자원들과 유연성 자원 설비들의 최적 협조 운영 알고리즘을 개발하고 이를 활용하는 기술 개발이 중요하다. 그린허브스테이션에 입찰된 발전량을 만족하기 위해 부하 및 설비들의 최적 협조 운영 방안이 마련되어야 하며 동시에 변동성 및 외란을 고려한 제어 기법의 고도화도 이뤄져야 한다. 전압 제어, 손실 최소화, 선로 과부하 및 역조류 제어 기술을 탑재하여 계통 운영의 유연성을 증대시키고 재생에너지 설비의 수용성을 개선시키는 데 활용할 수 있다.

다. 경제성 분석 및 비즈니스 모델 개발

그린허브스테이션의 경제성 효과는 다양하게 분석될 수 있다. 접속 대기중인 재생에너지 자원을 계통에 접속시켜 활용함으로써 발생하는 이익이 존재한다. 차후 제도가 개편되어 그린허브스테이션 자원이 전력 시장에서 활용 될 수 있는 다양한 시나리오를 가정했을 경우 해당 이익 뿐 만 아니라

[그림 2-13] 그린허브스테이션 설비 제어 방안 예시

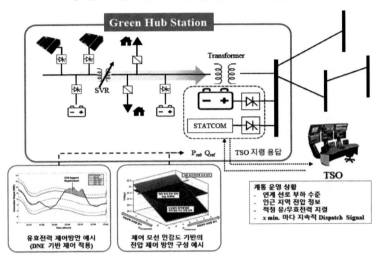

유연성 공급 및 기타 전력 시장 참여 등을 통한 추가 이익을 얻을 수 있다. 그린허브스테이션 기술 도입을 위한 제도를 고안해 볼 수 있으며 해당 제도 하에서 경제적 분석과 비즈니스 모델을 도출해 내는 기술 연구도 함께 수행 되어야 한다.

[그림 2-14] 현/미래 제도 하에서 그린허브스테이션 경제성 분석 예시

5. 그린허브스테이션 파급효과

가. 과학/기술적 파급 효과

그린허브스테이션은 탄소중립 달성을 위한 차세대 전력망 인프라의 기반을 만드는 핵심 기술이다. 기존의 전력 설비 인프라의 단순 확충만으로 해결할 수 없는 수용 한계를 넘어서는 혁신적인 전력망 기술 확보가 가능하다. 재생에너지 접속 대기 물량 문제를 단기간에 해결할 수 있는 솔루션을 확보할 수 있다. 또한 송전계통에서 활용 가능한 제어 유닛의 확보로 안정성 및 유연성 향상이 가능하다. 뿐만 아니라 배전계통 및 마이크로그리드 내 재생에너지 수용률을 극대화하는데 기여한다.

나. 경제적 파급 효과

재생에너지 수용성 향상 및 계통의 유연성 확보를 위한 핵심 기술 개발은 국가 차원에서 산업과 경제적인 측면에 큰 기여를 할 것으로 예상된다.

재생에너지 보급 확대에 따른 전력망 영향에 대한 인식이 증가하면서 정량화된 수치 비교를 위해 수용비용(Integration Cost) 평가 방법이 많이 활용되고 있다(수용 비용 = 변동성 비용 + 간헐성 비용 + 계통 접속 및 보강 비용). 그린허브스테이션 기술은 계통 접속 및 보강 비용을 최소화하고 수용비용 중 변동성 비용에 포함되는 ESS투자 운영을 통해 재생에너지의 수용성 확대를 가능케 함으로써 전체 수용비용의 절감효과를 달성할 수 있다.

또한 온실가스 배출을 감축시키는 효과를 통해 추가적인 경제적 이익을 얻을 수 있으며 이를 온실 가스 배출권 가격으로 환산했을 때 연간 8조원 수준에 육박할 것으로 기대된다.

[그림 2-15] 그린 허브 스테이션의 기술적 효과

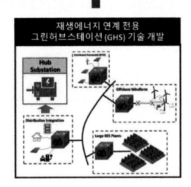

[표 2-2] 수용비용 구성 요소 정리

구분	변동성 비용	간헐성 비용	계통 접속 및 보강 비용
발생 원인	백업 공급설비 확충	예비력 기준 상향	송배전 설비 보강
비용 요소	공급안정용 백업 설비 투자 운영비	실시간 수급 유지를 위한 예비력 운영비	재생에너지 수용을 위한 설비 투자비

다. 사회/문화적 파급 효과

그린허브스테이션 기술은 탄소중립 정책의 재생에너지 보급 목표를 달성하는 방안으로서 트랙 레코드를 제공할 것이다. 탄소중립 정책은 재생에너지 수용 목표를 산정해놨으나 구체적인 접속 및 연계 방안이 없는 현실적인 문제가 존재한다. 그린허브스테이션 기술을 통해 각기 다른 계통 상황에 알맞은 해결방안을 제시할 수 있다.

나아가 차세대 전력망 계통에 대한 국민적 수용성을 증대시키는 효과를 얻을 수 있다. 송/배전 선로, 변전소, 기존 발전소 등 추가적인 전력 인프라 구축을 최소화함으로써 국민적인 수용성을 증대 시키는 효과를 이끌어 낼 수 있다. 추가 계통 인프라 회피 비용을 통해 재생에너지의 발전 단가의 경쟁력을 높임으로써 전기 요금으로 전가되는 소비자의 부담이라는 리스크를 저감시킬 수 있다.

또한 학계, 공기업, 민간 기업이 참여하여 신산업 기술을 리드하고 탄소중립 산업 생태계를 조성하는 효과를 기대할 수 있다. 마지막으로 미래 전력 산업 구조로의 개편을 선도하면서 현행 제도의 개선 필요성을 재고하고 추가적인 정책을 제안할 수 있다.

Ⅳ. 결론

이 글에서는 탄소중립 달성을 위한 차세대 전력망 기술에 대해서 소개하였다. 기후위기로부터 안전하고 지속가능한 탄소중립 사회를 만든다는 비전을 바탕으로 제안된 2050 탄소중립 시나리오와 NDC 목표는 탄소중립 실현을 위한 미래상과 부문별 세부 정책 방향을 보여주고 있다. 특히 기존의 화력, 석탄 발전을 재생에너지 발전으로 대체하는 에너지 전환이 핵심 주제이며 동시에 전체 에너지 중 전력이 차지하는 비중이 증가될 것으로 예상된다.

하지만 탄소중립 정책은 재생에너지 수용 목표를 산정해놨으나 구체적인 접속 및 연계 방안이 없는 현실적인 문제가 존재한다. 그린허브스테이션으로 대표되는 차세대 전력망 기술을 통해 기존의 전력 설비 인프라의 단순 확충만으로 해결할 수 없는 수용 한계를 넘어서는 혁신적인 전력망 기술 솔루션 도출이 가능하다. 현존하는 전력 설비를 최대한 활용하여 환경파괴를 최소화하고 국민적인 수용성을 증가시키는 효과를 도출해 낼 수 있다. 차세대 전력망 기술은 계통의 유연성과 안정성을 향상시켜 분산된 대규모 용량의 자원을 효율적으로 활용할 수 있는 시스템을 구축할 수 있다.

   탄소중립 달성을 위한 기술적 솔루션 도출 이외에도 이를 성공적으로 달성하기 위한 법·제도의 정비가 뒷받침 되어야 할 것이다. 현행 전력 산업 구조 내에서 신기술의 역할 및 한계 분석 수행이 필요하다. 또한 신기술의 적극적인 도입을 위한 현행 제도의 개선 필요성을 재고하고 추가적인 정책 제안을 수행하여 탄소중립 목표를 달성해야 할 것이다.

제3장 그린뉴딜 건축도시 에너지 생태계 진화

김우영(성균관대학교 건축학과 교수)

I. 서론: 군집

건축에서 도시로의 군집[1]은 형성 시기로 자연발생 또는 계획도시로 분류될 수 있으나 대개 혼재되어 존재한다. 자동차 통과도로 주위로 자연 발생된 콘크리트 위주의 선형도시를 녹지로 조성된 전원도시와 비교할 때, 어느 도시가 친환경이라 할 수 있는가? 우문에 답하기 전에 도시가 자연에 연접되는 방식[2]과 도시의 척도 정도는 파악하는 것이 현답의 조건일 것이다.

지구촌 건축도시 생태계의 오염이 화석 에너지에 의존된 변화에서 기인한다고 가정한다. 따라서 회귀는 시간의 경과에도 변화되지 않은 특성을 찾는데서 시작된다. 세계보건기구(WHO)는 화석연료로 진행된 산업화와 근대도시의 급속한 고밀화로 파생된 대기오염[3]과 연관되어 지속적인 공조에도

---

1) 외국어표기 community, 群集, 표준한국어사전에 의하면 "사람이나 건물 따위가 한곳에 모임," "여러 종류의 개체가 자연계의 한 지역에 거주하면서 유기적인 관계를 가지고 생활하는 개체군의 모임"을 의미한다.
2) 트랜섹트(the urban-to-rural transect)는 "성장 축의 개발정도를 도식화하는 분석방법론으로 지역개발과 생태발자국의 횡단면적 연관성"을 표시한다.
3) 산업혁명 전인 1273년 영국 오 에드워드 1세가 최초로 대기오염 방지 칙령 발표하고, 1866년 영국 매연 감소를 위한 '위생법(Sanitary Act) 제정하였다. 1956년에는 청정 대기법을 제정하고 무연지구(Smokeless zone)로 오염 물질 규제지역도 지정하였지만, 1800년대 초 유행한 콜레라는 거의 모든 도시에서 수백만 명의 희생자를 발생시켰고, 1952년 런던에서는 검은 스모그 현상으로 시야가 가려져 도로의 차량운행이 마비되고 매연의 실내 유입으로 공연이 취소될 정도의 심각한 대기오염이 발생되어, 4일간 약 4천명의 사망하였고 추가로 1년 동안 8천명이 사망으로 기록된다.

매년 약 7백만 명이 사망한다고 밝히고, 이에 따라 미세먼지와 초미세먼지, 오존, 이산화질소, 이산화황, 일산화탄소의 권고 수준을 새롭게 강화한 가이드라인을 발표했다.[4]

위기에서 국가가 '망각된 주체'들의 자유로운 참여로 이루어진 유기적 공동체로의 균형을 다시 찾는 개혁을 지향했던 20세기 초, 산업화 신정책(New Deal)이 21세기 기후변화와 코로나 위기로 '화석화된 주체[5]'들을 위한 지속가능한 진화의 담론으로 재생산되고 있다. 유럽의 많은 도시들은 모두 높은 환경 기준을 달성하고 야심찬 목표에 대한 일관된 헌신으로 '유럽그린수도(the European Green Capital)'로 지정되었다. 2021년 7월 유럽 위원회(European Commission)가 발표한 '보다 푸른 미래에 적합한 주거와 건물 조성' 보고서의 목표는 유럽 그린딜 정책을 통해 코로나 위기로 인해 취약해진 물리적 환경의 개선을 위하여 취약한 가구에 대한 에너지 효율 조치를 우선으로 두고 있다. 특히 에너지 빈곤가구의 개보수 또는 난방 시스템 투자를 중심으로 하는 공정한 전환을 보장할 수 있도록 재정 지원을 제안한다.[6]

2050년 도시인구는 유엔(UN)이 예측한 97억 세계인구의 68%인 66억 명을 상회한다. 2000년 세계인구 61억 중 도시인구가 28억 명을 기록하였고[7] 1960년 도시인구는 당시 세계인구의 3분의1인 10억 명으로 조사되었다. 이상적인 도시로서의 메가로폴리스(megalopolis)의 구축에 반대하는 시대적 편향은 도시 생활의 규범으로서 공동의 선이나 목적이 신뢰를 상실하고 있음에 기인한다.[8] 후기 산업화 사회에서 바라보는 20세기 산업 도시의 공농화도 맥을

---

4) 중앙일보, "조용히 침투해 온몸 공격한다...매년 700만명 죽이는 이것," 2021.9.23.
5) 산업화시대 화석 에너지 기반의 근대 건축도시 문제(교통체증, 환경오염, 주택난 등)의 생성자인 동시에 기후변화 대응 저탄소 그린 에너지 생태계의 잠재적 개발자이기도 하다.
6) European Union, Making Our Homes and Buildings Fit for a Greener Future, 2021. 7.
7) Top Smart Cities in Europe, 2020. 1. 25.
8) Michel Breheny, *Centrists, Decentrists and Compromisers: Views on the Future of Urban*

같이하고 있다. 이는 현대 도시의 담론이 80년대 후반 공동체와 생태계 사이에서 전착하고, 도시재생과 탄소중립의 대척점 사이에서 화석화된 '진화'가 어설퍼야하는 탓이다.

Ⅱ. 녹색 콤팩트 건축도시 역설(패러독스)

포스트 코로나 시기의 도시의 주제는 '보이지 않는 공동체[9)]'에 대한 깨달음에 있는 듯하다. 베를린(Berlin), 더블린(Dublin), 런던(London), 마드리드(Madrid), 밀라노(Milan) 등의 도시에서 코로나 이후 시민들의 정서적 불안은 공통적으로 개인들이 집단으로 집결되는 성향이 현저히 높아지고 있음이 확인된다. 코로나 위기에서 정부는 고도화된 기술을 이용하여 보다 많은 정보를 확보함으로 강해지는 반면, 개인은 고립되어 스스로에 대한 확신을 갖지 못하고 결국 나약해지는 방향으로 시민들의 의식에 투영된다. 이에 대한 시민의 요구는 특정 사회현상에 대한 사회 또는 집단이 신뢰 가능한 정보를 공유하여 데이터에 대한 신뢰가 증가하고, 그로 인해 개인의 사생활 침해에 대한 염려가 해소되고, 개인정보 보호에 대한 신뢰가 우선시 되는 '안정'에 있는 것으로 파악된다.[10)]

이러한 요청은 주로 이동성의 회복의 영역에서 구현되고 있다.[11)] 베이징

Form, the Compact City, Routledge, 1996, 13-35면.

9) Stella Balikçi, Mendel Giezen & Rowan Arundel, "The paradox of planning the compact and green city: analyzing land-use change in Amsterdam and Brussels," Journal of Environmental Planning and Management, 2021.

10) Orlando Troisi et al, "Covid-19 sentiments in smart cities: The role of technology anxiety before and during the pandemic," Computers in Human Behavior, 126. 2021.

11) Lozzi Giacomo et al, "Research for TRAN Committee - COVID-19 and urban mobility: impacts and perspectives," European Parliament, Policy Department for Structural and Cohesion Policies, Brussels, 2020.

은 동선을 통제하고 과밀을 피하기 위해 디지털 예약을 시작했고, 카탈로니아는 실시간 앱으로 버스의 승차율을 확인하고 승객이 과밀하지 않은 시간을 활용하게 하였다. 함부르크는 승객이 많은 노선과 적은 노선을 구별하여 수요에 대응한 버스운행을 시행했다. 로테르담 시는 대중교통의 혼잡을 막기 위해 25개의 환승 허브에 1,500대의 자전거와 1,500대의 전기스쿠터를 설치하였다.

한편, 이동성의 개선 대기오염의 증감과도 긴밀한 관계를 가지는데, 2020년 유럽 6개국의 21개 도시를 대상으로 유가브(YouGov)에 의해 진행된 설문조사에서는 독일, 이탈리아, 스페인, 영국, 벨기에 응답자의 64%가 코로나 팬데믹 이전의 대기 수준으로 돌아가고 싶지 않다고 답했으며, 응답자의 약 4분의 3은 효과적인 대기오염 방지 조치를 희망한다고 선택했다. 이들 중 68% 응답자는 대기오염 감소를 위한 차량제한정책에 찬성했다. 응답자의 78%는 선호하는 이동수단으로 자전거와 보행을 선택했고, 안전한 대중교통에 대한 요구도 높았다. 하지만 전염병에 상대적으로 안전한 자가용의 이용 증가는 환경과 교통망에 부담을 주는 요인으로 조사되었다. 자가용의 이용은 도로 주차를 증가시키는 요인으로, 주차된 차량은 도로에서 보행과 자전거 이용자에게 장애가 되고, 교통 혼잡을 가중시키는 주된 요인으로 조사되었다.[12]

도시의 교통과 보행의 상호작용의 증진은 슬로바키아의 수도인 브라티슬라바(Bratislava)의 시도에서 실마리를 찾을 수 있다. 이들은 두 가지 수단의 이용주기에 주목하면서 도로의 실시간 교통흐름에 따라 표지판이 바뀌는 동적 교통 운영체계를 계획 중이다. 그들은 도로의 혼잡 상황에서 주차요금을 부과하고 유료 주차장을 지정함으로써 자동차를 이용하지 않는 도로 사용자

---

12) *Id*, 10-11면

의 환경과 서비스 수준을 동시에 개선하는 스마트 교통관리체계 또한 검토하고 있다.

기후 대응에 대한 건축도시의 '현실태'(現實態)는 비엔나(Vienna)와 암스테르담(Amsterdam)에 기초한 브라티슬라바의 페트르젤카(Petrzalka) 지역 '저에너지 주택단지(low-energy housing estate)'에 재현되고 있다. 이 주택단지의 개념모형은 공공녹지공간과 녹색지붕으로 이산화탄소 흡수 능력을 갖추어 기존보다 더욱 친환경적이고 생태적인 콤팩트 도시의 모듈로 디자인 되었다. 그들은 자체적으로 25% 탄소저감이 가능하고 녹색지붕과 스마트 가로등의 설치를 유도하여 지역의 탄소배출량의 50%를 감소시키도록 설계하였다. 원형의 경계와 중앙에 사각형의 중정형 공동주택이 공존하는 형상-배경 모형은 식재와 건축이 혼재된 추상적 기하형태를 가진다.

아래의 [그림 3-1]과 같이, 그들의 배치도는 '자연'과 '건축'이 서로를 배경으로 얽혀져 있다. 9동의 공동주택의 중정 내부에는 커다란 나무의 기호가 위치하고 온실과 공동주택의 내부가 평행하게 사선으로 병치되어진 원형 배치도는 수직과 수평으로 직교하는 도로들로 파편화되어 있다. 도로 양측에 면해서 주택의 내부 블록들이 백색 점들의 경계를 내포하고 있다. 모형은 주기에 따라 형상이 변화되는 건축도시 생태계의 순환을 시각화하고 있다.[13]

그렇다면 페트르젤카의 지구단위모형이 참조하고 있는 콤팩트 도시, 암스테르담에는 어떤 변화가 있었을까? 콤팩트 도시로 대표되는 브뤼셀과 암스테르담이 지난 십년간 추진해온 녹지정책에 대한 스텔라(Stella Balikçi)의 과학적 분석은 도시 밀집이 역으로 두 도시 모두에서 녹지의 풍부함과 크기

---

13) Andrej Adamuscin *et al.*, "The challenge for the development of Smart City Concept in Bratislava based on examples of smart cities of Vienna and Amsterdam," *EAI Endorsed Transactions on Smart Cities*, 16(1), 2016.

[그림 3-1] 페트르젤카 단지 개발 모형

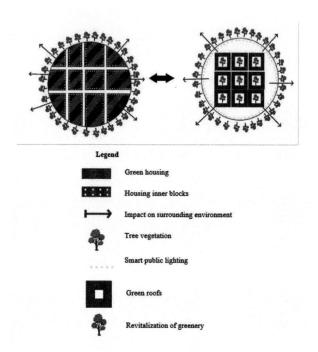

를 감소시켜 도시녹지에 대한 압력을 증가시켰음을 보여주고 있다. 도시에서 새로운 개발을 통해 녹지공간 손실을 보완하기에는 미흡했다. 이를 명확히 보여주는 자료는 도시 차원에서는 암스테르담의 녹지공간이 3.69 평방킬로미터, 브뤼셀에서는 9.19 평방킬로미터가 감소된 면적 수치이다. 녹지공간의 물리적 감소와 도시의 인구증가로 1인당 가용 녹지공간은 암스테르담에서 15.7%, 브뤼셀에서 26.5%로 감소한 것으로 조사되었다. 따라서 녹색 지붕, 전면 정원, 녹색 발코니, 포켓 파크 또는 와이어의 식물과 같은 '녹회색' 기반구조를 통합하는 전략은 일반적으로 도시 녹지 공간과 밀도 사이에서 그린스페이스를 더욱 파편화 한다는 사실을 뒷받침하고 있다.

　기후변화가 계속되는 상황에서 도시녹지공간이 폭염과 폭우 등 보다 극
단적인 기상현상의 영향을 완화하는 데 귀중한 역할을 담당하기 위해 보강
되어야 함에도 두 도시에서의 결과는 콤팩트한 도시의 고밀화가 기후 대응
과의 충돌로 이어짐을 확인하고 있다. 녹지공간의 파편화와 면적 축소를 방
지하기 위한 대책으로 이 연구는 도시 식재의 원격감지 등 토지이용 변화에
대한 거시적 수준의 정기적 평가를 강조한다[14]. 평가의 기록들은 도시녹지
공간에 영향을 미치는 광범위한 정책이 긍정적 효과를 보이는지를 검증하는
동시에 단편화된 지방 정책과 부서들 사이에 보다 일관성 있는 정책 결정을
유도하고 자극할 수 있는 객관적 지표를 제공하게 된다.

　도시개발계획과 녹지공간 상실이 관찰되는 지점 사이의 명확한 지리적
연계를 관찰할 수 있어 인과관계가 뒷받침된다. 예를 들어, '조직 비전 암스
테르담 2040'에서 시 당국은 순환도로를 따라 개발을 강조했다. 이는 순환
도로의 경로에 따라 녹지 공간이 크게 상실되는 패턴과 관련이 있을 수 있
다. 마찬가지로 브뤼셀의 녹지 공간 손실의 상당 부분은 도시 개발 계획으로
거슬러 올라갈 수 있다. 예를 들어, 브뤼셀 북부와 북서부의 녹지 공간 감소
가 나타난 지역은 1995년 '지역개발계획' 이후 도시개발을 위해 지정되었다.
두 도시 사이의 도시 개발의 변화를 비교할 때, 콤팩트한 도시 목표에 초점
을 맞춘 암스테르담 시의 정책은 암스테르담이 브뤼셀보다 도시 중심 내에
서 건물 밀도가 더 증가했다는 사실을 설명한다. 컴팩트 도시의 중심에서 고
밀화가 우세한 암스테르담의 녹지감소가 브뤼셀에 비해 상대적으로 낮게 조
사되었지만 녹지 총량의 감소비율로 야기된 도시 1인당 가용녹지 공간의 감
소비율은 더 높은 인구증가율의 암스테르담이 더 크게 영향을 받고 있음을
알 수 있다. 콤팩트 도시들에서 녹지와 교통에 더해 기후대응 탄소중립 측면
에서 가장 관심을 끄는 부분은 유토피아의 이상과 혁신적 시스템을 아우르

---

14) 브뤼셀과 암스테르담은 2003년부터 2016년까지의 토지 이용 변화에 대한 조사는 원격
　감지를 이용한 GIS 분석과 녹지수량의 분포, 형태 추이를 중심으로 진행하였다.

는 테크놀로지 도시기반시설의 지속가능성 차원에서 총체적인 스마트 도시
들의 현안들을 다루는 유럽 위원회(European Commission)의 도시 해석과 연
결된다.15)

Ⅲ. 도시진화의 역설16)

구역제(Zoning)는 도시의 메커니즘을 통해 국가의 권력이 집중되는 도구
이다. 전통적인 영미 법률 하에서 '사유재산'이라는 아르카눔(arcanum)의 사
용은 재산에 대한 법적 권리로 보장되는 '사용과 향유'를 의미한다. 권리에
의해 누릴 수 있는 모든 것을 소유할 수 있다는 재산권은 이로운 모든 것이
그것의 사용에서 비롯된다는 점에서 도시계획에서 구상된 구역제란 항상 이
균형을 유지하는 두려운 종류의 힘을 수반한다.17) 즉 모든 재산은 이행해야
할 사회적 기능을 가지고 있다. 우리가 존중해야 할 개인에 대한 재산권은
그러나 그들이 다수의 재산권을 위협하지 않는 정도여야 한다는 가정에 기
초하고 있다. 토지이용에 대한 규제는 따라서 그 방향과 양식, 그것을 작동
시키는 힘의 균형에서 구역제의 역설은 항상 갈등을 수반하고 있다.

현재의 기후 대응을 위한 지속가능한 도시는 용도용적제로 분리된 근대
적 계획도시에 반대되는 경향을 가진 현장이다. 환경적 병폐에서 인간의 회
복력과 혁신으로 자본주도 도시 성장의 억압적인 성격을 완화할 수 있다는

15) Luca Mora & Mark Deakin, "Untangling Smart Cities," *From utopian dreams to innovation systems for a technology-enableed urban sustainability,* Elsevier, 2019.
16) Georgel Creamer, *The Social Paradox of Zoning and Land Controls in an Expanding Urban Economy,* Denver Law Review, 39(5), 1962, 269-290면.
17) 1920년에 서릴 스캇(Cyril Scott)의 '시작: 위대한 영혼의 몇몇 인상(The Initiate: some impressions of a great soul)'은 물질주의적 만족에 안주하지 않고 신비로운 진실을 추구하는 개인의 여정에 대한 묘사를 포함한다.

1968년 앙리 르페브르(Henri Lefebvre)의 '도시에 관한 권리(Le Droit á la Ville)'를 지지하는 사회운동과 진보적 지방단체들이 도시를 '공동-조성 공간 (a co-created space)'으로 변화시켜 공간 불평등을 해소하고 사회적 상호작용을 촉진하는 삶을 위한 장소가 되게 하는데 초점을 두고 있다. **도시의 역설적인 논리**, 즉 더 나은 혹은 더 정의로운 사회적 환경을 위한 지역 공동체의 파괴로부터 그들 자신과 주변이 함께 하기 위한 저항을 의미한다.

 2차 세계대전 이후 주거를 상업 및 산업에서 분리하는 도시계획으로 조성된 교외 저밀도 주거지역 개발 정책에 대해 뉴어바니즘(New urbanism)의 새로운 도시는 보행자와 대중교통으로 이동 가능한 혼합 용도의 지역사회를 지향하고 있다. 도시의 삶은 다양한 문화기반의 거주자가 지역 공동체를 형성하는 자율적 참여를 전제로 한다. 현실에서 구역제는 공공 이익의 보호 방법으로서, 도시의 토지 사용에 있어서 구역제의 메커니즘은 제한적인 보호 장치로서 상당한 유용성과 상당한 가능성을 내포하고 있다. 도시의 토지 독점자, 지방 도시계획가 그리고 지방 도시기관들은 구역제의 체계에서 항상 법원의 엄격한 통제를 받아왔고, 그것은 아마도 토지 사용의 너무 급격한 변화에 대한 제동 장치로 작동해오고 있는 듯하다.

 탐 코안(Tom Cowan)은 실제로 토지 용도에 대한 구역제 제도가 토지 사용을 결정하거나, 지시하거나, 근본적인 근거를 제공한 가능성을 과소평가하고 있다. 그는 지역사회의 역학관계에서 지역 공동체가 경제적으로 자족성을 유지할 수 있다면 토지의 용도는 지역사회에서 필요한 기능을 담당하게 될 것이며 이 과정에서 발생할 수 있는 비정상적인 개입도 결과적으로 정상적인 지역개발의 과정으로 해석하고 있다. 도시의 진화가 가지는 시대적 변화에서는 근대도시의 용도분리 '구역제' 해체와 직주근접의 다양한 '공동-조성 공간'에 대한 편향이 우세하게 거론된다. 그럼에도 불구하고 지역사회에서 구역제의 수단으로 지정되는 '조닝(zoning)의 해체'에 내재된 위험은 콤팩트 도시의 지역사회와 공동체에게 치명적일 수 있다는 또 다른 '어반 패러독 스'를 암시하고 있다.

Ⅳ. 거시 에너지 생태계 비전

2021년 7월 유럽 위원회(European Commission) 보고서 '보다 푸른 미래' 주거와 건축물 실행계획은 주택과 건물을 개조하여 에너지를 절약하고, 극한 의 더위나 추위로부터의 보호와 에너지 빈곤의 해결을 목표로 하고 있다. 이 보다 앞서 작성된 2016년 캐나다 왕립건축학회(RAIC)의 '에너지 효율적 건축 물의 국가 실행계획 권고안(A bold national action plan for energy efficient buildings)18)'은 캐나다가 파리협정과 장기적인 탈탄소화 목표에 따라 2030년 기후목표에 맞춰 기존 건물의 온실가스 배출량 축소와 신축건물의 초저배출 설계에 대한 내용을 다루고 있다. 두 문헌은 현재 유럽과 북미의 에너지와 온실가스에 대한 현황과 대책에 대해 거시적인 실행계획 지침을 포함하고 있다.

보고서에 따르면, 유럽 전체 에너지 소비에서 주택과 건물의 소비가 40% 를 차지하고 유럽의 온실가스 배출 가운데 36% 이상이 주택과 건물의 에너 지 소비에서 발생되며, 캐나다의 경우 가정과 건물의 에너지 소비로 국가 온 실가스 배출량의 거의 4분의 1이 발생된다는 사실에 주목하고 있다. 유럽 위 원회는 유럽 연합의 기후, 에너지, 운송 및 조세 정책을 1990년 대비 2030년 까지 최소 55% 감축에 적합한 유럽 그린 딜(Europe Green Deal) 이행을 위해 유럽회원국들이 2030년까지 건물 재생 에너지의 49% 기준을 달성하는 목표 를 제시한다. 이를 위해 유럽 회원국은 2030년까지 냉난방 재생 에너지 사용

---

18) Elizabeth McDonald *et al*,, "Eleven organizations urge national plan for energy-efficient buildings," *Royal Architectural Institute of Canada*, 2016.8.3.

을 매년 1.1% 포인트씩 증가시키는 유럽 신재생에너지 수정목표를 구체화한
다. 세부적으로 유럽 에너지 혼합비율의 40%를 재생 에너지로 설정하고, 재
생 에너지 사용 건물들도 이 기준을 준수하기 위해 재생 가능한 제품의 사용
비율을 제고하고 지역난방 에너지 및 냉각 에너지의 비율을 매년 2.1% 상향
하도록 실천해야한다.

캐나다의 이행계획 권고안도 건축부문의 개선 목표를 위해 2030년까지
신축 및 기존 건물과 부속 설비에 대해 에너지 효율에 관한 법규와 표준의
점진적인 개선을 통해 소비자를 보호하고 업계에 확신을 제공할 수 있도록
에너지 환경을 조성하고, 2030년까지 지방정부와 협력하여 총 연방건물에서
탄소 배출량의 30%에 적합한 탄소저감 에너지 개량계획을 다루고 있다. 특
히 2030년까지 모든 신규 건축은 제로에너지 빌딩으로 건설하도록 제안하고
있다. 캐나다 권고안은 또 에너지 성능 데이터에 대한 시장 접근과 인식 향
상을 위해 전국 건축물의 범용 정보를 포함해 가정용 에너지 통계 시스템 구
축을 위해 필요한 프로그램과 국가차원의 지원을 제안하고 있다. 여기에는
패시브 주택(Passive House)의 설계로 온실가스의 초저배출을 안정적으로 실
현하는데 필요한 국가 표준 지원시스템의 통합 및 온라인 유틸리티 소비 데
이터 제공 등과 같은 저탄소 건설 프로젝트에 관련된 전문가 지원 시스템 전
반을 포함하고 있다.

유럽 그린딜(Europe Green Deal)은 또한 코로나 대유행 대응을 위해 차세
대 투자기금 1조 8천억 유로 가운데 6천억 유로를 유럽회원국의 경기 회복
재정으로 활용하고 유럽 그린딜 사업인 건물 개보수, 온실가스 제로 및 저배
출, 이동성 향상 등에 유럽 온실가스거래시스템(ETS, Emission Trading System)
의 722억 유로를 7년간 지원할 예정이다.[19] 캐나다도 조세정책 개혁을 통해

---

19) A European Green Deal, Striving to be the first climate-neutral continent, European
Commission, 2019. (https://ec.europa.eu/info/strategy/priorities-2019-2024/european-green

세액 공제 및 탄소저감에 대한 소비자 보상과 공급망 지원금 등의 재정적 지원을 제공하고 공공 자금이 부족한 건축 부문에서 탄소배출 가능성이 높은 사업에 민간자본 투자정책을 우선 추진할 계획이다. 유럽의 에너지 효율개선 의지와 에너지 효율 목표에 대한 회원국의 기여도를 바탕으로 보고서는 유럽 회원국들에게 매년 전체 공공건물 바닥면적의 최소 3% 이상을 개선하도록 제안하고 있다. 유럽의 새로운 목표에 따라 회원국들은 매년 전체 공공 부문 에너지 사용량의 1.7%를 절약하는 계획을 수립해야한다. 캐나다 연방정부도 권고안의 실행 계획에 따라 연방정부가 운영하는 2천7백만 평방미터 이상의 바닥 면적에 대해 공공건물이 에너지 효율을 적용한 다양한 건물 유형의 탄소저감 모범사례를 제시할 수 있도록 계획하고 있다.

유럽은 에너지 가격정책을 통해 오염 연료에 대한 적절한 가격을 책정함으로써 에너지 생산자들이 청정한 혁신 에너지에 투자하도록 장려하고 최종 사용자에게 오염된 연료 사용을 저감시키기 위한 가격정책이 전달되도록 유도하고 있다. 공정한 에너지원 전환에 필요한 사회기후기금 지원을 강화해 회원국 취약가구의 난방 시스템 교환과 개보수를 지원하고 있다. 유럽 회원국들은 기존의 전기난방 및 지역난방 탄소가격을 보정하는 방식으로 가정용 난방 탄소 가격을 책정하는 정책을 수립하고 있다. 이러한 가격정책은 유럽의 건물들에 대해 탄소 배출을 지원하는 데 사용할 수 있는 회원국의 수익을 보장하고 모든 난방 옵션에 대해 공정한 경쟁이 형성될 수 있는 여건을 조성하고 있다.

기후대응 탄소제로 사회의 국제적 공조를 위해 캐나다의 권고안은 북미의 주요 관할권에서 공유될 수 있는 표준을 도입하고 에너지 .장비 및 기기에 대한 물과 에너지 사용 성능 표준을 지속적으로 개선하고 관리할 수 있는

-deal_en)

국가 에너지 관련 제도의 정비를 강조하고 있다.

유럽 회원국의 보고서와 캐나다 위원회 권고안은 공통되게 연방정부의 과감한 에너지 계획 이행을 요구하고 있다. 특히 캐나다 권고안은 건축도시의 에너지 생태계 진화가 전체 에너지 효율 제고와 온실가스 감축목표 이행에 효과적이라는 사실을 다음과 같이 요약하고 있다. "우리는 건물 부문이 정책 입안자들에게 가장 저렴하고 빠르게 온실가스 감축을 달성하게 한다고 믿고 있습니다." 에너지 생태계 변화의 주요 정책인 재생에너지 수급체계와 관련해 유럽 위원회는 스마트 그리드에 재생 에너지를 더 쉽게 통합하기위한 신기술 개발과 에너지 스토리지 시설 통합에 국경 간의 협력을 독려하고 있다. 이와 관련해 열펌프 및 전기차 통합에 대한 보다 강력한 인센티브 제공과 함께 재생 가능한 에너지원인 수소 및 폐열 같은 새로운 연료의 개발에 관해 회원국 차원의 공동체제 확립을 주문하고 있다.

V. 그린뉴딜 건축도시 생태계

2020년 코로나 19 확산으로 경제위기 대응책인 그린뉴딜에 대한 참여가 증가하고 있다. 유럽과 미국을 포함한 다수 국가에서 2050년 탄소중립의 청정에너지 경제를 위한 그린뉴딜 정책을 추진 중이다. 미국은 2035년까지 1조 7천억 달러의 연방예산 계획을 추진 중이고 영국은 2050년까지 120억 파운드 투자를 계획 중이다. 세계 최대 온실가스 배출 국가인 중국도 2060년 탄소중립을 예고하고 있다.

그린뉴딜의 건축도시는 저탄소 경제로 온실가스 배출과 흡수의 균형을 통해 실질 배출량을 '제로'로 유지하는 탄소중립을 목표로 한다. 한국정부의 뉴딜사업은 2017년 '도시재생뉴딜'[20]과 2020년 포스트 코로나 시대의 '그린뉴딜[21]로 병행되고 있다. 두 정책은 정부재정과 민관협력으로 전자는 지역 공동체를 중심으로 낙후된 환경정비에 집중하고 후자는 지구촌의 기후변화에 대응한 국가의 탄소제로 에너지 시스템 재편을 우선시한다. 두 정책은 모두 국가의 균형개발과 지속가능한 지역사회 기반의 확충을 목표로 하고 있다.

한국형 그린뉴딜사업은 청정에너지 및 재생에너지 인프라 구축, 친환경 자동차 등 기후 친화적 기술개발을 비롯해 산업, 운송, 건물 등의 에너지 효율 제고와 재생에너지로의 전환을 계획하고 있다. 20세기 에너지 위기는 인텔리전트빌딩 및 대중교통의 비중을 상향시키는 에너지 효율 정책에 치중한 반면, 21세기 에너지 정책은 기후대응을 위한 에너지 생산과 소비의 순환적 자족성을 강조하는 신재생 에너지 클러스터의 조성이라는 탄소 재생을 지향하고 있다. 건축도시 그린뉴딜 지원사업에서도 에너지 생산자와 소비자를 연결하는 '가상발전' 회사의 출현으로 공급에서 신재생에너지 발전시설의 옥상설치와 벽면설치를 포함한 전체 태양광 시설의 도면, 드론 촬영영상, 인공지능 위성 등의 데이터로 에너지 수급을 계량화하는 한편 전력 수요가 많은 성수기의 전력 사용량을 비수기로 분산하여 관리하는 지역 에너지 클러스터의 적정화 기반이 조성되고 있다.

---

20) 현재 국내의 도시재생사업은 초기 주민의 전면 재개발사업에 반대하는 지역사회운동에서 2010년대 지방정부가 지원하는 수복형 도시재생 사업으로 전환된 후, 2017년 중앙정부의 국책사업인 '도시재생뉴딜'로 확장되면서 지역 공동체의 참여와 정부의 재정지원 및 사업관리를 병행하는 방식으로. 주민공동체가 전문가와 협업하여 정부재원으로 진행하는 지역환경정비사업이 주를 이루고 특정 지역의 경우 수복형 재개발사업으로 진행하였다.

21) 20세기 초 뉴딜 정책은 경제공황에서 정부가 능동적으로 정부예산을 투입해 사회기반시설 투자 확대로 산업 부흥과 일자리 창출에 따른 고용향상을 시도한 정부주도의 자유주의경제 수정정책인 반면그린뉴딜은 1965년 제인 제이콥(Jane Jacobs)의 '(미국)도시의 생사(The Death and Life of Great American Cities)'에서 촉발된 20세기 중반의 지속가능한 지역경제 활성화와 신재생 탄소대응기반 보행과 대중교통 중심의 콤팩트 도시로의 전환을 지향한다.

건축도시의 그린뉴딜은 2021년 녹색건축물 조성 지원법(약칭 녹색건축법)을 포함해 친환경 인증제도, 그린 리모델링 및 창조센터 설립 등 에너지 생태계의 진화에 필요한 관련 법 개정을 통해 물리적 환경의 생애주기 탄소 및 에너지 저감에 초점을 두고 있다.[22] 최근 시행된 녹색건축법은 저탄소 녹색성장 기본법(2022년 '기후위기 대응을 위한 탄소중립·녹색성장 기본법'으로 명칭 개정)에 따른 녹색건축물의 조성에 필요한 사항을 정하고, 건축물 온실가스 배출량 감축과 녹색건축물의 확대를 통하여 저탄소 녹색성장 실현 및 국민의 복지 향상에 기여함을 목적으로 지역별 건축물의 에너지 총량 관리와 개별 건축물의 에너지 소비 총량 제한 및 공공건축물의 에너지 소비량 공개 등을 제도화하고 있다. 공동주택관리법에 따른 공동주택 관리비 및 사용량 등 정보를 포함해 건축물 에너지·온실가스 정보를 개발·검증·관리하기 위한 건축물 에너지·온실가스 정보체계 구축이 의무화되고, 녹색건축물 관련 정보 수집·분석 및 제공과 조성기술의 연구개발 및 사업화 등의 촉진을 위한 금융지원 등 해당하는 시책을 추진할 경우 정책시행의 시급성과 효과성을 고려하여 녹색건축물 조성에 관한 사항을 우선적으로 고려되도록 규정하고 있다.[23]

---

22) 2010년 '친환경 건축물의 인증에 관한 규칙' 개정안으로 '자재생산, 설계, 시공, 유지관리, 폐기 등 건설과정의 주요요소 평가 인증을 위한 제도 정착 후 모든 용도의 신축건물에 대한 평가항목을 토지이용, 교통, 에너지, 재료 및 자원, 수자원, 환경오염, 유지관리, 생태환경, 실내환경' 등 9개 분야로 확대되었다. 건축법 제65조제4항 및 친환경건축물의 인증에 관한 규칙 제6조 및 제12조에서 위임한 친환경건축물 인증기준을 두고 있다. 그 중에서도 제5조 인증심사기준에서는 공동주택, 복합건축물, 업무용 건축물, 학교시설, 판매시설, 숙박시설, 소형주택 등에 관한 별도의 기준을 통해 건축물의 인증등급을 그린 1등급에서 4등급까지 분류를 확대하고, 공공기관 중 연면적 1만 제곱미터 이상 청사 또는 공공업무시설은 에너지 등급 그린2등급 이상으로 상향하였다. 건축법 제64조의2(건축물의 열손실방지) 건축물을 건축하는 경우에는 에너지의 합리적인 이용을 위하여 국토교통부령으로 정하는 바에 따라 열의 손실을 방지하는 단열재 및 방습층을 설치하는 등 필요한 조치 의무화하였고, 제65조의2 지능형건축물의 인증에서 지능형건축물(Intelligent Building)의 건축을 활성화하기 위하여 지능형건축물 인증제도 실시 의무화한다.

23) 녹색건축물 조성 지원법(약칭 녹색건축법) 제1조 목적, 제10조 건축물 에너지·온실가스 정보체계 구축 등, 제11조 지역별 건축물의 에너지 총량 관리, 제12조 개별 건축물의 에

Ⅵ. 디-리버리(De-Libery)

세계적인 다-리버리 기업인 아마존에 대한 엔알지(NRG) 에너지 전임회
장, 데이빗 크랜(David Crane)의 언급은 에너지 생태계의 미래에 대한 단편
을 보여준다. 그는 "10년 또는 20년 내, 우세한 전력 리테일 제공자는 미국에
서 아마존(Amazon) 또는 구글(Google)일 것으로 본다."고 전제하고, "그들은
더 싸게 더 좋은 서비스를 제공할 것이다."고 덧붙인다.

테크놀로지 거대 기업들은 '적어도 당장은 아니지만' 소비자 개인의 에너
지 사용에 대한 정보를 이용하는 방법을 기획하고 있다. 스마트 스피커, 인
터넷 연결 온도조절장치 및 네트워크 기기들에서 모니터링 되는 에너지 정
보는 전력 피크 시간대에 전기를 덜 사용하도록 인센티브로 유도하는 에너지
수요 관리에 사용된다[24]. 구글은 2017년 '태양 일식 러시아워(Solar Eclipse
Rush Hour)'로 명명된 개기일식에 맞춰 태양발전의 중단에 대비해 7십5만명
이상의 구글 온도조절기 소비자들이 실내온도를 몇 도 내리는 전기절약운동
참여로 7백 메가와트의 전력소비를 줄이는 행사를 진행했다.[25]

아마존은 2020년 26개 유틸리티 풍력 및 태양 에너지 사업을 공고함으로

너지 소비 총량 제한, 제13조의2 공공건축물의 에너지 소비량 공개, 제22조 녹색건축물
조성기술의 연구개발 등을 참조할 수 있다.

24) 구글은 소비자의 계정정보와 구글지도 서비스를 연계한 위치기반 소비자 행태에 덧붙여
구글폰과 메일의 개인 일정정보를 연계한 미팅, 행사, 업무 및 기념일 등과 관련된 회사
및 가정, 공동체의 여러 미팅과 활동 등을 공간정보와 함께 인공지능으로 분석한다. 아
마존의 경우 홀푸드를 포함한 일상 식료품과 온라인으로 주문되고 다-리버리되는 제품
의 용도와 관계된 소비자의 활동과 일상의 공간에서 아마존 음성 개인(비서)서비스의
대화에서, 추후 자율자동차로 연계되는 구글과 아마존의 음성서비스 등과 연계된 데이
터를 분석하여, 온라인 감시카메라, 온라인 온도조절장치, 온라인 조절 가전제품 등에
따른 사물인터넷(IOT) 기반의 '에너지 서비스'로 확장하였다.

25) Bradley Olson, Google, "Amazon Seek Foothold in Electricity as Home Automation
Groves," the Wall Street Journal, 2019.1.27.

써, 2020년까지 전체 35개 사업에서 약 4기가와트 이상의 재생에너지 투자를 진행 중이다. 아마존은 1년간 미국 1백7십만 가구에 충분한 전기를 공급할 정도의 전력에 해당하는 6.5기가와트의 신재생에너지 투자를 진행했다고 밝히고, '아마존 웹 서비스(Amazon Web Services)'는 데이터 센터가 지구촌의 수백만 고객에게 신재생에너지를 공급할 잠재성을 함축하고 있다. 아마존 조 베스회장은 "기후변화 대응을 위해 127개 태양 및 풍력 사업을 통해 2025년까지 회사 경영에 필요한 재생에너지 100%를 수용하는 절차를 진행한다."고 전한다. 아마존은 탄소배출 감축을 5년 앞당겨 2030년 회사 초기 목표를 달성할 것으로 예측한다.[26]

리버리(Libery)를 입은 사람은 리버리 소유주의 종업원이고 물체인 경우 그 소유를 표시한다. 따라서 소유 형식을 나타내는 기호로 에너지의 경우 위치에너지와 운동에너지를 아우르는 모든 형식의 에너지가 하나의 단위 형식으로 환산될 수 있다고 가정하고, 에너지에 리버리를 입힌 경우, 풍력과 태양광 등이 '온라인 전력[27]'의 형식으로 전달될 수 있다. 마찬가지로 건축도시 에너지에서 온도차와 습도차가 냉난방부하 형식으로 환산되고 다시 전력의 형식으로 전달될 수 있다. 좀 더 진전되면, 단위 실에서 기압차와 조도의 차이가 에너지로 환산되어 전력의 형식으로 표시되고 거래될 수 있다. 자재와 제품의 경우 생애주기 에너지가 가정된 건축물의 수명과 설치된 조건을 기준으로 전도, 복사, 대류의 에너지 성능들이 상대적인 척도로 정량화되어 표시되고 해당 에너지 생태계의 효율도 공개 가능하다.

에너지 생태계에서 신재생에너지의 디(de)-리버리(livery)는 베이비 디리

---

26) Amazon becomes the world's largest corporate purchaser of renewable energy, Amazon, 2020.12.10.
27) 온라인 전력은 현재 USB 기반의 약전과 무선핸드폰의 무선충전방식의 전력에너지를 전달하는 서비스를 의미한다.

버리(소아 분만실)에서와 같이 기존 화석에너지 시스템의 본체(어머니)로부터 떨어져 새로 탄생함을 의미한다. 에너지 배송(energy delivery)은 기존 집중화된 공급위주의 에너지사업에서 신재생에너지 사업이 환경·에너지 자원의 소유권 재편을 통해 새롭게 부상한다는 메타포를 가진다. 캘리포니아 태평양 가스 및 전기(PG&E)는 주거지역의 고객에 대해 주거위치와 기후조건을 기준으로 2개 구역으로 구분하던 시범요금제도를 2001년부터 전기사용량을 기준으로 5단계[28]로 차등화 시켰다. 이후 2006년 세대별 스마트 미터기 설치를 시작으로 5단계 차등 요금제 시뮬레이션과 2009년부터 스마트 계량기 업그레이드를 진행했다.

10년간 축적되고 분석된 전력데이터는 2011년 '동적 가격 인센티브제도'의 도입에 착수했다. 요금부과 기준에 따른 5개 유형의 분포에서, 1차 계층은 주로 해안 인접지역으로 여름 기준 1일 약 8킬로와트 초반에서 겨울에 약 12킬로와트 사용량을 기록한 샌프란시스코, 샌 루이스 오비스포를 연결하는 120만 세대의 권역과 상대적으로 북쪽 해안 인접지역의 54,000세대 권역을 포함한다. 2차 계층은 여름 약 12킬로와트 겨울 약 12킬로와트로 산타로사와 산호세에 걸친 내륙 분지 권역이다. 3차 계층은 여름 소비량 약 8.8킬로와트와 겨울 13.3킬로와트로 북부 해안지역에 면한 지역과 여름 약 12.2킬로와트와 겨울 약 11.6킬로와트인 네바다주에 인접한 고지대를 포함한다. 4차 계층은 분지 지형의 특성으로 높은 여름 소비량을 기록한 새크라멘토 권역으로 여름 16.5킬로와트 겨울 12.7킬로와트의 사용량을 기록했다. 상대적으로 북측에 위치한 레드 브리프 시와 남측의 프레스노 시로 나뉘는 내륙의 밸리 지역은 여름 18.1킬로와트 및 겨울 12.3킬로와트이다. 마지막 5차 권역은 여름 19.4킬로와트와 겨울 11.4킬로와트의 소비량을 보인 위도가 낮은 남측 내륙

---

28) 2001년 여름, 전기사용량에 기초해 1차 계층의 기준을 설정하고, 전력 소비량이 기준의 130% 이하인 경우를 2차 계층, 이후 200% 이하를 3차 계층, 300%까지를 4차 계층, 300% 초과 사용인 경우 5차 계층으로 구분하였다.

지역으로 최남단 베커스필드 지역이 포함된다. [29]

　주택면적, 세대구성원수, 연수익, 단독주택 또는 다가구주택, 노인 상주여부, 재택근무자 여부를 분류에 따라 통계로 살펴보면,[30] 가족 규모와 주택 특성을 통제하지 않고, 3개 전력회사를 포함해 거의 모든 전력회사 및 기후 지역에서 소득이 10만 달러 이상인 가구의 전기 사용량은 15,000달러 미만 가구의 200-250%로 조사되었다. 15만 달러 이상의 소득수준이 가능했던 에스디지앤이(SDG&E)의 경우, 이 높은 소득을 가진 고객은 15,000달러 미만 고객보다 3배의 에너지를 사용했다. 가스의 경우 10만 달러 이상을 버는 피지앤이(PG&E) 가구는 일반적으로 15,000달러 미만의 소득자보다 150~200% 더 많은 가스를 사용한다. 에너지 절약 제도에서 주거용 계량기를 통해 서비스 받는 주택 소유자 또는 임차인, 공공지원프로그램 참여자는 에너지 절약 지원(ESA)에 참여할 수 있다. 저소득 가정 에너지 지원 프로그램(LIHEAP) 가입자, 생활보조금(SSI) 대상자, 인디안 부족 사무국 일반 지원 대상자 및 최대 가구소득 1-2인 34,840달러, 3인 43,920달러, 4인 53,000달러, 5인 62,080달러 이하인 경우도 에너지 절약제도에 참여할 수 있다.

Ⅶ. 에너지 클러스터

　2012년 시간차등제 시행을 시작한 캘리포니아 공공 유틸리티 위원회(CPUC, California Public Utilities Commission)는 2013년 법안 통과로 위원회가 해당 주들의 차등요금제 변경과 전환을 승인하였다고 전했다. 2015년 CPUC는 새

---

29) Scott Anders, "Residential Electric Rates Revisited-Part1:A Historical Perspective," The EPIC Energy Blog, 2013. 1. 5.

30) William B. Marcus *et al.* "Economic and Demographic Factors Affecting California Residential Energy Use," JBS Energy, Inc. 2002.

크라멘토 도시 유틸리티 지구(SMUD, Sacramento Municipal Utility District)가 2012년부터 2014년 이용시간차등제 시범사업으로 축적한 데이터의 성과를 토대로 미국의 3대 투자자소유 유틸리티(사업자)(IOUs, Investor-owned utilities)가 2019년 내에 이용시간차등제를 기본으로 하도록 주문했다. 캘리포니아 시간차등(TOU) 기본요금제는 2019년과 2020년 적용에 따라 약 2천만 이상의 고객을 대상으로 추진 중이다.[31] 수정법규는 시정부가 자신들 소유의 전력 생산사업을 허용하면서, 에너지 규제법은 에스콤(Eskom)이 11,800메가와트에 대한 전력원을 독립적 전력 생산자(IPPs, Independent Power Producers)로부터 공급받을 수 있도록 허용하였다.[32]

전국 난방방식별 공용관리비의 통계자료에서 공동주택 유형 및 공동주택 단지 세대수 구간별 공용관리비 사례분석을 비교해보면 우선 난방방식의 경우는 서울이 2021년9월 자료에서 개별난방 1,203원 지역난방 1,426원 중앙난방 1,510원으로 가장 높게 집계되었고 전라남도는 994원 779원 1,683원으로, 경상남도는 965원 1,042원 1,079원으로 상대적으로 낮았다. 이는 서울의 경우 수도권의 물가가 일부 반영된 경우와 기후적으로 서울에 비해 남측에 위치한 전라남도나 경상남도 지역의 관리비가 상대적으로 저렴하게 조사된 것으로 해석된다. 공동주택 유형별 분석은 서울의 경우 아파트 관리비가 주상복합에 비해 36.4% 저렴하고 연립다세대에 비해 41.9% 저렴하게 조사되었다. 세대수 구간별 분석은 1천세대 이상의 관리비가 3백 세대 미만에 비해 20%

---

31) 차등요금에 따른 전력사용감소와 요금변동의 상관관계로 TOU의 유틸리티(사업자)들의 시범사업들을 분석한 자료에 따르면, 평균적으로 주거지역 고객들이 6.5% 전력감소로 피크시간대 이용을 자제하려면 피크 시간대에서 비수기 요금보다 10% 인상된 이용시간 차등제가 적용이 전제되어야 하며, 첨단 계량 기반시설(ADM, Advanced Metering Infra-structure)과 여타 적용가능 기술들을 적용한 경우, 평균 효과는 극대화 된다. 실제 2017년 6월 CPUC 증언에 따르면, PG&E 참여자들의 경우 요금 절감은 단지 10%였고, SCE(Southern California Edison) 고객의 경우 5%에서 15%의 요금 절감이 보였다.

32) Herman K. Trabish, "An Emerging Push for Time-of-Use Rate Sparks New Debates about Customer and Grid Impacts," Utility Dive, 2019.1.28.

저렴하게 조사되었다. 5백 세대에서 1천 세대 미만의 관리비가 3백 세대 미만에 비해 17% 저렴하게 조사되었다. 3백 세대에서 5백 세대 미만의 관리비가 3백 세대 미만에 비해 1% 미만으로 거의 차이가 없이 조사되었다.

국내에서 공동주택에 주거하는 소비자의 요금에 대해 '위치 및 시간의 동적 차등(요금)제'를 도입할 경우 주거위치와 공동주택의 유형에 따라 에너지 세대를 구분하고 공동주택 단지 세대수 구간별 공용관리비의 통계분석 자료를 기반으로 지역의 에너지 클러스터에서 예상되는 차등요금제 하에서의 예상 에너지 피크를 설정하는 과정이 필요하다. 일반적으로 소비자소유 분산 발전(DG, Distributed Generation)은 소비와 공급의 동적 요금제 하에서 기후변화에 따른 기상이변 기간에 발생하는 재해에 대해 지역의 에너지 클러스터의 취약성을 보완할 수 있을 것으로 예상된다. 이는 냉난방 부하의 피크에 대한 분산과 수급체계의 다변화에 기인한다.

그러나 이용시간차등제의 요금정책이 에너지의 공공성과 시장성 간의 균형을 유지하여 긍정적인 혜택을 확인 할 수 없는 경우 피크부하에 대한 수급 불확실성이 높아질 수 있다. 캘리포니아의 에너지 생태계의 진화 과정에 대해 2019년 유틸리티 다이브(Utility Dive)의 온라인 기사도 에너지 효율과 소비자소유 분산 발전(DG)의 증가로 주거지역 소비자들의 더 적은 전력량 사용이 유틸리티 매출 하락으로 이어져 전력망 사업자가 공급 비용을 충당하기 어려운 상황에 직면하게 되는 동적 전기 요금제에 따른 소비자와 전력망 사업자 사이의 갈등을 지적하고 있다.[33]

---

33) Kevin B. Jones & David Zoppo, *A Smarter, Greener Grid: Forging Environmental Progress through Smart Policies and Technologies*, Praeger, 2014. 36-7면.

Ⅷ. 결어: 에너지 공정

생태계의 진화는 현재에서 과거를 보고 미래를 잉태하는 '가능태'를 찾아
내는데서 발화된다. '있지 않는 것들'에 대한 사유 가능성. 이것은 이런 저런
가능성이 있지만 그렇게 되는 일은 없을 것이라는 가정에서 시작된다. 어떤
것이 '가능하다'는 것은 지금 있지 않을 뿐 앞으로도 있지 않다는 것은 아니
다. 만일 미래 그리고 현재, 그 둘 중 어떤 것도 아니라면, 그것들은 있지 않
거나 아니면 또 다른 방식으로 있어야 한다. 즉 그것들은 오직 사유를 통해
서 분리될 수 있다. 따라서 그린뉴딜 시대의 에너지 생태계의 진화는 '그것들
의 존재가 아니라 존재방식'에 대한 '모나드(monad)'의 단편적인 사소함에서
또는 우리시대 우리지역 우리해석의 미묘한 '차이(differential)'에서 발현된다.

건축도시의 기원은 자연으로부터 거리두기에서 시작된다. 다시 말해 인
간이 스스로 만들어낸 자연으로서 도시, 자연과의 경계로서 지어진 건축은
자연환경을 공유하는 원시적인 '외피'로서의 존재방식을 이어오고 있다. 여기
에는 '개구부의 모순'이 내재되어 있다. 자연으로부터 거리두기에 필요한 '열
려진 폐쇄' 또는 '닫쳐진 개방'으로 진화되어온 건축의 '투명성'은 물리적으로
또는 현상학적으로 해석될 수 있다.[34] 역으로 실내의 거주환경을 유지하기
위해 자연과 단절된 밀폐된 단열이 필요충분조건은 아니다. 에너지 환경은
단순히 폐쇄된 물리적 환경에 국한되지 않고 거주자나 이용자의 의지와 참
여로 작동된다. 궁극적으로 건축도시의 거주 공간특성이 사회맥락(social
context)과 실시간으로 연계되어야 함을 의미한다.[35]

---

34) 1753년 로지에(M. A. Laugier)의 '건축에 관한 에세이(The Essai sur l'architecture)'에서 과
학혁명의 산물로 인문학과 예술 중심으로 답습해오던 건축의 전통 규칙으로서의 장식주
의를 거부하고 선례의 양식 속에 숨어있는 합리적 특성을 찾아내어 18세기 계몽주의 정
신을 대표하는 새로운 건축 원리와 표현 체계를 추구한 '원시 오두막(Primitive Hut)'과
콜린 로우(Colin Rowe)의 근대 건축공간의 현상학적 '투명성(Transparency)'을 참조할 수
있다.

　　건축도시 공간의 용도 및 기능을 반영한 경계로서의 외피를 설계하는 경
우 예시된 건축 디자인의 요소단위 모듈들은 건축물의 외부(외피) 재료, 형
태, 색상, 마감상태 등과 외피 경계에 형성되는 건축의 '개방된 투명성'에 의
한 에너지의 동적 순환에 대응하도록 의도된다. 에너지환경을 결정짓는 중
요한 단위로 공간의 연계가 가지는 냉난방부하의 상호작용은 중요하다. 이
를 확대 적용할 경우 건축물의 내부와 외부 또는 상층부와 하층부의 에너지
환경이 상호작용을 통해 시너지 효과를 나타낼 수 있다. 따라서 에너지 조닝
과 같은 공간단위의 연계방안을 이용해 추가적인 물리적 단열조치 없이 자
연채광 및 통풍 등의 보조적 수단을 통해 건물의 에너지 부하를 유의미하게
관리할 수 있다.

　　생애주기 에너지 평가의 보편화 추세에서 국제적인 녹색건축물 인증기관
들의 선제적인 제도개선은 보다 혁신적이고 창의적인 친환경 건축도시로의
진화를 가속화하고 있다. 이를 위해 실무적으로 건축의 구조와 외피 설계에
서 미시기후를 활용한 에너지 환경 입체화가 건축물의 에너지효율을 향상시
키는 개방형 비아이엠(BIM, Building Information Management)으로 의무화되
고 있다. 국내에서도 녹색건축법 개정으로 거시(지역) 및 미시(공간) 단위 에
너지 클러스터의 범주화와 관련하여, 건축물의 기능과 성능들이 탄소 대응
요소 및 특성으로 정의되고 **유형화되는 과정에서 단위요인별 건축도시 전문
가와 지역 공동체가** 공유하고 참여할 수 있는 실시간 온라인 친환경 건축도
시 에너지(운영관리)지원시스템의 체계화가 기대된다.

　　유틸리티 다이브(Utility Dive)의 캘리포니아 에너지 공동체 관련 기사에서

---

35) 개방형 BIM 공간분석 프로그램을 적용하는 시스템을 활용할 경우, 건축단위모듈들은 3
　　차원 모형데이터, 공간분석 데이터 및 환경분석 데이터로 실시간으로 통합되는 과정을
　　통해 기획과정의 건축물의성능을 설계단계에서 평가하고 수정하는 시뮬레이션이 가능
　　할 것으로 판단된다.

허만(Herman)은 중·저소득(LMI, Low and moderate income) 소비자가 특히 이용시간 차등제로 불이익에 노출된 2001년 퓨젯(Puget) 청정에너지 정책이 소비자의 에너지 사용패턴을 효과적으로 변화 시킬 정도의 충분한 가격 차등화에 실패해 폐지된 이후 다시 이용시간 요금 차등제도가 자리를 잡게 되기까지 십여 년이 소요되었다고 전하고 유사한 제도의 성공은 소비자의 변화를 유도할 더 나은 보상제도에 대한 인식 변화라고 조언한다. 기반시설 투자와 유지에 대한 고비용이 에너지 사용요금에 부담되지 않게 하는 것은 직접적인 보조금이라는 아메드 파르퀴(Ahmad Faruqui)의 첨언도 첨단 계량 기반시설(AMI, Advanced Metering Infrastructure)에 연동된 스마트 온도조절기, 스마트 가전 또는 솔라-플러스-저장장치 등에 의존하는 지역 에너지 클러스터가 중·저소득 고객에게 비현실적임을 조언한다.

기후대응 건축도시의 지역 에너지 공동체는 서비스 시작 초기에 비현실적 기대를 갖지 않을 정도의 가격 차등화가 요금 절약에 대한 각성을 유도할 수 있다는 점에서, 성수기 대 비수기의 요금 차이가 승인되면 에너지 이용패턴을 정착시키기 위해 참여한 소비자가 높은 가격 신호로 충격을 일으키지 않는 한도 내에서 장기간 새 요금제도가 에너지 소비패턴을 변화시킬 동기를 부여해야 한다는 동적 에너지 생태계의 양면성을 이해하고 적정화하는 것이 필요하다.

제4장 에너지법의 이념 및 기본 원리와 상호 작용[1)]

황형준(김·장 법률사무소)

I. 서설: 에너지법의 이념 및 원리

현대 사회에서 에너지는 인류의 모든 삶의 방식에 관련되어 있거나 영향을 미치고 있다. 인류 문명의 생성 이래로 에너지의 생산 및 수급은 그 문명의 존망을 좌우할 정도로 중요한 문제였으며, 18세기 산업혁명 이래로 화석연료 에너지원의 확보와 활용은 국가의 가장 중요한 정책 목표 중 하나가 되어 왔다. 현대 사회에서도 에너지는 인류의 모든 삶의 구성요소에 관여하거나 영향을 미치고 있다고 할 정도로 중요성이 증대되고 있다. 한편, 전 세계가 그 동안 화석연료 에너지원에 크게 의존함에 따라, 에너지 개발 및 소비의 문제는 환경오염 및 기후변화에도 상당한 영향을 주어 왔고, 그 결과 '지속가능한 발전(sustainable development)'을 고려한 에너지 정책에 대한 요구도 커지고 있다.

그런데, 에너지 문제는 다양한 가치와 이익의 상충가능성(相衝可能性)을 본질적으로 내포하고 있으므로, 에너지에 관한 정당한 가치와 이익의 합리적인 조정은 우리나라를 비롯한 모든 국가의 당면 과제가 된다.[2)] 그러한 조정

---

1) 본고는, 저자의 학위논문인, "지속가능한 에너지법의 이념과 기본 원리," 서울대학교 대학원 박사학위논문(2018)의 일부를 기초로 하여, 편집 및 보완한 글임을 밝힌다.
2) 도덕적 '조정문제(coordination problem)' 상황에서의 조정 문제를 국가가 해결하여야 하는 것은, 국가가 그 권위로 인하여 이러한 문제를 해결함에 있어 가장 '유효적절한 지위'에 있기 때문이라는 취지의 견해로는, 조홍식, 『사법통치의 정당성과 한계』, 박영사, 2010. 36-38면.

기능을 수행하는 실정법 체계를 '에너지법(energy law)'이라 부를 수 있지만, 그 동안 우리나라에서는 에너지법 전체를 관통하는 이념(idea) 및 원리(prin- ciple)에 관하여 연구가 많지 않았던 것으로 보인다.

이러한 에너지법의 이념 및 원리 논의를 위하여는, 우선 에너지법의 개념 과 범주를 살펴볼 필요가 있다. 현대 사회에서의 에너지 문제와 같은 가치들 간의 상쟁(相爭) 상황에서는 사람들이 받아들이고 따를 수 있는 '규칙'을 설 정함으로써 사람들 사이의 상호작용을 조정할 필요가 있고, 이것이야말로 '실정법'의 대표적 기능이라고 할 수 있을 것인데,[3] 에너지에 관한 그러한 실 정법을 통칭하여 '에너지법(energy law)'이라 칭할 수 있을 것이다.

'에너지법'에 대한 고찰은 다양한 대상에 관하여 다양한 방식으로 이루어 질 수 있을 것이지만, 일견 모순되는 것처럼 보이는 여러 에너지 관련 요구 를 발전적인 방향으로 함께 수용하기 위해서는 에너지법 전체를 관통하는 이념과 기본 원리에 대한 깊은 이해가 반드시 요구된다고 할 수 있다. 특히, 새로운 패러다임으로 제시되고 있는 '지속가능한 에너지 순환 구조를 지닌 사회'로의 발전을 위하여는, 지속가능한 에너지법의 이념과 기본 원리에 대 한 명확한 인식과 이해가 필요하게 된다.

지속가능한 에너지법의 이념 및 기본 원리의 탐구란, 독립한 규범 체계인 에너지법이 존재하고, 에너지법에 특유한 이념 및 원리가 존재한다는 점을 전제로 한다. 따라서, 우선 위와 같은 전제가 타당한 것인지를 검토할 필요 가 있는데, (i) 에너지법은 그 규율 대상 및 규율 방식의 특수성 및 에너지 문제의 독자적 중요성 등으로 인하여 독립성을 인정받을 수 있다는 점, (ii) 에너지법은 일반적인 산업규제법, 환경법 등과는 다른 독자적인 이념 및 원

---

3) *Id*, 37면

리에 의하여 형성되고 발전되어 왔다는 점, (iii) 에너지법에 특유한 이념 및 원리는 에너지 규제 이론의 탐구를 비롯한 복합적이고 학제적인 접근을 통하여 파악할 수 있다는 점, (iv) 법의 이념 및 원리는, 법해석의 근거, 법변경의 근거, 법의 구체적 타당성 확보를 위한 근거, 새로운 규칙을 만드는 근거 및 특정한 상황에서의 행동의 유일한 근거로서 법체계 내에서 유용한 역할을 수행한다는 점 등에 기초하여, 독립한 규범 체계인 에너지법을 인정하고 이념과 기본 원리를 탐구할 수 있을 것으로 보인다.

물론, 에너지법에 관한 관념적이고 이론적인 성찰만으로는 과연 그러한 이념과 원리가 우리나라 또는 각국의 에너지법에 현존하는 것인지, 그러한 이념과 원리가 실제 에너지법의 형성 및 발전에 어떠한 영향을 미치고 있는지 등을 파악하기 어려운 면이 있다. 즉, 에너지법의 이념과 원리에 대한 정확한 이해를 위하여는, 우리나라를 비롯한 국제적인 에너지법의 흐름과 방향을 정확히 이해할 필요가 있는 것이다. 다만, 에너지법의 주요 이슈에 관한 이념 및 기본 원리의 상호 작용을 총론적 관점에서 분석하고자 하는 본고의 목적상 개별 에너지법에 대한 상세한 분석은 생략하고, 필요한 한도에서 일부 법령의 내용을 분석하기로 한다.[4]

이하에서는, 독자적인 법적 이념과 원리를 발견할 수 있는 독립한 법체계인 '에너지법(energy law)'을 전제로, 무엇이 에너지법의 이념 및 기본 원리로 상정될 수 있는지를 살펴보고, 이러한 에너지법의 이념 및 원리가 구체적인 에너지 문제에 관하여 어떠한 방식으로 영향을 주거나 문제의 해결에 기여하는지를 상호 작용의 관점에서 고찰해 보기로 한다.

---

4) 우리나라 주요 에너지법의 체계 및 내용에 관한 분석, 각 에너지 법령에 구현되어 있는 이념 및 기본 원리의 분석 등에 관하여는, 황현준, (전게 각주 1) 제4장 참조.

Ⅱ. 에너지법의 이념

1. 에너지법의 이념 정립을 위한 고려 요소들

가. 국제법상 제시되는 에너지법의 이념

2015년에 이르러 에너지헌장조약의 52개 회원국은 기존의 유럽에너지헌장을 '국제에너지헌장(International Energy Charter)'으로 확대하기로 합의하였다. 에너지헌장조약이 8장 50조와 20개 가량에 이르는 별지로 구성된 상세한 조약인 것에 반하여, 국제에너지헌장은 목표, 이행방안, 특별협약, 최종규정 등의 4개 타이틀로만 구성된 비교적 간단한 형태의 협약이다.

그런데, 국제에너지헌장은 전문에서 "지속가능발전을 달성하기 위한 모든 국가들의 노력을 인식하여(Recognising … efforts by all countries to achieve sustainable development)"라는 표현을 포함함으로써 '지속가능발전'의 개념이 각국의 에너지 정책의 궁극적 목표가 될 수 있음을 밝히고 있다. 또한, '유럽에너지헌장(European Energy Charter)'은 전문에서 "공급안정성과 자원의 효율적인 관리 및 이용과 함께 환경적 개선을 도모함으로써 지속가능발전(sustainable development)을 향해 나아가려는 것"이라고 천명하고 있고,[5] '에너지헌장조약(EnergyCharter Treaty)' 제19조는 지속가능발전(sustainable development)을 도모함에 있어 환경 및 안전에 대하여 각국이 충분한 주의를 기울여야 한다는 점을 강조하고 있다.[6]

---

5) 유럽에너지헌장 전문에는 다음과 같은 표현이 있다: "지속가능한 발전을 향해 나아감에 있어, 공급안정성과 자원의 효율적인 관리 및 이용이라는 목적을 달성하고 환경적 개선을 도모하기 위하여 더욱 노력할 것(Willing to do more to attain the objectives of security of supply and efficient management and use of resources, and to utilise fully the potential for environmental improvement, in moving towards sustainable development)."

6) 에너지헌장조약 제19조는, '환경적 측면(Environmental Aspects)'라는 제명 하에, "지속가능한 발전을 추구함에 있어…[중략]…각 당사국은…[중략]…안전에 대한 적절한 고려를

이처럼 에너지에 관한 주요 국제협약이 지속가능발전의 개념을 주요 목표로 제시하고 있는 점을 고려하면, '지속가능발전'의 개념이 에너지법의 이념으로 제시될 수 있는지를 진지하게 검토할 필요가 있다고 생각된다. 이하에서는, 에너지법의 지도 이념으로써 중요한 의미를 가질 수 있는 '지속가능발전'의 개념을 살펴보기로 한다.

나. '지속가능발전'의 개념에 대한 고찰

'지속가능발전'의 개념, 보다 정확히는 "환경적으로 건전하고 지속가능한 발전(Environmentally Sound and Sustainable Development)"이라고 하는 개념은, 1987년 4월 세계환경개발위원회(WCED)가 발표한 "우리 공동의 미래(Our Common Future)"라는 제목의 일명 "브룬틀란트 보고서(Brundtland Report)"에서 제시된 이래 환경정책의 새로운 이념으로 정립되어, 그 후 1992년 6월 브라질 리우에서 개최된 UN환경개발회의(UNCED)의 이른바 "리우선언"에서 중심 테마가 되었다.[7] '브룬틀란트 보고서'는, "지속가능한 발전(sustainable development)"을 "미래 세대가 수요를 충족할 수 있는 능력을 위태롭게 하지 않으면서 현재 세대의 수요를 충족시키는 발전(development…that…meets the needs of the present without compromising the ability of future generations to meet their own needs)"으로 정의하고 있다.[8]

초기의 지속가능발전에 대한 논의는 경제정책과 환경정책의 통합방안 내지 경제성장과 환경보전의 조화방안 등을 마련하는 것에 집중되었는데, 이후

통하여…[중략]…해로운 환경적 영향을 최소화하여야 한다(*In pursuit of sustainable development…each Contracting Party shall strive to minimize… harmful Environmental Impacts…taking proper account of safety*)"고 규정하고 있다.

7) 박균성 & 함태성, 환경법, 박영사, 2008. 59면; 황계영, "지속가능발전의 개념과 법적효력에 관한검토", **환경법연구** 제39권 제3호, 2017. 477-481면

8) United Nations General Assembly, Report of the World Commission onEnvironment and Development: Our Common Future, A/42/427(Aug 1987), 24면

경제와 환경이라는 두 구성요소 외에 형평성에 입각한 사회정책이라는 새로운 요소를 추가하여 오늘날에는 세 가지 요소의 통합을 추구하는 모습을 보이고 있다.[9] 지속가능발전법 역시 "지속가능발전"을 "지속가능성에 기초하여 경제의 성장, 사회의 안정과 통합 및 환경의 보전이 균형을 이루는 발전"으로 정의함으로써(동법 제2조 제2호), 이러한 국제적 흐름을 받아들이고 있다.

여기서 중요한 것은, "경제적 발전, 사회적 발전, 환경 보호라고 하는 상호의존적이고 상호강화적인 지속가능발전의 세 기둥을 지역적, 국가적, 지구적 차원에서 진작시키고 강화할 집단적 책임"이 인류에게 부여되었다는 점에 관하여 광범위한 국제적 공감대가 형성되고 있다는 점이다. 이러한 세 기둥을 둠으로써 얻게 되는 개념적 이득은, 발전이 오직 경제적 발전만을 의미하는 것으로 이해하게 만든 "환경과 발전의 관계"에 관한 고정 관념의 틀이 가진 한계를 극복할 수 있는 계기가 마련되었다는 것이다.[10]

다. '지속가능성'과 에너지법의 이념

"지속가능성"의 개념이 에너지법의 지도 이념이 될 수 있는지에 관한 기존 문헌을 살펴보면, 이를 긍정하는 취지의 견해가 많다. 일찍이 브래드브룩(Bradbrook)은, 브룬틀란트 보고서 제7장이 에너지가 지속가능한 발전의 달성을 위한 중요 분야가 될 것으로 전제하고 있다는 점을 지적하면서, 위 보고서가 에너지 분야에서 갖는 중요성을 생각하면 그 동안 에너지의 지속가능성이 많이 다루어지지 않은 것은 놀라운 일이라고 지적한 바 있다.[11] 또

---

9) 오늘날 지속가능발전의 3대축인 "3E"는 경제(Economy), 환경 또는 생태(Environment or Ecology), 환경형평성(Equity)을 의미하며, 각 국가는 이러한 3대목표의 동시추구를 위해 국가적역량을 모으고 있다는 취지의 설명으로는, Id., 60면

10) 조홍식, "기후변화시대의 에너지법정책", 조홍식 편저, 『기후변화시대의 에너지법정책』, 박영사. 2013. 11면

11) Adrian J. Bradbrook, "Energy and Sustainable Development", Asia Pacific Journal of Environmental Law, 4(4), 2000. 309-310면. 브룬틀란트 보고서 제7장("에너지: 환경과 발

한, 경제적 관점은 물론 생존이라는 더 큰 사회적 이익의 관점에서 보더라도, 지속가능한 발전 개념의 중심에는 '지속가능한 에너지(sustainable energy)'가 있다는 견해도 있다.[12] 또한, 에너지의 생산 및 소비는 지속가능한 발전이 추구하는 사회·경제·환경적 목적을 달성할 수 있도록 지속가능성과 형평성의 원칙을 실현하는 방향으로 이루어져야 한다는 견해가 있다.[13]

결국, "지속가능성"의 개념은 현대 사회에서 에너지법의 지도 이념이 되기에 충분한 자격을 갖추고 있을 뿐 아니라, '한정된 자원의 개발과 이용'이라는 에너지법의 본질적 속성은, 에너지법이 "지속가능성"을 이념으로 하는 경우에만 파국을 면하고 법적 안정성을 유지할 수 있을 것이라는 판단을 가능하게 한다.

2. 지속가능한 에너지법 이념의 의미

지금까지 논의한 바를 종합하면, 에너지법은 "환경적으로 건전하고 지속가능한 에너지의 효율적이고 합리적이며 공정한 생산·배분·이용"을 이념으로 삼을 수 있을 것이다. 위 이념의 의미는 다음과 같다.

지속가능발전은 환경법과 환경정책을 지도하는 이념일 뿐 아니라, 에너지법과 에너지정책을 지도하는 이념이기도 하다. 그 동안 에너지법과 환경

전을 위한 선택")은, 에너지에 관하여 고려되어야 할 지속가능성의 핵심 요소로, (i) 개발도상국에의 할당을 포함하는 인간의 기본적 수요 충족을 위한 에너지 공급의 충분한 증가, (ii) 에너지 효율과 보전 방법, (iii) 에너지의 이용 및 생산 과정에서 발생하는 위험의 인식 및 관리, (iv) (에너지로 인한) 지역적 오염의 방지 및 생태계의 보호 등을 제시하고 있다.

12) Irma S. Russel, "The Sustainability Principle in Sustainable Energy", *Tulsa Law Review*, 44, 2008, 121면.

13) 윤순진, "지속가능한 발전과 21세기 에너지정책: 에너지체제 전환의 필요성과 에너지정책의 바람직한 전환방향", **한국행정학보** 제36권 제3호, 2002, 148-150면.

법 사이의 관련성은 주목을 받지 못하였고, 에너지법은 에너지의 안정적·효율적 수급을 실현하는데 목적이 있는 반면, 환경법은 경제활동에 수반되는 부작용으로부터 환경을 보호하는 것을 존재 이유로 한다고 보았다. 그러나, 에너지 사용과 환경보호는 불가분의 관계에 있는 것이다.[14] 우리나라의 경우, 고도성장 과정에서 에너지다소비형 산업구조가 고착화하여 화석연료의 사용량이 급격히 증가하였고, 그 결과 각종 대기오염물질이 다량 발생하여 대기오염도가 급속하게 악화되었다. 이처럼 경제개발에는 에너지 사용이 필수불가결하고 에너지 사용은 환경에 부하(負荷)를 거는 것이다. 대기가 대기오염물질의 흡수원으로 기능하듯이, 환경은 인간 활동의 부산물을 소화하지만, 인간 활동을 무한정 수용할 수는 없다.[15] 이러한 환경의 한계는 에너지법에 관한 제약 요소가 된다.

아울러, 에너지법은 생존의 필수 조건인 동시에 막대한 규모의 부(富)와 연결되어 있고, 더불어 상당한 위험을 발생시키는 '에너지 재화'의 생산과 배분에 관한 법률이므로, 기존의 형식법적 원리만을 추구하는 경우에는 공정하지 못하거나 부정의한 결과를 발생시킬 수도 있다. 따라서, 에너지법의 균형 잡힌 발전을 추구하기 위하여는, 정의 내지 형평의 개념이 충분히 고려되어야 한다.

결국, 지속가능발전의 개념은 바람직한 환경법의 이념인 동시에 에너지법의 이념이 될 수 있고, 이러한 지속가능발전을 목표로 후술하는 공급안정성, 효율성, 형평성, 환경책임성의 원리가 조화를 이루면서 에너지를 효율적이면서도 합리성과 공정성을 갖춘 방식으로 생산, 배분 및 이용하는 것이 에너지법의 이념이 되어야 할 것이다.

---

14) 조홍식 (전게 각주 11). 12면
15) *Id*

3. 지속가능한 에너지법 이념의 정당화 근거

위와 같이 제시된 지속가능한 에너지법의 이념은 어떠한 근거로 정당화될 수 있는가? 명확한 이론적 근거를 제시하는 것은 쉬운 일이 아니지만, 우선 다음과 같은 근거를 생각할 수 있다.

첫째, '지속가능성'이 에너지법의 지도 이념이 되어야 하는 이유 중 하나는, 에너지법이 규율하는 대상의 특수성에서 찾을 수 있다. 에너지법은 일부 신재생에너지 자원을 제외한다면 한정된 자원으로부터 가치를 얻어내거나 이를 확보하려는 활동에 관한 법률이므로, 이른바 고갈성 및 환경침해성을 본질적 특성으로 하고 있다. 게다가, 에너지의 경우에는 고유한 필수재성으로 인하여 안정적이고 지속적인 공급가능성을 핵심으로 하고 있기 때문에, 장래와 미래 세대를 고려한 '지속가능한 발전'의 이념이 반드시 요구된다고 할 수 있다. 즉, 에너지법은 "반드시 사용해야 하지만 다 소진해 버려서는 안 되는 제한된 자원"[16)]에 관한 법률로서, 에너지에 관한 현재 세대의 수요와 미래 세대의 수요를 모두 고려하여 개발과 사용을 적절히 조정하고 관리하여야 하는 법률의 특성을 갖는 것이다.

둘째, '지속가능성'이 에너지법의 지도 이념이 되어야 하는 또 다른 이유는, 이제까지의 에너지 개발 및 이용 행태가 '지속가능하지 않은' 모습을 보여왔고, 이를 개선하기 위한 특별한 법적 조치가 없다면 '지속가능하지 않은' 정도가 더욱 심화되어 파국에 이를 수도 있다는 위기 상황이 현실화되고 있다는 사실적 근거이다.[17)] 화석 연료의 과도한 사용으로 인한 '기후변화'의 발

---

16) "사용하되, 다 사용하지는 말라(Use it, but don't use it up)"는 것이 지속가능성(sustainability)의 기본 관념이라는 설명으로는, Irma S. Russel (전게각주 13) 124면

17) 현재의 개발도상국들 역시 과거 선진국들이 발전 과정에서 택하였던 화석연료에 의존하는 에너지 정책을 채택한다면 이는 환경적으로 지속가능하지 못할 것이라는 점을 깨닫게 됨에 따라, 각국의 에너지법은 점차 지속가능한 발전의 개념에 관심을 기울이게 되

생과 그에 대한 법적 대응의 필요성 증가가 대표적인 예이다. 우리나라를 비롯한 전세계의 에너지 소비량은 급속도로 증가하고 있고, 그로 인한 해로운 환경적 외부효과 및 사회경제적 외부효과 역시 급격하게 증가해 왔지만, 그 동안의 법적 대응은 공급안정성과 경제적 효율성을 중심 축으로 삼는 '고전적 에너지법'의 헤게모니와 화석 연료 체계에 대한 '고착(固着)' 현상을 극복하기에는 충분하지 못했던 것으로 보인다. 이러한 상황에서, 에너지법이 지속가능성을 지도 이념으로 하여 공급안정성 및 경제적 효율성과 함께 환경 책임성 및 사회적 형평성을 두루 추구하는 '패러다임의 변화'를 이루어 내지 못한다면, 에너지 분야의 불안정성이 강화되어 사회 전체의 불안 요소로 발전할 가능성도 있어 보인다.

셋째, '지속가능한 발전'의 개념은 우리나라를 비롯한 세계 각국의 법체계에 널리 받아들여지고 있고, 에너지법 역시 이를 수용하는 방향으로 나아가고 있다고 보여진다. '지속가능한 발전'의 개념이 하위 법규범을 도출하는 상위의 이념(법원칙)으로 기능할 수 있을 것인가 하는 문제에 관하여는 다음과 같이 우리 헌법이 지속가능성을 전제하고 있다는 견해도 있다.[18]

헌법은 국가의 최고규범이다. 굳이 따져 보자면 우리 헌법은 지속가능성을 전제로 하고 있다고 해석할 수 있다. 헌법 전문에 "안으로는 국민생활의 균등한 향상을 기하고 밖으로는 항구적인 세계평화와 인류공영에 이바지함으로써 우리들과 우리들의 자손의 안전과 자유와 행복을 영원히 확보할 것을 다짐하면서"라고 하는 표현이 나온다. 국민생활의 균등한 향상, 우리들의 자손의 안전과 자유 그리고 인류공영이라는 표현은 분명히 지속가능발전이 포함된 것으로 해석할 수 있다. 지속가능발전 법개념이 가지고 있는 환경보

있다는 설명으로는, Adrian J. Bradbrook, "Sustainable Energy Law: The Past and the Future", *Journal of Energy & Natural Resources Law* 30, 2012. 511-521면.

18) 김광수, "지속가능사회의 법해석과 사법", **환경법연구** 제37권 제3호, 2015. 92면.

전을 통한 공평한 생활 향수, 후세대 필요의 충족 그리고 인류의 지속가능한 발전 등의 이념에 해당한다. 그리고 이를 구체화한 기본권 조항으로 제10조의 인간의 존엄과 가치보장, 제35조의 건강하고 쾌적한 환경에서 생활할 수 있는 권리 등이 포함된다. 그리고 헌법 제37조는 국민의 자유와 권리는 헌법에 열거되지 아니한 이유로 경시되지 아니한다고 규정하고 있다. 그러니까 지속가능발전 법원리는 이미 우리 헌법의 해석에 의하여 도출되는 법개념이라고 설명할 수 있다.

나아가, 현행 법령 중에는 '지속가능발전법'이 존재하고, 동법은 최근 '지속가능발전 기본법'으로 대체되었는데,[19] 지속가능발전 기본법 제1조는, "이 법은 경제, 사회, 환경의 균형과 조화를 통하여 지속가능한 경제 성장, 포용적 사회 및 기후·환경 위기 극복을 추구함으로써 현재 세대는 물론 미래 세대가 보다 나은 삶의 질을 누릴 수 있도록 하고 국가와 지방 나아가 인류사회의 지속가능발전을 실현하는 것을 목적으로 한다"고 밝히고 있다(동법 제1조). 아울러, 제3차 지속가능발전 기본계획에 따르면, "지속가능하고 안전한 에너지체계 구축"이 국가의 지속가능발전 달성을 위한 주요 전략 중 하나로 제시되어 있기도 하다.[20]

---

19) 동법은 당초 '지속가능발전 기본법'으로 제정되었으나, 이후 '지속가능발전법'으로 지위가 격하되었다가, 최근 2022. 1. 4. 새로 제정된 '지속가능발전 기본법'으로 대체되게 되었다(2022. 7. 5. 시행 예정).
20) 제3차 지속가능발전 기본계획 2016~2035, 정부 관계부처 합동 자료, 2016. 124-132면.

Ⅲ. 에너지법의 기본 원리

1. 에너지법의 4대 기본 원리

가. 에너지법의 기본 원리에 관한 기존 논의

에너지법에 관한 기존 문헌을 살펴보면, 에너지법의 기본 원리를 정형화하여 설명하는 경우를 발견하기가 쉽지 않다. 다만, 일부 문헌에서는 에너지법의 중요한 개념 내지 원리로 '공급안보', '경제성', '환경보호' 등을 제시하고 있다.

가령, 독일 에너지법에 관한 문헌에서도, '공급안정성(securityof supply)', '공급경쟁(competition in supply)', '환경보호(environmental protection)' 등을 독일 에너지법뿐 아니라 유럽 에너지법의 기본 원리로 제시하고 있다.[21] 위 견해에 따르면, 공급안정성, 공급경쟁, 환경보호 등의 가치는 상호 상충되기도 하고 보완적이기도 한데, 이러한 3대 가치가 이른바 "마법의 삼각형(magic triangle)"을 이루고 있고, 입법부, 행정부 및 사법부는 위 삼각형이 균형을 이룰 수 있도록 노력하여야 한다고 설명한다.[22]

한편 헤프론(Raphael J.Heffron)은, 이와 다소 유사한 관점에서, '에너지법정책(energylaw and policy)'에 관한 삼각형 모델을 제시하고 있다.[23] 위 견해에 따르면, 에너지법정책은 경제, 정치, 환경의 3가지 요소를 기초로 형성된 것이며, 경제는 '재정(finance)'을, 정치는 '에너지안보(energy security)'을, 환

---

21) Carsten Corino, *Energy Law in Germany: and its foundations ininternational and European law*, C.H. Beck, 2003. 9-14면.

22) *Id.* 14면. 참고로, 위 견해는 탄소배출권거래제의 경우 개별 발전소의 에너지 공급안정성을 확보할 수 있도록 하는 동시에 가장 경제적인 방법으로 기후변화에 대응하는 것이므로 3대 목표 간의 균형이 잘 잡혀있는 사례라는 취지로 설명하고 있다.

23) Raphael J. Heffron, *Energy Law: An introduction*, Springer, 2015. 3-4면.

경은 '기후변화 완화(climate change mitigation)'을 주요 목표로 하고 있고, 이러한 3가지 목표가 균형을 이루어야 한다고 한다. 이러한 견해는, 앞서 살펴본 "마법의 삼각형" 관점의 견해와 일맥상통하는 것으로 보이며, 에너지법의 기본 원리를 논하는 최근 문헌 중 상당수는 이러한 "삼각형 모델"을 전제하고 있는 것으로 파악된다.

[그림 4-1] 헤프론의 에너지법정책 삼각형 모델

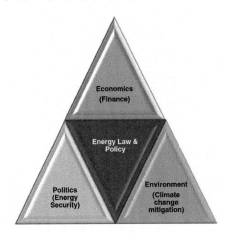

나. '지속가능한 에너지법'의 4대 원리 도출

이하에서는, (i) 지속적이고 일정한 에너지 공급의 보장을 의미하는 '공급안정성', (ii) 에너지의 효율적 생산 및 합리적 이용을 의미하는 '(경제적) 효율성', (iii) 환경친화적 에너지 이용 및 온실가스 배출 최소화를 의미하는 '환경책임성', (iv) 에너지 자원의 공정하고 안전한 개발, 이용 및 배분을 의미하는 '(사회적) 형평성'의 등 네 가지 원리를 지속가능한 에너지법의 기본 원리로서 제시하고자 한다. 위 원리들을 지속가능한 에너지법의 4대 원리로 도출하게 된 과정 및 근거에 관하여는 다음과 같은 추가 설명이 가능할 것으로 생각된다.

에너지법의 규율 대상인 에너지는, 국민의 인간다운 생활과 경제활동에 반드시 필요한 필수재로서의 성질을 가지므로, 국가는 에너지가 안정적이고 효율적인 방법으로 수급되도록 하여야 할 의무를 진다고 이해할 수 있고, 이러한 에너지의 특성으로부터 에너지법이 반드시 달성하여야 할 법적 과제인 '공급안정성'의 원리가 도출된다고 할 수 있다.

또한, 에너지의 안정적인 수급은 가장 효율적인 방법으로 달성되는 것이 바람직하다. 이는 에너지의 개발, 생산은 물론, 배분과 이용에 관하여도 상당한 비용과 노력이 소요된다는 점을 고려하면 더욱 그러하다.[24] 즉, 고전적인 에너지 자원의 유한성 내지 고갈성의 성질과 신재생에너지를 비롯한 주요 에너지의 개발에 관한 규모경제성 등을 고려하면, 에너지의 특성으로부터 '효율성' 원리가 도출된다고 이해할 수 있다.

한편, 에너지 자원의 개발 및 이용 과정에서는 다양한 음(陰)의 환경적 외부효과가 발생하게 된다. 에너지자원의 탐사 및 채굴 과정에서는 자연환경의 파괴, 경관의 훼손, 생태계에 대한 영향 등 여러 환경적 영향이 발생할 수 있고, 에너지 자원의 개발과 전기에너지, 열에너지 등으로의 전환 과정에서는 폐기물의 발생, 대기오염 및 수질오염의 발생 등과 같은 환경오염 문제가 발생할 수 있다. 특히, 에너지 활동에서 발생하는 탄소의 양이 상당하다는 점이 밝혀짐에 따라, 그로 인한 기후변화 현상에 대한 우려도 고조되고 있다. 이처럼, 에너지 결정 및 에너지 활동은 환경적으로 상당한 영향을 발생시키는 반면, 에너지 활동의 규모와 영향을 고려하면 기존의 환경법 내지 환경정책만으로 이를 해결하는 것은 쉽지 않은 상황이 되었다고 할 수 있다.

---

24) 가령, 풍력, 태양력과 같은 신재생에너지의 경우 해당 에너지원 자체는 사실상 무한정 제공될 수 있는 것처럼 보일지라도, 이를 에너지원으로 개발하여 전기 등으로 전환하는 과정에서는 상당한 비용과 노력이 투입되게 마련이므로, 이 경우에도 '효율성'의 원리는 중요한 의미를 갖는다.

따라서, 에너지법은 에너지 활동에 의한 음(陰)의 환경적 외부효과 해결이라는 법적 과제를 달성할 필요가 있고, 이를 위하여는 '환경책임성'이라는 원리가 에너지법의 법적 원리로서 고려될 필요가 있는 것이다. 이는, 헌법 제35조 제1항이 "모든 국민은 건강하고 쾌적한 환경에서 생활할 권리를 가지며, 국가와 국민은 환경보전을 위하여 노력하여야 한다"고 규정하고 있는 점에서도 그 근거를 찾을 수 있다.

나아가, 에너지법의 규율 대상인 에너지 자원의 개발, 생산, 운송 및 이용 등의 과정에서는 다양한 '에너지 의사결정(energy decision-making)' 및 '에너지 활동'으로 인하여 사회경제적으로 여러 영향과 현상이 발생하게 되고, 그 중에는 음(陰)의 사회적 외부효과가 발생하기 마련이다. 대표적인 것이 에너지산업의 발전에 의한 부의 획득과 분배 효과이다. 산업혁명 이후 에너지산업이 빠른 속도로 발전함에 따라, 에너지 자원 및 에너지 활동은 경제활동의 기반으로서 상당한 부를 창출하는 것에 기여하여 왔을 뿐 아니라, 그 자체가 중요한 부의 획득 수단이 되어 왔다. 그런데, 에너지법이 공급안정성과 효율성만을 추구하면서 이러한 부의 획득과 분배 문제에 전혀 관심을 기울이지 않는다면, 에너지 활동에 의한 부정적인 사회적 외부효과가 증폭되어 기존의 사회복지 법률만으로는 해결이 곤란한 상황이 도래하고, 결국 지속가능한 발전이 저해될 우려가 있어 보인다.

또한, 에너지 활동 과정에서는 필연적으로 안전상 위해(危害)의 발생 등 여러 위험이 발생하게 되는데, 이러한 위험의 발생 역시 에너지 활동에 의한 음(陰)의 사회적 외부효과라고 할 수 있으므로 에너지법은 그러한 위험의 발생 억제 및 적정한 배분에도 충분한 관심을 기울일 필요가 있는 것이다.

즉, 지속가능성이라는 개념을 에너지법의 이념으로서 받아들일 수 있다면, 에너지법은 에너지 활동에 의한 음(陰)의 사회적 외부효과 해결이라는 법적 과제를 달성할 필요가 있고, 이를 위하여는 '(사회적) 형평성'이라는 원리가 에너지법의 법적 원리로서 고려될 필요가 있는 것이다. 이는, 헌법 제34조 제1항이 모든 국민이 인간다운 생활을 할 권리를 가진다고 규정하는 한편 헌법 제34조 제2항이 국가로 하여금 사회보장·사회복지의 증진에 노력할 의무를 부과하고 있는 점, 헌법 제119조 제2항이 국가는 균형 있는 국민경제의 성장 및 안정과 적정한 소득의 분배를 유지하도록 하는 점 및 헌법 전문이 "우리들과 우리들의 자손의 안전과 자유와 행복을 영원히 확보할 것을 다짐"한다고 표현하고 있는 점 등에서도 그 근거를 찾을 수 있다고 여겨진다.

이제까지의 논의를 그림으로 도식화하여 설명하면 아래의 [그림 4-2]와 같다.

[그림 4-2] 지속가능한 에너지법의 4대 원리 도출

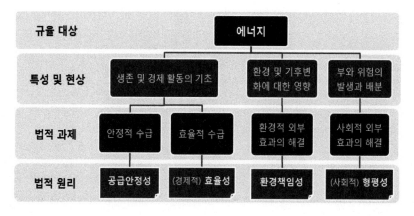

이제까지의 논의를 포괄하여 정리할 경우, '지속가능한 에너지법'의 기본 원리는 아래 [그림 4-3]과 같이 공급안정성, 효율성, 형평성, 환경책임성의 4대 원리로 종합할 수 있다고 생각된다. 이하에서는, 각 법적 원리의 의미 및 도출 근거에 관하여 보다 자세하게 살펴보기로 한다.

[그림 4-3] 지속가능한 에너지법의 기본 원리

2. 공급안정성 - "지속적이고 일정한 에너지 공급의 보장"

가. 에너지법 원리로서의 '공급안정성'의 의미

일반적인 의미에서 '공급안정성(reliability of supply)'이란 일정한 수준의 공급이 일정한 기간 동안 유지되는 상황을 일컫는 것으로 이해할 수 있다.[25] 안정성이란 기본적으로 위험에 대비되는 개념으로, 공급안정성이 높다는 것은 공급 차질의 위험이 낮다는 것을 의미한다. 따라서, 공급안정성은 공급을 위협하는 다양한 위험으로부터 보호되어 일정한 수준의 공급이 차질 없이 이루어지는 상황을 의미한다고 볼 수 있다.[26]

한편, '공급안정성'이란 용어와 함께 '공급안보(security of supply)' 또는 '에너지안보(energy security)'라는 용어도 종종 사용되고 있다. 에너지에 관한 공급안보의 개념은, "공급붕괴 시 공급물량의 가용성(availability)에 대한 보장", "합리적인 가격에서 신뢰할 수 있는 공급 보장" 또는 "수요자가 소비조

---

25) '안정성'의 사전적 의미는, "바뀌어 달라지지 않고 일정한 상태를 유지하는 성질" 또는 "바뀌거나 흔들리지 않고 평안한 상태를 유지하는 성질"을 의미한다.
26) 도현재 & 서정규, "경쟁시장 하에서의 가스공급 안정성 연구," 에너지경제연구원, 2008. 6면.

건의 중대한 변화나 가격의 급격한 변동 없이 소비를 지속할 수 있는 상황"
등으로 다양하게 정의되고 있다.[27] 나아가, 에너지안보란 경제적 손실의 완
충 노력이라는 의미보다는 외부적인 위험으로부터의 안전 보장 측면의 개념
임을 강조하면서, "에너지 공급의 차질이나 에너지 가격의 급격한 변동이 가
져오는 사회경제적 후생의 손실 위험을 완충할 수 있는 능력이나 이러한 위
험노출에 대한 보호 정도"로 정의하는 견해도 있다.[28]

에너지의 공급안정성이란, "수요에 부합하는 다양한 에너지가 합리적인
수준의 가격, 물량, 기간으로 지속적으로 공급되는 것"을 핵심 개념으로 하고
있다. 에너지안보라는 용어 역시 에너지에 관한 위험의 방어 개념을 좀 더
강조하고 있기는 하지만, 공급안정성이란 용어와 본질적으로 구별되는 용어
로 보기는 어렵다. 이러한 논의를 종합하여, 에너지의 '공급안정성'을 "환경에
대한 급격한 영향을 주지 않고, 합리적인 가격으로 다양한 형태의 필요한
에너지를 일정한 양으로 지속적으로 공급받을 수 있는 상태"로 정의하기로
한다.[29]

에너지의 공급안정성이란, 에너지의 공급자와 수요자 모두가 에너지의
공급과 수요에 맞는 적절한 행동을 하고, 이러한 행동이 정부 등에 의하여
적절히 규제되고 통제되는 경우에만 달성될 수 있다. 즉, 에너지 자원이 합
리적인 가격으로 지속적으로 공급될 수 있는가 하는 문제는, 시장에서 에너
지가 합리적으로 거래되고 있는가, 정부가 적절한 규제, 지원 및 과세를 하
고 있는가, 에너지의 공급자 및 수요사가 급격하고 비합리적인 행동을 제어
하고 있는가 등의 여러 요소가 충족되는 경우에 달성될 수 있는 것이다.

---

27) *Id*, 7면.
28) 도현재 외, "21세기 에너지안보의 재조명 및 강화 방안," 에너지경제연구원, 2003. 34-35면.
29) 이러한 공급안정성의 정의는, 후술하는 에너지의 효율성, 형평성 및 환경책임성의 원리
    와의 조응을 고려한 것이다.

나. 공급안정성 원리의 정당화 근거

(1) 에너지의 필수재성(必需財性)

에너지법이 공급안정성을 추가하여야 하는 가장 직관적인 근거는 '에너지'라는 규율 대상의 특성에서 찾을 수 있다. 현대사회에서 에너지는 인간다운 생활 및 경제활동에 반드시 요구되는 필수요소이고, 에너지를 필요로 하지 않는 경제 활동 내지 사회적 활동을 상정하기가 쉽지 않을 정도로 국민의 생활에 필요한 필수조건이 되었다. 이러한 에너지의 '필수재성'으로 인하여, 국가는 국민(개인 및 기업)이 생활 또는 사업에 필요한 충분한 에너지를 향유할 수 있도록 에너지의 공급안정성을 추구하여 할 필요가 있다고 생각할 수 있다.

그런데, 어찌 보면 당연한 것처럼 여겨질 수 있는 공급안정성의 추구는, 좀 더 깊이 생각해 보면 반드시 당연한 것은 아니다. 에너지법이 공급안정성을 추구한다는 것은, 국가가 각 개인의 생활 방식 및 내용에 대하여 관여하고 간섭할 수 있다는 것을 전제로 하기 때문이다. 국가가 개인의 생활 방식과 내용에 간섭하는 것이 타당하지 않다면, 에너지의 조달과 수급은 (그것이 국가의 최소한의 역할인 국방 등에 직접 연결되지 않는 한) 그 필수재성에도 불구하고 전적으로 사인의 영역으로 남겨두어야 한다고 생각할 수도 있다. 이러한 점을 고려하면, 에너지의 필수재성은 이론적으로는 다소 불확실한 근거가 되며, 공급안정성을 기본 원리로 받아들이기 위하여는 국가의 역할에 관한 보다 근본적인 고찰이 필요하게 된다.

(2) 사회국가의 역할

19세기의 서양 근대사회의 법은, '야경국가'의 개념을 기초로 하고 있었던 것으로 보인다. '야경국가'는, 개인의 권리보호와 자유주의를 이념적 기초로 하고 있다. 야경국가에서의 형식법은, 개인이 다른 개인과 공평하게 자유를 누릴 수 있도록 자유로운 행동의 반경을 정해 주는 것인 한편, 각 개인이 스스로 행동반경에 관한 도덕적 판단을 할 수 있는 인격체 또는 성숙한 시민일 것을 전제로 하게 된다. 즉, 야경국가는 각 개인이 공평하게 자유를 누릴 수 있도록 각 개인이 향유할 수 있는 권리와 부담해야 할 의무의 체계를 설정할 뿐이므로, 적극적으로 모든 국민을 위한 에너지의 공급안정성을 추구하여야 할 근거를 찾기가 어렵다. 19세기 중반까지 미국에서의 에너지 공급과 거래가 대부분 사적 차원에서 이루어졌다는 점은, 국가의 역할에 관한 이러한 인식과 무관하지 않은 것으로 보인다.

그러나, 에너지법이 본격적으로 형성되고 발달하기 시작한 20세기 이후로는 이른바 사회국가적 법모델에 따라 국가의 역할이 보다 강조되게 되었다.[30] 사회국가적 법모델에서 개인간의 법적 교류는 평등이나 사회적 연대성의 이념에 따른 제한을 받게 되며, 구체적으로는 사적 자치의 제한 내지는 정부역할의 증대로 표현될 수 있다.[31] 사회국가적 법모델은 20세기의 복지국가적 이념에 따라 짜여진 서구산업사회의 법체계를 반영하고 있다고 볼 수 있으며, 국가와 법은 개인간의 관계나 사회질서를 적극적으로 형성하고 변화시켜 나가는 역할을 떠맡게 되었다.

이러한 사회국가적 법모델에서 법은 사회구성원들에게 자유향유의 실질적 조건인 재화를 직접 창출하고 분배하는 기능을 한다. 국가는 시장이 생산할 수 없는 재화를 창출하며, 결과의 정당성을 고려하여 적절한 재화의 공급과 분배가 이루어지도록 유도·조정한다. 이는 법이 구성원의 삶에 실질적으로 개입하여 자유의 실질적 내용을 보장하는 것을 의미하므로 사회국가적

---

30) 사회국가(社會國家)라 함은 모든 국민에게 그 생활의 기본적 수요를 충족시켜 줌으로써 건강한 생활을 영위할 수 있도록 하는 것이 국가의 책임이면서 그것에 대한 요구가 국민의 권리로서 인정되어 있는 국가를 말한다. 권영성, 헌법학원론, 법문사, 1998. 135-136면

31) 이상돈 & 홍성수, 『법사회학』, 박영사, 2000. 23면

법모델에서의 법은 실질법이라 부를 수 있다.

이러한 국가의 역할에 관한 논의를 받아들인다면, 오늘날 우리나라의 에너지법이 공급안정성을 추구하여야 하는 가장 중요한 근거 중 하나는, 우리나라 헌법이 지향하는 국가 원리가 '사회국가의 원리'를 포함하고 있기 때문이라고 할 수 있다.[32]

3. 효율성 - "에너지의 효율적 생산 및 합리적 이용"

가. 에너지법 원리로서의 '효율성'의 의미

일반적으로 '효율성(效率性, efficiency)'이란, '들인 노력이나 대가에 대비하여 얻은 효용 내지 산출이 높은 것'을 의미한다.[33] 에너지법의 경우 '효율성'이라는 용어는 에너지 소비의 효율성 개선이라는 측면에서 많이 논의되고 있다.[34] 그러나, 여기서 에너지법의 기본 원리로 제시하는 '효율성'이란, 에너지의 생산, 분배 및 이용 과정에 관한 모든 활동 및 산출에 관한 '경제성' 내지 '경제적 효율성(economic efficiency)'을 의미하는 것이며, 소비 또는 이용 과정에서의 효율성에 한정되는 것은 아니다. 즉, 시기적으로는 에너지 탐사 활동부터 에너지 소비까지 모든 단계에서 효율성이 문제될 수 있다. 이를 고려하면, 이하에서 논의하는 '효율성(效率性)'이란 "에너지의 생산, 분배 및 이용에 관한 모든 활동에 관하여 경제적으로 가장 합리적이고 효과적인 선

---

32) 우리나라 헌법상 인정되는 사회국가 원리의 내용에 관하여는, 권영성, 『헌법학원론』, 법문사, 1998. 135-139면 참조. 노직(RobertNozick)의 '최소국가론(最少國家論)'을 비롯한 사회국가의 정당성에 대한 여러 관점을 제시하면서 이를 평가하는 연구로는, 홍성방, "사회국가의 정당성", **안암법학** 제25권, 2007. 183-202면.

33) '효율성'의 사전적 의미는, "들인 노력과 얻은 결과의 비율이 높은 특성" 또는 "들인 대가나 노력에 비하여 훌륭한 결과를 얻을 수 있는 상태나 성질"을 의미한다.

34) 가령, 에너지이용 합리화법 제8조는, 국가 또는 지방자치단체 등은 에너지를 효율적으로 이용하기 위한 에너지이용 효율화조치를 추진하여야 한다고 규정하고 있다.

택을 하는 것"으로 정의할 수 있을 것이다.

'에너지 효율성(energy efficiency)'은 인류가 에너지를 이용하기 시작한 이래 항상 중요한 고려요소였고, 에너지의 공급안정성 등 다른 요소와도 밀접한 관련을 맺어 왔다. 그런데, 1970년대 석유파동을 겪고, 에너지산업의 시장화 문제가 논의되고, 기후변화 문제가 중요한 이슈로 대두됨에 따라 에너지법에서 효율성 원리는 더욱 중요성을 인정받게 되었다. 특히, 최근에는 에너지 문제에 대한 접근방식이 공급 관리의 관점에서 수요 관리의 관점으로 변화함에 따라, 에너지 소비에 관한 효율성 증진이 더욱 중요한 문제로 인식되기게 되었다.

물론, 에너지 효율성의 추구 내지 개선 역시 그 자체로 완벽한 해결책이 될 수 없다. 에너지 활동 전반에 관한 효율성을 개선하기 위하여는 막대한 노력이 필요하며, 에너지 소비 효율성 개선 시도는 '반등효과(rebound effect)'[35] 등으로 인하여 그 편익이 제한될 수 있다. 나아가, 에너지 소비의 효율성 개선만으로 친환경적인 에너지 구조로 전환될 것이라고 기대할 수도 없다. 그러나, 에너지 효율성의 추구 내지 개선을 강조함으로써 비교적 빠른 시간 내에 비교적 낮은 비용으로 경제적 편익과 환경적 편익을 모두 이루어 낼 수 있는 것은 사실이다. 이러한 점에 비추어 보면, 효율성의 원리는 지속가능한 에너지법의 필수적인 구성 요소가 될 수밖에 없다.[36]

---

35) "반등효과(rebounding effect)"란, 에너지 효율의 개선으로 인하여 역설적으로 증가하는 에너지의 소비량을 지칭하는 개념이다.

36) Daniel Farber, "Combining Economic and Environmental Benefits Through Energy Efficiency", 조홍식 편저, 『기후변화시대의 에너지법정책』, 박영사, 2013. 53면.

나. 효율성 원리의 정당화 근거

(1) 자원의 유한성과 '지속가능성' 개념

자원의 유한성이라는 제약조건 속에 살고 있는 인류는 부의 극대화를 위하여 주어진 자원을 효율적으로 이용하면서 살아야 하는데, 이를 위한 첫걸음이 자원을 효율적으로 배분하는 것, 즉 자원을 가장 효율적으로 이용할 수 있는 사람에게 배분하는 것이다.[37] 이러한 관점에서 보면, 높은 고갈성과 지역편중성으로 인하여 제한된 가용 자원을 통해 최대한의 에너지를 획득하여야 하는 에너지 분야는 효율성의 원리가 가장 절실하게 요구되는 분야로 이해될 수 있다.

나아가, '지속가능성'이란 지속적인 경제적 성장을 달성하는 것을 그 개념적 징표로 포함하고 있으므로, 효율성 원리 역시 이에 내포되는 것으로 보아야 한다는 주장이 가능하다.[38] 즉, 지속가능한 발전이란 자원의 활용, 투자의 방향, 기술발전 및 제도의 설계 등의 모든 영역에서 인간의 필요와 소망을 충족시킴에 있어서 '효율성'의 증대를 통한 성장잠재력의 제고를 고려하는 개념으로 이해할 수 있는 것이다.[39]

(2) 공리주의 관점에서의 정당화 가능성과 한계

에너지법이 추구하는 효율성의 원리는 철학적으로 공리주의(utilitarianism)와 연결된다. 공리주의(utilitarianism)란, 인간이 쾌락을 추구한다는 사실을

---

37) 조홍식, "환경법 소묘 - 환경법의 원리, 실제, 방법론에 관한 실험적 고찰 -", 서울대학교 **法學** 제40권 제2호, 1999. 325면. 위 연구는, 환경법의 제1원리로 '자원배분의 효율성'을, 제2원리로 '자원·위험배분의 형평성'을 제시하고 있다. *Id*, 322-331면.
38) 사회계약론의 입장에서, 효율성과 형평성을 함께 고려하는 사회계약의 하나로서의 지속가능한 발전의 법리의 정립을 시도한 연구로는, 허성욱, "지속가능한 발전의 원칙에 대한 법경제학적 고찰 - 효율성과 형평성을 함께 고려하는 환경법의 일반원리로서의 가능성에 관하여 -", **환경법연구** 제27권 제4호, 2005. 39-87면.
39) *Id*, 42면.

바탕으로 효용을 극대화하는 행위들을 정당화하는 도덕이론이다. 개인 효용 극대화에 오직 관심을 기울이는 이기주의와 달리 공리주의는 사회 전반의 이익을 증진시키는 규범이나 행위를 정당화한다.[40]

따라서, 공리주의 관점에서 본다면, 국가가 제한된 자원으로부터 발생하는 효용을 극대화하기 위하여 법제의 내용에 관하여 효율성의 가치를 추구하는 것은 정당한 것이며, 이러한 효율적 법제도를 통하여 사회 전반의 선을 증진시키는 것이야말로 정부의 책임이라고 볼 수 있다. 이러한 관점은, 법적 분쟁의 해결 또는 법령의 제정에 관하여 '사전적인(ex ante)' 법경제학적 분석의 필요성을 강조하는 형태로 나타나기도 한다.

그러나, 공리주의에 대하여는 여러 관점에서의 비판이 존재한다. 대표적인 비판은, 공리주의가 도덕적 권리 특히 인권을 무시한다는 권리논법에 기초한 비판이다.[41] 또한, 계약론적 관점에서 보더라도, 공리주의는 효용 극대화라는 목표 아래 많은 변화를 거듭하였지만 합리적으로 자기 이익을 추구하는 개인과 도덕적 행위자를 적절히 조화시키지 못하는 모순적인 측면을 드러낸다는 비판이 존재한다.[42] 특히 전체 사회의 효용 극대화를 추구하는 과정에서 불가피하게 발생하는 몰개인성의 문제는 현대 공리주의에 이르러서도 여전히 해결되지 않고 있다는 지적이 있다.[43]

또한, 공리주의는 법률가가 받아들이기 어려운 '가치의 통약가능성(commensurability)'을 전제하고 있다는 지적이 있다.[44] 위 견해의 요지는 다음과

---

40) 오재호, "사회적 선택과 공리주의의 정당화", **철학논총** 제51집, 2008. 203면.

41) 권리에 기초한 공리주의 비판의 내용 및 한계에 관하여는, 류지한, "권리에 기초한 공리주의 비판", **철학논총** 제59집, 2010. 89-113면.

42) 오재호, "계약론을 통한 공리주의 비판", **철학** 제112집, 2012. 147-153면.

43) Id

44) 조홍식, "법경제학 무대 놓기 - 경제학에 대한 상투적 비판을 글감으로 하여 -", In 고학

같다. 오늘날의 사회문제는 '가치관의 차이로 인해 생기는 사회구성원 사이의 불일치'라고 정의할 수 있는데, 그로 인한 법적 문제를 해결하기 위하여는 당사자가 아끼는 가치들을 비교하여 우선해야 할 가치를 선택하거나 양자의 적절한 타협을 모색하는 과정이 필요하게 된다. 이 경우 공리주의적 해결법을 도식적으로 말하자면, 대립한 가치들이 비교가능한 경우에는 '비교형량(balancing)'에 기초한 논증으로, 하나의 잣대로 측정할 수 있다면 '비용편익분석(cost-benefit analysis)'으로, 나아가 그 가치들을 '일원적(一元的)'으로 파악할 수 있다면 그 일원적 가치로부터 출발한 '논리적 연역(deduction)'으로 각각 문제를 해결할 수 있게 될 것이다. 하지만, 사람들이 저마다 아끼는 모든 가치를 하나의 잣대로 측정할 수 있다는 가정, 즉 '가치의 통약가능성(commensurability)'을 논의의 전제로 삼는 것은 지나치게 자의적(恣意的)이다. 그 결과, 오히려 근자에는 가치의 '비교불능성(incomparability)' 및 '통약불능성(incommensurability)'이 널리 받아들여지고 있다.[45]

이러한 견해를 고려하면, 효율성의 원리가 에너지법의 중요한 축으로 작용하여야 한다는 점에는 변함이 없으나, 공리주의적 관점에 기초한 효율성의 원리가 에너지법의 최고 원리가 된다고 평가하기는 어려울 것이다.

(3) 법의 일반적 고려 기준으로서의 효율성

우리나라의 경우, 재판 과정에서 법의 해석과 적용이 문제된다면 법관은 경제적 효율성을 고려하여야 하고, 또 실제로도 고려하고 있다는 견해가 있다.[46] 위 견해의 요지는 다음과 같다. 법경제학이 학문적으로 자리를 잡은 미국의 경우 법규칙의 정립뿐 아니라 재판 과정에서도 경제적 효율을 고려

수 & 허성욱, 『경제적 효율성과 법의 지배』, 박영사, 2009. 50-54면
45) 가치의 통약불능성에 관한 보다 자세한 설명은, 조홍식, (전게 각주 3). 246-255면
46) 윤진수, "법의 해석과 적용에서 경제적 효율의 고려는 가능한가?", In 고학수 & 허성욱, 『경제적 효율성과 법의 지배』, 박영사, 2009. 3-43면

하여야 한다는 것에 어느 정도 의견이 모아지고 있으나 성문법 국가인 독일
에서는 과연 법관이 법의 해석과 적용 과정에서 경제적 효율을 고려할 수 있
는가에 관하여 논란이 있다.[47] 그런데, 만일 효율의 개념을 '생산적 효율
(productive efficiency)'로 이해하면,[48] 법의 제정과 집행에 있어서는 생산적
효율의 문제는 항상 고려되어야 하는 것이고, 이를 무시한다면 비합리적이라
고 할 수 있다. 또한, 만일 이를 '배분적 효율(allocative efficiency)'로 이해하
더라도 민법 등 여러 법률에서 이에 기초한 해석론 또는 법리를 받아들이고
있으므로, 결국 법의 해석과 적용에서 경제적 효율은 고려되어야 할 중요한
원리라는 것이다.

이러한 관점은, 에너지법에도 그대로 적용될 수 있을 것으로 보인다. 법
의 해석과 적용에 있어 효율성을 고려하여야 한다는 것은, 효율적인 자원 분
배에 소요되는 높은 거래비용으로 인하여 최적의 자원 분배가 이루어지지
못하고 있는 경우에, 법이 거래비용을 낮추거나 없애는 기능을 함으로써 보
다 효율적인 자원 배분이 이루어지도록 하여야 한다는 것을 의미한다. 그런
데, 에너지법은 한정된 에너지 자원의 생산, 배분 및 이용에 관한 법률이므
로, 최적의 생산, 배분 및 이용이 이루어지도록 법이 거래비용의 최소화에
기여할 필요가 있다. 결국, 에너지법의 경우에도 법이 특별히 효율을 고려하
지 못하도록 명하지 않는 이상 당해 법을 해석하고 적용하는 경우에는 항상
효율성의 원리를 고려할 필요가 있는 것이다.[49]

---

47) Id, 3면
48) 여기서 말하는 '생산적 효율(productive efficiency)'이란, 특정의 목적을 달성함에 있어서
   그 목적 달성을 위한 수단을 어떻게 사용하여야만 가장 자원을 절약하면서 목적을 달성
   할 수 있는가, 또는 일정한 자원을 투입하여 어떻게 최대한의 목적을 달성할 수 있는가
   하는 점을 의미한다. Id, 4면
49) Id, 6면

4. 환경책임성 - "환경친화적 에너지 이용 및 온실가스 최소화"

가. 에너지법 원리로서의 '환경책임성'의 의미

세계 각국의 에너지법은 지난 수십 년간 상당히 발전했지만, 환경적 가치의 추구를 에너지법의 근본 규범으로 천명하고 있는 경우는 찾기 어렵다. 그러나, 에너지법과 환경법이 융합되지 않는다면, 인류가 1992년 UN 환경개발회의에서 채택한 '환경과 개발에 관한 리우 선언'을 통하여 천명한 '지속가능한 발전'의 목표를 달성하는 것은 매우 어려운 일이 될 것이다.[50]

과거의 에너지법은 에너지의 충분한 공급에만 초점을 맞추고 있었고, 환경을 존중하고 모든 사용자들 간의 형평성을 보장하면서 효율성을 극대화하는 것에는 상대적으로 충분한 관심을 기울이지 못하고 있었다.[51] 그러나, 해당 기간에도 에너지 산업은 산성비, 채굴 과정에서 발생하는 폐기물 발생, 석탄 사용으로 인한 대기 오염, 발전 과정에서 발생한 온배수의 방류, 수력 발전을 위한 댐의 건설로 인한 동식물 서식지의 파괴 등 다양한 환경적 외부 효과를 발생시켜 왔고, 기존 환경법의 규율만으로는 이러한 에너지 분야의 행위를 완전하게 통제할 수 없었던 것이 사실이다.[52]

---

50) 에너지법과 환경법의 융합 경향을 설명하고 이를 지지하는 연구로는, Amy J. Wilder-muth, "The Next Step: The Integration of Energy Lawand Environmental Law", *Utah Environmental Law Review*, 31, 2011, 369-388면. 종래에는 에너지법과 환경법이 분리된 것으로 인식되었지만, 대체에너지의 중요성 등을 감안하면 향후에는 융합되는 것으로 이해하여야 한다는 견해로는, LincolnL. Davies, "Alternative Energy and the Energy-Environment Disconnect", *Idaho Law Review*, 46, 2010. 473-507면.

51) Nicholas A. Robinson, "Foreword", in Adrian J. Bradbrook & Richard L. Ottinger (Eds.) *Energy Law and Sustainable Development*, IUCN, 2003. vii면.

52) 브래드브룩은, 에너지 개발 및 사용이 발생시키는 대표적인 환경적 피해로, (i) 기후변화, (ii) 석탄 소비로 인한 산성비, (iii) 개발도상국의 삼림 벌목으로 인한 사막화, (iv) 원자력 발전과 방사능 오염, (v) 석유 시추 등으로 인한 토양오염, (vi) 유류오염사고로 인한 해양오염, (vii) 화석연료로 인한 대기오염, (viii) 대규모 수력발전으로 인한 동물의 서식지 상실 등을 제시한 바 있다. *Id*, 310면.

그러나 점차로 에너지 산업의 환경에 대한 책임이 부각되고, 지속가능한 에너지 정책의 추진 필요성이 강조됨에 따라, 이제는 에너지 정책도 환경 문제를 고려하지 않을 수 없게 되었다. 이러한 에너지법의 '환경책임성'에 대한 인식의 발전을 잘 보여주는 것이, 발전소를 비롯한 각종 에너지 설비에 대한 '환경영향평가 제도'의 도입이다.[53] 종종 에너지 설비에 대한 환경영향평가는 형식적인 절차로 전락하기도 하였지만, 환경영향평가제도로 인하여 에너지 산업이 환경 침해의 문제를 비용으로 인식하여 외부효과를 내부화하기 시작하였다는 점을 부인하기 어렵다.

나아가, 기후변화에 대한 위기의식과 국제적인 대응은 에너지부문에서의 변화를 가져오게 되었다. 기후변화는 이산화탄소 등 온실가스 배출로 나타나는 전 지구적인 기후변동을 의미하는 것이고, 석탄, 석유 등의 화석연료를 연소시키는 과정에서는 이산화탄소 등 온실가스가 배출되므로, 결국 에너지(특히, 화석연료)의 이용은 기후변화와 밀접한 관련이 있다.

나. 환경책임성 원리의 정당화 근거

(1) 에너지의 환경침해성과 '지속가능성' 개념

앞서 살펴본 바와 같이, '지속가능발전'이라는 개념은, 경제(Economy), 환경(Environment), 사회적 형평(Equity)의 3요소("3E")의 균형적 고려를 핵심적인 내용으로 하는 것으로 이해되고 있다. 특히, 지속가능한 발전은 "근본생태주의(deep ecology)" 또는 "환경정의(environmental justice)"의 개념에 비하여 높은 유연성으로 인하여 정책결정자들에게 선호되면서 국제사회의 원칙으로 채택되었다.[54]

---

53) Nicholas A. Robinson (전게 각주 52). viii면

54) J. B. Ruhl, "The Co-Evolution of Sustainable Development and Environmental Justice: Cooperation then Competition, then Conflict", *Duke Environmental Law & Policy Forum*, 9, 1999. 161-186면

이러한 관점에서 보면, 지속가능한 발전의 개념에 내포된 '환경책임성'의 의미는, 맹목적인 생태계나 환경의 보호만을 의미하는 것이 아니라 경제발전과 환경보전을 조화시키면서 인간 삶의 수준을 지속적으로 향상시켜야한다는 것을 뜻한다고 할 수 있다.[55] 즉, '환경적으로 건전하고 지속가능한 개발'이라는 개념이 생활의 기본적 수요를 제공하지 못하고 있는 저개발국가에서는 경제성장이 중요함을 부정하는 것은 아니다.[56] 다만 중요한 것은, 이러한 개발이 단기적이고 근시안적인 획득과 배분으로 끝나지 않기 위하여는, 환경보전 역시 지속가능한 개발 과정의 중요한 일부를 구성하며 개발과정과 분리시켜 고려하여서는 아니 된다는 점이 항상 인식되어야 한다. 특히, 기후변화와 같은 지구 환경 차원의 영향에 대하여는 각국이 다른 국가의 환경에 피해를 끼치지 않도록 할 책임을 지고 있다고 해석할 수도 있다.

(2) 기후변화 대응 필요성

인간의 활동이 항상 에너지를 필요로 하고, 에너지는 필연적으로 환경에 영향을 주게 된다는 점을 인식하는 것은 그리 어렵지 않지만, 환경적 한계가 에너지 사용의 직접적 제약 요소가 되고 그 결과 에너지정책이 환경정책과 연결되어야 한다는 점은 불과 20여년 전만 하더라도 널리 받아들여지지 못하였다.

이러한 상황에서, 에너지정책과 환경정책이 서로에게 영향을 미치는 관계임을 분명하게 인식하게 된 계기는 앞서 언급한 '기후변화'이다.[57] 2000년대 초반까지만 하더라도, 기후변화 내지 지구온난화에 관하여 과학적 합의가

---

55) 박경철, "환경법의 근본이념과 기본원칙", **강원법학** 제22권, 2006. 76면
56) Id, 77면.
57) 기후변화에 대한 대응을 매개로 하여 환경법과 에너지법이 빠른 속도로 융합하고 있고, 이는 바람직한 것이라는 취지의 설명으로는, Alexandra B. Klass, "Climate Change and the Convergence of Environmental Law and Energy Law", *Fordham Environmental Law Review*, 24, 2013. 180-204면.

존재하는지 여부에 의문을 제기하는 경우가 많았다. 그러나, 각국의 저명한 과학자들에 의한 장기간의 연구 끝에 2007.9.10.에 발표된 IPCC의 제4차 보고서가 '이산화탄소의 증가로 인한 기후변화 현상은 명백히 존재하며, 1750년 이후의 인간의 활동이 기후변화의 주요한 원인으로 보인다'는 결론을 내림에 따라, 기후변화에 대한 대응은 중요한 문제로 부각되었고, 그 과정에서 기후변화의 주요 원인과 해결의 실마리는 모두 인류의 에너지 사용에 있다는 점이 널리 인식되기에 이르렀다.

결국, 기후변화 문제를 효과적으로 해결하기 위하여는, 에너지법 내에 탄소 배출 최소화를 위한 제도적 기반이 마련되고 강화될 필요가 있다. 뿐만 아니라, 기후변화가 에너지 부문에 미칠 영향을 고려하여 에너지 부문의 기후변화 적응 전략에 대한 고민도 필요하게 된다.[58] 기후변화는 "지금까지 지구가 겪어본 가장 막심한 시장실패"이므로, 강력하고 빠른 정부 개입의 편익은 그 비용을 상회하게 마련이다. 환경책임성에 기반한 에너지법의 대응 방식은 정부의 개입과 규제를 위한 가장 좋은 수단이 될 수 있고, 동시에 에너지 산업에 참여하는 기업과 시민의 행동에 관한 지침이 될 수 있다.

5. 형평성 - "에너지 편익 및 위험의 공정한 배분"

가. 에너지법 원리로서의 '형평성'의 의미

(1) 에너지법과 '(사회적) 형평성'

'형평(衡平, equity)'은 시대의 사회적 또는 법적 상황에 따라 다르게 평가

---

58) 에너지 부문은 기후변화를 초래한 것으로 추정되는 온실가스의 주된 배출원이기 때문에 그 동안의 이슈는 온실가스 저감을 위한 정책이었지만, 기후변화가 야기하는 에너지 수요의 변화는 에너지 공급에도 영향을 미칠 수 있으므로 에너지부문의 기후변화 적응전략 연구가 요구된다는 취지의 연구로는, 안영환·오인하, "에너지부문의 기후변화 적응전략에 관한 탐색적 연구", 에너지경제연구 제9권 제2호, 2010, 153-185면.

되고 인식되어 왔지만, 오늘날 많은 국가에서 형평은 하나의 법적 원리로 인식되고 있다. 즉, 그것이 자연법의 일반원리로 기능하건, 아니면 실정법의 규정을 통하여 기능하건 간에, 형평은 법 안에 자리잡고 있다고 보는 것이다.[59]

그런데, "형평은 자의적일뿐 아니라 불명확하다."[60] 형평의 정의(定義)에 관하여, 사비니(Savigny)는 "법을 발생시키는 도덕적 요소"라고 하였고, 포르탈리(Portalis)는 "실정법이 침묵하거나, 모호하거나 또는 불충분할 경우에 있어서의 자연법으로의 회귀"라고 하였다.[61] 아리스토텔레스(Aristoteles)는, "법 자체의 일반성으로 인해 (어떤 특정한 상황에 대한) 법의 규정이 없는 경우, 법을 교정하는 것이 형평적인 것의 본성"이라고 하였다.[62] 어느 정의이건, 형평을 정의(正義) 내지 도덕과 닿아 있는 개념으로 인식하면서도, 형평과 정의 또는 도덕이 완전히 일치하지는 않는 것으로 파악하고 있다.[63] 이러한 형평 개념의 모호함에도 불구하고, 형평 개념은 역사적으로 거의 모든 법제에서 인정되어 왔는데, 그것은 법이 형평 개념을 통해 비로소 충분한 구체적 타당성을 확보할 수 있었고, 당시의 정의(正義) 내지 도덕 관념에 부합하는 법적 판단을 근거지울 수 있었기 때문이라고 여겨진다.

이러한 관점에서, 에너지법의 경우에도 부정의한 법적 결론 또는 사물의 본성에 반하는 법적 추론에 이르지 않도록 하기 위하여, '형평'의 이념을 기

---

59) 남궁술, "형평에 대하여 - 그 역사적 조명과 아리스토텔레스的 정리 -", **법철학연구** 제8권 제2호 ,2005. 135면.
60) *Id*, 136면.
61) *Id*, 135면.
62) *Id*, 137면.
63) *Id*, 163-164면. 위 논문에 따르면, 로마시대부터 형평과 정의는 분명한 개념적 구분 없이 원용되어 왔으나, 아리스토텔레스는 형평과 정의의 관계를 분명히 인식하여 정의(正義)는 이상형(理想型)이고, 정의의 내용은 비례적 균등이며, 형평(衡平)은 비례적 균등을 실현하는 기능을 수행하는 것으로 이해하였다고 한다.

초로 에너지법의 특수성을 대입한 기본 원리를 추구할 필요가 있다고 생각된다. 에너지법은 후술하는 바와 같이 많은 사회적·경제적 문제와 관련되어 있고, 에너지에 관한 활동은 의도하지 못했던 부수적인 외부효과를 발생시키는 경우가 많다. 그러므로 에너지법이 이러한 사회적·경제적 문제를 긍정적인 방향으로 해결하고, 가급적 사회경제적인 음(陰)의 외부효과가 발생하지 않도록 "사회적 형평성"을 기본 원리로 받아들일 필요가 있다.[64] 이하에서는, 에너지법의 사회적 형평성을 추구함에 있어 특히 고려되어야 할 문제들을 살펴보기로 한다.

(2) 에너지에 대한 공평한 접근권

에너지는 많은 사회적 이슈와 밀접한 관계를 맺고 있다. 에너지와 사회적 이슈의 관계는 두 가지 측면에서 살펴볼 수 있는데, 하나는 에너지 서비스에 관한 지불 능력 및 인식 수준이 에너지 서비스의 수요 및 이용 현황에 영향을 주는 측면이고, 다른 하나는 반대로 이용 가능한 에너지 서비스의 질(안정성, 편리성 등)과 수준(접근가능성, 다양성 등)이 사회적 이슈에 영향을 미치는 측면이다.[65] 에너지 서비스에 대한 접근가능성의 문제는, 빈곤, 기회의 평등, 도시화 등 여러 사회문제와 밀접하게 연결되어 있다.

형평성의 관점에서 특히 관심을 기울여야 하는 것은, 에너지에 대한 공평(公平)한 접근권 내지 이용권의 보장 문제이다. 편리하게 이용할 수 있는 합리적인 가격의 에너지는 생산성 향상과 소득 창출에 기여할 수 있으므로, 결국 빈곤의 해소 내지 완화에도 중요한 역할을 하게 된다. 그러나, 많은 개발

---

64) 에너지로 인한 환경문제 등을 해결하기 위하여 효율성 이외의 기본원리가 필요하게 되는데, 그것이 바로 환경책임성과 사회적 형평성의 원리라는 취지의 견해로는, 조홍식 (전게 각주 11). 14면.

65) José Goldemberg and Thomas B. Johansson (ed.), *World Energy Assessment Overview: 2004 Update*, United Nations Development Programme, 2004. 34면.

도상국의 빈곤층을 비롯한 사회의 취약계층은 빈곤한 상황을 개선하기 위하여 반드시 필요한 수준의 에너지를 공급받지 못하거나, 이에 대한 접근 기회를 충분히 보장받지 못하고 있는 실정이다.[66]

이를 '에너지 접근권의 보장'이라는 관점에서 설명하는 견해가 있다.[67] 위 견해는, 에너지 접근권이라는 용어는 아직 법적 개념으로 정립되어 있지 않지만 공권(公權)으로서 논의가 가능하다고 하면서, 에너지에 관하여 보편적 공급을 받을 권리의 필요성이라는 관점에서 '에너지 접근권'의 인정 가능성을 논의하고 있다.

여기서 '에너지 접근권'은, "모든 사람이 최소한의 에너지 사용으로부터 배제되지 않고 적정한 요금으로 공급받을 수 있는 권리"를 의미한다.[68] 에너지 접근권은, (i) 미공급지역에 거주하는 자가 공급망과 공급에 필요한 설비의 설치 및 공급개시를 요구할 수 있는 권리 및 (ii) 에너지빈곤층이 최소한도의 전기공급을 유지하도록 요구할 수 있는 권리 등으로 세분할 수 있다.[69] 또한, 에너지 접근권은 에너지의 공급개시와 공급유지를 내용으로 한다. 공급개시(供給開始)는 미공급지역에 공급망과 공급시설을 설치하고 공급환경을 개선하는 것이며, 공급유지(供給維持)는 예측 불가능한 공급중단의 금지, 적정한 요금수준의 보장, 에너지빈곤층에 대한 비용 보조 및 최소한의 공급

---

66) 미국 각 주는 경쟁적으로 재생에너지 확대를 위한 정책을 실시하고 있지만, 저소득층의 경우는 이러한 재생에너지원에 대한 접근이 어려운 상황이므로, 각 주는 저소득층이 재생에너지 프로그램에 참여하고 또한 그로부터 편익을 누릴 수 있도록 하는 정책을 지원하여야 한다는 견해로는, Melissa Powers, "An Inclusive Energy Transition: Expanding Low-Income Access to Clean Energy Programs", *North Carolina Journal of Law & Technology*, 18(4), 2017. 540-564면.

67) 구지선, 에너지의 보편적 공급에 관한 공법적 연구- 전기의 공급관리를 중심으로 -, 동국대학교 대학원 박사학위논문, 2012. 179-188면.

68) *Id*, 180면.

69) *Id*, 186면.

유지 등을 내용으로 한다.[70]

'에너지 접근권'은 인간의 존엄과 가치를 규정하는 헌법 제10조 및 사회국
가원리 등에서 근거를 찾을 수 있지만, 국민이 국가에 대하여 구체적 공급을
요구할 수 있는 수준의 공권으로 성립할 수 있는지 여부는 다소 불명확하
다.[71] 그러나, 법적 이념의 관점에서는 이러한 에너지 접근권 및 이용권의
충분한 보장을 추구하는 것이 바람직하다고 받아들일 수 있을 것이고, 법적
원리의 관점에서는 에너지 접근권의 실질적 실현을 위하여 사회적 형평성의
원리가 충분히 고려되어야 한다고 설명할 수 있을 것이다.

(3) '에너지 편익'의 공정한 배분

에너지 사업의 편익 내지 효용의 공정한 배분 문제 역시 에너지법이 관심
을 기울여야 할 분야이다. 개발도상국의 경우, 중앙집중적이고 자본집약적인
고전적 에너지 사업(가령, 화력발전소 또는 수력발전소 사업)의 투자로 인한
혜택이 도시의 고소득층 또는 중산층에 집중되는 경우가 많고, 교외의 빈곤
층은 그러한 투자의 혜택을 누리지 못하는 경우가 많다.[72] 전통적으로, 저소
득층은 비효율적인 전통 에너지원을 이용하고, 고소득층의 경우 소득 증가에
따라 전기와 같은 근대적 에너지원을 더욱 많이 이용하는 경향을 보여 왔다.

빈곤층의 비중이 높은 개발도상국의 경우, 빈곤층의 에너지 수요를 충족

---

70) *Id*, 186-187면
71) 가령, 전기사업법 제6조 제1항은 "전기사업자는 전기의 보편적 공급에 이바지할 의무가
    있다"고 규정함으로써 보편적 공급의무를 규정하고 있지만, 그러한 보편적 공급의무 조
    항으로 인하여 모든 개인이 전기사업자에 대하여 전기공급을 청구할 '법적 권리(法的 權
    利)'를 보유하고 있다고 해석하기는 어렵다. 통설적 견해에 따르면, 위와 같은 보편적 공
    급의무 조항으로 인하여 누리는 전기공급의 이익은 '반사적 이익(反射的 利益)'에 가까
    운 것으로 해석된다. *Id*, 184-185면 유사한 취지의 설명으로는, 김철용, 『행정법』, 박영
    사, 2011. 84면 참조.
72) Melissa Powers (전게 각주 66). 35면

시키기 위하여는 상당한 구조적 변화가 필요할 수도 있다. 반면, 선진국의 경우에는 합리적인 가격을 통한 에너지에 대한 접근권의 보장 문제는 사회적 소수에 국한된 문제일 수 있고, 따라서 사회보장 정책을 통해 문제를 경감시킬 수 있다. 그런데, 주요 에너지의 가격은 세계적으로 유사한 흐름에 따라 상승 또는 하강하는 특징이 있으므로, 세계적인 관점에서 본다면 에너지 가격의 급격한 상승으로 인하여 가장 큰 피해를 보는 것은 결국 개발도상국의 빈곤층이 될 가능성이 높고, 이는 형평성의 원칙에 비추어 용인하기 어려운 상황이 초래될 수도 있다는 것을 의미한다.

(4) '에너지 위험'의 적정 통제 및 공정한 배분

에너지법의 기본 원리로 제시하는 형평성은, 에너지에 대한 공평한 접근권, 에너지 편익의 공정한 배분이라는 문제 외에도, 에너지 활동 과정에서 발생하는 위험의 적정 통제 및 공정한 배분이라는 문제를 포함한다. 이는, 이른바 '에너지 안전(energy safety)'의 확보라는 관점에서 주로 논의되고 있는데, '에너지 안전'의 위상 및 체계적 지위에 관하여는 의견이 다소 분분한 것으로 보인다. 살펴본 바에 따르면, '에너지 안전'을 공급안정성, 효율성 및 환경책임성과 동등한 위상을 갖는 기본원리로 파악하는 입장,[73] 공급안전성 개념의 내포로 파악하는 입장,[74] 환경책임성 개념의 내포로 파악하는 입장[75] 등이 존재하는 것으로 보인다.

'에너지 안전'에 관한 내용은, 대부분의 '에너지 위험'이 에너지의 개발 및 공급 과정에서 발생하고 있다는 점에서 공급능력에 영향을 주는 요소가 되

---

73) 정승연, "일본의 에너지정책 변화에 관한 연구: 후쿠시마 원전사고 이후를 중심으로", **세계지역연구논총** 제30집 제3호, 2012. 86면
74) 일본 에너지정책기본법 제2조.
75) '핵위험 제거'를 지속가능한 에너지체제의 구성요소 중 "환경"에 속하는 것으로 보는 견해로는, 윤순진, "지속가능한 발전과 21세기 에너지정책: 에너지체제 전환의 필요성과 에너지정책의 바람직한 전환방향", **한국행정학보** 제36권 제3호, 2002. 150면

고, 따라서 공급안정성 원리와 밀접한 관련을 맺고 있다. 나아가, '에너지 위험'은 에너지 활동에 관한 효율성을 저하시키는 요인이 되므로, 효율성 원리와도 관련이 있다. 또한, '에너지 안전'은 에너지 개발 및 사용을 둘러싼 환경적 위험의 관리라는 측면을 포함하고 있으므로 환경책임성과도 어느 정도 연결되는 것이 사실이다. 결국 위 각 견해는 모두 상당한 타당성을 지니고 있으나, 여기서 주로 관심을 갖는 것은 '에너지 위험'이 공급능력 또는 자연환경에 영향을 주는 측면보다는 에너지 위험을 어떻게 적정한 수준으로 통제할 것인지 및 불가피하게 발생하는 에너지 위험을 어떠한 기준으로 배분하여야 하는가 하는 문제이므로, 이는 사회적 형평성의 한 요소로 논의하는 것이 보다 적절하다고 생각한다.

나. 형평성 원리의 정당화 근거

(1) 사회적 외부효과와 '지속가능성' 개념

에너지법의 경우, 자원의 개발과 생산을 통해 얻어지는 재화의 일종인 에너지를 분배하는 행위를 다루고 있으므로, 유한한 자원을 국가간, 지역간, 계층간에 어떻게 개발하고 분배할 것인가 하는 문제가 항상 제기될 수밖에 없다. 특히, 에너지 개발 과정에서 부수적으로 발생하는 환경적 피해라는 비용 및 위험으로 인하여, 이러한 비용배분과 위험배분을 어떻게 할 것인가 하는 문제 역시 중요한 문제가 된다. 이러한 상황에서, 에너지법의 원리는 인류의 보편적 가치와 인권을 침해하지 않는 한도에서만 효율성을 추구하여야 한다는 제약을 받지 않을 수 없고, 이는 에너지 행위로 인한 비용과 효과가 공평하고 정당하게 배분되어야 한다는 '사회적 형평성'의 원리로 연결될 수 있는 것이다.

한편, '지속가능한 발전'을 "미래세대의 욕구를 충족시킬 수 있는 능력을 위태롭게 하지 않으면서 현세대의 욕구를 충족시키는 발전"이라고 정의한다면, 인류의 공정한 발전과 관련된 '형평(equity)'이라는 가치는 중요한 개념 요소가 된다. '지속가능한 발전'의 사회적 형평성은 다시 '세대 내 형평성'과 '세대 간 형평성'으로 구분할 수 있는데, 지속가능발전이라는 개념 자체가 환경적 수용력 내에서 제3세계의 발전을 도모하기 위해 기획된 개념이라는 측면이 있어 국가간, 지역간, 계층간 현세대의 공정성과 관련이 있기 때문에 세대 내 형평성 역시 중요한 요소로 다뤄지고 있다.[76]

유사한 관점에서, 에너지의 생산과 소비 활동이 지역적으로 분리되어 사회·환경적 편익과 비용이 지역별·사회계층별·세대별로 차별적으로 배분되면 지속가능한 발전은 가능하지 못할 것이라는 견해도 제시된다.[77] 위 견해는, '지속가능한 발전'의 개념을 시대적 화두로 받아들인다면, 에너지의 생산 및 소비가 유발하는 편익과 비용이 사회구성원에게 고르게 배분되도록 해야 하고, 정책결정과정에서 시민의 참여가 보장되는 민주적 의사결정체제를 마련하여야 하며, 어떤 개인이나 집단도 그들의 동의 없이 다른 사람들의 이익을 위해 희생되어서는 아니 된다는 형평성 원칙이 지켜져야 한다고 강조한다.[78]

(2) "에너지 정의(正義)" 개념

지속가능한 에너지법이 부수적으로 발생하는 사회적 비용 및 위험의 적절한 배분과 보상의 문제에도 관심을 기울여야 한다면, 이러한 문제의 해결 기준으로 '에너지 정의(energy justice)'의 개념이 제시될 수 있을 것이다. 지속가능발전의 개념은 형평성 원리를 포함하고, 에너지법의 형평성 원리를 구현하기 위한 문제 해결 기준으로 '에너지 정의' 개념이 제시될 수 있다는 점을 고려하면, 결국 '에너지 정의'의 개념은 법적 정의론의 관점에서 정당화되

---

76) 진상현, "에너지정의(energy justice)의 개념화를 위한 시론적 연구", **환경사회학연구** 제15권 1호, 2011. 130-131면.
77) 윤순진 (전게 각주 75). 148-149면.
78) *Id*, 150면.

기 어려운 에너지 관련 불평등과 불공정의 문제를 두루 포섭하는 것으로 이
해하는 것이 타당하다.

'에너지 정의'의 개념을 이렇게 파악할 경우, '에너지 정의'의 관념은 실질
적인 '평등대우와 비례성의 원리'의 실현에 기여한다는 측면에서 정당화될
수도 있을 것이다. 독일의 저명한 법학자인 라렌츠(Karl Larenz)는, 공동체영
역에서의 법적 원리 중 하나로 '평등대우와 비례성의 원리'를 제시하면서, 해
당 원리는 '분배적 정의'의 관점에 비추어 정당화될 수 있는 실질적인 것이어
야 함을 강조하였다.79)

모든 법공동체의 원리로서의 '평등대우의 원리'는, 그 구성원이 동등한 권
한이 있으며 동일한 권리와 의무를 가짐을 말한다. 그러나 그 공동체의 구조
상 또는 그 공동체 내부의 기능분할상 부분적인 불평등대우를 정당화하는,
아니 요구하는 이유가 있을 수 있다. 그러한 이유가 상당한 것인 때에는 평
등대우의 원리 대신 비례의 원리가 등장한다. 그에 따르면 불평등대우는 객
관적인 이유가 정당화하는 이상이어서는 안 된다. 차별은 이러한 이유에 비
추어서만, 또 그에 의하여 요구되는 정도를 넘지 않도록 가하여져야 한다.80)

이러한 라렌츠의 견해는, 사회적 불평등에 관한 허용 기준을 제시한다는
점에서 롤즈(John Rawls)의 '정의론(Theory of Justice)'을 떠올리게 한다.81)
자유주의적 이론의 체계 하에서 성공적으로 사회주의적 요구를 통합하였다
고 평가되는 롤즈의 '정의론'은 다음과 같은 두 가지 정의의 원칙을 제시한
다.82) 롤즈가 제시한 정의의 제1원칙인 '평등한 자유의 원칙(principle of

---

79) 칼 라렌츠, 『정당한 법의 원리』, 박영사, 2008. 125-133면
80) *Id*, 125면. 강조 표시는 필자가 한 것이다.
81) 존 롤즈, 『정의론』, 이학사, 2003.
82) *Id*, 105-122면

equal liberties)'에 따르면, 각자는 모든 사람의 유사한 자유 체계와 양립할 수 있는 평등한 기본적 자유의 가장 광범위한 전체 체계에 대해 평등한 권리를 가져야 한다. 아울러, 정의의 제2원칙인 '차등의 원칙(differenceprinciple)'에 따르면, 사회적경제적 불평등은 (a) 그것이 정의로운 저축 원칙과 양립하면서 최소 수혜자에게 최대 이득이 되고, (b) 공정한 기회 균등의 조건 아래 모든 사람들에게 개방된 직책과 직위가 결부되게끔 편성되어야 한다.

여기서 주목할 것은, 롤즈가 제시한 정의의 제2원칙에 따라 최소수혜자들 역시 그들이 태어나면서 부여받은 사회적 지위와 무관하게 인생의 전망을 고양시킬 충분한 가능성을 보장받아야 한다는 점이다. 롤즈의 설명에 의하면, 차등의 원칙은 부와 소득의 불평등이 아무리 크고 사람들이 산출의 더 큰 몫을 벌기 위해 아무리 의욕적으로 일한다 하더라도 현존하는 불평등이 최소수혜자의 이익에 효율적으로 공헌해야 한다고 요구한다.[83] 이는, 일정량의 에너지 공급이 인간의 생존과 사회 활동에 필수적이라는 점에 비추어 중요한 의미가 있다. 즉, 최소수혜자에 상응하는 사회적 약자에 대하여 인생의 전망을 고양시키기 위한 최소한의 필수 조건이 되는 일정량의 에너지 공급이 이루어지지 않거나, 에너지 편익 또는 에너지 위험이 불공정하게 배분되고 관리되어 최소수혜자의 이익에 효율적으로 공헌하지 못한다면, 이는 법적으로 용인되기 어려운 '에너지 부정의(energy injustice)'가 발생한 것이라고 평가할 수 있다.

위 논의를 종합하면, '에너지 정의'의 실현은 에너지법이 추구하여야 할 중요한 목표 중 하나가 될 수 있고, 이를 위하여는 에너지법이 에너지에 대한 공평한 접근권 내지 이용권의 보장, 에너지 사업의 편익 내지 효용의 공정한 배분, '에너지 위험'의 적정 통제 및 공정한 배분 등을 포함하는 '사회적

---

83) 존 롤즈 『공정으로서의 정의: 재서술』, 이학사, 2016, 122면

형평성'을 기본 원리로 추구할 것이 요구된다고 할 수 있다.

Ⅳ. 에너지법의 이념 및 원리의 역할과 상호 작용

1. 에너지법 이념의 작용: 근본기준으로서의 역할

에너지법의 이념은 일반적으로 고려될 수 있는 법적 기준 내지 법적 판단의 원천으로 보기 어려운 것이 사실이다. 그러나, 다양한 에너지 관련 법령들의 목적을 조화롭게 이해하려는 경우, 에너지 관련 정책의 목표를 설정하려는 경우, 에너지 관련 입법 활동을 하려는 경우 등에 있어서는, 에너지법의 이념이 에너지법의 해석 및 에너지정책의 변경에 관하여 중요한 목표설정(目標設定) 기능을 할 수 있을 것이다.

또한, 앞서 살펴본 바와 같이, 가치의 다원성으로 인하여 비교불능한 가치들이 상쟁하고 있는 상황에서도, 정부가 바람직하다고 판단하는 사회규범을 촉진하고 바람직하지 않다고 판단하는 사회규범을 억제하는 역할을 하는 것은 자유민주주의 하에서의 정부의 역할에 비추어 정당화될 수 있다. 따라서, 정부는 에너지법에 관하여도 당해 시대의 정당한 사회규범에 관한 가치판단의 결과로 판단되는 이념을 추구할 수 있을 뿐 아니라, 어떠한 의미에서는 이러한 이념의 추구가 요구된다고 할 수 있다. 이러한 측면에서 보면, 에너지법의 이념은 에너지에 관한 여러 사회규범을 총괄하여 제어하는 기능을 수행한다.

나아가, 에너지법의 이념은 에너지법의 기본 원리를 포괄하여 아우르고 있어, 각 원리들이 일정한 관련성을 유지하면서 조화롭게 적용될 수 있는 근본기준으로서의 역할을 한다. 라렌츠는 '정당한 법의 원리'를 논함에 있어,

비록 법원리가 법이념으로부터 연역적으로 도출되지는 않지만, '법적 평화', '정의' 등의 법이념이 '여러 법원리의 관련점으로서의 기능'을 수행한다는 취지로 설명하기도 하였다.[84] 만일 에너지법의 각 원리들이 에너지법의 이념을 공통의 적용 기준으로 삼을 수 있다면, 에너지법의 각 원리들이 상충하는 상황에서도 보다 조화롭고 일관성 있는 해결이 가능하게 될 것이다.

2. 에너지법 원리의 작용: 상충과 조화

에너지법의 원리는 많은 경우에 있어 독립적으로 작용하거나 상호 보완적으로 작용하지만, 때로는 상호 충돌하는 양상으로 나타나기도 한다. 가령, 화석연료의 발전원 사용을 전면 금지할 경우 환경책임성의 증대 가능성과 동시에 공급안정성 및 효율성의 저해 가능성이 발생할 수 있고, 전력시장의 자유화로 인하여 효율성의 증대 가능성 및 공급안정성의 저해 가능성이 발생할 수 있다.[85] 이러한 원리들 간의 상충이 발생하는 상황에서도 에너지법은 적절한 해답을 제공할 필요가 있다. 특히, 에너지 원리들 간의 상충이 발생하는 경우 중 상당수는 당사자의 이해 조율 또는 제도의 미세조정만으로는 해결이 어려운 가치들 간의 충돌 상황이어서, 입법적 해결 또는 정책적 결단이 요구되기도 한다.

에너지법 원리들 간의 상충은 여러 유형으로 나타난다. (i) 때로는 공급안정성의 원리 또는 효율성의 원리가 환경책임성의 원리 또는 형평성의 원리와 정면으로 충돌하기도 하고(가령, 석탄발전과 바람직한 에너지믹스의 문제), (ii) 경우에 따라서는 평가의 차이로 인하여 하나의 원리 내부적인 충돌이 발생하는 것처럼 보이기도 하며(가령, 원자력 발전의 지속 여부에 관한

---

84) 칼 라렌츠 (전게 각주 79). 33-35면
85) 경쟁을 촉진하기 위한 명목으로 시행된 캘리포니아 주의 전력개편계획이 전력의 가격상승 및 전력부족 사태로 치달은 2000년경의 캘리포니아 전력위기의 사례가 대표적이다.

논란), (iii) 국가적인 관점에서는 특정 원리에 부합하는 것처럼 보이는 프로젝트가 지역적인 관점에서는 당해 원리를 침해하는 것처럼 보이기도 한다 (가령, 신재생에너지 발전시설과 지역주민 반대의 문제). 또한, 보다 시야를 넓히게 되면 (iv) 에너지법의 각 원리에 부합하는 것처럼 보이는 제도가 다른 법체계의 이념 또는 보호이익에 의하여 제약을 받게 될 수도 있다(가령, 스마트그리드와 개인정보보호 제도와의 충돌).

이하에서는, 우리나라에서 에너지법 원리들 간의 상충이 발생하는 여러 유형 중 대표적인 사례들을 중심으로 하여, 이러한 원리들 간의 상충과 조화 양상을 살펴보고, 그 함의를 고민해 보기로 한다.

가. 석탄발전과 바람직한 '에너지 믹스(Energy Mix)'의 문제

최근 미세먼지 문제가 심각해짐에 따라, 석탄화력 발전에 대한 국민적 관심이 고조되고 있다. 최근 발표된 제9차 전력수급기본계획에 따르면, 우리나라 발전에서 석탄화력 발전이 차지하는 비중은 전원별 발전설비(정격용량) 규모를 기준으로 28.1%에 이르고, 2019년의 전원별 발전량 규모를 기준으로 하면 40.4%에 이른다.[86] 특히, 2010년대 이후에도 석탄화력 발전소가 계속 늘어나고 석탄화력 발전이 차지하는 비중이 증가함에 따라, 석탄화력 발전의 확대를 권장해 왔던 그간의 에너지 정책의 타당성에 관하여 다양한 관점의 견해가 제시되고 있다.

이렇게 석탄화력 발전소가 증가하게 된 이유는, 최근 석탄 가격이 하락함에 따라 석탄 발전의 경제성 및 공급안정성이 높은 것으로 평가되어 왔기 때문이다. 그러나, 석탄화력은 낮은 발열량으로 인하여 가스화력 발전에 비하여 온실가스를 많이 배출할 뿐 아니라, 미세먼지를 비롯한 대기오염물질 역

---

86) 제9차 전력수급기본계획(2020-2034), 산업통상자원부, 2020. 12. 28. 6-7면.

시 많이 배출한다. 2012년도 기준으로 국내 온실가스 배출 순위 10위권 내에
는 총 7개의 석탄발전회사가 포함되어 있고, 석탄화력 발전소는 국내 질소산
화물의 9.1%, 황산화물의 15.8%를 배출함으로써 대기오염 및 2차 미세먼지
생성에 상당히 기여하고 있다. 그에 따라, 석탄발전의 발전단가 산정에 있어
환경적 비용을 고려하도록 함으로써 석탄발전의 비중을 현저히 줄여야 한다
는 주장도 제기되고 있는 실정이다.[87]

　　미국에서도 노후화된 석탄발전소의 규제에 관하여 갈등이 발생하고 있는
데, 때로는 연방 행정청과 주 정부 간의 갈등 형태로 발전하기도 한다. 미국
에서 석탄 발전 관련 대기오염 규제를 둘러싼 갈등이 발생한 주요 원인은,
위 규제를 주도하는 EPA는 국가적 관점에서 비용과 편익을 고려하는 반면,
전력운용자는 각 지역에 국한하여 비용과 편익을 고려하기 때문이라는 연구
가 있다.[88] 위 연구는 나아가, 당해 지역의 전력 시스템이 노후화된 석탄 발
전소에 얼마나 의존하는가에 따라 위 규제의 준수 비용 및 환경적 편익이 상
응하여 증가하거나 감소하는데, 이는 결국 대기오염물질의 배출을 감소시킴
으로써 얻어지는 편익의 본질이 사실은 대체로 지역적인 것이라는 점을 의
미한다고 설명한다. 즉, 외형상의 갈등 구조와는 달리 실제로는 국가적 관점
은 물론 지역적 관점에서 보더라도 규제의 편익은 비용을 상회하는 것으로
보아야 한다는 것이다.[89]

---

87) 석탄은 그 동안 미국에서 전력의 50%를 공급하는 주요 발전원 역할을 하여 왔지만, 석
　　탄 발전으로 인한 환경피해 비용 및 기후변화 비용을 고려할 경우에는 더 이상 "값싼"
　　발전원이 될 수 없고, 따라서 장기적으로는 재생에너지 등으로 대체될 것이라는 견해로
　　는, Melissa Powers, "The Cost of Coal: Climate Change and the End of Coal as a Source
　　of 'Cheap' Electricity", *University of Pennsylvania Journal of Business Law*, 12, 2010.
　　407-436면.
88) David E. Adelman and David B Spence, "Ideology vs. Interest Group Politics in U.S.
　　Energy Policy", *North Carolina Law Review*, 95, 2017. 339-411면.
89) 위 연구는, 그럼에도 불구하고 지역적으로는 위 규제에 대한 반대 논리가 강하게 제시되
　　는 이유를 각 지역 '이익단체(interest group)'의 활발한 활동 및 '당파적 반대(partisan
　　opposition)' 현상의 만연에서 찾고 있다. *Id*, 401-410면. 미국의 에너지 정책이 대체로

이러한 석탄발전의 문제는 결국 바람직한 '에너지 믹스(energy mix)'를 어떻게 결정할 것인가 하는 문제이며, 에너지법의 원리들이 상호 충돌하는 영역이기도 하다. 즉, 석탄발전이 경제적으로 저렴하므로 기저발전이 되어야 한다는 주장이 내포하고 있는 효율성의 원리 및 공급안정성의 원리가, 석탄발전으로 인하여 더 많은 환경 피해가 발생하고 국민의 건강이 위협받게 된다는 주장이 내포하고 있는 환경책임성의 원리와 충돌하는 것이다.

이러한 충돌의 문제는 각 원리들 간의 형량 내지 비교를 통하여 해결하여야 한다고 볼 수도 있겠지만, 사실 이러한 비교는 쉬운 것이 아니다. 그렇지만, 석탄발전으로 인한 환경적 피해의 정도가 석탄발전의 발전비용 산정에 있어 어느 정도 고려되고 있는지는 충분히 고민해볼 필요가 있다. 특히, 2017. 3. 21.자로 개정된 전기사업법(법률 제14672호, 2017. 6. 22. 시행)이 "산업통상자원부장관이 전력수급기본계획을 수립할 때 전기설비의 경제성, 환경 및 국민안전에 미치는 영향 등을 종합적으로 고려하여야 한다"는 규정(법 제3조 제2항) 및 "한국전력거래소는 전력시장 및 전력계통의 운영과 관련하여 경제성, 환경 및 국민안전에 미치는 영향 등을 종합적으로 검토하여야 한다"는 규정(법 제3조 제3항)을 신설한 취지에 따라, 오염물질 배출 등으로 인한 환경비용 내지 환경제약을 고려하는 급전 방식인 '환경급전의 원칙'이 급전 순서 결정에 있어 충분히 고려되어야 한다.

이러한 관점에서 보면, 2017. 12. 14.자로 산업통상자원부가 발표한 '제8차 전력수급기본계획'이 "원선·석탄의 단계적 감축, 재생에너지 확대 등 에너지전환 추진"을 기본방향으로 정하고, "경제급전과 환경급전의 조화"를 주요 내용으로 포함시킨 것은 상당한 의미가 있다고 평가된다.[90] 특히, 산업통상

합리적 근거에 아닌 당파적 이해관계에 따라 다투어지고 있다는 점에 관한 잘 정리된 연구로는, Hari M.Osofsky & Jacqueline Peel, "Energy Partisanship", *Emory Law Journal*, 65, 2016. 695-794면.

자원부는 스스로, "기존 수급계획이 수급안정과 경제성 위주로 수립되었던 것에 반해, 금번 8차 계획은 최근 전기사업법 개정 취지를 감안하여 환경성·안정성을 대폭 보강하여 수립한 것이 특징"이라고 밝히고 있다.[91] 이후 정부는, 2019년경 유연탄, LNG 등 발전연료에 부과되는 세율 조정방안을 검토하여 유연탄의 세율을 인상하고, LNG의 세율을 인하하는 것으로 조정하는 한편, 일정한 환경개선비용을 연료비에 반영하는 방식으로 환경급전의 취지를 반영하였다고 밝힌 바 있다.[92]

특히, 2020. 12. 28.자로 발표된 '제9차 전력수급기본계획'이 온실가스 배출권 실제 거래비용을 발전원가에 반영하는 환경급전을 도입하고, 단계적으로 가격입찰제(Price-Based Pool)를 도입하여 발전사간 (환경)비용의 절감 경쟁을 촉진하겠다고 한 것은,[93] 바람직한 '에너지 믹스'의 결정에 관하여 온실가스 감축방안과의 연계를 고려하는 것으로서 에너지법의 '환경책임성' 원리에 부합하는 것이다.

정부는, 이러한 온실가스 감축방안과 에너지 믹스의 연계 결과, 연간 석탄발전량의 비중이 2019년 40.4%에서 2030년 29.9%로 대폭 감소될 전망이고, 전환(발전) 부문의 온실가스 배출량은 2017년 2.52억톤에서 2030년 1.93억톤으로 약 23.6% 감축될 것이며, 발전 부문의 미세먼지 배출량도 2019년 2.1만톤에서 2030년 0.9만톤으로 약 57% 감소할 전망이라고 밝힌 바 있다.[94]

---

90) 산업통상자원부 2017. 12. 14.자 보도참고자료, "제8차 전력수급기본계획(2017-2031)(안) 국회 보고", 1-5면
91) Id
92) 제9차 전력수급기본계획(2020-2034), 산업통상자원부, 2020. 12. 28. 61면
93) Id, 67면
94) 산업통상자원부 2020. 12. 28.자 보도자료, "제9차 전력수급기본계획(2020-2034) 확정·공고", 7면

[표 4-1] 제9차 전력수급기본계획의 전원별 발전량 비중 전망

	원자력	석탄	LNG	신재생	기타	계
'19년 (실적)	25.9%	40.4%	25.6%	6.5%	1.6%	100%
'30년 (전망)	25.0%	29.9%	23.3%	20.8%	1.0%	100%

이러한 일련의 변화로부터 얻을 수 있는 함의는, 에너지법의 각 원리가 외형적으로는 동등한 수준의 위상과 가치를 지니고 있는 것처럼 생각될 수 있지만, 에너지법의 개별 쟁점 또는 개별 사안에서의 고려 필요성 내지 중요성은 다르게 나타날 수 있다는 점이다. 특히 위 석탄발전과 에너지 믹스의 문제에서 볼 수 있는 바와 같이, 거의 동일한 쟁점에 대하여도 상황이 달라지거나 시간이 경과함에 따라 국민의 인식과 대중의 요구가 변화할 수 있고, 관련 법령도 이에 맞추어 발전함에 따라, 에너지법의 각 원리의 중요도 내지 고려 정도가 달라질 수도 있는 것이다.

나. 원자력 발전에 관한 논란

1970년대 석유파동으로 세계 경제의 화석연료 의존성 및 에너지 안보의 중요성이 드러나자, 각 국가들은 보다 안정적인 에너지원 확보를 위하여 노력하게 되었다. 그 당시 화석연료의 대안이자 안정적인 에너지 자원으로 각광을 받은 것이 원자력 발전이었다.[95] 초기인 1970년대 및 1980년대에는 민간의 강력한 호응을 얻으면서 적극 추진되었고, 당시 원자력발전소의 수명은 약 40-60년으로 전망되었다.

그런데, 이후 1979년 미국의 스리마일섬 원전 사고, 1986년 구 소련의 체르노빌 원전 폭발 사고, 1999년 일본의 도카이무라 임계 사고 등이 차례로 발생함에 따라, 원자력에 대한 인식이 상당히 바뀌게 되었고, 미국과 같이 추가적인 원자력발전소 건설을 사실상 포기하거나, 스웨덴, 오스트리아 등과

95) 도현재 외, "21세기 에너지안보의 재조명 및 강화 방안," 에너지경제연구원, 2003. 151면.

같이 원자력발전 포기를 선언하는 국가가 나타나게 되었다.[96] 게다가, 2011
년경 일본 후쿠시마 원전 사고로 인하여 대량의 방사능 누출이 발생하자, 우
리나라에서도 원자력 발전에 관한 논란이 끊이지 않고 제기되고 있다.[97]

　　원자력 발전에 관한 논란을 이해하기 위하여는, 우선 원자력 발전의 특성
및 특징을 이해하는 것이 중요하다. 일반적으로 원자력 발전은, 공급안정성,
대기오염물질 저배출, 온실가스 저배출, 발전 경제성, 안정성 등의 장점을 지
니고 있으나, 입지의 곤란함, 대규모 재해의 위험성, 방사능폐기물의 배출 등
의 단점을 지니는 것으로 설명되어 왔다.[98] 그런데, 이러한 기존 논의에서
충분히 논의되지 않았던 것으로 보이는 특징 중 하나는 바로 "높은 원전 해
체 비용 및 폐기물 처리 비용"이다.

　　우리나라의 경우에도 이러한 높은 원전 해체 비용이 현실로 다가오고 있
다. 원자력안전위원회는 2015. 6. 12. 국내 제1호 원자력발전소인 고리 1호기
를 2년 후 영구정지하기로 하는 취지의 권고 결정을 한 바 있고, 2030년까지
10기 이상의 원전이 설계수명이 만료될 예정이다. 한편, 원전 1기를 해체하
기 위하여는 최소 15년 이상의 시간이 소요되고, 2012년경 정부는 해체 비용
이 1기당 6,000억원 이상이 소요될 것으로 예상한 바 있고, 최근 한국수력원
자력㈜는 고리원전 1호기의 해체 예상비용이 8493억원에 이른다고 밝히기도
했으므로, 결국 우리나라의 경우 향후 상당한 원전 해체 비용이 소요될 것으

---

96) *Id.*, 151-152면.
97) 후쿠시마 원전 사고를 비롯한 재난이 에너지 정책에 미치는 영향을 분석하고, 재난에
　　과민하게 대응하여 일부 법령을 개정하는 것만으로는 에너지법의 근본적 변화가 이루어
　　질 수 없으므로, 에너지법은 지속가능성의 가치를 보다 강조하면서 장기적이고 계획적
　　인 체계로 발전하여야 한다는 견해로는, Lincoln L. Davies, "Beyond Fukushima:
　　Disasters, Nuclear Energy, and Energy Law", *Brigham Young University Law Review,*
　　2011(6), 2011. 1937-1989면.
98) *Id.*, 153-158면 참조. 위 연구는 원자력의 특성 및 특징으로 공급안정성, 환경적합성, 방
　　사능폐기물 배출, 발전 경제성, 안정성, 핵 확산의 우려, 입지문제 등을 제시하고 있다.

로 예상된다.[99] 따라서, 향후 에너지법을 정립함에 있어서는 이러한 원전의
해체 비용 등을 충분히 고려하여 원전의 경제성을 재검토할 필요성이 있다
고 할 수 있다.

원자력 발전에 대한 입장은 크게 세 가지로 구분하여 살펴볼 수 있는데,
첫째는 원전 기여론(또는 원전 필요론), 둘째는 원전 불가론, 그리고 셋째는
원전 불가피론(또는 필요악론)이다.[100]

'원전 기여론'의 주요 논거는, 원자력발전을 통해 충분히 경제성 있는 전
력을 안정적으로 공급할 수 있다는 점, 온실가스를 배출하지 않으면서 대용
량의 전원 공급이 가능하다는 점 등이다. '원전 불가론'의 주요 논거는, 원자
력이 고유의 위험성으로 인하여 안전하지 않다는 점, 사용후핵연료 및 원전
폐기물에 대한 충분한 대책이 마련되지 못하고 있다는 점 및 안전 확보 비용
및 폐기물 처리 비용 등을 고려하면 결코 경제적이지 않다는 점 등이다. '원
전 불가피론'의 주요 논거는, 현 상황에서 원전을 완벽하게 대체하여 전력공
급의 균형을 맞출 에너지원은 없다는 점, 온실가스 감축에도 유용한 면이 있
는 이상 신재생에너지 비중이 높아질 때까지는 당분간 원전을 유지해야 한
다는 점 등이다.

결국, 원자력 발전의 지속에 관한 논란의 핵심은 원자력 발전이 에너지법
의 이념 및 각 원리에 얼마나 부합하는 것으로 평가할 것인가 하는 점이다.

---

99) 매일경제신문, "6500→7500→8500억…원전해체 비용 눈덩이", 2020. 9. 3.자 기사. 참고
로, 원전 해체 및 폐기물 처리를 위한 비용의 경우, 미국, 영국, 독일, 프랑스, 일본 등
대부분의 국가가 운영 주체로 하여금 미리 비용을 확보해 두도록 요구하고 있고, 미국
의 경우 Superfund 등을 미리 확보하여 비상 상황이 발생하면 국가가 직접 조치하거나
처리할 수 있도록 하고 있다.
100) 이하의 원자력 발전에 대한 입장 논의는, 조석, 『새로운 에너지 세계』, 메디치, 2017.
333-350면을 주로 참조.

원자력 발전을 지지하는 입장에서는, 원자력 발전이 공급안정성과 효율성의 측면에서 매우 뛰어난 장점을 가지고 있고, 환경책임성 측면에서도 화석연료 등에 비하여 훨씬 우수하다고 주장한다. 그러나, 원자력 발전을 반대하는 입장에서는, 원자력 발전이 공급안정성에 기여할 수 있다는 점은 어느 정도 인정하지만, 높은 해체 비용과 폐기물 처리비용을 고려하면 결코 효율적인 에너지원이 아니라고 주장하며, 나아가 방사능 오염으로 인한 피해 가능성이 있고 그러한 피해가 특정 지역의 취약 계층에 집중될 우려가 있다는 점을 고려하면 환경책임성 및 형평성 측면에서도 바람직하지 않다고 주장한다.

이러한 원자력 발전의 논란을 통하여 얻을 수 있는 함의는, 사회적으로 견해가 일치하지 않는 에너지 정책의 경우에는 에너지법의 각 원리에 부합하는지 여부에 대한 평가 역시 사뭇 달라질 수 있고, 따라서 경우에 따라서는 원리들 간의 충돌이 아닌 원리 내부에서의 충돌이 발생할 수 있다는 점이다.

다. 신재생에너지 발전시설과 지역주민 반대의 문제

풍력발전은 무한하게 이용 가능한 자연자원인 바람을 이용하여 전력을 생산하는 방식으로서 공급원이 무한하고, 일단 설치되면 가동비용이 비교적 저렴하며, 온실가스 배출이 거의 이루어지지 않는 발전방식이라는 점 등의 장점으로 인하여, 세계 각국에서 지속적으로 도입이 이루어지고 있다.

그런데, 풍력발전에는 위와 같은 이점만 존재하는 것은 아니다. 풍력발전소 건설이 확대됨에 따라, 환경 및 생태계 파괴 문제, 경관을 해치는 문제 및 저주파소음 등으로 인한 건강 피해 등의 문제가 제기되기 시작하였다. 나아가, 풍력발전단지 건설지역 인근 주민들의 반대가 지속적으로 발생하고 있고, 우리나라의 경우에도 경북 영양군, 제주시, 울산시 등에서 풍력발전단지 건설을 둘러싸고 주민들과 사업자 간에 마찰이 발생한 바 있다.

대표적인 사례가 "울산시 풍력발전단지 사건"이다. 위 사건은, 풍력발전 사업자의 개발행위 허가신청에 대하여 관할 지방자치단체가 당해 설치예정지는 개발보다 보전이 필요한 지역이라는 등의 이유로 '개발행위불허가처분'을 하자, 풍력발전 사업자가 행정소송으로 그 취소를 구한 사건이다. 위 설치예정지의 인근 주민들은, 사업자의 개발행위 허가신청 이전부터 환경파괴 및 저주파소음으로 인한 건강피해를 이유로 지속적으로 민원을 제기한 바 있다. 위 사건의 제1심은, 풍력발전시설의 설치 및 운영 과정에서 자연생태계 파괴나 산림훼손의 우려가 있는 점, 기존 임도의 폭이나 형상이 열악하여 이 사건 사업을 위한 진입로로 사용하기 어려운 점, 설치 예정지역은 자연경관이 우수하여 환경보호의 필요성이 큰 점, 원고가 별다른 방재계획을 제시하지 못하고 있는 점 등을 근거로 피고의 처분이 재량권을 일탈·남용한 것으로 보기 어렵다고 판시하면서 원고의 취소청구를 기각하였다.[101] 원고가 상소하였으나, 제2심 역시 유사한 이유로 원고의 항소를 기각하였으며,[102] 결국 대법원에서 심리불속행 상고기각으로 종결되었다.[103]

이러한 신재생에너지 발전시설과 지역주민과의 갈등 문제는 태양광 시설에 관하여도 종종 발생한다. 현재 여러 지방자치단체들은 정부의 신재생에너지 확대 정책에도 불구하고 도시군계획조례 등의 형태로 태양광발전시설, 풍력발전시설 등에 대한 개발행위기준으로 이격거리기준을 두고 있는데, 태양광발전시설의 경우 이러한 이격거리규제로 인하여 사실상 개발행위허가가 불가능해지는 경우가 많다.

이와 같은 이격거리 규정을 근거로 하는 개발행위허가 거부처분은 종종 소송을 통하여 다투어지고 있는데, 대표적인 사례 중 하나가 "경북 청송군

---

101) 울산지방법원 2016. 11. 17. 선고 2016구합5055 판결.
102) 부산고등법원 2017. 6. 14. 선고 2016누24609 판결.
103) 대법원 2017. 10. 26. 선고 2017두51631 판결.

태양광발전소 사건"이다. 위 사건은, 태양광발전사업을 하려는 원고들이 경북 청송군에 태양광발전소 건축을 위해 국토계획법에 따른 개발행위허가 신청을 하자, 청송군수가 위 신청지는 청송군 도시계획조례의 개발행위허가기준인 이격거리 기준에 저촉된다는 이유로 위 신청을 반려한 사건이다.[104] 위 사건의 제1심은, 피고인 허가권자가 태양광발전시설 등의 설치에 관하여 구체적인 개발행위기준을 정할 수 있다고 하더라도, 이는 어디까지나 관련 국토교통부 훈령인 '개발행위허가운영지침' 등에서 위임하거나 정한 범위 안에서만 정할 수 있는데, 위 개발행위허가운영지침 등을 모두 살펴보아도 이격거리 제한 기준을 둘 수 있도록 위임하는 취지의 규정을 찾을 수 없으므로, 획일적인 이격거리 규제를 통하여 판단 여지 자체를 봉쇄하는 것은 위임의 한계를 벗어나 위법하다고 판단하여 원고 승소 판결을 내린 바 있고,[105] 제2심 판결 역시 이에 대한 피고의 항소를 기각하였다.[106] 그런데 대법원은, 국토계획법이 태양광발전시설 설치의 이격거리 기준에 관하여 조례로써 정하도록 명시적으로 위임하고 있지는 않으나, 조례에의 위임은 포괄 위임으로 충분한 점, 도시·군계획에 관한 사무의 자치사무로서의 성격, 국토계획법령의 다양한 규정들의 문언과 내용 등을 종합하면, 위 조례 조항은 국토계획법령이 위임한 사항을 구체화한 것으로서 위임 한계를 벗어난 것이 아니라고 판단하여 원심 판결을 파기하고 환송하였다.[107]

기존의 자원소모적이고 환경침해적인 발전 방식에서 풍력, 태양광 등과

---

104) 처분 당시의 '청송군 도시계획조례'(경상북도 청송군 조례 제1941호) 제23조의2는, 태양광발전시설의 경우 (i) 고속도로, 국도, 지방도, 군도, 면도 등 주요도로에서 1000미터 안에 입지하지 아니할 것, (ii) 10호 이상 주거 밀집지역, 관광지, 공공시설 부지 경계로부터 500미터 안에 입지하지 아니할 것, (iii) 집단화된 토지의 중앙 부근에 입지하지 아니할 것 등의 기준에 모두 적합하여야 한다는 내용의 이격거리 조건을 규정하고 있었다.
105) 대구지방법원 2017. 10. 18. 선고 2017구합21397 판결.
106) 대구고등법원 2018. 3. 30. 선고 2017누7475 판결.
107) 대법원 2019. 10. 17. 선고 2018두40744 판결.

같은 재생에너지를 이용한 발전 방식으로 전환하는 것은 지속가능한 에너지 법의 이념에 부합하는 바람직한 정책이므로 인근 주민들은 풍력발전단지의 건설을 불가피한 것으로서 받아들이거나 일정한 피해를 수인하여야 하는 것인가? 인근 주민들의 반대는 일종의 '님비(Not In My Backyard, NIMBY)' 현상으로서 지역이기주의에 기초한 사회적으로 바람직하지 못한 행동으로 평가하여야 하는가?

재생에너지원인 풍력발전 및 태양광발전에 관한 위 논란은, 저탄소 및 저공해 에너지원 개발이라는 환경책임성 원리, 지속적이고 안정적인 에너지원 확보라는 공급안정성 원리를 바탕으로 추진된 정책이 발전단지 인근 주민의 피해 주장으로 인하여 오히려 형평성 원리 및 환경책임성 원리를 침해하는 것이 아닌가 하는 의문을 불러일으킨다.[108] 흥미로운 것은, 국가적 차원에서 살펴볼 경우에는 친환경적인 편익이 환경침해 또는 건강침해로 인한 편익을 상회한다고 판단하기 쉬운 풍력발전 프로젝트도, 지역적으로 시야를 좁힐 경우에는 경관 침해, 소음, 저주파 등으로 인하여 환경책임성 원리에 반하는 프로젝트로 비춰질 수 있고, 대법원 역시 태양광발전시설이 가져올 수 있는 환경훼손의 문제점 등을 고려한 지방자치단체의 조례의 적법성을 인정하였다는 점이다.

라. 지능형전력망(SmartGrid)과 법적 보호장치의 필요성

때로는 에너지법의 주요 원리에 대부분 부합하는 것으로 보이는 에너지

---

108) 외국의 경우를 살펴보더라도, 이러한 문제를 고려하여 재생에너지 사업에 대하여도 '환경영향평가(Environmental Impact Assessment)'를 거치도록 하는 경우가 많다. 예컨대, 프랑스와 영국에서는 풍력 터빈발전기 설치를 위해서는 사전에 환경영향평가를 거쳐야 하며, 노르웨이의 경우 모든 수력발전소의 건설은 수자원청(Norwegian Water Resources) 및 에너지청(Energy Directorate)에 신고하여 환경영향평가를 거쳐야 하는지 여부의 판단을 받아야 한다. 이문지, "주요 국가의 에너지 개발법제에 관한 비교법적 연구 - 유럽각국 -," 한국법제연구원, 2009. 90면

법의 규정 또는 에너지정책이 다른 법체계와 충돌하기도 한다. 아래 살펴보는 스마트그리드와 개인정보보호 제도와의 충돌이 대표적인 사례이다.

통상 '스마트그리드(Smart Grid)'라 지칭되는 '지능형전력망'이란, 전력망에 정보통신기술을 적용하여 전기의 공급자와 사용자가 실시간으로 정보를 교환하는 등의 방법을 통하여 전기를 공급함으로써 에너지 이용효율을 극대화하는 전력망을 의미한다(지능형전력망의 구축 및 이용촉진에 관한 법률, 이하 "지능형전력망법" 제2조 제2호).[109] 지능형전력망의 정의에서 알 수 있는 바와 같이, 지능형전력망의 구축 및 이용을 위하여는 대규모의 지능형전력망 정보가 교환되게 된다.[110] 지능형전력망법 제2조 제3호는, '지능형전력망 정보'를 '지능형전력망의 구축 및 이용을 위하여 광(光) 또는 전자적 방식으로 처리되어 부호, 문자, 음성, 음향 및 영상 등으로 표현된 모든 종류의 자료 또는 지식'으로 정의하고 있다.

지능형전력망 내지 스마트그리드 시스템의 도입은, 경제적으로 새로운 사업기회를 제공함에 따라 시장 형성 및 일자리 창출효과를 가져올 뿐 아니라, 전력 수요의 분산 및 실시간 제어를 가능하게 하여 에너지 절감 및 에너지 이용 효율 향상에 크게 기여하고, 실시간 변동 가격제 등을 통하여 소비자의 선택권 및 참여권을 강화하며, 전력부하 곡선을 완만하게 안정화하여 불필요한 전력예비율 확보로 인한 비효율이 발생하지 않도록 하는 피크부하 관리가 가능하게 될 것이라고 설명되고 있다.[111]

---

109) 스마트그리드로의 전환에 관한 주요 국가의 법적 쟁점 및 우리나라 법제에서의 문제점에 관하여는, 이재협 & 조홍식, 『스마트그리드 법정책』, 박영사, 2017.
110) 이러한 대규모의 지능형전력망 정보는, 이른바 '빅데이터(Big Data)'로 분류될 수 있다. 개인정보보호와 관련된 빅데이터의 법적 쟁점에 관한 연구로는, 허성욱, "한국에서 빅데이터를 둘러싼 법적 쟁점과 제도적 과제", **경제규제와 법**, 제7권 제2호, 2014, 7-21면
111) 이형연 & 박진상 & 이한웅, 『스마트그리드와 분산에너지원의 이해』, 에경미디어, 2015, 54-59면

그런데, 스마트그리드 사업을 먼저 추진한 주요 선진국에서 당면하게 된 문제는, 이러한 지능형전력망 정보에 다수의 개인정보가 포함될 수 있다는 것이었다. 스마트그리드 사업에 가장 적극적이었던 영국 정부는, 당초 모든 가구에 '스마트 미터(Smart Meter)'를 설치하고자 하였으나, 개인정보가 과도하게 수집될 수 있다는 반대여론이 거세지자 전면적인 설치계획을 보류하고 각 가구가 스마트미터기 설치에 대한 선택권을 갖도록 했다.112)

이를 우려한 지능형전력망법은, 제22조에서 지능형전력망 정보 중 개인에 관한 정보로서 성명, 주민등록번호 등으로 해당 개인을 식별할 수 있는 정보(전력망개인정보)를 그 개인의 동의 없이 수집하거나 처리하지 못하도록 규정하고(동조 제1항), 자신의 정보를 보유하고 있는 자에게 그 정보를 열람, 정정 또는 삭제를 요구할 수 있도록 하고 있다(동조 제2항).

문제는, 스마트그리드 시스템 하에서 위와 같은 규정에 의하여 보호되지 못하는 정보가 실로 다종다양할 수 있고, 그 결과 이러한 정보의 재조합 등에 의하여 개인의 식별이 가능하게 되거나 보호가치 있는 개인정보가 침해될 우려가 있다는 점이다. 스마트그리드 시스템 하에서는 전력사용량, 요금 부과정보뿐 아니라 가전제품의 종류 및 각 가전제품의 전력소비 정보까지 파악이 가능할 수 있고, 이를 통하여 개별 가구의 생활 방식까지 파악이 가능할 수 있기 때문이다.113)

스마트그리드 시스템은 일응 에너지법의 원리인 공급안정성, 효율성, 환경책임성 및 형평성을 모두 증대시킬 수 있는 최적의 시스템인 것처럼 보여

---

112) 박훤일 & 윤덕찬, "스마트그리드 사업과 개인정보보호 - 스마트그리드 거버넌스의 제안", **기업법연구** 제26권 제2호, 2012, 259면.
113) 스마트그리드 환경에서의 개인정보 침해의 특징 및 이를 고려한 개인정보보호방안에 관하여는, 백수원, "스마트그리드 환경에서 개인정보보호를 위한 법적 과제", **과학기술법연구** 제19집 제2호, 2013. 106-121면

진다. 스마트그리드 시스템의 효율성 내지 환경책임성 증대 효과를 극대화하기 위하여는 더 많은 가구로 하여금 시스템에 편입되도록 강제할 필요가 있고, 나아가 가능한 많은 사용 정보를 확보하여 이를 통해 송배전 운영을 조율할 필요가 있다. 그런데, 앞서 살펴본 바와 같이 이렇게 강력한 스마트그리드 시스템을 추진하는 경우에는 개인정보보호라고 하는 중요한 법적 이익이 훼손될 우려가 발생하게 된다.

결국, 에너지법은 공급안정성, 효율성, 환경책임성 및 형평성의 원리가 아닌 다른 법체계의 이념 내지 보호이익에 의한 제약을 받게 될 수도 있다. 이 경우 각 법체계가 달성하려는 공익 및 사익은 신중하게 비교형량되어야 할 것이다.

V. 결어: 에너지법 이념 및 원리의 균형적 고려

지속가능성은, 환경법을 비롯한 여러 산업법 분야에서 주목하여야 하는 가치이지만, 그 의미와 효용이 가장 빛을 발할 수 있는 법적 영역은 바로 에너지법이다. 에너지란 근본적으로 한정적인 것이고, 고갈적인 것이며, 또한 수 많은 외부효과를 발생시키는 외향적인 것이다. 그 결과, 에너지법은 단기적인 계획과 단편적인 시각으로 작동하기 어려우며, 여타의 법체계에 비하여 장기적인 안목과 폭넓은 시야를 요구한다. 이러한 에너지법의 요구를 가장 잘 충족시킬 수 있는 개념은, 현재 세대의 가치가 미래 세대에서도 유용한 것으로 유지되어야 한다는 '지속가능성'의 개념이다. 따라서, 에너지법에서는 '지속가능성'이라는 이념이 각 원리들이 일정한 관련성을 유지하면서 조화롭게 적용될 수 있는 근본기준 내지 방향설정 기준으로서의 역할을 할 수 있다.

많은 에너지법의 쟁점 사안은 원리들 간의 상충을 내포하고 있다. 특히, 고전적인 에너지법의 원리라고 할 수 있는 공급안정성의 원리 및 효율성의 원리는, 신흥 원리라고 할 수 있는 환경책임성의 원리 및 형평성의 원리와 종종 충돌하는 것처럼 보인다. 공급안정성과 효율성을 추구하기 위한 석탄 발전 확대가 환경책임성 및 형평성 원리에 반한다는 주장, 환경책임성을 증진시키기 위한 재생에너지의 확대는 결국 공급안정성을 위태롭게 하거나 효율성을 저하시킬 수 있다는 주장 등이 이러한 시각을 잘 보여준다.

그런데, 사실 에너지의 안정적 수급이라는 목표와 효율적 수급이라는 목표도 반드시 동시에 달성할 수 있는 목표는 아니라고 할 수 있다. 에너지의 안정적 공급 확보만을 지나치게 강조할 경우에는, 국가 주도의 에너지 개발 및 에너지 설비 운영을 강조하게 되어 에너지 활동에 관한 효율성이 저하되고, 결과적으로 균형적인 경제 발전이 저해될 우려도 있다. 또한, 에너지의 효율적 개발 및 공급만을 지나치게 강조할 경우에는, 에너지 시장의 높은 변동성으로 인하여 안정적 수급이 위험하게 될 우려도 있다. 이를 고려하면, 에너지의 안정적이고 효율적인 수급이라는 법적 과제를 달성하기 위하여는, '공급안정성'이라는 법적 원리와 '(경제적) 효율성'이라는 법적 원리가 균형 있게 추구될 것이 요구되는 것이다.

한편, 본질적으로 상충하는 것처럼 보이는 원리들이 사실은 동시에 증진될 수 있는 것일 수도 있다. 직관적으로는 형평성의 원리와 효율성의 원리가 상호 양립하기 어려운 것처럼 보여질 수 있으나, 심각한 불평등이 결국 효율성을 저하시킬 수 있다는 점에 비추어 보면 심각한 불평등의 해소를 위한 형평성의 추구는 결국 효율성의 증진에 기여하는 것으로 볼 수 있기 때문이다. 저명한 경제학자인 스티글리츠(Joseph E. Stiglitz)는, 미국에서 발생하는 심각한 불평등과 그로 인한 기회의 결핍이 미국 경제의 효율성과 생산성을 저해하고 경제 성장에 악영향을 미치고 있다고 진단한다.[114] '불평등의 대가

---

114) 조지프 스티글리츠, 『불평등의 대가』, 열린 책들, 2013. 202-232면.

(price of inequality)'는 생각보다 큰 것이어서, 심각한 사회적 불평등은 윤리나 정의의 관점이 아니라 시장의 효율성 추구라는 관점에서도 비판받을 수 있다는 것이다.

이러한 스티글리츠의 통찰은 에너지법에 대하여도 많은 시사점을 제공한다. 에너지의 각 원리는 에너지의 각 분야에서 그물망처럼 얽혀 있어서, 지나친 공급안정성의 추구는 환경책임성 및 형평성뿐 아니라 효율성도 저해할 수 있고, 지나친 환경책임성의 추구는 공급안정성 및 효율성뿐 아니라 형평성도 저해할 수 있다. 지나친 효율성 또는 형평성의 추구 역시 타당하지 않음은 물론이다. 이는 결국 에너지법의 조화로운 문제 해결에 있어서도 헌법상 원칙인 '비례(比例)의 원칙'이 중요한 역할을 하여야 한다는 점을 의미하는 것이기도 하다.

에너지법에 대한 체계적 탐구 작업을 통하여, 현재의 에너지법 규정 중에는 고전적 에너지법 시대의 정책 목표 및 수단을 전제로 하는 구시대적인 것이 존재하지 않는지 살펴볼 필요가 있을 것이다. 나아가, 이러한 문제가 있는 에너지 정책을 어떠한 방향으로 개선하여야 경제성 및 환경책임성을 모두 충족하는 에너지 정책이 될 것인지를 진지하게 고민하여야 할 필요도 있을 것이다. 이러한 모든 작업은, 지속가능한 에너지법의 이념과 기본 원리에 대한 명확한 이해를 전제로만 이루어질 수 있음은 물론이다.

제5장 바이든 행정부의 기후정책
(Climate Policy in the Biden Administration)

Joel B. Eisen(University of Richmond School of Law, Professor)

번역: 김학유, 강다연, 정세용, 박진영

Ⅰ. 기후변화 해결을 위한 바이든 행정부의 국내·외 공약

기후정책은 바이든 당시 후보의 주요 선거공약이었고,[1] 대통령 재임 중에도 높은 우선순위를 차지했다. 바이든 대통령은 취임 직후 미국과 세계가 심각한 기후위기에 직면하고 있음을 인식하였다.[2] 물론, 이는 바이든 대통령의 전임자가 보여준 인식 및 과학적 합의와 국제사회에 반하는 행동과 완전히 반대되는 것이었다.[3] 바이든 행정부는 미국의 모든 차원의 정부 수준에서 야심찬 기후 계획을 추진하겠다고 발표했으며, 탄소 배출을 줄이기 위한 국제적 노력에 다시 참여할 것이라고 천명하였다. 이를 뒷받침하듯이, 바이든 대통령은 취임 첫날에 미국이 파리협정에 다시 가입한다는 취지의 성명을 발표하였는데,[4] 이 모든 것은 이전 행정부의 정책과는 완전히 반전된 것이었다.[5]

---

1) The Biden Plan for a Clean Energy Revolution and Environmental Justice.
2) 바이든 대통령의 취임연설에서 살펴볼 수 있다.
3) Coral Davenport, What Will Trump's Most Profound Legacy Be? Possibly Climate Damage, N.Y.Times, Jan. 19, 2020.
4) Statement on Acceptance of the Paris Agreement on Climate Change on Behalf of the United States, 2021 Daily Comp. Pres. Doc. 49, Jan. 20, 2021.
5) Ishaan Tharoor, Biden sweeps away Trump's climate change denialism, Washington Post, 2021.2.1.

1. 국내·외 기후위기 해결에 관한 행정명령

바이든 대통령은 파리협정에 재가입한지 일주일 만에 "국내·외 기후위기 해결을 위한 행정명령(Executive Order on Tackling the Climate Crisis at Home and Abroad)"에 서명하였다.[6] 해당 성명은 행정부가 이후 취한 조치의 기본틀(framework)로써 기능하였다. 행정명령은 대통령이 자신의 권한을 사용하여 다양한 형태의 조치를 취하도록 하는 지시이다. 예를 들어, 대통령은 연방 집행 기관의 조달 정책을 제어할 수 있다.[7] 따라서 대통령은 행정기관이 보다 탄소중립적으로 전환될 수 있도록 방향을 제시할 수 있는 상당한 권한을 가지고 있으며, 이번 행정 명령의 일부는 연방 정부가 그러한 방향으로 나아가도록하는 특정 이행을 지시하고 있다.[8] 그러나 이 명령은 기후변화에 대응하기 위한 국가의 정책을 수립하고 이를 이행함에 있어서 훨씬 더 큰 영향을 미쳤다.[9] 여기에 관해서는 2절에서 미국의 입법부(의회)와 연방기관이 착수한 몇몇 조치들을 살펴보면서 자세히 설명하고자 한다.

이번 행정명령에는 여러 가지 구체적인 약속이 포함되어 있다. 첫째, 기후위기를 미국의 외교정책과 국가 안보 의사 결정의 중요한 요소로 위치시켰다. 미국은 파리협정을 중심으로 한 국제적 노력에 동참하고, 그에 따른 국가결정기여(NDC)에 관한 4월 정상회의에서 탄소배출 삭감을 위한 공약을 약속하는 등의 방법으로 이를 실천하였다.[10] NDC는 파리 협정의 핵심 내용으로, 협정 체결국들이 온실가스 배출을 줄이기 위해 취하겠다는 국내 조치

---

6) Exec. Order No.14,008, 86 Fed. Reg. 7,619 (2021.1.27.) (이후, "E.O. 14008").

7) Yuka Hayashi, Biden Signs Buy American Order for Government Procurement, Wall Street Journal, 2021.1.25.; *Id.*, at 7624 (기후행동에 관한 직접 조달).

8) E.O.14008; 각주 9, 7623-25.

9) *Id.*, 7622-23.

10) Nat'l Climate Advisor, The United States' Nationally Determined Contribution, 2021. (이후, "U.S. NDC").

등의 구체적인 약속을 내용으로 한다.[11]

   미국이 수송, 전력, 산업 그리고 건물 등의 주요 부문에서 온실가스 배출량을 줄이기 위한 조치를 취하고 있다는 국제적 신뢰를 회복하기 위해서는 다양한 국내 기후정책의 수립이 필수적이다. 이에 따라, 4월 정상회담에서 온실가스 배출을 제한하기 위한 구체적인 방안을 제시하였다.[12] 그 한 축으로, 미국 행정부는 2030년까지 국내 탄소 배출량을 2005년 기준 절반 이상 감축하겠다는 목표를 설정하였다.[13] 또한 2035년까지 모든 전력을 탈탄소 전원으로 공급하겠다는 목표를 제시하였다. 아래에서 언급하는 바와 같이, 하와이, 버지니아(필자의 출신) 및 다른 여러 주들은 이미 주의 전력회사에게 100% 청정에너지 기준을 충족하도록 요구하는 규정을 마련하였다. 또한 8월에 발표된 '청정 전력 이행 프로그램'은 해당 기준을 준수하는 전력회사에 대해 보조금을 지급하는 방식으로 이러한 목표를 달성할 것임을 내용으로 한다.[14] 이 모든 것은 파리협정에서 탈퇴하고 국제사회와의 협력을 거부하던 이전 행정부의 입장과는 완전히 반전된 것이다. 기후 위기를 해결하고 국제적 노력을 지원하는 측면에서, 이러한 입장의 전환은 환영할 만한 발전이라고 할 수 있을 것이다.

   국내적으로, 해당 행정명령의 두 번째 핵심은 연방정부 전체가 기후변화

---

11) Nationally Determined Contributions, U.N. Framework Convention on Climate Change,
12) U.S. NDC, 각주 13.
13) *Id*, 1.
14) 9월에 발표된 예산법안의 본문은 공공사업들로 하여금 청정에너지를 생산하도록 유인책과 보조금을 신설하는 내용의 "청정 전력 이행 프로그램"을 담고 있다. 이는 공공사업으로 하여금 더 많은 양의 청정에너지를 생산하거나 그러한 생산을 하고 있는 자들로부터 배출권을 구입하도록 명령을 하는 CES와는 차이가 있다. Jason Plautz, House committee approves $150B Clean Electricity Performance Program, Util. Dive, 2021.9.13.; Rebecca Leber, The US is inching closer to passing a game-changing climate policy, Vox, Aug. 25, 2021.

에 대응하는 "전정부적 접근(whole of government approach)"이라 묘사된
다.[15] 그 일환으로, 바이든 대통령은 기후보좌관이라는 포스트를 신설하여
전 환경보호청(EPA) 청장 Gina McCarthy를 선임하였다.[16] 또한 모든 연방기
관들이 각자의 권한으로 기후정책을 수립하게 되었는데, 자세한 내용을 후술
하도록 한다.

Ⅱ. 기후변화에 대응하기 위한 국내정책

이 장은 미국에서 국내 기후정책의 수립을 위한 개별 행위의 유형을 다루
는데, 국가 기후정책 전반을 수립하기 위한 하원과 상원으로 구성된 국회의
입법행위와 환경보호국, 연방에너지규제위원회(FERC), 그리고 도로교통안전
국(NHTSA) 등 온실가스 배출에 기여하는 주요 경제 분야들을 통제하는 정부
기관들의 규제행위가 대표적이다. 이하에서는 두 가지 방향에서 추진되는
대표적인 정책들과 함께, 개별 주와 지역 차원에서의 정책들을 소개한다. 이
정책들 모두 미국의 온실가스 감축에서 중요한 기능을 담당하고 있다.

바이든 행정부는 기후 리더들을 연방기관들의 기존 혹은 신설되는 직위
에 배치함으로써, 기후변화 대응을 위한 국가적 차원의 의지를 나타냈다.[17]
이는 진보적인 기후정책에 반대하는 인사들을 고위공직자로 선임한 이전 행
정부의 정책과는 반대된 것이다.[18] 대표적인 예로, UCLA 로스쿨의 Ann

---

15) 각주 9번, 7622.
16) Juliet Eilperin & Brady Dennis, Biden picks former EPA chief Gina McCarthy as White House climate czar, Wash. Post, Dec. 15, 2020.
17) Lisa Friedman, Biden Introduces His Climate Team, N.Y. Times, Dec, 19, 2020. ; Kate Davidson & Andrew Restuccia, Biden to Tap Former Hill Aide for Top Treasury Post Overseeing Financial Rules, Wall Stress Journal. 2021.7.19.
18) Stacy Feldman & Marianne Lavelle, Donald Trump's Record on Climate Change, Inside Climate News, Jan. 2, 2020.

Carlson 교수는 NHTSA의 자문위원으로 선임되어 교통 부분 배출 감축을 위한 국가 정책을 설계하고 이전 행정부가 완화했던 배출규제를 다시금 복구하고 있다.[19] 또한 Northeastern 로스쿨의 Shalanda Baker 교수는 미 에너지부의 담당자로 선임되어 공정한 재생에너지 전환을 추진하고 있다.[20]

1. 입법활동

의회는 기후변화에 대응하기 위한 법안을 제안·표결하고(물론 완전한 법률이 되기 위해선 대통령의 동의가 필요하다) 기존의 그리고 새로운 프로그램을 위한 예산을 편성하는데 막강한 권한을 가진다. 기후변화에 대응하기 위한 바이든 행정부의 대표적인 목표 중 일부는 '미국 구호계획'(American Rescue Plan)이라는 옴니버스 패키지 법안에서 나타난다.[21] 바이든 대통령이 취임할 시점에 미국은 막 코로나 팬데믹에서 벗어나기 시작하였고, 따라서 바이든 행정부의 주요 입법목표 중 하나는 침체된 미국 경제를 다시 끌어올리기 위한 막대한 경기부양에 있었다. 이를 위한 청사진이 바로 1.9조 달러 규모의 미국 구호계획으로, 해당 계획은 기후변화 대응 역시 주요한 과제로 설정하고 있다.[22]

---

19) UCLA, Carlson Joins NHTSA as Chief Counsel, UCLA Law School, 2021. 1. 22.; Corporate Average Fuel Economy, NHTSA; Corporate Average Fuel Economy Standards for Model Years2024-2026 Passenger Cars and Light Trucks, 86 Fed. Reg. 49602.

20) Jeff Brady, 'Energy Justice' Nominee Brings Activist Voice to Biden's Climate Plans, NPR, June 8, 2021. [역자주] Shalanda Baker 교수는 에너지부의 Director of the Office of Minority Economic Impact로 선임되어, 주로 에너지 정의(energy justice) 업무를 담당하게 되었다.

21) American Rescue Plan Act of 2021, Pub. L. No. 117-2, 135 Stat. 4.; President Biden Announces American Rescue Plan, The White House, Jan. 20, 2021. 물론, 바이든 행정부가 기후변화에 대응하게 만드는 다른 여러 법안들이 존재한다. 예컨대, S. 938, the Climate Emergency Act of 2021, 117th Cong., 1st Sess. (2021) (대통령으로 하여금 기후위기를 선언하게 한다).

22) Third stimulus bill: The American Rescue Plan is signed into law, Vox, Feb. 3, 2021,

물론 미국 구호계획은 기후변화 대응과는 무관한 투자계획도 포함하고 있다.[23] 다만 두 번째 법안인 '양당 인프라 패키지'(the bipartisan infrastructure package)는 당초 2조 달러 규모로 발표되었는데,[24] 여기에는 400억 달러 규모의 재생에너지 투자, 기존의 생산·투자의 세액공제, 소비자 세액공제의 2035년까지 연장, 그리고 새로운 에너지효율체계와 청정에너지체계를 수립함으로써 2035년까지 전력시스템을 100% 재생에너지로 전환하는 것을 목표로 했다.[25] 또한 해당 법안은 174억 달러를 전기차 보급에 투자하는 것을 목표로 했는데, 여기에는 50만 개의 전기차 충전소 설치와 모든 연방정부의 차량을 전기차로 바꾸는 원대한 목표를 포함한다.[26] 거대한 국토를 가진 미국에서 충전소 부족은 계속해서 지적되어 왔는데, 충전소가 어디에 설치될지 그리고 누가 비용을 지불할지에 대한 논의가 대표적이다.[27] 그리고 인프라 법안은 이러한 문제들을 해결하기 위하여 제안된 것이다.

양당의 상원의원들은 당초 계획에서 약속했던 몇 가지 사항을 철회하였고, 규모가 약 1조 달러로 축소되었지만 여전히 막대한 인프라법안이 발의되었다.[28] 그 절충의 배경에는 하원과 상원에 있는 공화당 의원들로부터 대규모 인프라 지출, 특히 기후변화에 쏟는 모든 지출에 대해 상당한 정치적 반대가 있기 때문이다.[29] 특히 상원에서는 민주당이 겨우 과반수를 차지하고

---

23) Id.

24) Jacob Pramuk, President Biden unveils his $2 trillion infrastructure plan - hereare the details, CNBC, 2021.3.31.

25) Jillian Neuberger et al., Climate Benefits the US Bipartisan Infrastructure Deal Leaves Out, World Resources Institute, 2021.7.2.

26) Id.

27) Hauke Engel et al., McKinsey & Co., Charging Ahead: Electric-Vehicle Infrastructure Demand, 2018.

28) Infrastructure Investment and Jobs Act, H.R.3684, 117th Cong. (2021). 예를 들어, 이 법안은 EV 충전소를 위해 75억 달러를 포함하였는데, 이는 충전소 50만 개의 목표 달성에 필요한 것으로 추정되는 것의 절반에도 미치지 못한다. David Shepardson, U.S. electric vehicle backers say infrastructure bill falls short, Reuters, 2021.7.30.

있었으며, 무엇보다 공화당의 입법 저지를 위한 필리버스터를 막기 위한 60
표를 가지고 있지 않았다.[30] 일부 공화당 의원들은 해당 법안이 연방 적자를
불필요하게 증가시키고,[31] 도로와 교량과 같은 전통적인 인프라와는 관련이
없는 일부 구체적인 계획에 반대한 것이다.[32]

바이든 대통령과 의회 민주당 의원들은 양당의 상원 의원들과의 협상을
통하여 8월에 상원에서 통과된 인프라 투자 법안을 채택하였다.[33] 해당 법
안은 미국의 주요 관심사인 장거리 송전선에 투자하기 위한 전력망 업그레
이드 비용 730억 달러와 충전소 인프라 비용 75억 달러가 포함되어 있다.[34]
다만 이 법안은 청정전력 이행 프로그램을 포함하지 않았고, 향후 수 년 안
에 일몰하게 될 재생에너지 세액 공제를 연장하지 않았다.[35] 뿐만 아니라 새
로운 소비자 청정에너지 세금 공제 또한 포함하지 않았다.[36]

해당 법안은 몇몇 공화당의원들의 협력을 바탕으로 상원에서 통과되었는
데,[37] 민주당은 다른 계획들을 예산안에 포함시키기 위한 더욱 큰 노력을 할

---

29) Lauren Fox & Melanie Zanona, GOP pressure to block bipartisan infrastructure bill builds in the House, CNN, 2021.9.8.

30) Lindsay Wise, McConnell Says '100%' of His Focus Is on Blocking Biden Agenda, WallSt. J., 2021.5.5., [역자주] 미 상원에는 재적의원의 5분의 3 이상의 동의에 따라 필리버스터를 자동 종결시키는 클로쳐(Cloture) 제도가 존재하며, 여기에 필요한 의석수가 60석이다.

31) Kelsey Snell, Senate Republicans Release $928Billion Infrastructure Counteroffer, NPR, 2021.5.27.

32) Id.

33) Kelsey Snell, The Senate Approves The $1 Trillion Bipartisan Infrastructure Bill In A Historic Vote, NPR, 2021.8.10.

34) Id,; Barbara Sprunt, Here's What's Included In The Bipartisan Infrastructure Bill, NPR, 2021.8.10.

35) Neuberger et al., 전게 각주 28.

36) Jason Plautz, As Senate passes infrastructure bill, Democrats eye opportunity for more energy spending, Util.Dive, Aug, 11, 2021.

37) Infrastructure Investment and Jobs Act, 전게 각주 31.

것임을 선언하였다. 여기에는 공화당의 지원이 필요하지 않은 예산조정제도 (Budget Reconciliation)와 같은 기술적 조치가 포함될 것이라 예상된다.[38] 특히 전력 부문에서는, 위에서 언급한 바와 같이, 예산안에 현재와 같이 주별이 아닌 전국적으로 100% 청정에너지 목표를 실행하는 청정 전력 이행 프로그램이 포함되어 있다.[39] 이것은 분명 쉽지 않은 도전이지만, 기술적으로 불가능한 것은 아니라는 연구가 이미 상당히 축적되어 있다.[40] 현재로선, 적어도 해당 조항에서 청정 전력 이행 프로그램과 기타 예산안은 아직 법으로 제정되지 않고 있다.

2. 미국 연방기관의 규제 조치

본 절에서는 기후변화에 대응하기 위한 여러 연방기관과 그 규제 조치에 대해 논의한다. 연방기관의 주요 활동은 규제(전체 산업 또는 특정 민간 그룹에 일반적·전반적으로 적용되는 정책)와 판결(예컨대 기관 규정을 위반하는 경우를 포함하는 개별 사례의 의사결정)을 만드는 것이다.[41] 바이든 행정부는 연방기관의 규제의 디자인을 첫 해 기후정책의 주요 내용으로 삼고 있다.

본 절은 각 기관이 수행하고 있거나, (아래에 열거된 네 번째 범주의 경우) 의회에 의하여 이전의 조치를 승인하지 받지 못한 규제 조치를 포함한 네 가지 범주 각각에 대한 예시를 제공한다. 해당 범주들은 다음과 같다.

---

38) Tony Romm, With bulk of agenda on the line, Democrats gird for battle over $3.5trillion budget plan, Washington Post, Sept. 7, 2021. [역자주] 미국은 1974년 의회예산법 (Congressional Budget Act of 1974)에 의거하여 수입과 지출을 예산결의안이 설정한 수준으로 맞추기 위한 예산 조정제도(Budget Reconciliation)가 존재한다.

39) Map and Time-lines of 100% Clean Energy States, Clean Energy States Alliance, 2021.9.15.

40) Nikit Abhyankar et al., 2030 Report: Powering America's Clean Economy 2-9, U.C. Berkeley, 2021.

41) John F. Manning & Matthew C. Stephenson, *Legislation and Regulation, Cases and Materials*, Foundation Press, 2017.

(1) 바이든 행정부의 기후변화 우선순위 구현을 위한 규제 조치;

(2) 지난 4년 동안 시행된 기후변화 진전에 피해를 주는 규제를 철회하는 규제 조치;

(3) 기후변화 해결을 방해하는 기관 정책을 평가하고 수정하는 규제 조치; 그리고

(4) 의회심사법(Congressional Review Act)에 따라 기관의 규제 조치를 승인하지 않는 의회의 조치.

첫 번째 범주에서는 다양한 규제 조치들이 서로 다른 기관들에 의하여 이행되고 있다. 예를 들어 FERC는 2021년 4월 미래의 전력화와 송전망 논의를 목적으로 기술 컨퍼런스를 소집했다.[42] 해당 컨퍼런스는 종종 후속 규제(또는 이미 시행되고 있는 규제)의 전주곡이 되곤 한다. 여기서는 더 많은 전기자동차 인프라의 구축, 송전 및 배전 인프라의 업그레이드, 송전을 위한 병목현상의 해결, 새로운 송전망과 EV충전소를 위한 비용을 누가 지불할 것인지에 대한 결정, 그리고 "전기화(electrification)와 관련된 환경정의(environmental justice) 고려사항"과 같은 매우 광범위한 의제를 다루고 있다.[43] 그 중에서도 마지막 주제는 지난 몇 년 동안 공공 담론에 등장한 에너지 정의에 대한 초기 논의와 큰 관련이 있다. 예를 들어 필자와 "Clean Energy Justice: Charting an Emerging Agenda" 논문을 공저한 South Carolina 로스쿨의 Shelley Welton 교수는 전기화와 함께 청정에너지원의 개발이 저소득 지역사회와 유색인종에게 불균형한 영향을 미치지 않도록 하기 위해 필요한 많은 조치들을 강조해왔다.[44]

---

42) Fed. Energy Reg. Comm'n, Notice of Technical Conference, 2021. 3. 2.

43) Fed. Energy Reg. Comm'n, Notice Inviting Post-Technical Conference Comments, 2021. 5. 17.

44) Shelley Welton & Joel B. Eisen, "Clean Energy Justice: Charting an Emerging Agenda," 43, *Harv. Envtl. L.* Rev. 307, 2019.

두 번째 범주는 지난 4년간의 정책을 뒤집으려는 수많은 시도를 포함한다. 2020년의 한 기사에 따르면, 이전 행정부는 "특히 기후변화에 대처하기 위한 정책을 철회하는 데 초점을 맞추고 있었다."[45] 그래서 차기 행정부의 이러한 움직임은 그다지 놀랍지 않을 것이다. 그리고 많은 행정기관들이 바이든 행정부의 노력에 동참해 왔다. 한 가지 예를 들어, 2021년 6월, 미국 내무부는 북극 국립 야생동물 보호구역(the Arctic National Wildlife Refuge)에서 석유와 가스 시추를 위한 임대를 중단하였다. 이를 통해 이전 행정부에서 시행하여 논란이 야기된 임대 판매 사업이 중단될 수 있었다.[46]

이전 행정부의 집권기간 동안, 연방기관들은 종종 규제를 통한 반 기후(anti-climate)적 태도를 유지해왔다. 그 과정은 특히 언급될 필요가 있는데, 미국 행정기관의 절차적인 로드맵이라 할 수 있는 행정절차법(Administrative Procedure Act, APA)에 대한 해석에 따라, 판례법은 추가적인 절차가 필요하다고 설시하였기 때문이다.[47] APA에 따른 판례법[48]의 기본 원칙은 기관이 규칙을 취소함으로써 간단히 규칙을 철회할 수 없다고 규정하고 있다. 대신, 행정기관이 규칙을 만드는 것과 같은 종류의 긴 행정 절차를 필요로 한다. 이에 따르면, 행정기관이 기존 규칙을 무효화하기로 한 결정을 뒷받침하기 위해서는 단순히 그것은 좋은 정책이 아니라고 말하는 것은 충분치 않다. 규칙의 폐지를 정당화할 수 있을 만큼 충분한 자료와 기타 증거를 제공해야 하며, 필요할 경우 새로운 규칙으로 대체해야 한다는 것이다.[49]

---

45) Samantha Gross, What is the Trump Administration's Track Record on the Environment?, Brookings, 2020.8.4.

46) Press Release, U.S. Dep't of the Interior, Interior Department Suspends Oil and GasLeases in Arctic National Wildlife Refuge, 2021.1.1.

47) 5U.S.C. §§551-559, 701-706.

48) FCC v. Fox Television Stations, Inc., 556 U.S. 502, 2009; Motor Vehicle Mfr. Ass'n v. State Farm Mut. Auto. Ins. Co., 463 U.S. 29, 1983.

49) *Id.*

　2021년 4월, 자동차 온실 가스 배출에 대한 규제를 대폭 완화하여 논란이
되기도 했던 규칙에 대해 연방기관이 번복을 제안한 것이 대표적이다. NHTSA
은 연비 기준을 결정할 권한을 갖고 있으며, 오바마 당시 행정부는 자동차에
서 배출되는 탄소를 통제하기 위하여 온실가스 배출 등 대기질에 관한 관할
을 가진 환경보호청과 공동으로 규칙을 만들었다.[50] 2017년, 두 기관은 역설
적으로 SAFE규칙이라고 불리는, 기존보다 훨씬 완화된 규칙을 발표했고, 이
는 자동차 탄소 배출에 대한 규제를 철회하는 것이었음에도 마치 그렇지 않
은 것처럼 포장하고자 했다.[51] 그리고 올 4월, NHTSA는 새로운 법안을 통해
이 법을 폐지할 것을 제안하여 오바마 행정부 당시의 상태로 복귀할 것임을
발표하였다.[52]

　또 하나의 범주는 기관들이 기후위기에 대한 대응을 더욱 어렵게 만드는
정책을 적극적으로 재검토하는 것이다. 일례로 FERC에서 진행 중인 최소 제
공 가격 규칙(Minimum Offer Price Rule, MOPR) 개정에 대한 현재의 논의는
특정 재생에너지 발전사가 생산한 전력을 도매시장에 판매할 때 최소 금액
을 입찰하도록 요구하고 있다.[53] 전문가들은 MOPR제도로 인하여 재생가능

---

50) 2017 and Later Model Year Light-Duty Vehicle Greenhouse Gas Emissions and Corporate
　　Average Fuel Economy Standards, 77 Fed. Reg. 62,624, 2012. 10. 15. (40C.F.R. pts. 85, 86,
　　600; 49 C.F.R. pts. 523, 531,533, 536, 537); Press Release, The White House, Obama
　　Administration Finalizes Historic 54.5 MPG Fuel Efficiency Standards, 2012. 8. 28,
51) The Safer Affordable Fuel-Efficient(SAFE) Vehicles Rule for Model Years 2021-2026
　　Passenger Cars and Light Trucks, 83 Fed. Reg. 42,986 (Aug. 24,2018); Nathan Rott &
　　Jennifer Ludden, Trump Administration Weakens Auto Emission Standards, NPR,
　　2020. 3. 31.
52) U.S. Envtl. Prot. Agc'y, Reconsideration of a Previous Withdrawal of a Waiver of
　　Preemption,86 Fed. Reg. 22,421, 2021. 4. 28.; EPA Press Office, EPA Reconsiders Previous
　　Administration's Withdrawal of California's Waiver to Enforce Greenhouse Gas Standards
　　for Cars and Light Trucks, 2021. 4. 26.
53) Understanding FERC's 'Minimum Offer Price Rule' Order, Advanced Energy Economy
　　1(2020), ; Sonal Patel, The Significance of FERC's Recent PJM MOPR Order Explained,
　　POWER, 2019. 2019. 12. 26.

에너지 발전사업자가 시장에서 전력을 판매하기 더욱 어렵게 만들고 있으며,[54] 재생에너지 전력 표준을 제정한 주에서는 MOPR제도가 해당 주의 전력회사에게 주어진 표준의 달성을 더욱 어렵게 만든다고 강력하게 지적해왔다.[55] 이에 지난 몇 달 동안 FERC는 지역계통운영기구(RTO)과 협력하여 규칙을 변경하는 방안을 검토해왔다.[56] 이를 비롯한 유사한 사례들은 이전 정부의 반 기후적인 정책에 대한 급격한 반전을 목표로 하는 행동과는 질적으로 다르다. 대신 행정기관들은 현행법에 의거한 검토를 통해 현재의 규칙들이 기후변화에 대한 조치를 준수하는지 확인하고, 그렇지 않다면 규칙을 개정하는 검토를 진행하고 있다.

마지막 범주는 새로운 정책을 수립하는 행정기관이 아니라, 행정기관의 규제를 승인하지 않는 의회의 조치를 포함한다. 의회심사법(Congressional Review Act, CRA)이라고 불리는 연방법에 따르면, 의회는 합동 결의안(joint resolution)이라고 불리는 법안을 통해 어떤 행정기관의 규제도 거부할 수 있는데, 이 법안은 일반적으로 법이 제정된 후 60일 이내에 시행되어야 한다.[57] 의회는 바이든 행정부 초기에 CRA를 여러 차례 발동했다.[58] 그 중 한 결의안은 기후에 극도로 해로운 천연 가스 유정에서 나오는 메탄가스 배출에 대한 보호를 뒤집었던 이전 행정부의 규칙을 포함한다. 해당 규칙은 2020년 말에 발표된 까닭에 CRA가 요구하는 기간조건을 만족하였고, 동 결의안이 법으로 통과되어 유해한 메탄 배출규칙을 삭제하는 결과로 이어질 수 있

---

54) Tom Rutigliano, Fix the MOPR Problem With a Dose of Humility, Nat'l Res. Def. Coun. 2021. 4. 28.; Catherine Morehouse, PJM Board approves new MOPRplan in effort to placate states, FERC, Util. Dive, July 9, 2021.

55) Kathryne Cleary, Resources for the Future, What the Minimum Offer Price Rule (MOPR)Means for Clean Energy in PJM, 2020.1.21.

56) Morehouse, 전게 각주 55.

57) 5U.S.C. §801(a)(3).

58) Richard L. Revesz, Using the Congressional Review Act to Undo Trump-Era Rules, Bloomberg Law, 2021.8.30.

었다.[59]

이러한 일련의 조치들은 연방의 다양한 기관들이 광범위한 기후 관련 어젠다를 적극적으로 추진하고 있음을 드러내는 반면, 탄소중립 목표 달성 가능성을 제약하는 부정적인 요소들 또한 보여준다. 특정 기관이 미국 행정절차법을 준수하면서 규제에 돌입하기 위해서는 수개월 또는 수 년이 걸릴 수 있는 복잡한 과정을 거쳐야 하며, 결과적으로 기후 위기 대응을 지연시킬 수 있다. 또 다른 문제는 거대 양당 중 한 정당이 새로운 기후정책을 사실상 완강하게 반대하고 있다는 점이다. 다행히 바이든 대통령이 행정부 산하 기관들을 통할하기 때문에, 국회에서의 의사결정 양상과 달리 공화당의 방해 없이 정책 결정방향을 결정할 수 있었다.

새로운 기후변화 관련 규제에 대해 반대하는 사람들은 규제의 도입 그 자체를 막을 수는 없지만, 연방 법원에 심판을 청구하는 등의 방법으로 규제의 '효력발생'을 막을 수 있는 몇 가지 수단을 고려하고 있다. 또한, 연방 정부와 주 사이의 복잡한 권한배분 문제는 특히 전력 부문에서의 기후위기 대응 노력을 어렵게 만들곤 하는데, 그 중에서도 발전과 송전용량의 설정이 특히 그러하다. 예를 들어, 새로운 송전망 입지에 관하여는 근거 법률인 연방전력법(Federal Power Act)에 따라 주정부와 연방정부 모두 권한을 갖고 있다고 해석될 여지가 있다.[60] 그렇기 때문에 FERC는 새로운 송전망의 입지에 관하여 어느 한 쪽의 손을 들어주기 곤란한 상황이 발생하기도 한다. 이 문제는 지속적으로 제기되어 왔으며, 여러 주에 걸쳐진 송전망을 구축함에 있어서 다

---

59) 공동 결의안은 미국 연방헌법 제5편 제8장에 의하여 의회가 부동의 EPA가 작성한 규칙을 부동의하였다. 관련해서, "Oil and Natural Gas Sector: Emission Standards for New, Reconstructed, and Modified Sources Review," *Pub. L. No.* 117-23, 2021.

60) Alexandra B. Klass & Elizabeth J. Wilson, "Interstate Transmission Challenges for Renewable Energy: A Federalism Mismatch," 65, *Vand. L. Rev.* 1801, 1802-04 (2012); Electric Transmission Policies, Am. Pub. Pwr. Ass'n, 2021.

양한 과제들을 발생시키곤 한다.

3. 기후변화 대응을 위한 주 및 지역 차원의 노력

비록 본 글의 주제는 바이든 행정부가 연방 차원에서 시행하고 있는 기후
변화 정책이지만, 온실가스 배출을 줄이기 위해 주 및 지역 차원에서 광범위
한 정책이 도입되었다는 점도 주목해야 한다. 연방 차원의 옴니버스식 기후
관련 법안이 없었던 지난 10년간, 각 주들과 지역들은 나름의 기후변화 계획
과 전략을 강화해 왔다.[61] 몇몇 도시들은 탄소배출 감축과 관련하여 유사한
기후목표를 가진 세계의 여러 도시들과 파트너십을 체결하기도 했다. 캘리
포니아, 버지니아, 하와이와 같은 주들은 국가 차원을 넘어 적극적인 기후
행동 계획은 물론, 재생에너지 보급, 에너지저장장치 확대, 수요관리 철저 및
전기 자동차 프로그램 수립 등 관련된 전력 부문에 관한 별도의 주법을 제정
하기도 했다.

다양한 주가 취한 많은 수의 조치들을 일거에 요약하여 설명하기는 어렵
지만, 전력 부문에서 주목할 만한 추세 중 하나는, 점점 더 많은 주가 하와이
주를 본보기로 삼아 근시일 내 재생에너지 비중 100%를 달성코자 하는 목표
를 내세웠다는 점이다. 필자의 고향이기도 한 버지니아주는, 2020년 초에 버
지니아 청정경제법(Virginia Clean Economy Act)을 제정하여 2045년까지 완전
한 탈탄소 사회를 달성하기로 약속하였다.[62] 개인적으로 버지니아주의 공익
사업위원회(Public Utilities Commission)가 더 많은 태양광발전 및 풍력을 보
급하기 위하여 발전사가 기업들과 전력구매계약을 맺도록 유도하는 프로젝

---

61) Sam Ricketts, Rita Cliffton, Lola Oduyeru & Bill Holland, Ctr. For Am. Progress, States
Are Laying a Road Map for Climate Leadership, 2020. 4. 30. 2017년부터 2019년 사이에, 15
개 이상의 주가 100% 신재생에너지 목표 달성을 위한 법률과 시행령 등을 도입하였다).
62) Virginia Clean Economy Act, 2020 Va. Acts 1193-1194.

트의 첫 번째 사건의 전문가 증인(expert witness)으로 일할 수 있었던 것은
정말 큰 행운이었다.

4. 기후변화 해결을 위한 사법 조치

미국에서는 주 및 연방 법원의 역할이 기후변화 관련 논의(또는 전투)에
서 중요한 요소로 부상하고 있다. 기후변화와 관련된 소송건수가 지난 10년
동안 급격히 증가하면서 이를 뒷받침하고 있다. 2007년 매사추세츠 v. EPA
사건에 대한 미국 대법원의 '획기적인(path-breaking)'결정으로 인해, 그 이후
사법부의 결정들은 온실가스[63] 배출을 억제하는 데 일조했던 기존 법령에
대한 새로운 해석을 이끌어냈다. 그러나 원고가 되어 소송을 제기하고 법원
의 답변을 받아내는 것은 매우 어려운 일인데다가, 구체적인 소송에서 사용
할 수 있는 개별 구제책이 '포괄적인' 기후변화 문제를 해결할 수 없기 때문
에 사법 결정이 입법 또는 행정기관의 조치를 완전히는 대체할 수 없다는 점
에 유의해야 한다.

그럼에도 불구하고 이러한 소송은 기후위기 대응의 중요한 요소라고 본
다. 2020년에 수십 건의 새로운 소송이 제기되었으며, 그 중 한 사건은 미국
대법원에 회부되기도 했다.[64] 이를 정리해보면, 대략 세 가지 유형의 기후관
련 소송이 법원에서 심리되고 있는 것으로 보인다. 첫 번째 유형은 탄소배출
을 유발하는 제품(예컨대 석유 및 가스 회사 등)을 판매하거나 산업 활동(화
석연료를 연소하여 전기를 생산하는 전력회사 등)을 통해 배출을 유발한 회
사를 상대로 환경에 대한 직접적 영향을 이유로 하는 종류의 소송이다. 이
범주에 속하는 소송은 일반적으로 석유 및 가스 회사를 피고로 삼아 민사상
손해배상청구를 하게 된다.

---

63) Massachusetts v. EPA, 549 U.S. 497, 2007.
64) BPP. L.C. v. Mayor and City Council of Baltimore, 141 S. Ct. 1532, 2021.

기후변화 관련 소송의 두 번째 유형은 연방 및 주정부로 하여금 기후변화에 더욱 적극적으로 대응하도록 요구하는 것을 목표로 한다. 이러한 유형의 소송 중 잘 알려진 것이 줄리아나 v. 미국정부(Juliana v. U.S.) 사건이다. 다수의 미국 어린이와 청소년들이 미 정부를 상대로 제기한 이 소송은 미래 세대에게 살기 좋은 환경을 물려주기 위하여 정부가 기후변화에 적극적으로 대응할 것을 요구하였다.[65] 본 논문 작성 시점에 줄리아나 v. 미국 사건은 제9순회 항소법원에 의해 기각된 상태이지만, 법원은 동시에 당사자 간 조정을 고려할 것을 권고하였다.[66] 기후변화 소송의 마지막 유형은 신규 천연가스 파이프라인의 부지 선정과 같이 기존 법제 하에서 허용되는 행위를 함에 있어 기후변화 요소를 적극적으로 고려할 것을 청구하는 소송이다. 이러한 청구는 국가환경정책법(National Environmental Policy Act, NEPA)과 같은 환경 관련 연방법이나 연방전력법 등 법령에 근거하여 이루어질 수 있다.

상술한 세 소송 유형 중 첫 번째 유형에 속하는 BP v. 볼티모어 시장·시의회(BP P.L.C. v. Mayor and City Council of Baltimore) 사건은 2021년 5월에 연방대법원의 판단을 받은 바 있다.[67] 미 동부 연안에 위치한 매릴랜드주 볼티모어시는 다수의 석유·가스 회사를 상대로 기후위기에 기여한 점에 대한 책임을 묻는 소송을 제기했다. BP v. 볼티모어 사건에서 제시된 법적 주장은 여타 제1유형 소송에서 제기된 주장과 결을 달리하였다. 과거의 동일 유형 소송의 경우, 기후변화에 영향을 미치는 탄소 배출에 대한 기업들의 직접적인 책임을 묻는 비교적 단순한 구조의 청구가 주를 이루었다. 그런데 연방대

---

65) 줄리아나 사건의 근저에 있는 법리 및 사건의 경과는 원고 청소년들을 대리하는 공익법 무법인 Our Children's Trust의 웹사이트에 잘 요약되어 있다. Our Children's Trust, 2021. 9. 6.; Michael C. Blumm and Mary C. Wood, "No Ordinary Lawsuit": Climate Change, Due Process, and the Public Trust Doctrine, 67 *Am. U. L. Rev.* 1 (2017); Chloe N. Kempf, Note, Why Did So Many Do So Little? Movement Building and Climate Change Litigation in the Time of Juliana v. United States, 99 *Tex.L. Rev.* 1005, 1039-40 (2021).

66) Juliana v. U.S.,947 F.3d 1159 (9th Cir. 2020), 재심리 기각, 986F.3d 1295 (2021).

67) 141 S. Ct.at 1532.

법원은 2011년의 아메리칸일렉트릭파워 v. 코네티컷 주(AEP v. Connecticut)
사건을 기해 이러한 청구를 사실상 차단하기에 이르렀다.[68] 해당 판결의 요
지는 EPA 등 연방규제기관들이 법적 대응을 예고하는 등 탄소 배출에 대처
하는 국가 차원의 사법적 조치가 이미 이루어지고 있는 한, 그와 동일한 목
표를 추구하는 사적 소권의 행사는 이로써 대체(배제)된다는 것이었다. 이러
한 법리는 국가의 청구를 통해 배출량을 구체적으로 특정 수준까지 감축하
는 결과를 이룰 수 있는지와는 무관하게 적용되었다. 이러한 판례의 등장으
로 볼티모어시는 BP를 비롯한 석유·가스회사에 온실가스 배출에 따른 기후
변화 책임을 묻는 손해배상청구를 할 수 없게 되었다.

이에 따라 볼티모어시는 석유·가스 기업들이 화석연료 제품을 마케팅하
는 방식에 초점을 맞추어 새로운 법리적 주장을 구성했다. 볼티모어시는 석
유·가스기업들이 자사의 제품이 기후변화에 기여할 것을 알면서도 계속해서
제품을 생산·판매했다고 주장했다. 해당 기업들의 탄소 배출 사실 자체가 아
니라, 자기들이 생산하는 제품이 안전하며 온실가스를 배출하지 않는다고 주
장하며 판매한 마케팅 그 자체를 문제 삼은 것이다. 볼티모어시는 피고기업
들이 시장에 유통되는 제품이 일정 수준의 시장적합성을 갖출 것을 요구하
는 매릴랜드 주법 및 제조물책임법을 위반했으며 이러한 행위는 매릴랜드주
법상 근린방해를 구성한다고 주장했다.[69] 이는 BP v. 볼티모어 이전의 기후
변화 관련 소송에 비교하면 상당히 이질적인 주장이지만, 최근 제기되는 기
후변화 소송에서는 화석연료 관련 기업들이 화석연료가 기후에 미치는 악영
향에 관해 대중을 오도했다는 사실에 초점을 맞춘 법리 주장이 빈번히 등장
하는 추세이다.

---

68) American Elec. Pwr. Co. v. Connecticut, 564 U.S. 410 (2011).
69) 매릴랜드 주법은 불법행위 보통법 전집에 따라 "일반 대중이 보편적으로 향유하는 권리
    에 대한 부당한 간섭"을 불법행위로서 근린방해(public nuisance)의 정의로 수용하고 있
    다. Restatement(Second) of Torts § 821B (Am. L. Inst. 1979); Tadjer v. Montgomery Cty.,
    300 Md. 539, 479 A. 2d 1321 (1984).

위의 BP v. 볼티모어는 아직 본안 판단을 받지 못했지만, 본안 심리가 진행될 경우 볼티모어 시의 주장은 상당한 영향을 미칠 것으로 보인다. 석유·가스 기업들이 기후변화의 진행에 관한 정보를 대중으로부터 감추어 왔다는 것을 뒷받침하는 증거가 이미 풍부하기 때문이다. 물론, 몇몇 화석연료 기업은 최근 입장을 바꾸어 기후변화에 미치는 영향을 완화하도록(예컨대 재생에너지 비중을 늘리는 등) 운영 방침을 개편하기로 약속했지만, 그보다 훨씬 오랜 기간 동안 대중을 기만해 온 것이 사실이다. 2021년 5월에 있었던 연방대법원 결정은 볼티모어시의 주장에 대한 법리적 판단이 아니라, 해당 소송이 주법원과 연방법원 중 어디에서 심리되어야 하는지에 대한 절차적인 문제가 주된 쟁점이었다. 전문가들은 주법원에서 심리되는 것이 볼티모어시에 더 유리할 것이라고 내다보았으나,[70] 연방대법원은 연방법원이 해당 사건을 심리하는 것이 적절하다고 판단했다. 이 사건에서 화석연료 기업들이 기만적인 마케팅 행위에 대해 손해배상책임을 지는지, 진다면 누구에게 언제 배상을 할 것인지에 대해 법원의 판단이 나오려면 오래 기다려야 할 것이다. 다만 현 시점에서 대법원은 일단 위 사건이 연방 법원에서 논의되어야 한다고 판단하였다.[71]

Ⅲ. 결론

바이든 행정부는 기후위기에 대처하는 국제사회의 공동행동에 다시 합류

---

70) Steven D. Schwinn, When a Federal Appeals Court Reviews a District Court's Order Remanding a Case to State Court, Does the Appeals Court Have Jurisdiction to Review All the Grounds for Removal, or Only the Federal-Officer or Civil-Rights Grounds for Removal?, 48 PREVIEW U.S.S up. Ct. Cas. 21, 24 (2020-21) (원고들은 일반적으로 원고 측에 더 유리하다고 여겨지는 주 법원의 판단을 받기 위해 청구의 범위를 주법에 근거한 주장으로 한정하곤 한다. 기후변화 소송에서도 마찬가지로 주법원에서 심리하는 편이 원고에 더 유리할 수 있다).

71) 141S. Ct. at1542-43.

하기 위해 일관된 노력을 기울이고 있으며, 이를 위한 연방 정부차원의 행동을 촉진하기 위한 다양한 행보를 보이고 있다. 미국의 정치적 현실은 바이든 정부로 하여금 진보적인 기후정책을 시행하기 어렵게 만들고 있다.[72) 그럼에도 바이든 행정부가 직전정권의 그것과는 180도 다른 입장을 취하고, 적극적으로 정책 제안 및 집행을 하고 있다는 점은 분명하다. 국내외의 다양한 영역에서 괄목할 만한 기후변화 대응 조치가 이루어지고 있으며, 이러한 바이든 행정부의 조치가 연방·주·지역 차원에서 실효성 있는 정책 활동으로 이어질 것이 예상된다.

---

72) Samantha Gross, Barriers to achieving US climate goals are more political than technical, Brookings, 2021. 4. 10.

제6장 중국의 탄소중립 국가계획에 대한 법적 연구

Deng Haifeng(Tsinghua University Law School, Associate Professor)

번역: 김학유, 강다연, 정세용, 박진영

Ⅰ. 서론: 중국의 탄소중립 선언

2015년 12월 12일, 유엔 기후변화협약(UNFCCC)의 약 200여 국가가 파리 기후회의에서 파리협정에 합의했다. 이 협정은 향후 수십 년 동안온실가스 배출을 통제하고, 21세기 중반까지는 배출량을 제로화하며, 지구 평균온도 상승을 2°C 이내로 통제한다는 내용을 담고 있다.

2020년 9월 22일, 시진핑 국가주석은 유엔 총회에서 파리협정이 국제적 녹색화 및 저탄소 전환의 지향점을 나타내고, 이 협정은 우리 지구를 보호하는 데 필요한 최소한의 조치이며, 각국은 목표 달성을 위하여 효과적인 조치를 취해야 한다고 말했다. 그는 또한 중국의 국가결정기여(INDC)를 늘리고, 더 강력한 정책과 조치를 채택하고, 2030년의 이산화탄소 배출량이 피크가 되도록 하며, 2060년에는 탄소중립을 달성할 수 있도록 노력할 것이라고 발표했다.

2020년 12월 12일, 시진핑 국가주석은 파리협정 5주년을 기념하기 위해 Climate Ambition Summit에서 연설한 바있는데, 당해 연설에서 시 주석은 2030년 중국의 GDP 단위당 이산화탄소 배출량은 2005년 대비 65% 이상 감소할 것이며, 1차 에너지 소비에서 非화석 에너지의 점유율은 약 25%에 달할 것이고, 산림 면적은 2005년 대비 60억 입방미터 증가할 것이며, 풍력 및 태

양광 발전의 총 설치용량은 12억 킬로와트 이상에 이를 것으로 예상한다고
밝혔다.

II. 탄소중립 비전: 기회와 도전

1. 중국의 탄소중립을 가로막는 장애물

가. 막대한 에너지소비 및 탄소 배출량

2019년 전 세계 CO_2 배출량은 330억 톤이었는데, 중국은 그 중 약 100억
톤을 배출하였다. 이는 미국의 두 배, EU 전체 배출량의 거의 3배에 달하며,
전 세계 배출량의 약 1/3을 차지하는 수치이다. 2019년 중국의 에너지 소비
량 및 탄소 배출량은 2006년 대비 각각 69.7%, 47.2% 증가했다.[1] 최근 몇 년
동안 산업화의 후반부에 다다랐던 주요 선진국들에서는 CO_2 배출량이 점차
감소해왔다. 미국은 2007년에 이미 에너지 소비와 탄소 배출의 정점에 도달
했고, 캐나다와 일본도 마찬가지로 탄소의 정점을 달성했다.

나. 탄소중립 전환 기간

유럽, 미국 및 기타 선진국의 경우, 일반적으로 이산화탄소 배출량이 정
점에서 탄소중립까지 이르는데 약 50-70년의 전환 기간을 가지고 있다. 중국
에서 계획하고 있는 전환의 기간은 2030년 정점으로부터 2060년 "탄소중립"
까지 총 30년밖에 되지 않는다.[2] 이는 중국의 인구, 개발 속도, 경제 규모
및 자원 부존량을 고려할 때, 이산화탄소 배출량이 최고 피크에서 탄소중립
으로 도약하는 데 30년이 걸릴 것으로 예상된다는 것이다. 그럼에도 불구하

---

1) 중국 국가 통계국.
2) LIU Zimin, the key path to achieving China's carbon neutrality goal: replace coal power
   with renewable energy.

고 어려운 목표라고 본다.

다. 단위 GDP당 에너지 집적도(energy intensity) 및 탄소 집적도(carbon intensity)

중국, 유럽 연합 및 미국은 각기 다른 산업 구조를 가지고 있다. 중국의 경우 제조업(Industry and manufacturing)이 국가 경제의 높은 비중을 차지한다. 경제 발전과 고용은 산업 및 제조업에 크게 의존하고 있다. 그러한 산업은 대체로 에너지 소비에 대한 수요가 높으며, 에너지 소비 비율은 그러한 에너지 소비가 창출하는 부가가치비율보다 높다. 그 결과, 중국의 GDP 단위당 에너지 소모량은 세계 평균의 1.4배, 선진국의 2-3배에 달한다.[3]

라. 석탄 위주의 고탄소 에너지 믹스

중국의 에너지 수급 구조에서 화석연료 에너지가 85%를 차지하며 그 중 석탄의 점유율은 57%에 달한다. 2018년 중국의 석탄 소비로 인한 탄소배출량은 전체 에너지 탄소 배출량의 79.8%를 차지했으며, 석탄 소비량은 전체 에너지 소비량의 59%에 불과했다.[4] 반면, 같은 기간 미국과 유럽연합의 석탄 소비 비율은 각 12%, 11%에 불과했다.

마. 1인당 GDP와 경제성 격차(affordability gap)

대부분의 선진국의 1인당 GDP 수준은 약 25,000~40,000달러이다. 중국의 1인당 GDP는 이제 갓 1만달러를 초과했으며, 이산화탄소 배출량 피크에 달하게 되는 2030년까지도 1인당 GDP는 약 2만 달러로 예측되는데, 이는 여전히 EU와 미국의 1인당 GDP보다 낮은 수치이다. 또한 중국은 오랫동안 에너지 가격을 공공 복지의 일환으로 취급해옴에 따라 에너지 상품에 경제학적

---

3) British Petroleum, Statistical Review of World Energy 2021.
4) *id.*

특성이 충분히 반영되지 않아왔다. 선진국과 비교했을 때, 이러한 점에서 에너지 가격 변동에 대응 가능한 사회적 능력에 차이가 있다고 본다.

2. 탄소중립이 중국에 선물하는 역사적인 기회

가. 경제 전환 가속화

중국 경제는 양적 측면의 고속 성장(high speed)의 단계에서 질적 측면의 성장(high quality)의 단계로 이동하고 있다. 이는 더 혁신적인 활력을 자극하며, 이산화탄소 배출피크와 탄소중립에 도달하는 목표 성취에 근본적인 도움을 제공할 것이다.

나. 해외 선진국의 탄소 감축 경험으로부터의 학습

지난 30년 동안 국제사회는 정책 도구, 시장 설계, 기술 축적 및 경영 경험을 포함하여 공기 오염원 배출 감소, 탄소 배출 감소 및 저탄소 에너지 개발에 대한 많은 경험을 축적해 왔다. 예를 들어 런던과 루르(Ruhr)가 대기 오염을 관리하는 데는 20년이 넘게 걸렸는데, 그러한 과실을 이어받은 동독과 동유럽은 경험 축적과 기술 발전으로 인해 대기 오염을 관리하는 데 10년이 채 걸리지 않았다. 중국은 이보다 더 좋은 조건 하에서, 앞선 선진국의 탄소배출 저감 노력을 보고 배울 수 있게 되므로, 이러한 경험은 탄소중립을 달성하는 과정을 단축하는데 도움이 될 것이다.

다. 에너지 효율 및 재생에너지의 지속적 발전

예로 태양광 발전 비용을 살펴보자. 1990년의 태양광 발전 비용은 kWh당 약 100달러였으나, 2000년에는 10달러, 2010년에는 1달러로 감소했다. 현재는 평균 5센트 수준으로, 평형가격 혹은 그보다 더 적은 비용을 달성할 수 있다.[5] 비용은 2030년 이후까지 계속 감소할 것으로 보인다. 중장기적 관점에서 보면 저탄소 기술의 비용은 상당한 수준으로 절감되어 탄소 배출을 감소에 도움이 될 것이다.

라. 에너지 기술의 발전

2019년 중국은 비화석 에너지로 생산하는 전력량에 약 2,000억 kWh를 추가하였다. 이는 통상 석탄 6천만 톤으로 생산할 수 있는 양에 달한다.[6] 정책 지원이 강화되면 중국의 새로운 비화석 에너지 생산 능력은 연간 3,000억 kWh으로 증가할 수 있으며, 이는 연간 1억 톤의 석탄으로 생산할 수 있는 전기량을 비화석 에너지로 공급하는 것을 의미한다. 30년이라는 기간 동안 석탄 30억 톤으로 생산하는 전력이 비화석연료로 생산되는 것이다. 에너지 효율이 50% 증가할 경우, 중국의 에너지 소비는 21세기중반에 이르러서는 약 30억 톤의 석탄으로 생산하는 전기량 수준이 될 것이고, 2050년에는 중국은 탄소중립을 성취할 수 있을 것이다.

III. 중국의 탄소중립 달성 계획

2030년을 이산화탄소 배출량의 정점으로 하여 2060년까지는 탄소중립을 성취하겠다는 시진핑 주석의 구상에 따라, 중국은 탄소중립 목표의 실천방법과 완성을 위해 광범위하고 심층적인 연구를 수행해오고 있다.

탄소중립 비전하에서 탄소 배출 제어는 총 4단계로 나눌 수 있다. 첫 번째 단계는 이산화탄소 배출량이 정점에 달하는 기간(2020-2030)이다. 이는 14차 5개년 계획(Five-Year Plan)기간을 포함하여 핵심이 되는 기간에 해당한

---

5) LI Junfeng, LI Guang,Carbon Neutrality: opportunities and challenges for development transformationin China, Environment and Sustainable Development, 2021,46(01):50-57.

6) *Id.*

다. 탄소배출의 정점 이후 탄소중립까지 이르는 탄소 배출 감소를 위한 완충 시간을 확보하기 위해서는 이산화탄소 배출량이 정점에 이르는 시기를 최대한 빠르게 앞당기고 탄소 배출량을 엄격하게 제어하는 것이 필수적이다. 두 번째 단계는 2030-2035년으로, 중국은 이산화탄소 배출량이 정점에 이른 이후 약 5년 동안 완충 기간을 경험할 것이다. 이 동안에는 중국의 탄소배출 속도가 느려지고, 안정화되며, 지속적으로 감소하는 추세를 보일 것이다. 세 번째 단계는 2035년부터 2050년까지의 감소 기간이다. 중국은 신재생에너지, 운송 시스템의 완전 전기화(full electrification), 탄소 역배출 기술 상용화 등의 저탄소 에너지 시스템을 기반으로 하여, 약 15년의 급속한 감축 기간을 기록할 것이다. 네 번째 단계는 2050년부터 2060년까지의 중립기간으로, 근본적인 탈탄소가 최우선의 목표가 되는 기간이다. 이 동안에는 탄소 역배출과 탄소흡수 기술 상용화를 통해 에너지 시스템에 유연성을 제공함으로써 경제 발전과 탄소 감축의 균형을 맞추고 궁극적으로 탄소중립의 목표를 달성할 것이다.

전반적으로, 탄소중립의 목표를 달성하기 위해서는 세 가지 측면에서의 노력이 필요하다. 먼저 에너지 공급의 측면에서 화석 에너지를 수소생산 및 비탄소 에너지로 최대한 대체하고, "새로운 전력 시스템 또는 에너지 공급 시스템(new power system or energy supply system)"을 구축해야 한다. 다음으로 에너지 소비 측면에서 주거생활, 운송, 산업, 농업, 건설 등 대부분의 분야에서 화석에너지의 소비를 전기, 수소, 지열 에너지 및 태양에너지와 같은 비탄소 에너지원으로 대체해야 한다. 마지막은 인위적인 탄소 격리(Carbon Sequestration)의 측면이다. 배출되는 이산화탄소는 생태구조, CCUS 등의 조합을 통해 제거될 수 있다.

탄소중립의 목표가 제시된 이래 중국 정부는 중앙경제실무회의, 제18차 중앙위원회 포괄적 개혁위원회회의, 생태환경부(MEE) 회의, 국가발전개혁위원회(NDRC) 실무회의 등 탄소중립을 달성하기 위한 다양한 중요한 실무회의를 개최했다.

중국은 탄소피크와 탄소중립을 위한 로드맵을 수립하는 선도적인 그룹을 설립했으며 "1 + n" 정책 시스템을 시작할 것이라고 한다. 정층설계(top-level design)는 탄소피크, 다양한 지역과 분야, 그리고 산업 등을 포함한 국가 전체의 탄소중립과 관련된 정책과 조치들을 포함한다. 주요 목적은 변화와 혁신을 가속화하기위해 주요 분야에서 일련의 정책과 조치를 취하는 것이다.[7] 전체적으로 개괄하면, 중국의 탄소중립계획은 다음 7가지 측면으로 요약할 수 있다.

1. 산업구조의 전환

첫째, 경제 전환을 촉진하고 녹색, 저탄소 및 순환 경제 시스템을 구축하는 것이다.[8][9] 기후변화와 저탄소 전환에 대처하는 일반적인 추세에서 저탄소 기술과 저탄소 산업 구조는 현대화의 상징이자 핵심 경쟁력 그 자체와도 같다. 중국은 산업 부문의 총 에너지 사용량의 3분의2를 차지하는 주요 제조국이다.[10] 단기적으로는 급속한 산업 변화와 탄소 배출의 감소는 일부 에너지 집약적이고 공해를 유발하는 산업들의 발전 제한으로 이어질 것이다. 그러나 장기적으로는 산업 구조의 변화 및 개선을 촉진하고 디지털 경제, 고기술 산업 및 현대 서비스 산업의 발전을 촉진할 수 있다.

---

7) China is formulating aroadmap for carbon peak and carbon neutralization, China Economic Net.

8) The State Council issueda circular on Feb 22, urging efforts to build an economic system featuring green, low-carbon and circular development, and to promote an overall green transformation of the economy and society.

9) The 18th Meeting of the Central Committee for Deepening overall Reform.

10) China's National Bureau of Statistics.

2. 에너지 시스템의 전환

두 번째는 에너지 시스템의 변화를 촉진하고, 새로운 에너지 및 에너지를 갖춘 준탄소중립(near-zero emission) 에너지 시스템을 구축하는 것이다.[11) 에너지절약, 배출 감소, 오염 제어 및 기타 처리 조치를 위한 정책의 여지가 점점 줄어들고 있으며, 화석에너지 소비를 비약적으로 줄이는 것이 환경의 질을 개선하고 생태 환경을 보호하기 위한 근본적인 방법이 되었다. 화석에너지 소비에서 일반적으로 발생하는 오염물 배출량을 근본적으로 줄이기 위하여 석탄, 석유 및 천연 가스와 같은 화석 에너지의 소비는 극히 낮은 수준으로 제어되어야 할 것이다. 새로운 에너지와 재생가능 에너지를 적극적으로 개발하고 석탄을 비롯한 화석 에너지의 소비를 감축해야 한다. 깨끗한 저탄소 에너지 체계는 탄소배출을 줄일 뿐만 아니라 환경오염 문제도 해결해 줄 것이다. 산업, 운송, 주택과 같은 최종 에너지사용 부문은 석탄 및 석유와 같은 화석 에너지를 직접 사용하는 대신 전기를 사용해야 하며, 그 중에서도 주로 재생에너지에 의존해야 할 것이다. 이를 통해 탄소 배출량을 줄이고, 정보기술의 발전과 디지털화를 촉진할 수 있을 것이다.

3. 시장 메커니즘의 활용

세 번째는 이산화탄소 배출량 피크와 탄소중립을 달성하는 데 중요한 시장 메커니즘의 역할을 최대한 활용하는 것이다.

가. 에너지 소비권 및 배출권거래제도(ETS)[12)의 건전한 시장 수립

중국의 '제14차 5개년 계획'(2021-2025)[13)은 "배출권, 에너지 소비권, 물 소

---

11) The National Energy Administration (NEA) held Annual Working Conference (2021) on 22 Dec,2020, aimed to promote the consumption and utilization of clean energy, and build aclean, low-carbon, safe and efficient energy system.
12) 2021년 1월 환경부(MEE)는 탄소배출권거래관리조치(시험 시행)를 발표했다.

비권 및 ETS의 시장 기반 거래를 촉진"할 것을 제안한다. 2013년부터 중국의 8개 주와 도시는 베이징, 상하이, 톈진, 충칭, 후베이, 광둥, 푸젠, 심천에서 탄소 거래 시범 프로젝트를 시작했다. 일부 시범지역에는 화력발전 회사 외에도 운송 및 항공 분야의 기업들이 포함되었다. 탄소 시장 자체는 특정한 금융적 속성을 가진 금융 시장이기도 하다. 탄소 시장은 미래의 탄소 할당량 수익뿐만 아니라 탄소 할당량의 선물 가격을 활용할 수 있고, 금융 시장을 통해 그것들을 현재의 투자로 전환할 수 있다. 현재 중국의 시범 탄소 시장은 할당량 거래량 측면에서 세계에서 두 번째로 큰 탄소 시장으로 성장했다. 예비 통계에 따르면 현재 주요 배출단위 2,837단위, 미준수 기관 1082곳 및 자연인11169명이 시범 탄소 시장에 참여하고 있다. 2020년 8월 말 기준 탄소 수당의 누적거래량은 4억 6,000만톤, 누적 거래량은 약 92억 8천만 위안이다.[14] 2021년 7월 16일, 상하이에서 국가 탄소 배출권 거래시장의 출범식이 열렸다. 국가 탄소 시장의 첫 번째 실적주기에는 발전 산업의 주요 배출단위 2162단위가 포함되어, 연간 약 45억 톤의 이산화탄소 배출이 다루어졌다. 2021년 7월 23일 기준, 국가 탄소 시장 탄소배출할당량(CEA)의 총량은 483만 3천 톤으로 총 매출액은 2억 4969만 6800 위안이다. 전반적으로 국가 탄소 시장에서 온라인 거래가 시작된 이후, 시장은 활성화되고 거래 가격은 꾸준히 상승하며, 시장은 원활하게 운영되고 있다.[15]

나. 통합 국가전기 거래 시장의 건설의 가속화

전력 시스템의 미흡한 개혁과 불완전한 전력 시장 메커니즘, 낮은 수준의 시장화 등으로 인해 중국의 재생 에너지 발전은 정전, 전력 포기 및 기타 소비 문제에 시달려왔다. 앞으로는 중장기 전력 시장, 전기 현물 시장, 보조 서

---

13) 2021년 3월 전국인민대표대회(NPC)는 제14차 국가경제사회발전 및 2035년까지의 장거리 목표와 장거리 목표에 대한 5개년계획(2021~2025년)을 통과시켰다.

14) 환경부(MEE): 탄소시장은 '제14차 5개년계획' 기간 동안 안정적인 운영기에 진입할 것이다.

15) The national carbon emission trading market runs smoothly, Shanghai Securities News,

비스 시장 및 에너지 저장 서비스의 구축에 박차를 가할 필요가 있다. 국가 통합 전력 시장의 설계에 재생 가능 에너지를 조직화하여 다양한 전력 자원이 시장 거래에서 경제적 가치를 실현할 수 있도록 한다.

다. 녹색금융의 발전[16]

중국 중앙은행은 2021년 1월 6일 베이징에서 열린 연례 업무 컨퍼런스에서 2021년 주요 정책과 과제의 개요를 설명했다. 이산화탄소배출을 최고점으로 하면서 탄소중립을 달성하기 위해 중국 인민은행(PBOC)은 녹색 개발을 위해 더 많은 재정적 자원을 투입하고, 합리적인 가격책정으로 탄소 배출권 거래 시장 창출을 촉진하며, 녹색 금융의 기준을 점진적으로 개선하여 국제 협력을 촉진할 것이다.

4. 지방 정부의 역량 강화

네 번째는 지방 정부가 개발 방향의 전환을 가속화하고 독립적으로 탄소 중립 해결책을 모색해야한다는 것이다. 탄소중립 비전의 안내에 따른 개발은 지방 정부가 각자의 자원기여, 개발 수준 및 산업 구조를 기반으로 적절한 전환경로를 모색할 것을 요구한다. 한편, 탄소중립의 개발은 에너지 생산 및 소비의 혁명, 고품질의 경제 개발 및 높은 수준의생태 환경 보호에 도움이 된다. 탄소중립은 2060년의 장기적인 비전이지만, '제14차 5개년 계획'(2021-2025년) 기간 동안 지방이 탄소중립으로 가는 길을 모색하는 데 앞장서도록 장려해야 한다. 지역 전략과 계획을 수립함으로써 탄소중립 목표를 이산화탄소 배출량 최고점으로 분해하여 이산화탄소 배출량 피크 및 탄소중립 경로의 조정을 달성해야 한다.[17] 지방 정부는 경제구조, 산업구조 및

---

16) 중국 중앙은행(중국 인민은행, PBOC)의 2021년 연례 실무 컨퍼런스.
17) 연례 중앙 경제 업무 컨퍼런스는 12월 16일부터 18일까지 베이징에서 개최되었으며, 중국 지도자들은 2021년 경제 진로를 계획했습니다. 컨퍼런스는 2030년 이전에 탄소 배출

에너지구조에서 저탄소 전환을 달성하는 방법과 건설, 교통 및 농업 부문에서 저탄소 발전을 달성하는 방법을 포함하여 탄소중립을 달성하기 위한 주요정책과 조치를 연구하고 제안해야 한다. 또한, 지방 정부는 탄소 배출량 총량제, 주요 산업에 대한 탄소 배출 표준, 주요 산업의 탄소 배출 평가, 탄소 배출 메커니즘을 탐구하고 시행해야 한다.

5. 산업 경쟁력 향상

다섯 번째, 저탄소/탈탄소는 기업의 주요 경쟁력이 될 것이다. 기업의 경우 탄소중립 경로는 점점 더 엄격한 탄소 배출 표준 또는 점점 더 높은 탄소 배출 비용을 의미한다. 탈탄소 달성 가능 여부는 향후 기업의 시장 경쟁력을 결정하는 중요한 요소가 될 것이다. 따라서 탄소중립은 시장 경쟁에서 실질적인 산업 표준을 자리매김할 것이다. 소비자들의 저탄소 선호도와 협력사들의 탄소중립적 행동은 사업 환경을 변화시키고, 소비자 시장 및 생산 체인을 통해 더 많은 산업과 기업에 탄소중립 조치가 널리 퍼질 것이다. 또한, 탄소중립은 고배출, 수명이 긴(long-life)프로젝트에 정책적 리스크를 초래하여, 이러한 프로젝트의 상업적 매력과 자금 조달 능력을 감소시키고 간접적으로 저탄소기술의 R&D 및 확산에 유리한 여건을 조성할 것이다. 현재 많은 다국적 기업들이 탄소중립적 행동에 대응하고 있으며, 탄소중립 목표를 미래 개발 전략에 반영하고 있다. 그 중에서도 인터넷, 소매, 금융과 같은 현대 서비스 업체들은 대체로 모기업이 위치한 국가보다 탄소중립 서약을 앞당겼다. 이는 또한 탄소중립 목표가 기업의 경쟁력 형성에 가지는 역할과 그에 미치는 영향력을 반영한다.

량 정점에 대한 행동 계획을 즉시 수립하고, 먼저 정점을 달성할 수 있는 여건이 허용되는 곳을 지원해야 한다고 지적했다.

6. 시민 참여의 촉진

여섯 번째는 사회 전체가 탄소 조절에 참여하고 지원할 수 있는 분위기를 조성하는 것이다. 저탄소 정책과 탄소중립 홍보활동뿐만 아니라 저탄소 제품은 사회 전체에 탈탄소 소비 분위기를 조성하는 데 도움이 된다. 동시에, 저탄소 소비에 대한 개인의 수요는 기업 시장의 경쟁력에 영향을 미치고, 나아가 기업이 탄소중립적 행동에 더 많이 참여하도록 장려할 것이다. 또한, 공공 참여는 정책 수립의 중요한부분이다. 개인도 탈탄소/저탄소 정책의 수립에 폭넓게 참여하고, 공공 감독의 역할을 하며, 효율적인 탄소중립 정책 시스템구축에 기여할 수 있다.

7. 국제 협력 강화

일곱 번째는 국제 기후 협력의 개혁을 촉진하고 글로벌 환경 거버넌스의 공동 노력을 공고히 하는 것이다.[18] 유엔창설 이후 국제사회는 글로벌 환경 거버넌스를 적극적으로 추진해 왔다. 생물다양성협약, 유엔 기후변화협약(UNFCCC), 파리협정과 같은 국제 조약은 관련 환경 거버넌스의 법적 근거이자 모든 당사자로부터 광범위한 지원과 참여를 받은 다자간 협력의 중요한 결과이다.

---

18) 시진핑 주석은 생물다양성에 관한 유엔 정상회담에서 생물다양성 보존과 지구 환경 거버넌스의 강화를 위한 모든 당사자의 지속적인 노력을 촉구했다.

제7장 100% 재생에너지 시스템으로의 전환과 마이크로그리드의 새로운 잠재력*
(The Emerging Potential of Microgrids in the Transition to 100% Renewable Energy Systems)

Richard Wallsgrove(William S. Richardson School of Law, University of Hawai'i at Mānoa, Assistant Professor)

우지숙(서울대학교 행정대학원 교수)

이재협(서울대학교 법학전문대학원 교수)

Lorraine Akiba(LHA Ventures CEO, 하와이 PUC 명예위원)

번역: 김동운, 김유라, 박진영

I. 서론

기후위기로 말미암아 전 세계적으로 에너지 시스템의 급속한 혁신의 필요성이 대두되고 있다. 1.5°C 기후모델의 대부분은 에너지 수요관리, 에너지 시스템의 탈탄소화, 교통·난방 등 최종 에너지 소비의 전기화(electrification)를 핵심으로 한다. UC Santa Barbara 대학교의 Leah Stokes 교수는 현 상황에서 "전력계통 청정화 속도 및 규모는 부차적인 문제가 아니라 핵심적인 과제"라고 표현한다.[1]

한편, 지속가능한 성장을 추구하는 맥락에서 국제 사회는 "저렴한, 안정

---

* 이 글은 아래의 논문을 일부 각색한 것임을 밝힌다. Richard Wallsgrove, jisuk lee, Jae-Hyup Lee, "The Emerging Potential of Microgrids in the Transition to 100% Renewable Energy Systems," Energies, 14(6), 2022.

1) Stokes, L, C. *Short Circuiting Policy: Interest Groups and the Battle over Clean Energy and Climate Policy in the American State*, Oxford University Press, 2020.

적인, 지속 가능한, 그리고 현대화된 에너지"에 대한 보편적 접근성 제고를 중요 목표로 설정했다.[2] 에너지 접근성을 높이려면 탈탄소화된 에너지 시스템이 기존 및 신규 에너지 사용처 및 소비자를 널리 수용할 수 있는 보편적인 규격호환성(near-universal modularity)과 유연성(flexibility)을 갖추어야 한다. 전력망의 최종 소비자인 에너지 소비자와 지역공동체의 다양성을 강조하는 C. Baird Brown 변호사는 "탈탄소 목표 달성의 진정한 숙제는 얼마나 많은 양의 전력을 공급하는가 라는 단순한 양적인 문제가 아니라, 통일적인 시스템으로서 소비자 수요를 만족시킬 수 있는 체계의 구축"이라고 평한다.[3]

하지만 위의 표현마저도 에너지 전환의 복잡다단함을 완전히 설명하지는 못한다. 많은 학자, 운동가, 정책입안자들이 심도 있는 전환, 즉 절차적·분배적 그리고 회복적 정의의 가치에 입각해 에너지 불공정을 극복하는 방향으로 에너지 시스템을 전환할 필요가 있다고 주장해 왔다.[4] 이와 동시에, 기후위기라는 잔인한 현실은 우리에게 현대 에너지 시스템이 그로부터의 악영향을 중화시키는 방향으로 진화해야 함과 동시에 기후위기에 대한 적응력과 저항성을 갖추어야 함을 상기시킨다.

물론, 이런 전환은 간단히 이룰 수 있는 일이 아니다. 현대적 에너지 전환 과정에서 소규모 에너지 시스템들이 큰 역할을 담당한다는 주장은 언뜻 비직관적으로 느껴질 수도 있다. 예컨대 마이크로그리드를 생각해 볼 수 있는데, 미국 에너지부(Department of Energy)는 마이크로그리드를 이렇게 정의한다. "[마이크로그리드란,] 주전력망과 별개로 통제할 수 있는 다수의 분산형 전원과 부하의 집합체로서, 주전력망에 연계되어 운전될 수도 있고 주

---

2) UN SDGs 목표 7(지속가능한 에너지).

3) Brown, C. B., "Financing at the Grid Edge" in Gerrard, M., Dernbach, J. (Eds) *Legal Pathways to Deep Decarbonization in the United States*, Environmental Law Institute, 2019.

4) McCauley, D. & Heffron, R. "Just transition: Integrating climate, energy and environmental justice," *Energy Policy,* 119, 2018,

전력망으로부터 분리하여 독립 운전될 수도 있는 소규모 전력망이다."5)

　　기술과 정책의 복합적인 관계를 염두에 두고, 본 연구에서는 100% 재생에너지 체제로의 전환 과정에서 마이크로그리드가 유연하고 탄력적이며 경제적이고 동시에 정의로운 에너지 전환에 기여할 수 있는 방안을 제안하고자 한다. 아래에서는 에너지 전환과 관련하여 마이크로그리드의 일반적인 특징을 개괄한 후, 100% 재생에너지로 전환 중에 있으며 적극적으로 마이크로그리드를 규제의 구조에 포섭하고 있는 하와이와 푸에르토리코의 사례에 주목하여 전력계통 규제의 측면에서 마이크로그리드의 역할과 잠재적 가능성을 검토한다.

Ⅱ. 마이크로그리드의 일반적 특성과 잠재 가능성

　　마이크로그리드에 관한 통찰력있는 한 연구에 의하면, 그 출현을 "뉴욕 대도시에서 인도 시골에 이르기까지 다양한 지역 사회의 광범위한 요구를 충족할 수 있는 분산 에너지 자원(DER)을 배포하기 위한 유연한 구조"로 표현하면서, 에너지 안보, 경제적 이점, 청정 에너지원의 통합이야말로 마이크로그리드 개발을 추동하는 세 가지 요소임을 지적한다.6) 본 연구에서는 위 세 가지 요소들이 마이크로그리드 보급의 중요한 동력이라는 점에 동의하는 한편, 재생에너지를 활용한 마이크로그리드의 특성을 분류함에 있어서는 재생에너지 시스템 전환과 깊게 연관되어 있는 잠재적 속성들에 보다 주목하는 방식을 취하고자 한다. 여기에는 탈탄소 전력 시스템의 유연성, 탄력성,

---

5) Ton, D.T. & Smith, M.A. "The U.S. Department of Energy's Microgrid Initiative," *Electr. J.*, 25, 2012.

6) Hirsch, A., & Parag, Y.m Guerrero, J. "Microgrids: A review of technologies, key drivers, and outstanding issues," *Renew. Sustain. Energy Rev.*, 90, 2018.

비용 효율성 및 공정성을 개선할 수 있는 능력이 포함될 것이다.

본 연구에서 마이크로그리드의 일반적 특성을 개괄하는 것은 특정한 마이크로그리드 토폴로지(topology)나 적용 사례를 제한적으로 정의하려는 의도가 아니다. 오히려, 특정 토폴로지에 국한되지 않고 마이크로그리드 전반의 넓은 잠재력을 식별하고 이를 수용하는 폭넓은 프레임워크를 구성함으로써 제3절에서 설명하는 최근의 마이크로그리드 규제 정책들을 평가하는 것이 본 연구의 목적이다. 개별 상황에서 가장 적합한 마이크로그리드 토폴로지 및 운영방식은 지구상의 수많은 개별 관할권에서 결정된 구체적인 정책에 따라 다를 수 있기 때문이다. 이 점은 본 연구에서 집중적으로 분석하고 있는 전력망 연계형 재생에너지 마이크로그리드의 경우에 특히 두드러진다.

1. 유연성 및 규격호환성(모듈성)

마이크로그리드의 잠재적 유연성은 다양한 전력망의 연계 및 분리 환경에서 활용될 수 있다는 맥락에서 자주 언급된다. 구체적인 활용 사례로는 도서·벽지 내지 소외된 지역에 대한 전력 공급, 임계부하 상황에서의 보조, 대학·기업 캠퍼스의 전력독립 등을 포함한다. 그러나 마이크로그리드의 유연성을 전력의 최종소비자 기준으로만 분석하는 것은 마이크로그리드의 잠재적 가능성을 충분히 표현하지 못한다.

가. 모듈형 그리드 시스템 설계

Van Nostrand에 의하면, 전력망 연계 환경에서 마이크로그리드는 기존의 전력사업 투자 및 그리드 설계에 대한 대안이 될 수 있다.

전통적인 유틸리티 규모의 중앙발전소 모델 하에서 원자력, 석탄, 천연가스 발전소 추가 개설의 적정규모는 상당히 크기 때문에, 전력기업들이 공급력

확대에 투자하는 비용의 최저선 역시 높게 형성될 수밖에 없으므로 이러한 투자는 '큰 덩어리(lumpy)'로 이루어지곤 한다. 이러한 공급에서의 규모의 경제는 전력소매시장에서 수요 증가가 완만하고 지속적으로 이루어지는 것과 강하게 대조된다. 이런 불일치 때문에 전통적인 유틸리티 규모 모델에서 신규 자원의 투입은 단기간 동안 수요와 공급의 부조화가 발생하는 결과를 낳곤 한다.[7]

전력공급의 증감과 전력수요의 증감이 불일치하는 이런 현상은 다른 시장불균형으로 이어지기도 하는데, 예컨대 규제 당국이 전력기업의 투자 결정을 에너지 규제 현장에서 흔히 사용되는 "기존 사용 여부 및 유용성 원칙(used and useful standard)"에 따라 평가함으로써 전력기업의 자원 투입과 소비자에게 전가되는 비용 사이의 불일치가 발생하는 경우를 들 수 있다.[8] 전통적인 대규모 화석연료 기반 에너지자원이 균일한 1:1 대응 방식으로 탈탄소 자원으로 대체되지 않는 한, 다가오는 에너지 전환 과정에서 이와 같은 불일치가 계속해서 발생할 것이다.

나아가서, 위에서 언급한 것처럼 '큰 덩어리'의 비용 투자 및 자원 배치가 이루어지는 모습은 비단 발전 영역에 국한된 것이 아니며, 대규모 재생에너지 프로젝트가 진행되는 한편 송전용량의 한계가 명백한 상황 또한 연출되곤 한다. 실제로 미국에서는 인구가 집중된 동서 해안 도시 지역과 그로부터 멀리 떨어진 중서부·대평원 지역에 주로 위치한 풍력 발전소를 연결하는 송전 인프라를 대규모 확충할 필요성이 지적되고 있다.[9] 이와 관련하여 "북아

---

7) Van Nostrand, J. M, "Keeping the Lights on during Superstorm Sandy: Climate Change and Adaptation and the Resiliency Benefits of Distributed Generation," N. Y. Univ. Environ. Law J., 23, 2015.

8) Id.

9) Klass, A.B. "Transmission, Distribution, and Storage: Grid Integration" In Gerrard, M., Dernbach, J., (Eds.) *Legal Pathways to Deep Decarbonization in the United States,*

메리카 슈퍼그리드"를 비롯한 다양한 안이 제시되었으나, 송전 인프라의 혜택을 직접 누리지 못하면서도 송전 시설 유치가 강요되는 지역 공동체의 반발 가능성이나 주정부·연방 정부 간 복잡한 관할 문제, 나아가서 사유재산과 공용수용권 사이의 가치 균형의 문제 등 다양한 선결문제가 그 현실화를 가로막고 있다.[10] 신규 송배전망 확보 문제는 비단 미국에서만 제기되는 것은 아니다. 예를 들면, 고비 사막에 대규모 재생에너지 생산 시설을 건설하여 중국, 몽골, 일본, 한국, 어쩌면 러시아까지 포함하는 각국의 전력망을 연계하는 "동북아 슈퍼그리드"를 상정해 볼 수 있을 것이다.[11] 이와 유사하게, 유럽 지역의 지리적 다양성이라는 이점을 살려 수천 킬로미터에 걸친 여러 권역을 넘나드는 신개념 송전력 통합을 기반으로 유럽연합의 각국이 대규모 재생에너지 자원을 공유하는 유럽식 "메가그리드" 프로젝트도 상정할 수 있다.[12] 미국의 사례를 비롯하여 위의 일련의 프로젝트 역시 대규모 송전용량의 확보를 전제하므로, 이를테면 남·북한 국경과 같은 까다로운 관할을 가로지르는 송전망의 구축에는 커다란 장벽이 있으리라는 것을 충분히 예상할 수 있다.

마이크로그리드를 비롯한 분산형 인프라는 전력망 확장에 있어 발전 시설 및 송전망을 대규모로 새로 구축할 필요성을 경감시킬 수 있는 유연한 대안을 제시한다. 마이크로그리드는 분산형 발전, 전력부하 관리, 전력용량 보조와 같은 기능을 보다 모듈화된 규모로, 부하가 발생하는 최종 전력소비처에 더 가깝게, 그리고 전력망 운영상 부차적인 필요에도 유연하게 대응하면

Environmental Law Institute, 2019.

10) Klass, A.B., "The Electric Grid at a Crossroads: A Regional Approach to Siting Transmission Lines." *Univ. Calif. Davis Law. Rev.*, 48, 2015.

11) *Id.*; Bogdanov, D., Breyer, C., "North-East Asian Super Grid for 100% renewable energy supply: Optimal mix of energy technologies for electricity, gas and heat supply options." *Energy Convers. Manag.*, 112, 2016.

12) Strbac, G. *et al.*, Papadaskalopoulos, D. Microgrids: Enhancing the Resilience of the European Megagrid. *IEEE Power Energy Mag.*, 13, 2015.

서 수행할 수 있다. 나아가 전력 소비자의 수요에 직접 상응하는 규모로 발전량을 확장함으로써 우발 손실을 최소화하여 대규모 예비 전력의 필요성을 줄일 수 있다.[13] "수요경감은 - 장기적인 측면에서든, 단기적으로 피크전력 부하를 분산하든 - 같은 효과를 낸다."[14] 즉 마이크로그리드는 참여자 간 네트워크 효과를 조성하고 집적의 이익을 증대함으로써 전력수요 관리를 개선할 수 있다.

나. 유연성과 탈탄소화

마이크로그리드 계통망 토폴로지와 최종 사용처의 다양성을 고려할 때, 재생에너지 마이크로그리드의 유연성은 탈탄소화된 전력계통에서 마이크로그리드의 잠재적 역할을 평가하는 데 적어도 하나 이상의 난제를 품고 있다. 즉, 마이크로그리드의 탄소 배출량을 어떻게 평가할 것인가 하는 문제이다. 재생에너지 마이크로그리드 전력원이 화석연료 기반 전력원을 대체할 수 있다는 점에서, 상당한 수명주기 탄소 배출량 감축을 기대할 수 있는 것은 분명하다.[15] 다만, 앞서 서술한 미 에너지부의 정의에 부합하는 마이크로그리드의 경우 (즉, 전력망에서 분리되어 독립 운전이 가능한 마이크로그리드의 경우) 전력저장장치를 내장해야 할 가능성이 크다. 이러한 측면에서 마이크로그리드 운용상의 배출량과 함께 마이크로그리드에 내장된 전력저장장치의 생산, 유통, 설치와 관련된 수명주기 탄소 배출량도 고려하지 않을 수 없다.

---

13) Brown, C. B. (전게 각주 4).

14) *Id.*

15) Hsu, D.D. *et al.*, "Life Cycle Greenhouse Gas Emissions of Crystalline Silicon Photovoltaic Electricity Generation: Systematic Review and Harmonization," *J. Ind. Ecol.* 16, 2012.; Dolan, S.L. *et al.*, "Life Cycle Greenhouse Gas Emissions of Utility-Scale Wind Power: Systematic Review and Harmonization," *J. Ind. Ecol.*, 16, 2012.; Whitaker, M. *et al.*, "Life Cycle Greenhouse Gas Emissions of Coal-Fired Electricity Generation: Systematic Review and Harmonization," *J. Ind. Ecol.*, 16, 2012.; Heath, G.A. *et al.*, "Harmonization of initial estimates of shale gas life cycle greenhouse gas emissions for electric power generation," *Proc. Natl. Acad. Sci.* 2014.

이는 다시 저장전력의 이용 방식(통상적인 가동 시에도 활용되는가, 아니면
전력망에서 분리될 때를 대비한 예비전력으로만 사용되는가), 충전 방식(재
생에너지로 충전하는가, 아니면 화석연료 기반 에너지가 필요한가), 그리고
충전된 전력을 출력할 시 손실 효율(round-trip efficiency), 전력저장장치 자
체의 수명 등 여러 관련 쟁점을 낳는다.16)

　마이크로그리드의 수명 주기 탄소배출량 관련 연구가 적고, 그나마 진행
된 연구도 주로 태양광발전식 독립형 마이크로그리드에 초점을 맞추고 있는
것은 이러한 복잡한 문제 때문일 수 있다.17) 관련 연구는 대체로 마이크로그
리드가 "다른 발전기술과 비교하여 기후변화에 미치는 영향이 훨씬 적다"는
결론에 이르고 있다.18) 실제로 이러한 유형의 수명 주기 분석법을 스웨덴의
배터리 충전식 전력망 연계형 마이크로그리드에 적용한 바 있다.19) 해당 연
구 결과는 마이크로그리드의 배출 영향은 마이크로그리드가 부재할 경우 주
전력망의 한계 전력원에 크게 의존함을 보여주는데, 이는 앞서 서술한 문제
의 복잡성을 다시 나타내는 결과라고 할 수 있다. 또한 태양광발전식 마이크
로그리드가 다른 전력원들의 탄소 집약도가 높은 지역에서는 탈탄소화에 기
여하는 반면, 저탄소 전력원이 풍부한 지역에서는 그렇지 못하다는 결론에
이른다. 이러한 분석은 탄소집약도가 낮은 전력원이 궁극적으로 한계 전력

---

16) Krebs, L. et al., Environmental Life Cycle Assessment of Residential PV and Battery
　　Storage Systems, IEA, 2000.

17) Papageorgiou, A. et al., "Climate change impact of integrating a solar microgrid system
　　into the Swedish electricity grid," Appl. Energy, 268, 2020; Smith, C. et al., "Comparative
　　Life Cycle Assessment of a Thai Island's diesel/PV/wind hybrid microgrid" Renew. Energy,
　　80, 2015; Bilich, A.; Langham, K. et al., "Life Cycle Assessment of Solar Photovoltaic
　　Microgrid Systems in Off-Grid Communities" Environ. Sci. Technol., 51, 2016; Wang, R.;
　　Lam et al., "Life cycle assessment and energy payback time of a standalone hybrid
　　renewable energy commercial microgrid: A case study of Town Island in Hong Kong"
　　Appl. Energy, 250, 2019.

18) Id. (Papageorgiou, A. et al., 2020).

19) Id.

원(marginal resources)의 전부를 차지하는 100% 재생에너지 기반 발전계통을 상정할 때 매우 중요하게 고려되어야 한다.

다만, 이러한 분석은 한계 전력원의 평가에 그리드 기반 저장식 전력원은 포함시키지 않고 있다. 100% 재생에너지 전력계통의 대다수는 그리드 기반 전력저장시스템을 탑재할 것이 예상된다. 다른 연구에서는 지상 장착형 그리드 기반 태양광 발전계통에 리튬이온배터리를 탑재할 경우의 수명주기 배출량을 전력저장구조 및 전지의 유형을 변수로 하는 다양한 시나리오에 따라 계측하여 화석연료 발전의 경우와 비교했다.[20] 해당 연구는 "개괄적으로 통상적인 화력발전의 경우에 모든 상황에서" 배터리의 유형이나 "저장용량에 관계없이 (중략) [태양광발전계통 대비] 한 등급 이상 높은 온실가스 배출량이 관측된다"고 결론지었다. 요컨대 서로 다른 마이크로그리드 토폴로지나 운용형태에 따라 수명주기 탄소배출량이 어떻게 달라질 수 있는지에 관해 후속 연구가 필요하기는 하지만, 위와 같은 결과는 전력저장장치를 탑재한 마이크로그리드가 탈탄소화에 기여할 수 있음을 시사한다.

2. 복원력

초기 마이크로그리드는 기후위기 완화를 위한 도구가 아닌, 재해 등 여러 취약 상황에 대한 복원력을 높이기 위한 도구로 개발되었다. 예를 들어, 의료 시설, 군사 시설 등 방재 복원력 높은 전력원을 필요로 하는 전력소비자는 오래 전부터 마이크로그리드 구조를 디젤 발전기 등 비상 발전력원에 적용해 왔다.[21] 최신 마이크로그리드는 이런 방재 복원력을 유지하면서도 독

---

20) Raugei, M, *et al.*, "What Are the Energy and Environmental Impacts of Adding Battery Storage to Photovoltaics? A Generalized Life Cycle Assessment," *Energy Technol.*, 8, 2020.

21) Cook, J. J. *et al.*, "Check the Stack: An Enabling Framework for Resilient Microgrids," National Renewable Energy Laboratory, 2018; Booth, S.S. *et al.*, "Microgrids for Energy Resilience: A Guide to Conceptual Design and Lessons from Defense Projects," National

립된 전력저장능력 및 탈탄소 기반 발전력을 갖출 수 있다. 복원력 높은 전력계통 확보가 기후 적응의 중요 요소라는 측면에서 이러한 기후위기 완화 능력과 기후변화 적응 능력의 결합은 IPCC를 비롯한 여러 전문가들이 강조하는 해결법이기도 하다. "기후변화는 전력 생산에 치명적인 영향을 끼치기 시작했으며, 기후변화 적응이라는 요소가 적극적으로 고려되지 않는 한, 이런 영향은 점점 더 장기적으로, 그리고 빈번하게 발생하게 될 것이다."[22]

가. 물리적 복원력

2012년의 "슈퍼 태풍" 허리케인 샌디는 마이크로그리드의 복원력 잠재성을 드러내는 사건이었다.[23] 전례 없는 높이 14피트(약 4.2m)의 대형 해일이 미국 동부의 인구 밀집 지역을 휩쓸어 주요 전력망 기반 시설을 무력화했고, 800만 명이 넘는 전력소비자가 심하게는 수 주간 전력을 공급받지 못했다. 수천 대의 전신주와 변압기, 수백 마일에 달하는 케이블을 교체하기 위하여 고군분투한 전력회사들은 이후 전력망에 자연재해 보강을 위한 조치를 취하는 데 들어간 수십억 달러의 비용을 전력소비자에 전가했다. 이러한 사태에 대한 반응으로, 다양한 비정부기구 및 전문가들은 지역전력망의 재해 복원력을 개선·보완하기 위한 방책으로서 마이크로그리드 및 분산형 발전의 역할에 대해 진지한 검토가 이루어질 것을 요청했다. 이들은 교육 기관, 복지 주택, 병원, 데이터 센터를 비롯해 독립형 분산발전계통을 설치한 시설들이 태풍으로 인한 정전 중에도 자체 전력을 유지할 수 있었다는 점에 주목했다.

Renewable Energy Laboratory, 2019.

22) Van Nostrand, J.M. "Keeping the Lights on during Superstorm Sandy: Climate Change and Adaptation and the Resiliency Benefits of Distributed Generation" *N. Y. Univ. Environ. Law J.*, 23, 2015; McCauley, D. & Heffron, R. (전게 각주 1); Schultz, A. & O'Neil, R. "Coastal Resilience for the Electric Power System: A National Overview and the Oregon Example" *Sea Grant Law Policy J.*, 9, 2018; Gundlach, J. "Microgrids and Resilience to Climate-Driven Impacts on Public Health" *Houst. J. Health Law Policy*, 18, 2018.

23) Van Nostrand, J.M. (전게 각주 8).

"슈퍼 태풍"이라는 별명이 붙었지만, 허리케인 샌디는 결코 유례 없는 사건이 아니다. 2020년의 열대성 폭풍 이사이아스(Isaias)의 영향으로 90만 명에 달하는 뉴욕 지역 주민들이 정전 사태를 겪었다.[24] 몇몇 전력회사의 재해 대응에 대한 조사 후, 뉴욕 지역의 공익사업 규제 당국인 뉴욕 공익산업위원회(New York Public Services Commission, NYPSC)는 "뉴욕 시민들은 전 세계적으로 코로나바이러스 팬데믹 상황이 계속되는 가운데 자신들의 생활을 지키기 위하여 과거 그 어느 때보다도 더 많이 공공 전력 서비스에 의존하고 있다"고 밝혔다.[25] 위원회는 몇몇 전력회사에 대해 법원 내지 행정기관에 의해 부과될 처벌에 대해 면책사유를 소명하라는 행정명령을 내리면서, "[위원회] 직원들의 관찰 결과, 이사이어스 이후 장기간에 걸친 심각한 정전 사태는 몇몇 전력회사들이 시민생활의 근간이 되는 안전하고 안정적인 전력서비스의 중요성을 간과한 것이 아닌가 하는 의문을 남긴다"고 논평했다. 위원회는 전력회사들에게(기본적인 생명활동 유지를 위해 전기로 작동하는 기계장치가 반드시 필요한) "생명 유지장치에 의존하는" 고객에게 연락하고 이들을 긴급구조대와 연결시킬 의무를 소홀히 한 것을 비롯해 여러 위법행위에 대한 책임을 물었다. 위원회는 나아가 "[전력회사들이] 과거의 자연재해 상황에서 법적 의무를 다하지 못한 이력이 있다면 이를 고려하여" 이러한 위반들이 반복된 위법행위로 평가될 경우에는 해당 회사들의 사업면허를 박탈·변경하기 위한 법적 절차를 개시할 것임을 밝혔다. 이러한 강경한 법적 조치 가능성은 전력망의 방재 복원성이 상황에 따라서는 생명에 직결될 정도로[26] 중요하다는 것을 보여준다.

24) Governor Andrew M. Cuomo Announces Completion of Tropical Storm Isaias Utility Investigation, 2020.
25) New York Public Service Commission. Order to Commence Proceeding and Show Cause, 2020.
26) Rojas, R. 'Totally Preventable': How a Sick Woman Lost Electricity, and Her Life. The New York Times, 13 July 2018.

미국 반대편에 위치한 캘리포니아의 전력망은 산불 피해라는 또 다른 자연 재해를 입었는데, 캘리포니아의 산불은 기후변화로 말미암아 심화되었을 뿐더러[27] 몇몇 경우에는 전력망 시설 문제 때문에 발생하기도 했다.[28] 2020년 6월, 캘리포니아 공익산업위원회(Public Utilities Commission)는 다가오는 산불 빈발 시기에 앞서 마이크로그리드 연결을 비롯한 "재해 복원력 프로젝트"의 도입을 가속화하기 위한 단기 조치를 채택했다.[29] 이 조치명령은 캘리포니아의 대형 공익사업회사들로 하여금 "(a) 정전시를 대비한 표준화되고 사전 승인된 비상전력공급 시스템을 개발·도입할 것, (b) 사업 프로젝트를 검사·승인하는 절차의 투명성 및 단순성을 제고하는 방법을 개발·도입할 것, (c) 주요 지역·시설·소비자를 대상으로 한 방재 복원력 확보 프로젝트를 구현함에 있어 프로젝트 간 상호 연결성을 우선시할 것"을 요구한다. 또한 이 결정은 순에너지계량(NEM) 요금제를 개량하여 전력저장장치들로 하여금 산불 발생에 앞서 미리 전력망으로부터 충전을 할 수 있도록 하고, NEM 연동 비상전력 저장 프로젝트에 적용되는 규모 제한을 없앴다.

캘리포니아와 같은 마이크로그리드 중심 대응은 전력망 취약성, 생존가능성 및 복구가능성에 마이크로그리드가 미치는 영향에 대한 기술적·이론적 분석을 통해 뒷받침된다.[30] 예를 들어 "마이크로그리드는 전력망 복원력을 개선하기 위한 핵심 구성요소"라는 주장이 대표적이다(다만, 시스템에 연계된 마이크로그리드의 수에 따른 전력망 복원력의 민감성 분석은 별도로 이루어져야 할 것이다).[31] 다른 연구에서는 마이크로그리드가 지역·공동체 단

---

27) Smith, A.J.P. *et al*,. ScienceBrief Review: Climate Change Increases the Risk of Wildfires.
28) California Public Utilities Commission, Wildfire Safety Division. Reducing Utility-Related Wildfire Risk: Utility Wildfore Mitigation Strategy and Roadmap for the Wildfire Safety Division.
29) California Public Utilities Commission. Decision Adopting Short-Term Actions to Accelerate Microgrid Deployment and Related Resiliency Solutions, 2020.
30) McCauley, D. & Heffron, R. (전게 각주 1).
31) Shahidehpour, M, *et al*, "Microgrids for Enhancing the Power Grid Resilience in Extreme

위 전력자원으로서 또한 대규모 전력망의 자체가동 기능을 보조하는 자원으로서 전력망의 복원력을 개선할 수 있는 방법에 대한 선행 연구를 인용한다.[32] 그리고 다른 문헌에서는 전력망 연계형 마이크로그리드의 안정성 제고 능력을 분석할 수 있는 방법론을 제시하면서, 마이크로그리드가 참여자뿐 아니라 주전력망의 에너지 소비자들에게도 안정성 편익을 제공할 수 있다는 결론에 이른다.[33] 마이크로그리드의 높은 재해 복원력이 가지는 다양한 잠재적 이점을 설명하면서, 마이크로그리드가 상술한 유럽형 메가그리드 프로젝트의 복원력을 제고하는 데 활용될 가능성도 제기되곤 한다.[34]

나. 디지털 복원력

물론, 자연 재해가 전력망의 유일한 취약점은 아니다. 예를 들어 사이버 보안은 마이크로그리드를 비롯해 디지털 시대의 모든 인프라 시설에 있어 중요 요소이고, 사이버 보안의 중요성은 날로 증가하고 있다.[35] 특히 "에너지 부문, 특히 전력망을 … 표적으로 하는 사이버 공격의 위협은 그 규모와 수법의 정교함이 날로 증가하고 있다."는 지적[36]을 비롯하여 여러 연구자들은 분산형 발전자원이 확대되면서 전력회사가 직접 통제할 수 있는 범위 밖

Conditions." *IEEE Trans. Smart Grid,* 2016.

32) Hussain, A. *et al.,* "Microgrids as a resilience resource and strategies used by microgrids for enhancing resilience" *Appl. Energy,* 240, 2019.

33) Syrri, A.L.A. *et al.,* "Contribution of Microgrids to distribution network reliability," 2015; Ceseña, E.A.M. *et al.,* "Techno-economic and business case assessment of multi-energy microgrids with co-optimization of energy reserve and reliability services." *Appl. Energy,* 210, 2018.

34) Strbac, G. *et al.,* "Microgrids: Enhancing the Resilience of the European Megagrid" *IEEE Power Energy Mag.,* 13, 2015.

35) Canaan, B. *et al.,* "Microgrid Cyber-Security: Review and Challenges toward Resilience" *Appl. Sci.,* 10, 2020; Nejabatkhah, F. *et al.,* "Cyber-Security of Smart Microgrids: A Survey." *Energies,* 14, 2020.

36) Qi, J. *et al.,* "Cybersecurity for distributed energy resources and smart inverters." *IET Cyber-Physical Syst. Theory Appl.,* 1, 2016.

에 있는 기기 및 접근 지점이 증가함에 따라 사이버 위협에 취약한 "공격 가능 면적"이 확대되리라 예상하면서, 사이버 공격을 예측, 방지, 탐지하고 그에 대응하기 위한 다중 보안 프레임워크를 제안한다. 다만 네트워크에 연계된 마이크로그리드에 내장된 분산형 전력원이 기존의 중앙통제형 전력망 구조와 비교하여 본질적으로 사이버 공격에 취약한지는 분명하지 않다. 이러한 의문은 마이크로그리드의 전통적 역할, 즉 상술한 유형의 취약점을 보완하여 한계부하를 분산하기 위한 바로 그 목적으로 개발되었다는 사실을 고려할 때 특히 두드러진다. 예컨대 미국의 군사용 마이크로그리드에 적용될 수 있는 마이크로그리드 보안 구조가 제안되면서 기능적 필요성, 지리적 위치 내지 개개의 보안 우려를 기준으로 삼아 제어 시스템을 분할하는 방식이 제시되곤 한다.37) 그들은 이러한 격리형 구조가 악의적 공격의 기회를 최소화하고, 침입 감지 시스템 설치에 적합하며, 네트워크 기능을 향상시킬 수 있다고 주장한다. 이와 같은 접근 방식은 태양광발전형 마이크로그리드는 주전력망에서 분리할 수 있다는 점에서 사이버 공격에 덜 취약하다고 상정한 한 분석에 의해 제안된 마이크로그리드의 잠재적 보안 강화 가능성에 착안하여 이를 구현하려는 시도로 보인다.38)

3. 비용효율성

가. 균등화 발전비용(Levelized Cost of Energy)

"재생에너지는 본질적으로 고비용 에너지"라는 수사는 설득력을 잃는 추세다. 예를 들어 자산 관리 및 금융 자문 회사인 Lazard의 균등화 발전비용(Levelized Cost of Energy, LCOE) 방법론을 차용한 최신 연구에 따르면, 보조

---

37) Veitch, C. et al., Microgrid Cyber Security Reference Architecture, 2013.

38) Qazi, S. & Young, W. "Disaster relief management and resilience using photovoltaic energy" In *Proceedings of the International Conference on Collaboration Technologies and Systems (CTS)*, 2014.

금 혜택이 없다고 가정할 때의 유틸리티 규모 풍력 및 태양광 전력원의 신규 투입 비용은 일반적으로 화석연료 전력원의 그것보다 낮으며, 이 경향은 특히 화석연료 발전이 화석연료 가격에 민감하다는 것을 고려할 때 더욱 두드러진다.39) 위 연구에서 Lazard는 잠재적 사회적·환경적 비용, 지리적 분배, 유통 특성, 그리고 안정성 등의 요소를 고려하지 않는 LCOE 분석법 특성상 모든 전력원을 동일 선상에서 직접 비교하는 것은 어렵다는 것을 인정하고 있다. 그럼에도 불구하고 LCOE 분석은 자본 비용 감소, 기술 발전, 시장경쟁 심화를 비롯한 여러 요소로 말미암아 재생에너지의 비용은 계속해서 감소하는 추세하는 것을 잘 보여준다. Lazard는 나아가 분산형 태양광발전과 마이크로그리드 규모의 전력저장을 결합하는 경우(주거용·상업용·산업용 적용 모델 등) 같은 규모의 단일 저장장치에 비해 균등화 저장비용이 낮아진다고 분석했다.

마이크로그리드 및 마이크로그리드 규모 전력저장은 수요 반응 능력, 주파수 조정, 자원 적합성, 순동예비력 운용, 정전시 비상전력 활용 등 에너지 부문의 다양한 서비스·기능에 기여할 수 있다.40) 종래에 화석연료 발전을 통해 충족되어 온 이러한 가치 흐름은 100% 재생에너지 전력계통으로의 전환에서 매우 중요한 구성요소이다. 따라서 Lazard 외 몇몇 연구 결과가 마이크로그리드 규모에서 균등화된 재생에너지 비용이 보다 규모가 큰 LCOE보다 다소 높게 형성되어 있다고 분석하고 있는 것과 별개로, 마이크로그리드 규모 재생에너지가 위와 같은 다른 가치 흐름을 포섭하면서 동시에 규모와 상관없이 에너지 비용을 감소시키는 요소(기술 발전, 경쟁 심화 등)의 혜택을 누리는 것도 가능한 것으로 보인다.

---

39) Lazard's Levelized Cost of Energy Analysis—Version 14.0.
40) Lazard's Levelized Cost of Storage Analysis—Version 6.0.; Majzoobi, A. & Khodaei, "A. Application of microgrids in providing ancillary services to the utility grid," *Energy*, 2017.

나. 균등화 발전비용 외 고려사항

많은 연구자들이 마이크로그리드의 비용 효율성에 대한 관점을 넓힐 수
있는 비용·편익 요소를 식별했다. Brown은 전력망 최종 단계의 자원 가치를
평가할 수 있는 적절한 방법론이 확보된다면 "복수의 에너지 관리 기술을 활
용하는 마이크로그리드는 동시에 여러 역동적 목적 기능을 수행할 수 있다"
고 평가했다.[41] 이러한 기능에는 발전량 및 부하 조정, 전력수요 통합관리
용이화, 부하 분산, 발전지·부하지 간 거리 최적화 등이 포함되며, 전력 요금
조정 및 전력망 부하 관리에 기여할 수 있다.[42] 재해 복원력 역시 관련된 가
치 흐름의 일종이다. 또 다른 연구에 의하면 건물 및 캠퍼스 단위의 재생에
너지 기반(즉, 마이크로그리드) 전력계통의 재해 복원력에 대한 금전적 가치
평가는 기존 전력저장계통 대비 수십억 달러의 잠재적 수익성을 보인다고
주장했다.[43] 이런 연구들은 LCOE와 같은 전통적인 비용편익분석 방법론이
작금의 전기에너지 혁신 과정의 모든 비용편익요소를 고려하지 못한다는 가
설을 강화한다. 아래 [표 1]에서는 마이크로그리드와 특히 관련 깊은 비용효
율성 분석 변수를 제시한다. 그러나 전력회사와 규제기관들은 아직 이러한
요소들에서 수익을 창출하는 방법을 적절히 제시하지 못하고 있다. 예를 들
어, 전력망 강화를 위한 투자안들이 상당히 보수적으로 검토되고 있음을 고
려하면 재해 복원력에 대한 적절한 가치평가는 아직 어렵다고 볼 수 있다.[44]

---

41) Brown, C.B. "Financing at the Grid Edge" In Gerrard, M., Dernbach, J., (Eds) *Legal Pathways to Deep Decarbonization in the United States*, Environmental Law Institute, 2019.

42) *Id.*

43) Anderson, K, *et al.*, "Quantifying and Monetizing Renewable Energy Resiliency". *Sustainability*, 10, 2018.

44) Bischoping, G.T. "Providing Optimal Value to Energy Consumers through Microgrids." *Univ. Pa. J. Law Public Aff.*, 4, 2018; LaCommare, K, *et al.*, Evaluating Proposed Investments in Power System Reliability and Resilience, Lawrence Berkeley National Laboratory, 2017; National Association of Regulatory Utility Commissioners. The Value of Resilience for Distributed Energy Resources: An Overview of Current Analytical Practices. 2019.

[표 7-1] 마이크로그리드 정책과 관련 있는 비용 및 편익 분석 요소

잠재적 편익	■ 발전 용량 및 자원 적합성 ■ 전력저장 용량 ■ 수요반응 및 부하 조정 능력 ■ 주파수 조정 ■ 순동예비력 운용 ■ 정전시 비상전력 공급 ■ 송전인프라 부담 경감 ■ 재해 복원력 ■ 효율성 ■ 부하 다양성
잠재적 비용	■ 인프라·운용·관리의 균등화 비용 ■ 송배전 손실 ■ 토지이용 및 에너지 스프롤 현상 ■ 전력망 강화 투입비용 ■ 탄소 자원의 사회적 비용·기타 환경적 비용 ■ 사이버 보안 인프라 및 관리 비용 ■ 마이크로그리드 참여자 확보, 전력망 연계 등 거래비용 ■ 전력 충전 및 출력시 손실 ■ 에너지 소비량 관리 및 통신 시설

　　비용효율성은 대안과의 비교를 유발하기도 한다. 현재의 에너지 전환에서 이러한 비교는 Lazard의 LCOE 분석에서 확인된 화석 연료 생성 자원을 넘어서야 한다. 예컨대 기존 그리드 인프라의 강화에는 수조 달러가 소요될 것이라 지적되곤 한다.[45] 이는 마이크로그리드가 물리적 복원력에 기여하는 경우 비용 효과 평가와 관련이 있다. 기후위기의 맥락에서 에너지 비용에 대한 건실한 견해는, 탄소 격리 비용 또는 온실가스 배출 대안에 대한 여타 완화 전략을 분명히 고려해야 한다. 대규모 재생 발전소를 대규모 전송 기반 시설과 결합하는 과제는 잠재적으로 문제가 되며, 그 결과 "에너지 스프롤로 인해 공간, 비용 및 에너지 자체 비용이 든다"고 주장했다.[46] 이러한 비용은 기존 토지 사용 및 토지 사용 정책의 비용과 편익의 균형, 관할권 및 소유권

---

45) Larsen, P.H. *et al.*, "Projecting future costs to U.S. electric utility customers from power interruptions." *Energy*, 147, 2018.
46) Bronin, S. "Curbing Energy Sprawl with Microgrids." *Conn. Law Rev.*, 43, 2010.

경계를 넘나들며 조정해야 하는 값비싼 필요성, 전송과 관련된 에너지 손실과 관련이 있다.

또한 제로 에너지 구역의 잠재적 비용-효과성을 평가하였다.[47] 이는 여러 건물에 걸쳐 에너지 생성 및 수요, 에너지 저장 및 폐열 등을 조정하는 지역 에너지 시스템을 통해, 에너지 소비와 발전의 균형을 맞추기 위해 설계된 도시의 일부로 개념화된다. 독립형 넷제로 에너지 빌딩과 비교했을 때, 이러한 도시 지구는 부하 다양성, 규모 및 보조 그리드 서비스 시장에서의 조정된 참여와 같은 특성을 활용하여 에너지 비용 효율성을 개선할 수 있을 것이다.[48] 이는 특히 (i) 정부가 신규 또는 재건된 건물에 대해 넷제로 에너지 건축 표준을 구현하고 있고, (ii) 인구가 도시 지역으로 이동하고 있으며 (iii) 건물이 에너지 관련 온실가스 배출의 거의 40%를 차지하며, (iv) 건물 바닥 면적의 증가가 인구 성장을 앞지르고 있기 때문에, 특히 관련이 있다.[49] 제로 에너지 지구와 같은 마이크로그리드는 발전 및 부하를 조정할 수 있으며, 부하 다양성 및 보조 서비스 시장에서의 조정된 참여와 같은 다른 유사한 특성도 누릴 수 있다. 따라서, 도시 제로 에너지 지구에서 마이크로그리드의 역할을 탐색하고 이러한 조정된 시스템의 비용 효과 편익을 추가로 계량화하는 것이 향후 연구에 있어 가치가 있다고 할 것이다.

위의 예시들은 에너지 변환에서 다양한 구성요소의 비용 효율성을 평가하는 데 있어 기술과 정책의 혼재된 역할을 보여준다. 마이크로그리드는 전기 요금제(마이크로그리드에 의한 에너지 및 에너지 서비스의 제공 및 소비에 적용 가능), 공공 투자, 건물 표준 및 토지 사용 정책과 같은 메커니즘이

---

47) Polly, B. *et al.*, From Zero Energy Buildings to Zero Energy Districts, 2016; Zaleski, S. *et al.*, Communities of the Future: Accelerating Zero Energy District Master Planning, ACEEE Summer Study on Energy Efficiency in Buildings, 2018.

48) *Id.*

49) IEA, Global Alliance for Buildings and Construction, 2019.

마이크로그리드의 특성을 평가하거나 정의할 수 있는 경우에만 탈탄소 에너지 시스템에서 상당한 역할을 할 수 있다. 그리스 네트워크에서 마이크로그리드 보급의 경제적, 환경적 및 운영적 편익을 수량화한 연구를 참고하면 위와 유사하게 "특정 마이크로그리드로부터 제공되는 모든 편익이 그 소유주에게 귀속되고 인정될 때, 마이크로그리드도 소비자와 전력회사에 대한 실현 가능한 대안 시장으로 성숙할 것이다"라고 주장했다.[50] 그러나 마이크로그리드의 특성(그리고 그에 따른 이익과 비용)은 적어도 부분적으로 마이크로그리드에 통합된 기술 혼합에 의존한다. 반대로 지역사회와 광범위한 에너지 시스템은 그 가치가 비용을 초과하는 것으로 보이는 경우에만 기술에 투자할 가능성이 높다.

이전 연구에서는 정책과 기술 사이의 이러한 상호의존성을 인정했지만, 100% 재생에너지로의 전환은 재평가를 촉구한다. 예를 들어, 마이크로그리드 경제학에 대한 광범위한 리뷰는 "가장 자주 실행 가능한 시스템 구성과 관련된 경우, 현재의 과학적 합의는[열과 전력 결합] 마이크로그리드야말로 광범위한 정책 개입 하에서 가장 경제적으로 실행 가능한 유형의 마이크로그리드라는 것이다.[51] 재생가능한 마이크로그리드는 주변적인 사례에서만 실행 가능하므로 마이크로그리드가 재생가능한 자원의 더 많은 보급을 허용할 것이라는 주장은 신빙성이 낮다.".[52] 100% 재생에너지 전력시스템에 대한 계획을 수립하는 국가의 수가 증가하고 있는 상황에서는 이 "주변적인 사례(fringe case)"가 표준이지만, 해당 시나리오는 연구에서 검토한 하나의 연구 주제일 뿐이다. 그들은 "세제 혜택이나 지휘통제 정책과 같은 다른 주제들은

---

50) Hatziargyriou, N.D. *et al.*, "Quantification of economic, environmental and operational benefits due to significant penetration of Microgrids in a typical LV and MV Greek network" *Eur. Trans. Electr. Power*, 21, 2011.

51) Milis, K. *et al.*, "The impact of policy on microgrid economics: A review. Renew," *Sustain. Energy Rev.*, 81, 2018.

52) Marnay, C. *et al.*, "Policymaking for microgrids" *IEEE Power Energy Mag.*, 6, 2008.

중간 정도의 연구 관심 밖에 받지 못하면서 탄소세와 TOU-요금제 문제에 많은 연구 관심이 집중되어 왔다"고 인정했다. 또한, "연구 격차를 요약하는 목적과 관련하여, [해당 리뷰가 보여주기를] 마이크로그리드의 최적 구성에 대한 TOU 가격 이외의 요금제 시스템의 영향에 대한 연구는 주목을 받지 못했다."고 한다. 또한 정책의 영향 하에 있는 다른 중요한 마이크로그리드 특성이 기반구조 규모, 위치 및 토지 사용에 미치는 경제적 영향도 고려해야 한다. 이러한 요소 등을 포함한 훨씬 더 광범위한 사회-기술-경제적 분석(예컨대 일자리에 미치는 영향)도 정책 및 기술 결정이 에너지 정의의 성패를 좌우하는 방법을 설명해야 한다.

마이크로그리드 비용 효율성의 평가 차이는 오래 지속되는 것으로 보인다. 2008년 마이크로그리드에 정책입안을 논의하면서, "마이크로 그리드는 폐기물 열 구동 냉각, 현장 에너지 저장 및 다차원적인 [전력 품질 및 신뢰성] 문제를 전면에 제기하는데, 이는 모두 상대적으로 미지의 엔지니어링-경제 분석 분야였다"라고 언급했다.[53] 아마도 100% 재생에너지 시스템의 다른 잠재적 구성 요소만큼이나 마이크로그리드는 함께 발전하는 정책과 기술 사이에서 비용 효율성을 평가하는 영역의 "닭 또는 계란" 문제를 겪고 있는 것으로 보인다. 광범위한 잠재적 특성, 비용 및 편익을 고려할 때 100% 재생에너지 시스템에서 마이크로그리드의 경제적 영향에 대한 분석이 추가 조사에 유용한 영역임을 시사한다.

원격 및 섬의 마이크로그리드는 이러한 연구 분야에 비옥한 토대를 제공

---

53) Hwang, W. Microgrids for Electricity Generation in the Republic of Korea. Nautilus Institute for Security and Peace, 2020; Kim, S.-M. et al., The Application and Verification of the 2MVA Battery Energy Storage System(BESS) with Wind-turbine in Micro-grid of Gapado, Jeju. Trans. Korean Inst. Power Electron., 19, 2014; Kim, K.-W. One Small Island's Dream of Energy Self-Sufficiency; Lee, T.-Y. Will Gapa Exceed the Limits of the 'Island without Carbon' Project?

할 수 있다. 예를 들어, 대한민국의 가사섬과 가파섬은 각각 재생 가능한 발전 용량을 포함하는 마이크로그리드의 현장이다. 가파섬의 마이크로그리드는 2개의 풍력 터빈(250kW)과 거의 50개의 태양 전지판(총 174kW)으로 구성되어 있으며, 3.85MWh의 배터리와 디젤 발전기로 보완되고 있다.[54] 보도에 따르면 섬 전력수요의 약 40%에서 80%를 커버할 수 있으며, 2018년 기준 섬이 7일간 자생할 수 있다고 한다. 여기서 배터리 용량이 두 배로 증가하면 최대 25일까지 지속될 것으로 예상된다. 한편, 마이크로그리드 프로젝트는 지역 에너지 비용의 상당한 감소와 관련이 있다. 사업 이전까지 가사섬의 가구당 월평균 전기요금은 약 12만원에서 13만원 사이였으나 마이크로그리드 사업을 통하여 약 2만원에서 2만 5천원 정도로 감소한 것으로 알려졌다.[55]

약 165가구, 등대, 수도 및 군사 레이더 시설에 서비스를 제공하는 가사섬의 마이크로 그리드 프로젝트에서도 유사한 결과가 보고되었다. 여기서는 4개의 100kW 풍력 터빈, 4개의 태양광 설비 총 320kW, 그리고 3개의 디젤 동력 장치로 총 450kW로 구성된다.[56] 초과 에너지는 3 MWh 배터리시스템에 저장되며, 완전히 충전된 경우 섬 전체의 종일 전력 소비를 커버할 수 있다.[57] 그 결과 설치 후 경유 소비량이 크게 감소했고[58], 경유 발전에 비해 200원/kWh의 절감 효과가 있다고 보고했다.[59] 향후 연구에 있어 가사섬과 가파섬에 보고된 절감액이 일원화된 에너지 비용과 어떻게 관련이 있는지, 그리고 보고된 절감액과 비교할 수 있는 비용 및 편익의 처리는 얼마나 광범

54) Id., (Kim, K.-W. One Small Island's Dream of Energy Self-Sufficiency)
55) Kim, S.-M. et al. (전게 각주 54); Kim, S.-Y. & Mathews, J.A. "Korea's Greening Strategy: The Role of Smart Microgrids," Asia Pac. J. Jpn. Focus, 14, 2016.
56) Theme Focus Jeonryeokjilju. "The First National Energy Independent Island 'Gasa Island'." J. Electr. World Mon. Mag., 7, 2015.
57) Global Sustainable Energy Starts on Korea's Islands.
58) Theme Focus Jeonryeokjilju (전게 각주 56).
59) Ustun, T.S. et al., "A. Recent developments in microgrids and example cases around the world—A review" Renew. Sustain. Energy Rev., 15, 2011.

위한지를 흥미롭게 탐구할 수 있을 것이다.

한국의 섬들은 오랫동안 마이크로그리드의 주요 후보지로 확인되어 왔으며[60], 100% 재생에너지 표준의 맥락에서 비용 효율 문제를 연구하는데 특히 유용한 현장이 될 것이다. 한국에서 가장 크고 인구가 많은 섬(그리고 훨씬 작은 가파섬의 본거지)인 제주도는 2012년, 최초로 2030년까지 100% 재생에너지 발전 목표를 채택하였다. 해당 계획은 한국의 광범위한 에너지 전환을 위한 중요한 기준으로 작용하여 현대의 전력망 기술의 시험대가 될 것으로 기대된다.[61] 나아가서 한국 정부는 2050년까지 탄소중립을 목표로 하는 그린뉴딜 정책이 채택됨에 따라, 제주도는 외딴 섬이라는 자연적 조건을 넘어 한국의 탈탄산화 노력에 크게 기여할 것이다.[62] 실제로, 한국은 이미 많은 도시에서 마이크로그리드를 개발했다.[63] 여기에 더하여, 하와이와 푸에르토리코에서도 각각 100% 재생에너지 기준을 채택했으며, 두 곳 모두 외딴 섬과 도시 지역이 혼재되어 있다. 따라서, 재생가능한 마이크로그리드의 역할을 조사하기에 적합한 지역이라 할 것이다.

4. 에너지 정의

가. 정책에 포함된 에너지 정의 원칙의 예시

국제적·국가적 정책은 정의(justice)를 포괄하기 위하여 재생 에너지로의 전환을 요구한다.[64] 예를 들어 파리 협약은 국제 및 국가 규모에 적용할 수

60) Jeju, CFI2030.
61) Theme Focus Jeonryeokjiluu (전게 각주 56).
62) Lee, J.-H, & Woo, J. "Green New Deal Policy of South Korea: Policy Innovation for a Sustainability Transition." *Sustainability*, 12, 2020.
63) Hwang, W., 2020 (전게 각주 54).
64) Carley, S. & Konisky, D.M. "The justice and equity implications of the clean energy transition." *Nat. Energy*, 5, 2020.

있는 정의 원칙을 제시한다: 체약국들은 서로 다른 국가 환경에 비추어 형평
성과, '공동의 그러나 차별적 책임'(Common but Differentiated Responsibili-
ties, CBDR)을 반영한다.[65] 해당 협약은 또한 "국가적으로 정의된 개발 우선
순위에 따라 적절한 노동력의 정의로운 전환과 양질의 일자리 창출의 필요
성"을 설명하면서 지역사회 규모에서 보다 적용 가능한 정의 원칙을 제시한
다. 또한, 기후에 대한 조치(action)가 "인권, 건강에 대한 권리, 원주민, 지역
사회, 이주자, 어린이, 장애인 및 취약한 상황에 있는 사람들의 권리, 양성
평등, 여성의 권한 부여, 세대간 형평성에 대한 각각의 의무를 존중하고 촉
진하며 고려한다"라고 명시하여, "인권에 대한 명시적인 언급을 포함하는 최
초의 다자간 환경 협정"이 되었다.[66]

최근 유럽연합(EU)의 정책 입안도 에너지 정의 관련 정책의 주목할만한
예를 제공한다. 2019년 EU 전기시장 지침에는 "경쟁력, 소비자 중심, 유연성
및 비차별적"으로 자칭되는 일반적인 접근방식과 함께 자유화된 유럽 에너
지 시장의 소량 소비자와 관련된 다양한 조항이 포함되어 있다.[67] 해당 지침
은 "시민 에너지 공동체"가 에너지 시장에 참여하도록 규정하고 있다. 이들
은 다음과 같은 의미에서 법적 실체이다: (a) "자발적이고 개방적인 참여를
기반으로 하며 자연인, 지자체를 포함한 지역 당국, 또는 중소기업인 회원
또는 주주들에 의해 효과적으로 통제된다." (b) "회원 또는 회원에 환경, 경제
또는 사회 공동체 이익을 제공하는 것이 주된 목적이며, 재정적인 이익을 창
출하기 위해서가 아니라 그것이 운영되는 지역 소유주 또는 지역을 위한 것

65) United Nations, Paris Agreement.
66) Redgwell, C. & Rajamani, L. "And Justice for All? Energy Justice in International Law" In
    Energy Justice and Energy Law, Oxford University Press, 2020.
67) European Union, Directive 2019/944 of the European Parliament and of the Council of 5
    June 2019, on Common Rules for the Internal Market for Electricity and Amending
    Directive 2012/27/EU. "여기서 "비차별적"이라는 문구는 주로 시장 진입 장벽과 교차 보
    조금을 피하는 데 초점을 맞추고 있는 것으로 보이며, 일반적 의미의 비차별을 의미하
    는 것이 아니다."

이다. (c) "재생 가능한 자원으로 부터 에너지 생산, 유통, 공급, 소비, 집적, 에너지 저장, 에너지 효율 서비스나 전기 자동차의 충전 서비스를 포함하여 발전에 관여하거나, 다른 에너지 서비스를 회원들이나 주주들에게 제공할 수 있다. 비록 이러한 지역사회가 다양한 에너지 시장에 어떻게 참여할 것인지는 불확실하지만, 해당 개념이 에너지 자급자족과 관련이 있다고 주장했다.[68] 또한 다른 문헌에서는 에너지 빈곤과 소규모 전기 고객의 보호와 관련된 조항이 회원국의 에너지 정책으로 어떻게 전환되는지에 특히 초점을 두고 EU 지침이 회원국 내 에너지 정의에 영향을 미칠 수 있는 정도를 논의했다.[69] 그들은 지침서가 소비자(즉, 프로슈머)의 참여 강화를 위한 역할을 인정했지만, 고객 취약계층을 정의하고 소비자 보호를 위해 회원국 전체에 불확실성과 불균형이 남아있을 수 있다고 설명했다. 그들은 이것이 두 부류의 프로슈머를 낳을 수 있다고 경고했다: "새로운 기술에 대한 소유권을 얻고 이익을 얻을 수 있는" 부류와 그렇게 할 수 없고 심지어 에너지 빈곤에 취약하거나 심지어 고통 받고 있는 또 다른 부류의 프로슈머들"이 그것이다.

정의와 관련된 구성요소가 있는 지역 에너지정책의 예는 서울시의 2012년 "원전 하나 줄이기" 이니셔티브에서 찾을 수 있다.[70] 해당 사례를 통하여 에너지 정의는 밀양의 고전압 송전 케이블 타워 건설을 둘러싼 갈등을 비롯한 격심한 사회적 갈등을 수반하는 인프라를 통해 외부로부터 전력을 조달하는 것이 아니라, 에너지 자급자족화를 꾀하는 구상의 한 축임을 인식할 수

---

68) Mostert, H. & Naude, T. "State Protection of Energy Consumers: Between Human Rights and Private Sector Regulation". In *Energy Justice and Energy Law*, Oxford University Press, 2020. "이 조항의 의미는 더 많은 전통적인 에너지 공급 회사들이 그러한 지역 공동체가 자체 전력을 생산하기를 단념시키기를 원한다면 그들의 가격을 낮춰야 할 수도 있다는 점에 있다."

69) Roggenkamp, M.; Diestelmeier, L. "Energy Market Reforms in the EU: A New Focus on Energy Consumers, Energy Poverty, and Energy (in)Justice?" In *Energy Justice and Energy Law*, Oxford University Press, 2020.

70) Seoul Metropolitan Government. One Less Nuclear Power Plant.

있게 되었다.71) 여기에 관하여 서울시의 정책은 서울이라는 고밀집 도시 환경에서 베란다 공간을 활용하여 "필요한 에너지 서비스를 누리기 위하여 사회 구성원들 사이의 불평등한 부담을 없애기 위한 것"이라고 설명했다.72) 나아가서 그들은 해당 이니셔티브가 특정 사회적 조건이나 에너지 서비스의 가격을 측정함에 있어서 사용되는 '에너지 공정(energy fairness),' '에너지 형평(energy equity),' '에너지 정의(energy justice)' 등의 용어로 특징지워질 수 있다고 설명한다. 마지막으로, 해당 계획은 시민의 참여를 충분히 고려했는데, 이는 에너지 효율 측정에 대한 개인의 참여에 초점을 맞춘 것으로 보인다. 또한 "종교, 교육, 문화 분야뿐만 아니라 시민 단체, 기업, 미디어 분야의 명성 있는 인물 19명"으로 구성된 시민 위원회를 설립하는 등 정책 수립에 대한 시민의 의견을 촉구하였다.73) 해당 위원회가 소외된 시민의 목소리를 높이는지는 분명치 않지만, 위원장은 에너지 절약도시에서 생산도시로의 정책 패러다임 전환을 주도하고, "OLNPP 이니셔티브의 정책 방향을 결정하며", "OLNPP 이니셔티브의 계획과 수정안을 검토하며 전반적인 조정을 검토할 책임이 있다"고 설명했다.74)

나. 에너지 정의 원칙의 운영에 있어 마이크로그리드의 잠재적 역할

이러한 예들은 에너지 정의가 다양한 규모의 정책에서 다양한 맥락적 의미를 가질 수 있음을 보여준다. 그러나, 그 어느 것도 에너지 정책이 아래 [그림 7-1]에서 확인된 세 가지 핵심 에너지 정의 원칙인 절차적 정의, 분배적 정의 그리고 복원적 정의의 구현에 아직까지 성공하지 못했다.75) 이 프레임워크에서 에너지 정의는 의사결정 프로세스가 (i) 소외된 관점과 지역사회

---

71) Ahn, B.-O. Less Nuclear Power Plant: A Case Study of Seoul Megacity
72) Byrne, J. & Yun, S.J. Achieving a Democratic and Sustainable Energy Future: Energy Justice and Community Renewable Energy Tools at Work in the OLNPP Strategy, 2017
73) Ahn, B.-O. (전게 각주 71).
74) Byrne, J. & Yun, S.J. (전게 각주 72)
75) Ton, D.T. & Smith, M.A. (전게 각주 5).

를 공정하고 능숙하게 통합해야 한다고 요구하며(절차적 정의); (ii) 에너지
시스템의 생성, 전송, 분배, 소비 및 기타 요소(분배적 정의)의 편익과 부담
을 공평하게 분배하고; (iii) 에너지 시스템에 의해 야기된 과거와 현재 진행
중인 위해를 복구한다(복원적 정의). 76)

[그림 7-1] 에너지 정의의 핵심 3원칙

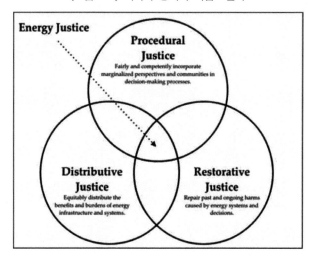

근래 에너지 정의에 관한 학문적 연구가 확산되고 있지만, 그러한 원칙을
운용함하기 위해서는 아직까지 많은 과제가 산적되어 있음을 공통적으로 강
조한다. 예를 들어, 에너지 전환에서 다양한 분배적 그리고 절차적 정의에
관한 기회와 과제를 탐구했고, 청정에너지를 정의하기 위한 데이터의 "부족
(paucity)"을 확인했다. 77) 그들은 "청정에너지 일자리"의 정의와 분배와 같은

---

76) Id,; Zehr, H. *The Little Book of Restorative Justice; Revised and Updated,* Good Books,
2014; MacKenzie, M,K. *et al,* "Environmental Justice for Indigenous Hawaiians: Reclaiming
Land and Resources," *Nat, Res, Environ,* 21, 2007; Yamamoto, E,K, & Lyman, J,-L,
"Racializing Environmental Justice," *Univ, Colo, Law Rev,,* 72, 2001.

77) Eisen, J,B, & Welton, S, "Clean Energy Justice: Charting an Emerging Agenda," *Harv,
Environ Law Rev,* 43, 2019.

문제에 대한 데이터 격차를 강조했고, 에너지 빈곤과 그 상관관계에 대한 데이터를 태양광발전의 분산규모, 전력망 현대화, 지역사회의 참여, 그리고 기타 주제와 관련된 정책과 결합할 필요성을 확인했다. 에너지 인프라 구축에 대한 분배적 정의와 관련하여, 그들은 현명하게도 "풍력 및 태양광발전가 지역사회에 미치는 영향, 즉 설비의 크기"에 주목했고, 대규모 재생 에너지 인프라의 잠재력과 필요한 송전 인프라에 주목했다. 또한 다른 연구에서도 에너지 정의를 이해함에 있어서의 경험적 차이를 확인했다.[78]

이처럼 에너지 정의에 관한 질문, 도전 그리고 기회를 체계적으로 식별하려는 노력에도 불구하고, 에너지 정의 원칙을 운용하는데 있어서 마이크로그리드의 잠재적 역할은 상대적으로 주목을 덜 받고 있다. 특히 분산형 마이크로그리드가 세 가지 에너지 정의의 원칙을 실현시킬 수 있음에 주목해야 한다.[79] 마이크로그리드를 사회·공학적 시스템으로 식별하면서 마이크로그리드가 그 범위 안에서 새로운 사회적 관계를 통해 전력생산과 소비의 전통적인 역할을 재구성할 수 있는 기회를 제공한다고 설명했다. 마이크로그리드에 대한 구체적인 참조 없이, 지역사회 규모의 재생에너지 모델에서 "포용적 참여, 집단 소유권 및 지역사회 권한 부여"로 정의를 촉진할 수 있는 방법이 비슷하게 검토되고 있다.[80] Welton은 "형평성과 권한 강화 측면에서 가장 성공적인 망 실험은 그에 대한 참여의 더 집합적인 형태에 초점을 맞추는 것에

78) Finley-Brook, M., & Holloman, E.L. "Empowering Energy Justice." *Int. J. Environ. Res. Public Health*, 13, 2016; Zhou, S. & Noonan, D.S. "Justice Implications of Clean Energy Policies and Programs in the United States: A Theoretical and Empirical Exploration." *Sustainability*, 11, 2019.

79) Wolsink, M. "Fair Distribution of Power Generating Capacity: Justice in Microgrids utilizing the Common Pool of Renewable Energy." In Bickerstaff, K. *et al.*, (Eds) *Energy Justice in a Changing Climate: Social Equity and Low-Carbon Energy Just Sustainabilities*, Zed Books, 2013.

80) Banerjee, A. *et al.*, "Renewable, ethical? Assessing the energy justice potential of renewable electricity." *AIMS Energy*, 5, 2017.

서 비롯될 수 있다"고 말했다. 따라서 규제 당국은 지역사회 규모의 참여를 위한 지역사회의 태양광에너지 및 마이크로그리드 형성과 같은 프로그램에 특히 주의해야 한다"고 지적하였다.[81]

한편, 시골지역의 전력화를 통한 에너지 접근을 촉진하는데 있어서 마이크로그리드의 잠재적 역할을 평가하였다.[82] Venkataramanan과 Marnay는 방글라데시에서 개척된 마이크로그리드 공공모델을 "지역 경제 발전과 적절히 통합될 경우 대규모 자본개발의 지원 없이 풀뿌리 태양광 프로젝트를 수행할 수 있는 상태적 용이성의 증거이며, 마이크로 하이드로, 태양광발전 및 소규모 풍력 터빈과 같은 재생에너지 기술의 유사한 응용이 개발도상국에서 널리 확대되고 있다"[83] 이는 위에서 그리드 계획과 인프라 구조의 맥락에서 논의된 유연성과 모듈성의 마이크로그리드 특성이 보편적 에너지 접근의 형태로 에너지 정의와 관련하여 유익한 특성이 될 수 있음을 시사한다.

마이크로그리드가 매우 국소화된 에너지 및 개발 요구를 설명할 수 있는 능력은 섬의 전력화 맥락에서 큰 관련이 있다. 예를 들어 태국, 태평양 및 인도네시아와 같은 곳의 섬 지역 사회를 전기화할 수 있는 마이크로그리드의 가능성이 분석되기도 하였으며,[84] 필리핀 섬 지역 사회의 전기화를 고려하여 "100% 재생에너지 시스템은 전기화에 적합한 옵션이며 높은 에너지 자

---

81) Welton, S, "Clean Electrification," *Univ. Colo. Law Rev.* 88, 2017.

82) Bertheau, P. *et al.*, "Visualizing National Electrification Scenarios for Sub-Saharan African Countries," *Energies*, 10, 2017; Williams, N. J. *et al.*, "Enabling private sector investment in microgrid-based rural electrification in developing countries: A review," *Renew. Sustain. Energy Rev.* 52, 2015; IEA. Africa Energy Outlook 2019.

83) Venkataramanan, G. & Marnay, C. A "larger role for microgrids." *IEEE Power Energy Mag.*, 6, 2008.

84) Veilleux, G. *et al.* "Techno-economic analysis of microgrid projects for rural electrification: A systematic approach to the redesign of Koh Jik off-grid case study." *Energy Sustain. Dev.* 54, 2020.

율성과 적은 운영 비용을 허용한다"고 결론지었다.[85] 또한 해당 분석은 100% 재생에너지 설계가 초과 발전 용량을 활용하는 경우가 많아, 주변의 경제 개발 기회를 창출하고, 그렇지 않으면 '한계 비용이 0으로 감소하여 이용할 수 있는 에너지'를 활용한다는 점에 주목했다.

그러나 마이크로그리드가 집단적 특수성, 보편적 접근성 및 재생에너지의 보급을 촉진시킨다고 결론짓더라도 이것이 본질적으로 에너지 정의의 도전에 답을 제시하는 것은 아니다. 마이크로그리드에 누가 참여하며, 소유 또는 관리할 수 있는지, 어떤 조건으로 참여할 수 있는지, 그리고 누구의 이익을 위한 것인지에 대한 의문이 남는다. 여기서 마이크로그리드 구조의 유연성은 기회를 제공하는 것만큼의 과제를 발생시킨다. 따라서 더 큰 에너지 시스템(예를 들어 요금제, 자본 접근 등) 내에서 다양한 마이크로그리드(또는 기타 재생 에너지 기반구조)를 구성하기 위해 다른 제도적 프레임워크를 업데이트해야 한다는 필요성을 확인한 것이다.[86] 7가지 사례 연구를 기반으로 마이크로그리드 개발을 위한 모범 사례를 논의한 연구에서는 성공적인 마이크로그리드 개발을 위한 다음과 같은 추가적인 "중요 요소"를 확인했다: "요금제 설계, 요금제 징수 메커니즘, 유지보수 및 계약자 성능, 도난 관리, 수요 증가, 부하 제한, 현지 교육 및 교육 제도화" 등이 바로 그것이다.[87]

---

85) Bertheau, P. "Supplying not electrified islands with 100% renewable energy based micro grids: A geospatial and techno-economic analysis for the Philippines." *Energy*, 202, 2020.

86) Banerjee, A. *et al.* (전게 각주 80); Powers, M. "An Inclusive Energy Transition: Expanding Low-Income Access to Clean Energy Programs." N.C. J. Law Technol., 18, 2017.

87) Schnitzer, D. et al., "Microgrids for Rural Electrification: A Critical Review of Best Practices Based on Seven Case Studies" United Nations Foundation, 2016.

Ⅲ. 두 가지 재생에너지 계획에 있어서 마이크로그리드의 역할

1. 하와이

2015년 하와이는 전력회사가 늦어도 2045년까지 100% 재생가능 포트폴리오 기준(RPS)을 달성하도록 요구하는 100% 재생에너지 기준을 채택했으나.[88] 주의 전력회사들은 법의 RPS 목표치(2020년까지 30%)를 초과하였다. 하와이 최대 전력회사인 하와이안 전력(the Hawaiian Electric Companies)은 전체 서비스 영역에 걸쳐 34.5%의 통합 2020 RPS를 달성했다.[89] 개별 섬 차원에서는 더 높은 RPS 기준을 달성했으며, 하와이 섬이 43.4%, 마우이 카운티(3개 비연결 섬 포함)가 2020년에 50.8%를 기록했다. 동법이 RPS를 전기 판매량에 비례하여 재생 에너지 발전으로 계산하기 때문에, 이러한 RPS값은 "총" 재생에너지보다 약 4%에서 11% 더 높으며, 이는 전체 발전량에 대한 재생에너지 생산의 비율로 더 단순하게 설명될 수 있다.[90] 분산 발전(옥상 태양광)은 하와이안 전력의 2020년 재생에너지 발전량의 거의 절반을 차지했으며, 유틸리티 규모의 풍력과 태양광발전은 각각 약 1/5과 1/6을 차지했다. 바이오매스(도시 고형 폐기물 연소 포함), 바이오 연료, 수력 및 지열에너지는 2020년 하와이 재생가능에너지 발전의 나머지 부분을 차지했다.

카우아이 섬(Kaua'i Island 유틸리티 협동조합, KIUC)은 이 글을 작성하는 시점까지 2020년 RPS를 보고하지 않았고, 2019년에는 56.5%로 보고했다.[91] KIUC는 또한 "지금은 햇빛이 잘 드는 날 5시간 이상 100% 재생에너지로 일

---

88) Act 97 (Hawai'i 2015).
89) Hawaiian Electric Companies. 2020 Renewable Portfolio Standard Status Report;, 2021.
90) Hawaiian Electric Companies. Key Performance Metrics, Renewable Energy.
91) Kaua'i Island Utility Cooperative. 2018 Annual Renewable Portfolio Standards Status Report, 2019.

상적으로 가동하고 있다"고 보고했다.[92] 분산형 태양광, 수력 발전 및 바이오매스 외에도, KIUC 시스템은 배터리형 태양광을 포함한 유틸리티 규모의 태양광을 활용한다.

하와이의 각 전력회사는 100% 재생가능에너지를 달성하기 위해 자원 계획을 적극적으로 구현하고 있지만, 이러한 계획의 지속적인 반복은 특정 재원 추가 및 퇴출에 대한 옵션을 계속 평가하고 있다.[93] 마찬가지로, 2017년과 2018년 기준 100% 재생가능에너지 시스템의 실행 가능성을 논의하는 문헌에서 기술적 경로를 모델링하고 이를 평가하고 있다.[94] 또 다른 모델링에서는 하와이의 100% RPS법을 만족하는 100% 재생가능에너지 시스템이 "놀랍도록 저렴하다"고 결론지었으며, 오염 비용을 고려하지 않고도 화석연료

92) Kaua'i Island Utility Cooperative. Renewables (https://website.kiuc.coop/renewables%20).
93) Jacobson, M.Z. et al., "100% clean and renewable wind, water, and sunlight all-sector energy roadmaps for the 50 United States." Energy Environ. Sci., 8, 2015; Johnston, J. et al., Switch 2.0: A modern platform for planning high-renewable power systems. SoftwareX 2019; Imelda Fripp, M. & Roberts, M. "Variable Pricing and the Cost of Renewable Energy, University of Hawai'i Economic Research Organization, 2018; Fripp, M. "Intercomparison between Switch 2.0 and GE MAPS models for simulation of high-renewable power systems in Hawaii." Energy Sustain. Soc., 8, 2018; Prina, M.G. et al., "Classification and challenges of bottom-up energy system models—A review". Renew. Sustain. Energy Rev., 129, 2020; Aghahosseini, A. et al., Techno-Economic Study of an Entirely Renewable Energy-Based Power Supply for North America for 2030 Conditions. Energies, 10, 2017; Aghahosseini, A. et al., "Analysing the feasibility of powering the Americas with renewable energy and inter-regional grid interconnections by 2030." Renew. Sustain. Energy Rev., 105, 2019; Hodge, B.S. et al., "Addressing technical challenges in 100% variable inverter-based renewable energy power systems" Wiley Interdiscip. Rev. Energy Environ., 9, 2020; Blanco, H. & Faaij, A. "A review at the role of storage in energy systems with a focus on Power to Gas and long-term storage." Renew. Sustain. Energy Rev., 81, 2018; Hansen, K. et al., "Status and perspectives on 100% renewable energy systems." Energy, 175, 2019.
94) Brown, T. et al., Response to 'Burden of proof: A comprehensive review of the feasibility of 100% renewable-electricity systems'. Renew. Sustain. Energy Rev., 92 2018; Heard, B. et al., Burden of proof: A comprehensive review of the feasibility of 100% renewable-electricity systems. Renew. Sustain. Energy Rev., 76, 2017.

기반 시스템과 비교하여 후생이 개선되었다고 보았다.[95] 또한 미니 그리드 (mini-grids)에 대한 검토와 분산형 자율 에너지 시스템 검토[96]와 같은 100% 재생가능에너지 맥락에서 관련 개념을 검토하였지만, 마이크로그리드는 상기 작업에서 실질적인 역할을 하지 않는 것으로 보인다.

하와이가 100% RPS를 채택하기 전에도 주 규제 당국은 재생가능에너지로의 전환을 지원하는 마이크로그리드의 역할을 구상했다. 2014년 하와이 공익산업위원회(HPUC)는 하와이 주 에너지 시스템의 미래에 대한 일련의 획기적인 의향을 발표했다.

> 기술 혁신은 부하 및 발전 자원의 총 비축량을 집계하는 통합 에너지 구역의 개발을 지원하고 있으며, 비상시 주요 망 연결을 끊고 다시 연결할 수 있는데, 해당 개념의 하위 집합을 마이크로그리드로 설명하기도 한다. 하와이에서는 다양한 마이크로그리드 시연 프로젝트가 진행 중이며 대규모 에너지 고객들은 에너지 수요를 충족시키기 위해 이러한 시스템 개발을 조사하고 있다. 섬의 전력 시스템이 발전함에 따라, 전력회사의 송배전 시스템 계획은 통합성을 지향해야 하며, 관련 기술이 성숙함에 따라, 이러한 시스템은 송전 시스템의 대안으로 평가되어야 할 것이다.[97]

현재 하와이에는 스코필드 군사 시설에 있는 약 50MW급 화력발전소를 기반으로 하는 마이크로그리드가 있다.[98] 해당 발전소는 미 육군과 하와이

---

95) Imelda Fripp, M. & Roberts, M. (전게 각주 94).
96) Eras-Almeida, A. & Egido-Aguilera, M. "Hybrid renewable mini-grids on non-interconnected small islands: Review of case studies," *Renew. Sustain. Energy Rev.*, 116, 2019; Weinand, J.M. *et al.*, "Reviewing energy system modelling of decentralized energy autonomy." *Energy*, 203, 2020.
97) Hawai'i Public Utilities Commission. Order 32052, 2014.
98) Hawai'i Public Utilities Commission. Decision and Order No. 33178, 2015.

전력 회사 간의 공동 프로젝트이며 연료의 유연성을 기반으로 설계되었으며, 육군의 프로젝트 요건에 따라 연간 바이오 연료의 50% 혹은 300만 갤런 중에서 더 적은 양을 사용해야 한다.[99] 비상시에는 해당 시설을 통하여 군사 시설에 전력을 공급할 수 있다. 또한 정전 복구 중 블랙 스타트 기능, 주파수 조절을 위한 고속 램프, 전압 조절 및 관성적인 응답과 같은 망 서비스를 제공할 수 있다.

하와이 자연 에너지 연구소(NELHA)에서 개발 중인 또 다른 마이크로그리드는 에너지 변환 및 기타 차가운 바닷물을 사용한 해수 펌핑 시스템과 함께, 다양한 에너지 및 기타 연구를 진행하고 있다. 해당 마이크로그리드는 600kW의 태양광발전 용량, 585kWh의 배터리 저장용량, 기존 디젤 발전 용량 및 자동화된 마이크로그리드 관리 소프트웨어를 통해 펌프의 임계 부하를 관리함으로써 시설의 에너지 복원력을 높이도록 설계될 것이다.[100] 여기에는 LG전자, 엔코어드, 서울대학교, 광주과학기술원, 하와이 마노아 소재 하와이 자연에너지연구소 등이 공동 참여했다.

마이크로그리드의 추가 개발을 촉진하기 위해 하와이 의회는 2018년 Act 200을 통과시켰다.[101] 입법부는 "마이크로그리드는 더 높은 수준의 재생에너지와 고급 분산 에너지 자원의 통합을 가능하게 함으로써 [하와이의] 청정에너지 정책의 달성을 촉진할 수 있다"고 주장했다. 그리고 "마이크로그리드는 다른 보조 서비스 중에서도 부하 이동, 주파수 응답 및 전압 제어를 지원하기 위해 에너지 저장 및 수요 대응을 포함한 공공 전력망에 귀중한 서비스를 제공할 수 있다"라고 언급했다. 또한 마이크로그리드 정책이 "상호연결 장벽

---

99) *Id.*

100) Natural Energy Laboratory of Hawaii Authority; Board of Directors, Meeting Minutes, 2019.

101) Act 200 (Hawai'i, 2018)

과 마이크로그리드 운영자와 유틸리티 간에 교환되는 서비스의 가치에 관한 표준 용어 부족 등 여러 요인에 의해 개발이 억제되었다"라는 점에 주목했다. 이를 근거로 Act 200은 HPUC에 마이크로그리드 상호 연결을 표준화하고, 마이크로그리드 서비스의 가치를 평가하도록 설계된 마이크로그리드 서비스 요금제를 제정하도록 지시했다.

　　요금제를 설계하기 위해 HPUC에서 여전히 지속되고 있는 규제안에는 하와이 전력회사, 주 소비자 옹호 사무국, 마이크로그리드 산업 무역 그룹, 에너지 컨설팅 사업, 재생 에너지 산업 무역 그룹 및 옹호자, 그리고 두 지역사회 그룹을 포함한 6개 기관이 참여하고 있다. 해당 프로세스는 마이크로그리드가 주의 100% 재생에너지 전력 그리드를 지원하는 방법을 결정함에 있어서 해결되어야 하는 정책 격차를 충분히 보여주었다. 초기 단계에서 HPUC는 마이크로그리드 서비스 요금제의 범위를 정의하기 위한 일련의 "예비적" 질문을 식별했다.102) 아래 [표 7-2]에는 이와 같은 취지의 질문이 정리되어 있다.

[표 7-2] 하와이의 마이크로그리드 서비스 요금 규제 관련 예비 정책 질문

- 마이크로그리드라는 용어는 어떻게 정의되어야 하는가?
- 마이크로그리드의 특성(예컨대 섬의 기능, 생성 자원 유형, 크기 등)을 해당 정의에 포함해야 하는가?
- 마이크로 그리드 서비스 요금에 포함되어야 하는 소유 구조(소비자, 협동조합, 타사, 전력회사 자체가 각각 효용을 차지하는 구조)
- 어떤 마이크로 그리드 서비스나 기능을 고려해야 하는가?
- 마이크로 그리드 소유자/운영자가 고객/가입자에게 최소한의 서비스를 제공해야 하는가?
- 기존 요금 제도 및 프로그램이 마이크로그리드 서비스 요금과 어떻게 조정되고 조화를 이루어야 하는가?
- 마이크로그리드를 전기 그리드에 안전하고 신뢰성 있게 통합할 수 있도록 상호연결 표준과 절차를 어떻게 수정해야 하는가?

---

102) Hawai'i Public Utilities Commission, Order No. 35884, 2018.

비록 위 질문들이 "예비적"으로 분류되었지만, 그 중 하나는 쉽게 해결된 것으로 보인다. HPUC는 마이크로그리드 서비스 요금을 사용하기 위해 자주 인용되는 미국 에너지부의 마이크로그리드에 관한 정의를 채택했다.[103] 마이크로그리드 특성과 관련하여, 위원회의 예비적 결정은 마이크로 그리드가 "혼합된 자원프로파일을 가질"수 있도록 허용했다. 즉, 마이크로그리드는 처음부터 100% 재생 가능한 전력을 사용하여 작동할 필요가 없다. 특히 요금 초안은 섬 모델로 운영되는 마이크로그리드가 전력회사의 재생 가능한 포트폴리오 표준을 계산할 때 포함되지 않아야 한다고 명시하고 있다.[104] 그러나 위원회는 "하와이의 [재생 가능한 포트폴리오 기준] 목표달성을 지원하는 미래 마이크로그리드의 에너지 포트폴리오에 더 많은 재생 가능한 자원이 포함될 것으로 예상한다. 마이크로그리드서비스 요금에 참여하는 사람들은 주의 광범위한 에너지 정책 목표를 인식하고 주로 재생 에너지 자원으로 구성된 마이크로그리드를 개발하는 것을 목표로 해야 한다."라고 언급했다.[105] 향후 요구사항의 세부 내용과 나머지 "예비적" 질문에 관한 추가 논의가 남겨져 있다. 이를 위해 위원회는 검토와 잠재적 승인을 위해 HPUC에 마이크로그리드서비스 요금를 제공하는 것을 목표로 두 개의 워킹 그룹을 구성하여 해당 문제를 조사하였다.

워킹그룹 과정은 근본적인 정책질문이 풀리지 않은 상태를 다시 한 번 보여준다. 예를 들어, 그룹은 세 가지유형의 마이크로그리드를 요금에서 범주적으로 제외할 것을 권고했다: (i) 효용 마이크로그리드(기존 규제 프로세스를 통해 상호 연결 및 보상됨), (ii) 원격 마이크로그리드(광범위 그리드에 상호 연결되지 않음), (iii) 가상 마이크로그리드(마이크로그리드의 정의와 호환

---

103) Hawai'i Public Utilities Commission, Order No. 36481, 2019.

104) Hawai'i Public Utilities Commission, Hawaiian Electric's Transmittal of a Draft Microgrid Services Tariff, 2020.

105) *Id.*

되지 않음).106) 원격 마이크로그리드의 배제는 그러한 그리드가 하와이에서 개발될 수 없음을 나타내는 것이 아니라 마이크로그리드 서비스 요금가 상상하는 방식으로 그리드 서비스를 제공하지 않을 것임을 나타낸다. 원격 마이크로그리드는 다양한 정책 질문에 대한 답변을 필요로 한다. 이를테면, 원격 마이크로그리드 사업자를 공익사업자로 규제해야 하는지에 관한 문제가 있다.

가. 하와이의 마이크로그리드 서비스요금의 유연성과 모듈성

법안(Act) 200의 요소들은 특히 유연한 마이크로그리드 서비스 요금를 요구했다. 요금는 마이크로그리드 소유권 및 운영 모델("누구나 적격마이크로그리드 프로젝트 하나 또는 여러 개를 소유하거나 운영할 수 있다")을 수용해야한다. 다른 방법으로, 적격 마이크로그리드 모델은 제한될 것으로 보인다. 워킹 그룹은 마이크로그리드가 공통 결합 지점(효용 배전 기반구조)을 넘어 효용 및 비효용 기반구조를 모두 사용하는 경우, 발전 용량이 3MW 이상인 마이크로그리드는 요금를 적용 받을 자격이 없어야 한다고 권고했다. 이것들은 요금 초안에서 "하이브리드마이크로그리드"로 지정되어 있다. 워킹 그룹들은 그러한 약정의 잠재적 복잡성으로 인해 표준화된 상호연결과 보상 조건이 아닌 개별적으로 협상된 전력구매약정이 요구된다고 판단하였다. 이는 "[마이크로그리드] 기능의 다양성은 단일 크기, '그리드에지(grid-edge)' 자원 요금를 통해 그리드에 통합될 수 없으며, 특정 그리드 에지 자원이 제공하는 특정 서비스의 평가를 통해서만 통합될 수 있다"는 연구와 부분적으로 일치하는 것으로 보인다.107) 이러한 접근방식과 대조적으로, 워킹 그룹은 마이크로그리드 발전 용량이 3MW보다 크더라도 공통 결합 지점을 넘어 비효용 기반구조만 활용하는 마이크로그리드가 여전히 요금에 적합해야 한다고 권고했다. 이것들은 "고객 마이크로그리드(customer microgrid)"로 지정되어

---

106) Hawai'i Public Utilities Commission, Microgrid Services Tariff Working Groups Status Update, 2019.
107) McCauley, D. & Heffron, R. (전게 각주 4).

있다. 아래의 [그림 7-2]는 이 두 가지 범주의 마이크로그리드의 간단한 버전
을 보여준다.

[그림 7-2] 하와이에서 제안된 마이크로그리드 서비스 요금의 마이크로그리드 범주

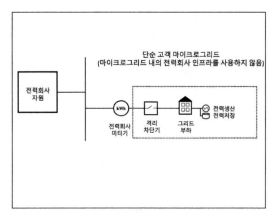

(a) "고객" 마이크로그리드는 마이크로그리드 내의 유틸리티 인프라를 활용하지 않으며,
요금에 따라 표준화된 상호연결이 가능하며,

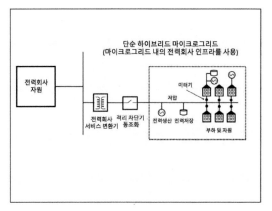

(b) "하이브리드" 마이크로그리드는 그리드 내 유틸리티 및 고객 인프라를 모두 사용하며,
전력회사와 개별적으로 전력구매계약을 체결해야 할 것임.[108]

---

108) *Id*

전력회사의 배전 인프라를 사용하는 마이크로그리드와 그렇지 않는 경우의 차이는 전력회사가 그리드 서비스를 제공할 때 전력회사 인프라 사용에 대해 어떻게 보상해야 하는지에 대한 질문을 발생시킨다. 예를 들어, 마이크로그리드의 그리드 서비스의 가치는 이를 제공하는데 사용되는 전력회사 인프라의 가치에 의해 부분적으로 상쇄될 수 있다. 여기에 관하여 전력회사의 인프라를 사용하여 서비스를 제공하는 마이크로그리드에 대한 보상은 동일한 인프라의 사용에 대한 이중과세의 문제를 발생시킬 수 있다는 견해도 존재한다. 또 다른 관점에서는 현대 전력 인프라의 목적은 전력회사, 마이크로그리드, 그리고 다른 형태의 배전 인프라에 의한 그리드 서비스를 가능하게 함에 있다고 지적한다.

용량제한에 관해서는 3MW 용량이 최적화 및 보편화된 상한을 반영하고 있는지 명확하지 않으며, 표준화된 상호연결 및 보상조건이 실행 불가능하거나 비효율적이게 된다. 오히려 하와이 전력회사는 위의 컷오프가 대략적인 전력공급 용량에 기초하여 선택되었음을 나타내고 있다. HPUC는 최근 당사자 쌍방에게 프로젝트 규모의 상한을 변경 또는 폐지할 것을 재검토하도록 요청했다.[109] 또한 하와이에서 실현 가능한 대규모 마이크로그리드의 사용 사례가 다수 보급될 가능성이 있는지 여부는 불분명하다(다만 50MW의 Schofield 마이크로그리드는 가능성이 보인다). 유연성의 일반적인 특성은 가능성이 다소 낮더라도 표준화된 조건을 사용하여 더 큰 마이크로그리드를 개발할 수 있도록 하는 요금가 요구된다는 것이다.

HPUC와 워킹그룹은 실증 프로젝트를 지원하기 위해 추가 규제의 유연성이 보증되는지도 고려했다. 그러나 NELHA의 시연 프로젝트는 표준 상호접속 합의를 통해 상호 접속될 것으로 보이며, HPUC와 워킹 그룹은 시연 프로

---

109) Hawai'i Public Utilities Commission, Commission Guidance, 2020.

젝트에서의 규제 유연성 개념에 대해 별다른 우선순위를 부여하고 있지 않다.110)

나. 하와이의 마이크로그리드서비스 요금 복원

Act 200은 "하와이 주민과 기업은 극단적인 기상현상이나 기타 재해로 인하여 에너지 시스템이 취약하고," "마이크로그리드 사용은 우리 커뮤니티에 에너지 복원력을 불러와 공공의 안전과 보안의 향상을 가져온다"는 구체적 입법 조치를 발동하고 있다.

이러한 논리적 근거에도 불구하고, Act 200은 마이크로그리드 서비스 요금이 마이크로그리드의 복원력 가치를 화폐화 또는 보상해야 함을 의무화하지 않았다. 오히려 요금제도는 "전기사업자, 마이크로그리드를 운영하는 자, 사업자, 기타 요금 지불자에 대하여 또는 그에 의하여 제공되는 전기, 그리드 서비스, 기타 혜택에 대하여 공정한 보상을 제공하기 위하여" 보다 넓게 적용되어야 한다. 이러한 문언은 하와이의 커뮤니티 태양광 프로그램을 개시하는 초기의 법률을 모델로 하고 있으므로, 마이크로그리드에 초점이 맞춰져 있는 것 같지는 않다.111)

워킹 그룹 회의는 당초, 이러한 보상된 '기타 이익'의 잠재적인 범위(복원력 등)를 고려하고 있었다. 그러나 이러한 고려사항은 그리드 전체에 대한 복원력과 비교했을 때 마이크로그리드 내의 참여자에 대한 추가 복원력의 차이로 인해 복잡하다. HPUC는 개발의 초기단계로 위급상황이나 그리드 정지 시 에너지 서비스의 복원력을 지원한다는 요금 문언 초안을 만들도록 지시했다.112) 이는 향후 '긴급상황이 발생하거나 또는 그리드 정지 시에 섬 모

---

110) *Id*

111) Act 100 (Hawai'i, 2015)

112) McCauley, D. & Heffron, R. (전게 각주 4).

델로 동작하도록 그리드로부터 절단할 수 있는 마이크로그리드를 유효하게 한다'는 것을 의미한다는 것이 밝혀졌다.113) 이렇게 부여된 우선순위 하에서 복원력은 주로 마이크로그리드 참여자에 의해 얻어지는 이익이기 때문에 요금을 통하여 그리드 서비스를 폭넓게 보상할 필요는 없다고 생각된다. 공공 요금이 마이크로그리드 내 복원력의 잠재적인 사회적 가치를 보상하기 위해 사용되어야 하는지 여부는 아직까지 미해결 문제이다.114) 예를 들어, 이러한 보상은 긴급피난처로서 이용할 수 있는 시설로서의 역할을 하는 마이크로그리드 개발을 촉진할 것인지, 혹은 촉진해야하는 지의 문제를 대두시킨다. 워킹 그룹은 이 문제에 대하여 '비참여자에 대한 광범위한 이익을 제공하기 위해' 유보된 장래의 복원력을 요금으로 대처할 가능성이 있음을 시사한 것이다.115)

그럼에도 불구하고 마이크로그리드 서비스 요금은 마이크로그리드의 섬 모델 기능과 관련된 복잡성을 해결해야 한다. 예를 들어, 한 워킹 그룹의 리더는 마이크로그리드가 비상 상황이 아닌 이유로 섬에 대한 일방적인 권리를 가지고 있다면, "논리적인 확장으로 마이크로그리드가 유틸리티 인프라를 백업용으로 사용하는 그리드 이탈을 가능하게 할 수 있다"고 주장했다. 한편 무역 단체인 Microgrid Resources Coalition은 "마이크로그리드가 그리드에 대한 계약상 서비스 의무가 없다면, 원할 경우 섬 모델로 전환될 수 있다"라는 경쟁 의견을 제시하면서, "첨단 마이크로그리드는 중립 부하에서 병렬 운영에서 탈피하거나 진입할 수 있어야 한다"면서 이를 통하여 "그리드에 문제를 일으키거나 이를 악화시키지 않아야 한다"고 상소하였다. 이러한 단독운전화 방지 조항은 요금에 관한 초안이 여전히 개정 중에 있다. 따라서 이 문제는

---

113) Working Group Report. Instituting a Proceeding to Investigate Establishment of a Microgrid Services Tariff, 2020.
114) McCauley, D. & Heffron, R. (전게 각주 4).
115) *Id.*

규제 측면에서는 아직 해결되지 않으나, 요금을 활용한 마이크로그리드에 대한 기술 궁극적인 기술적 기대를 나타낸다.

요금 초안은 모니터링과 보고를 고려하는데, 이는 그리드 전반에 대한 복원력의 중요한 요소이다. 하이브리드형 마이크로그리드(즉, 유틸리티 및 비유틸리티 분배 기반구조를 모두 활용하는 마이크로그리드)는 유틸리티의 감독 제어 및데이터 획득(SCADA) 시스템과 마이크로그리드 제어기 사이에 안전한 통신 수단을 제공해야 하며, 이를 위해 전압 및 전력 흐름. 공통 결합, 예비 용량, 마이크로 그리드 내부의 제어 가능한 분배 자산의 상태, 남은 부하 서비스 지속 시간 및 기타 데이터 지점과 같은 다양한 변수를 고려해야 한다.116)

다. 하와이의 마이크로그리드 서비스 요금에서 비용 효율성

요금 초안은 마이크로그리드를 사용하는 자가 현재 요금이 전력 또는 서비스의 제공자, 수혜자, 그리고 그리드에 대한 보상이 될 수 있도록 디자인 하는 "포털 요금"으로 간주된다. 따라서 HPUC는 마이크로그리드 서비스 요금이 그와 관련된 새로운 보상 제도를 확립할 필요는 없다고 지적했다.117) 대신, 위원회는 해당 문제를 분산 에너지 자원("DERs")의 보상 방법의 탐구(문서 번호2019-0323)와 에너지 및 서비스에 대한 소매 탁송(wheeling)의 역할에 대한 잠재적인 향후 논의에 회부했다. 따라서, 마이크로그리드 서비스 요금의 채택이 하와이의 그리드 기반 전력 또는 서비스의 비용 효율성에 실질적으로 독립적 영향을 미칠 것으로 보이지는 않는다. 마이크로그리드 서비스 요금의 영향은 상호연결 요건을 명확히 하는 초기 단계에 집중될 것이다. 하와이의 비용효율성에 미치는 영향은 가까운 장래에 결정될 것이며, 주

---

116) Hawai'i Public Utilities Commission (전게 각주 104).

117) Hawai'i Public Utilities Commission, Microgrid Working Group Status Update—Commission Guidance, 2020.

로 마이크로그리드의 직접적 특성에 의해 달성되는 비용 또는 절감액에 의해 결정될 것이다. 상호연결 요구사항을 명확히 하고, 그러한 마이크로그리드가 다양한 기타 요금(DER, 수요 대응 집계 등)에 참여하는 경우, 다른 요금제를 통해 비용 효율성에 이차적인 영향을 미칠 수 있다. 마이크로그리드 자원연합(상기 언급한 C. Baird Brown으로 대표된다)은 이러한 접근법을 비판했다. 그들은 요금 초안이 마이크로그리드 상호 연결을 효율화하는데 실패했으며, 제공할 수 있는 고유 서비스에 대해 보상하는 방법을 적절하게 고려하지 않고, 다른 자원과 동일한 프로그램에 적합하게 만듦으로써 마이크로그리드 보상에 "노드(nod)"만 만들었다고 주장했다.[118)

라. 하와이의 마이크로그리드서비스 요금에 있어서 에너지 정의

마이크로그리드 서비스 요금은 에너지 정의에 초점이 맞춰져 있지 않은 듯 하다. Act 200과 그에 따른 요금제 초안은 '어떤 사람 또는 단체'에 의한 소유를 인정하고 있다. 그러나 요금제 초안에는 특수 가치의 흐름에 대해 마이크로그리드를 보상할 수단이 없는 경우에 분배적, 절차적 또는 회복적 의미에서 형평성을 촉진하는 마이크로그리드를 선호하거나 촉진하는 내용은 보이지 않는다. 자본접근과 같은 기본적인 장벽은 서비스가 부족한 지역사회에 여전히 걸림돌이 될 것이다.

그럼에도 불구하고, 일부 커뮤니티는 요금제가 특수한 요구를 만족시키는 마이크로그리드의 상호접속을 가능하게 하는 것을 발견할 수 있다. 예를 들어, 하와이 섬에 있는 하와이안 홈스테드 커뮤니티의 카일라파(Kailapa)는 커뮤니티 복원 계획을 작성하였다.[119) 최우선 사항으로서 커뮤니티는 담수에 대한 안전한 접근의 필요성을 확인했다. 이는 비용 상승(주택용수 비용은

---

118) Hawai'i Public Utilities Commission. Comments of Microgrid Resources Coalition on Hawaiian Electric's Transmittal of a Draft Microgrid Services Tariff, 2020.
119) Kailapa Community Association. Kailapa Community Resilience Plan. 2019.

10년간 400% 증가할 것으로 예측됨), 민간기업으로부터 수자원 확보의 불안 정성(2년전 예고로 접속이 손실될 가능성), 접근 제한(주택용수만 이용할 수 있어 농업 기회를 줄임)으로 높아진다. 잠재적인 해결책에는 지역 주민이 소 유하고 운영 중인 저수와 송전 시스템이 포함되어 있다. 복원력 계획(The Resilience Plan)은 또 '지역사회 구성원의 자급자족과 경제적 기회 창출을 위한 재생에너지 프로젝트'의 필요성을 밝혔다. 새로운 수자원시스템에 서비스를 제공하기 위한 에너지 용량의 잠재적인 필요성과 추가 에너지 자급 추진을 조합하는 것으로 커뮤니티는 펌프식 저장 수력 발전 등의 에너지 솔루션을 검토해 왔다.[120] 커뮤니티는 그리드에 접속되어 있지만 비교적 원격이다. 복원력에 대한 계획적인 접근에서 커뮤니티 마이크로그리드를 이용할 것이라고 상상하기는 쉽다. 확실치는 않지만 마이크로그리드 서비스 요금이 그러한 마이크로그리드의 상호접속을 가능하게 하거나 촉진할 수 있다.

2. 푸에르토리코

하와이 주의 Act100은 HPUC가 다른 지역의 푸에르토리코의 에너지 복원력을 향상시키기 위한 마이크로그리드를 촉진할 수 있는 가이던스를 고려하도록 수권하였다. 또한 2018년 푸에르토리코의 에너지 위원회(현 푸에르토리코 에너지부, PERB)가 마이크로그리드의 개발과 관련된 규제 9028호가 공포되었는데, 이는 허리케인 일마와 마리아로 의한 피해를 재건하고 전력시스템을 강화하기 위한정부 전략의 일부이다.[121] 허리케인으로 인하여 수 천명의 사망자[122]를 낳았으며, 국민 절반 이상이 7주 이상 정전을 겪게 되었다.[123]

---

120) Aronson, S. Ka Huli Ao Center for Excellence in Native Hawaiian Law. Resilient Hawaiian Communities Update.

121) Puerto Rico Energy Bureau. Regulation on Microgrid Development, 2018.

122) Milliken Institute School of Public Health, George Washington University. Ascertainment of the Estimated Excess Mortality from Hurricane María in Puerto Rico, Milliken Institute School of Public Health, George Washington University, 2018.

특정 지역에서 정전은 6주 이상 지속되었으며,[124] 전력회사는 허리케인으로부터 7달 이상이 지났음에도 불구하고 150만명이 전력공급을 받고 있지 못함을 보고하지 않았다.[125]

2019년 9월 현재 푸에르토리코에서는 수백 개의 재생가능에너지 마이크로그리드가 학교와 기타 중요한 부하의 에너지 복원력을 높이기 위해 사용되고 있다고 알려져 있다.[126] 해당 마이크로그리드는 100% 재생가능에너지 전력으로의 이행의 일부가 되도록 설정되어 있다. 2019년 푸에르토리코는 푸에르토리코 에너지 공공정책법을 채택하여 100% 재생가능에너지 포트폴리오의 목표일을 2050년으로 설정하였다.[127] 그러나 채택 이전에도 9028호 규제의 마이크로그리드 규제에 대한 세부 프레임워크는 중요 시설의 전원 상실 방지 및 기타 편익에 대한 가치와 더불어 마이크로그리드의 탈탄소화로서 가치를 참조하였다.

가. 푸에르토리코의 마이크로그리드 서비스 요금의 유연성 및 모듈성

9028호 규제는 세 가지 범주에서 설명되는 다양한 마이크로그리드 모델을 허용한다: 개인 마이크로그리드(2명 이하가 소유하며 주로 소유자가 소비하는 에너지 생산), 협동 마이크로그리드(공식 또는 비공식조직을 통해 협동조합원이 공동으로 소유하는 경우, 단일 구성원이 35% 이상의 지분을 소유하지 않는 한, 협동조합원에게 에너지 서비스 또는 그리드 서비스를 제공하

---

123) Office for Coastal Management, National Oceanic and Atmospheric Administration, Hurricane Costs.

124) Román, M.O. et al., "Satellite-based assessment of electricity restoration efforts in Puerto Rico after Hurricane Maria," *PLoS ONE*, 14, 2019.

125) Robles, F. Puerto Rico Spent 11 Months Turning the Power Back On. They Finally Got to Her. The New York Times, 14 August 2018.

126) Torbert, R., Rocky Mountain Institute. A Locally Led Move Toward Microgrids in Puerto Rico.

127) Act 17 (Puerto Rico, 2019)

는 것이 주된 목적임), 그리고 제3자 마이크로그리드(고객에게 에너지서비스 및 그리드 서비스의 판매에 참여하는 것이 주된 목적을 위해 개인이 소유 및 운영하는 개인 또는 협력 마이크로그리드를 제외한 나머지를 포괄한다).

해당 규정은 개인 또는 협동조합의 마이크로그리드가 잉여 전력 또는 기타 그리드 서비스를 마이크로그리드의 소유자를 제외한 제3자와 푸에르토이코 전력당국(PREPA)에게 판매할 수 있음을 강조한다. 하와이가 일부 마이크로그리드에 대해 제안한 3MW 상황과는 달리, 9028호 규제는 1MW 이상의 제3자 마이크로그리드의 운영자는 전력 서비스 회사로 간주될 것이라는 경고와 함께 모든 규모의 마이크로그리드를 허용하는 것으로 보인다. 또한 해당 규정은 마이크로그리드가 재생 가능한 자원으로 최소 3/4의 전력을 공급하고, 특수 작동모드(단독운전화 등) 및 열 부하에 대한 열 및 전력 마이크로그리드의 결합에 대한 갱신 불가한 허용치를 갖는다는 점을 고려하였다. [표 7-3]은 재생 가능용량에 대한 이 접근방식을 요약한 것이다.

당시 PREPA의 상호접속규칙에서 마이크로그리드가 특별히 배제되었다는 점에 주목하면서, PREB는 PREPA에게 9028호 규제 이후 120일 내에 제안된 마이크로그리드 적용 상호접속 표준을 준비하도록 명령하였고, 그 동안 마이크로그리드가 단독운전 모드에서 작동할 수 있도록 하였다.[128] 전력회사는 이 마감일을 준수하지 못했으며 마이크로그리드와 관련된 다양한 재무, 계획, 요금 및 운영 문제에 대해 우려를 표명했다. PREB는 PREBA에게 상호연계 기준을 마련하지 않아 과징금을 부과하면 안 되는 이유를 밝히라고 지시한 뒤, 상호연계 규칙 제정 절차를 이어받았다.[129]

---

128) Puerto Rico Energy Bureau, Resolution re Adoption of Proposed Regulation on Microgrid Development, 2018.
129) Puerto Rico Energy Bureau, Resolution re PREPA's Compliance Filing of December 26, 2018.

[표 7-3] 푸에르토리코 9028 규제 하에서의 마이크로그리드의 카테고리

재생에너지 마이크로그리드	■ 재생에너지 발전과 저장의 용량이 피크수요를 초과 ■ 최소 75% 이상의 재생에너지 비중이 평시 가동 ■ 단독운전 및 특수 조건의 경우 화석연료 발전을 허용
열병합발전 마이크로그리드	■ 열에너지가 최소 50%의 비중을 차지
하이브리드 마이크로그리드	■ 재생에너지 마이크로그리드의 요건을 만족 ■ 열병합 마이크로그리드의 요건을 만족

나. 푸에르토리코 마이크로그리드 규정의 복원력

9028호 규제는 마이크로그리드가 단독운전하거나 송전망 정지 상황에서 서비스를 제공하기 때문에 송전망 연결을 기다리지 않아도 보다 신속하게 지원할 수 있는 능력을 강조한다. 그러나 하와이의 경우처럼 복원력을 통하여 수익을 창출하거나 요금을 통한 보상이 이루어지지 않을 것으로 보인다. 오히려, 마이크로그리드는 그리드 계획을 통해 강력하게 장려되고 있다. PREPA의 통합자원계획(IRP)을 두 번 거부한 후, PREB는 마이크로그리드를 추구하기 위한 특정한 지시를 포함한 수정된 IRP와 실행 계획을 중간 승인하였다.

> 에너지국은 미 연방국을 위한 구상에서 마이크로그리드가 복원력 솔루션의 주요한 부분을 구성할 것이라는 점을 확인(finds)하였다. 그들은 PREPA에게 마이크로그리드 자원을 모든 송전, 배전, 자원 계획, 그리고 모든 전원 구성계획, 나아가서는 해당 최종 명령에서 에너지국이 설명한 수정된 실행계획에 조화시키도록 명하였다(orders). 이러한 명령은 모든 분산전원과 마이크로그리드 설비를 PREPA의 그리드에 시기적절하고 비차별적으로 접속할 것을 포함한다.[130]

---

130) Puerto Rico Energy Bureau, Final Resolution and Order on the Puerto Rico Electric Power Authority's Integrated Resource Plan, 2019.

PREB는 "마이크로그리드의 활용, 단일 거점의 태양광발전 그리고 저장장치 자원을 포함한 분산 복원력을 신속하게 보급해야 하거나 어그리게이터 (가상발전소)가 반드시 PREPA의 더욱 복원력을 갖춘 그리드를 위한 단기적 접근에 포함되어야 한다"고 결정하였다. 이러한 결정은 천연가스발전을 활용한 "미니그리드"를 내용으로 하는 이전 제안을 거절할 것이다. PREPA는 하나의 미니그리드 지역의 개발을 평가하였으며, 마이크로그리드의 배치에 해당 분석을 포함하도록 명하였다.

다. 푸에르토리코의 마이크로그리드 규정의 비용 효율성

9028호 규제는 하와이의 요금과 마찬가지로 그리드에 에너지 또는 서비스를 광범위하게 공급할 수 있는 마이크로그리드에 대한 구체적인 보상 구조를 고려하지 않는다. 그러나 푸에르토리코는 2019년에 획기적인 탁송 (Wheeling)규정을 채택했다.[131] 해당 규정은 마이크로그리드가 참여자와 PREPA 이외의 소비자에게 에너지 및 서비스를 제공할 수 있도록 하여 9028호 규제의 조항이 더욱 큰 의미를 갖게 된다. 탁송 메커니즘은 PREPA 시스템의 발전, 송배전 기능과 관련된 비용의 분리를 요구한다. 마이크로그리드 및 기타 독립적인 전력 생산자는 송배전 인프라 사용에 대한 PREPA의 보상을 위해 탁송요금(고객에게 전가)을 지불해야 한다. 다만 탁송 구조는 아직 완성되지 않은 것으로 보인다. 하지만 마이크로그리드와 탁송에 대한 규제 프레임워크의 이중 개발을 통해, 푸에르토리코는 미국의 여타 지역에 앞서 에너지와 서비스를 대규모로 그리드에 보낼 수 있는 마이크로그리드 촉진 시장 메커니즘을 구축할 수 있을 것이다. 궁극적으로 마이크로그리그로부터 탁송된 에너지에 관한 시장의 확대와 탁송 요금체계의 발전이 해당 접근의 비용효율성 문제를 해결할 것이다. PREB는 해당 모형의 성공여부는 "탁송이 기술적 문제, 요금 인상 또는 그 밖의 불공정한 교차 보조금의 발생이라는

---

131) Puerto Rico Energy Bureau, Resolution re Adoption of Regulation on Electric Energy Wheeling, 2019.

결과를 초래하지 않도록 보장하기 위해" 고객 전반에 걸쳐 원가를 적절히 배분하는 데 달려 있다고 보았다.[132] O'Neill-Carrillo 등의 분석에 의하면 푸에르토리코의 에너지 전환에서 지역 공동체의 재생가능에너지 마이크로그리드의 비용을 평가함에 있어서 복원력, 지속가능성 및 지역의 사회경제적 가치의 흐름도 반드시 고려되어야 한다고 지적하였다.[133]

라. 푸에르토리코의 마이크로그리드 규정에 따른 에너지 정의

2017년 허리케인 어마(Irma)와 마리아(Maria)로 인한 파괴적 영향은 에너지 정의가 복원력과 깊숙이 얽혀있음을 보여준다. Romanet 등의 분석은 전력생산 용량의 백업과 배분 체계의 업그레이드로부터 혜택을 받는 몇몇 지역 공동체는 허리케인 마리아가 발생한지 수 일만에 전력의 약 60% 가량을 회복할 수 있었음을 확인시켜준다.[134] 한편 그러한 혜택을 받지 못하는 시골 및 저소득측이 거주하는 지역사회는 몇 달 동안 전력이 복구되지 않았다는 점도 지적하였다. 이와 같은 연관성에도 불구하고 9028호 규제는 지역 사회에서의 마이크로그리드 개발을 주요한 목표로 삼거나 또는 촉진시키지 않는 것으로 보인다.

그러나 푸에르토리코의 접근법은 일부 측면에서 에너지 정의를 촉진할 수 있다. 마이크로 그리드가 소매 고객에게 에너지를 공급하도록 허용하는 규정은 마이크로그리드가 전기 생산과 소비에서 전통적인 역할을 재구성할 수 있다는 관찰과 일치한다.[135] PREBA가 제안한 화석연료 기반 미니그리드 시스템에 대한 PREB의 거부 역시 에너지 정의의 진전을 반영할 수 있다.

---

132) *Id.*; Puerto Rico Energy Bureau. Resolution and Order re PREPA's Compliance Filing of January 25, 2019.

133) O'Neill-Carrillo, E. *et al.*, "The Long Road to Community Microgrids: Adapting to the Necessary Changes for Renewable Energy Implementation." *IEEE Electr. Mag.*, 6, 2018.

134) Robles, F. (전게 각주 125).

135) Banerjee, A. *et al.* (전게 각주 80).

PREB는 "시민들은 IRP가 인구 밀집지역 근처의 새로운 화석연료 발전기반시설의 건설과 관련된 건강 위험을 고려하지 않는 것에 대해 크게 우려했다"고 인정하였다.[136] IRP의 지지자들은 다양한 지역사회에 대한 건강 연구를 참조하여 이러한 우려를 뒷받침했으며, 과야마(Guayama) 지역사회에서 심혈관, 호흡기 및 기타 질병의 발병률이 증가했다고 주장했다.[137] 지지자들은 푸에르토리코의 화석연료 기반 발전소 근처에 위치한 환경 정의 공동체는 평균 가계 소득이 평균보다 훨씬 낮다는 점에 주목했다. 또한 이러한 지역사회는 미국 비상계획(Emergency Planning) 및 지역사회 알 권리법(Community Right-to-Know Act)에 따라 정보에 접근할 권리가 있지만, PREPA가 "역사적으로 이 요건을 준수하지 않았다"고 주장했다. 환경정의 공동체를 대표해 진행된 이번 지지에는 마이크로그리드 등 분산자원의 가치에 대한 전문가들의 증언이 함께 했다. PREB는 결국 동의했으며, "참가인 증언은 복원력을 보장하기 위한 전체 해결책의 중요한 부분으로서 푸에르토리코에 대한 마이크로그리드, 단일 거점 태양광발전 및 배터리 저장(또는 가상 발전소)의 형태로 소규모분산 자원의 고유한 가치를 강력하게 입증한다." 그런 의미에서 PREB의 질서는 그 과정에서 채택된 에너지 정의 지향적인 입장에 맞춰진 것으로 보인다. IRP 명령에 명시된 분산전원 기반 비전이, 소외된 지역사회에서 마이크로그리드 개발을 위한 자본 접근 등의 보조 솔루션 및 완전히 실현된 탁송 프로그램으로 보완될지는 아직 불확실하다. 자금조달과 관련하여, IRP의 지지자들은 PREPA가 분산형 태양광발전 시스템 설치를 위한 자본을 제공하도록 규정한 것으로 보이는 당시 제안된 법률을 지적하고, PREB에 자금조달 옵션을 검토하기 위해 특별히 설계된 문서를 개방할 것을 요구했다.[138] 다만 상기 과정이 개시된 것으로 보이지는 않는다.

---

136) Puerto Rico Energy Bureau (전게 각주 131).

137) Puerto Rico Energy Bureau, Local Environmental Organizations' Reply Brief. Filed April 20, 2020.

138) *Id.*

IV. 결론

재생에너지 기반 마이크로그리드가 부상하고 있다. 해당 기술은 하와이, 푸에르토리코, 캘리포니아, 한국(본 논문에서 달리 명시되지 않은 베트남, 호주 등 기타 지역)에서의 규제 및 개발 관심이 높아짐에 따라 100% 재생에너지 기준을 충족하기 위한 탈탄소화 역할을 할 것으로 보인다. 무엇보다 마이크로그리드의 잠재적 복원력 가치가 주요한 동기로 주목받는 것으로 보인다. 특히 코로나 대유행으로 인해 전력에 대한 신뢰할 수 있는 접근이 사치재가 아니라 학교, 직장 및 기타 인권을 위한 필수재임을 보여주는 세계에서는 상기 복원력에 기반한 동기는 더욱 강조될 것이다.

이러한 현실에도 불구하고, 분산 및 네트워크화된 재생에너지 마이크로그리드의 복원력 가치가 그리드에 전체적으로 축적되거나, 대신 마이크로그리드 참여자에게 주로 축적되는 방법 또는 그 여부에 대해서는 아직 정책이 모호한 상태이다. 이러한 불확실성은 우리가 익숙한 지역에서도 쉽게 보여진다. 하와이와 푸에르토리코에서의 경험을 통해 공공 인프라를 사용하여 전력회사를 개입하지 않는 발전방식(non-utility)을 통한 에너지 및 서비스를 제공하는 것에 대한 근본적인 문제를 조명할 수 있었다. 이는 에너지 정의에 관한 고려사항에 기초하는데, (i) 현대 에너지 기반구조와 관련된 편익과 부담이 어떻게 분배될 것인가, (ii) 현존하는 발전모델과 인프라가 신속하게 탈탄소화하고 일선 지역사회를 복구하는 노력을 가속시키는 등 주요한 역할을 할 것인가에 대한 질문과 닿아 있다. 나아가서 커뮤니티 마이크로그리드 개발을 위한 자본에 대한 공정한 접근을 보장하는 방법을 비롯한 다른 에너지 정의 문제도 해결되지 않은 채로 남아 있다.

이러한 정의에 관한 고려는 본 논문에서 검토된 기술적 분석과 별개인 것처럼 보일 수 있지만, 향후 관련 연구는 규제 기관과 옹호자들이 이러한 문제를 해결하는 데 중요한 역할을 할 수 있을 것이다. 당장 사회-기술-경제적 관점을 통하여 마이크로그리드와 관련된 비용 효과를 분석하는 연구들 사이에서도 매우 큰 정량적 차이가 발견된다(예를 들어, 복원력, 토지 사용, 지속가능성, 수요 대응 능력, 주파수 규제, 자원 적정성, 예비력 등). 비용과 편익에 대한 포괄적인 개념이 정량화될 때까지 마이크로그리드의 잠재력, 특히 규제가 강한 지역에서 그리드에 접속된 마이크로그리드의 불확실성을 비롯한 문제가 여전히 남아 있을 것으로 예견된다.

제3부

에너지법정책의
구체적 쟁점들

제8장 분산전원 활성화를 위한 법제도의 정비
― RE100 캠페인과 전력구매계약(PPA)을 중심으로 ―*

이재협(서울대학교 법학전문대학원 교수)

박진영(서울대학교 법학연구소/환경에너지법정책센터 객원연구원)

I. 서론

우리는 기후위기 시대에 살고 있다. 미증유의 리스크로 평가되는 기후변화는 더 이상 이론(理論)에 그치지 않고, 현실로서 우리의 일상생활에 커다란 영향을 미치고 있다. 세계를 강타한 코로나 팬데믹이 기후위기가 동반하는 심각한 결과를 보여주는 전형적인 예시일 것이다.[1] 의심의 여지없이 기후위기의 원인은 인류의 인위적인 활동으로 인한 과도한 탄소의 배출이다.[2] 그중에서도 에너지의 생산과 소비, 그리고 유통과정이 총 탄소 배출량의 약 70% 이상을 차지[3]한다는 점에서, 기후위기에 대응하기 위해서는 탄소 집약

---

* 본 논문은 2020년도 서울대학교 융·복합 연구과제 지원사업의 지원을 받아 작성되었으며, **환경법연구** 제43권 제3호(2021)에 수록되어 있음을 밝혀둔다.
1) 오늘날 코로나 사태의 근본적인 원인으로 기후위기가 지적되고 있다. Piers M. Forster *et al.*, Current and future global climate impacts resulting from COVID-19, *Nature Climate Change*, 10, 2020.
2) 기후위기는 실재하며, 그 원인이 화석연료의 과도한 사용을 필두로 하는 인간의 활동에 있음은 이미 과학계의 공통된 인식이다. J. Cook, *et al.*, Consensus on consensus: a synthesis of consensus estimates on human-caused global warming, *Environmental Research Letters*, 11(4), 2016; IPCC, The Sixth Assessment Report: The Physical Science Basis of Climate Change, 2021.
3) 다만, 여기서 말하는 '에너지'(Energy)는 산업·수송·건물 영역에서 사용되는 에너지를 포괄하는 광의의 의미로 사용되었다는 점을 유의할 필요가 있다. 자세히는, Our World in Data, Emissions by Sector, 2016.

적인 화석연료 중심의 에너지 수급체제에서 벗어나 저탄소 또는 무탄소 전원을 중심으로 하는 지속가능한 에너지 시스템으로의 전환을 이끌어내야 한다.4)

이렇듯, 기후위기 대응을 위한 방향성은 —적어도 에너지 부문에서— 일견 명확해 보인다. 그럼에도 그것을 추진하는 것은 결코 쉬운 작업이 아니다. 에너지, 그중에서도 전력의 수급체제는 무수한 요소들이 복잡하게 얽혀 있는 거대한 시스템을 구축하는 까닭에, 그 전환의 범위는 단순히 발전설비의 교체를 넘어 규제, 거버넌스, 그리고 규범으로까지 확장될 수 있기 때문이다.5)

한편, 국가 차원에서의 과제로만 여겨졌던 기후위기 대응은 점차 민간영역으로까지 저변을 확대하였다. 그 배경으로는 복잡·거대한 전력 시스템에 대한 국가 주도의 개혁이 보이는 더딘 변화속도6)와 함께, 민간영역에서 경

---

4) 태양광발전과 풍력발전을 포함한 재생에너지가 저탄소 또는 무탄소 전원에 포함되는가에 관해서는 다양한 견해가 대립한다. 물론 현재의 탄소 집약적 에너지 시스템 하에서는 비판받을 수 있지만, 장기적인 관점에서 바라본다면 여기에 해당할 것이라는 견해가 대다수인 것으로 보인다. 이를 단편적으로 보여주는 사례는 The Wall Street Journal, Behind the Rise of U.S. Solar Power, a Mountain of Chinese Coal, 2021. 7. 31.

5) '에너지 전환'(energy transition)은 기관마다 조금씩 다르게 정의하고 있다. 국제에너지기구(IEA)는 에너지의 생산과 소비, 그리고 수급의 '방식'의 전환을 강조하고, 국제재생에너지기구(IRENA)는 에너지 시스템의 탈탄소화를 위하여 재생에너지와 에너지 효율화라는 '수단'을 내세운다. IEA, Clean energy transitions; IRENA, Energy Transition. 한편, 역사적 맥락에서 에너지 전환의 복잡성과 어려움을 지적하는 문헌으로는 Benjamin Sovacool, The history and politics of energy transitions: Comparing contest-ed views and finding common ground, WIDER Working Paper 2016-81, 2016; Vaclav Smil, "From wood to coal to oil, energy transitions take along time," *Energy skeptic*, 2018. 11. 17. 에너지 전환을 포함하여 시스템의 '전환'의 사회적 배태성을 날카롭게 지적한 국내 문헌으로는 송위진, 전환연구와 탈추격론의 확장, **과학기술학연구**, 제16권 제1호, 2016.

6) John Dryzek *et al.*, "Climate Change and Society: Approaches and Responses," John Dryzek, Richard Norgaard, and David Schlosberg (ed.) *The Oxford Handbook of Climate Change and Society*, The Oxford University Press, 2011, 특히 10면 이하.

제활동을 영위함에 있어서도 기후위기가 주요한 리스크 중 하나로 작용하게 되었다는 점을 지적할 수 있다.[7] 이러한 흐름은 민간 주도로 재생에너지의 사용을 활성화하고자 하는 RE100 캠페인의 탄생으로 이어졌으며, 오늘날 세계적인 유행을 보이고 있다.[8] 또한, 이와 같은 흐름이 단순히 자발적인 캠페인을 넘어 비공식적인 규제로 작용하고 있다는 점을 고려하면, 그로 인한 국내적 영향을 간과하기 어렵다. 특히 우리의 산업구조가 제조업과 중화학공업을 비롯한 에너지 다소비 산업에 의존하고 있으며, 해외수출의 비중이 크기 때문에 더욱 그러하다.[9] 그럼에도 국내에서는 법적·제도적 걸림돌로 인하여 해당 캠페인이 활성화되지 못하고 있다는 지적이 있어왔다.[10]

위와 같은 문제의식에 따라 이 글은 아래와 같은 순서에 의해서 이어진다. 우선 다음 장에서는 RE1000 캠페인이 부상하게 된 배경과 국내의 현황을 간략하게 살펴본다. 특히 우리 기업들이 해당 캠페인에 저조한 참여율을 보이고 있는 요인이 무엇인가를 파악하는데 집중할 것이다(Ⅱ). 다음으로는 국내에서 RE100 참여를 촉진하기 위하여 펼치고 있는 제도적 지원책을 검토한다. 그중에서도 제3자 전력구매계약(Power Purchase Agreement: 이하 'PPA')의 개요와 한계, 그리고 그 보완책으로 등장한 직접 PPA를 검토의 중심으로 삼는다.[11] 특히 2021년 3월과 10월에 통과된 「전기사업법 일부개정」(이하, "개

---

7) Allie Goldstein *et al.*, The private sector's climate change risk and adaptation blind spots, *Nature Climate Change*, 9, 2019; BIS, Green Swan: Central banking and financial stability in the age of climate change, 2020. 1.

8) 'RE100 캠페인'은 Renewable Energy 100%의 약칭으로, 글로벌 기업들이 2050년까지 소비 전력의 전부를 재생에너지 전력으로 충당하겠다고 선언하는 캠페인이다.

9) EY한영·그린피스, 기후변화 규제가 한국수출에 미치는 영향분석, 2020. 1. 23-4면.

10) 이투뉴스, 2021년, 국내 RE100 활성화 원년으로, 2021. 1. 4.

11) '전력구매계약(PPA)'은 전력공급자와 소비자가 직접 계약을 맺고 전력의 거래를 할 수 있는 제도를 말한다. 자가발전의 경우를 제외한다면, 종래 일반 소비자 및 기업은 한전을 통해서만 전력을 구매해야 했지만, PPA 제도를 활용한다면 특정 전력공급자와 직접 계약을 맺을 수 있다. 즉 재생에너지를 선호하는 소비자가 자신의 소비전력을 100% 재생에너지 전력을 구매할 수 있는 제도적 길이 열렸음을 의미한다.

정법률")과 「전기사업법 시행령 일부개정」 (이하, "개정 시행령")의 내용도 개략적으로나마 살펴보고자 한다(Ⅲ). 이와 동시에 해당 개정 법령이 가진 다양한 문제점들과 앞으로의 과제 또한 지적한다. 특히 본 개정 법령이 직접 PPA를 제도적으로 가능하게 하였다는 점에서는 어느 정도 의의를 가지지만, 향후 분산전원을 적극적으로 확대해야 한다는 관점에서 바라보면 몇 가지 쟁점을 추가적으로 고민해야 할 것이다. 관련하여 안정적인 전력의 수급과 보완공급, 그리고 망 이용요금의 부담 문제를 중심적으로 다룰 것이다(Ⅳ). 마지막으로, 앞에서 제기한 과제에 대한 법제도적 정비를 시도한다(Ⅴ). 다만, 전력 시스템이 가지는 복잡성을 고려하면 이를 규율하기 위한 법제도 또한 매우 복잡한 형태를 취하고 있기 때문에 이 글에서 모든 쟁점에 관한 구체적인 개선방안을 제시하기보다는 주요 과제를 조명하고 향후의 과제로 연결하기 위한 시론(試論)으로서의 성격을 강조하고자 한다.

Ⅱ. RE100 캠페인의 부상과 현황

1. RE100의 부상

가. RE100 캠페인의 개요

RE100은 기업들이 소비하는 전력의 100%를 재생에너지원으로 조달한다는 글로벌 캠페인의 일환으로 시작되었으며, 2014년 다국적 비영리 환경단체인 기후그룹(The Climate Group)과 탄소공개 프로젝트(Carbon Disclosure Project: CDP)가 공동 개최한 'NYC Climate 2014'에서 제안된 것으로 알려져 있다.

RE100 캠페인에 참여하기 위해서는 다음과 같은 참여 조건을 만족시켜야 한다. 우선, 연간 100GWh 이상의 전력을 소비하는 기업들이 본인들이 사용하는 모든 전력을 2050년까지 재생에너지로 조달하겠다고 선언해야 한다. 여

기에는 자사가 보유한 모든 사업장 및 사무실의 소비전력이 포함된다. 다음
으로, 참여기업은 매년 RE100 보고 스프레드시트(Reporting Spreadsheet) 또
는 CDP 기후변화 질문지(Climate Change Questionnaire)를 통해 재생에너지
를 통해 발전된 전력사용의 목표를 제시하고, 이에 대한 달성수준을 보고·공
개해야 한다.[12] 이처럼 상당히 도전적인 가입조건을 내세우고 있음에도 불
구하고 이미 2021년 6월 기준으로 세계적으로 314개 기업이 참여하고 있으
며, 구글, 페이스북, 마이크로소프트와 같이 국내에도 잘 알려진 글로벌 대기
업들은 이미 재생에너지 100% 목표를 달성하기도 하였다.[13]

나. RE100 캠페인의 이행방안

본 캠페인을 이행하는 방식은 크게 두 가지로 대별된다. 하나는 재생에너
지의 자가발전(自家發電), 즉 자신이 사용량만큼의 전력을 생산하기 위하여
직접 관련 설비를 구축하는 것이다. 다른 하나는 외부로부터 재생에너지로
생산된 전력을 구매하는 것이다. 여기서 후자는 다시 전력구매계약(PPA), 재
생에너지공급인증서, 그리고 녹색 요금제로 구분될 수 있다.[14]

많은 글로벌 기업들이 초창기에는 인증서 구매와 녹색 요금제에 의존하
였지만, 점차 PPA, 즉 재생에너지를 직접 구매하는 방식으로 전환하고 있
다.[15] 이러한 흐름은 재생에너지의 직접 구매 및 소비가 기술적·경제적으로
가능해졌기 때문이라 해석할 수 있다. 바꾸어 말하면, 기존에는 재생에너지

---

12) *Id.*
13) Climate Group & CDP, Growing renewable power: Companies seizing leadership opportu-
nities, 2021. 1. 27.; Facebook, Achieving our goal: 100% renewable energy for our global
operations, 2021. 4. 15.
14) '재생에너지공급인증서'와 '녹색요금제'의 개략적 내용은 [표 7-1]에서 살펴볼 수 있으나,
보다 구체적인 설명은 한국에너지공단 신재생에너지센터의 자료를 참고할 수 있다.
15) 2015년 기준 3%에 머무르던 PPA 거래는 2019년 26%로 증가하였다. RE100 Annual
Report, 2020.

발전의 경제성이 확보되지 못하였을 뿐만 아니라 통합된 송전망을 통해서 전력이 공급되기 때문에 소비자의 입장에서는 본인이 사용하는 전력이 재생 에너지 생산설비로부터 제공되고 있다는 확신을 가지기 어려운 구조였다. 이러한 한계로 인하여 기업의 입장에서도 비교적 단순한 제도인 공급인증서 의 구매나 녹색 요금제를 통하여 RE100에 참여해 왔지만, 오늘날에 와서는 기존의 한계를 극복함과 동시에 실질적으로 재생에너지 발전설비로부터 생 산된 전력을 소비하는 것이 가능하기 때문에 PPA가 점차 활성화되는 과도기 에 있는 것으로 보인다.16)

다. 왜 RE100인가

전술하였듯이 RE100은 세계적으로 급격한 성장을 보이고 있다. 그렇다면 기업들은 왜 RE100에 적극적으로 참여하는지에 대한 배경을 살펴볼 필요가 다. 아래의 [표 8-1]에 의하면, RE100에 참여하는 기업들은 ① 온실가스 감축 (기후위기 대응), ② 기업사회책임(CSR/ESG), ③ 소비자의 요구, ④ 장기적 리 스크의 관리, ⑤ 공기질 향상, ⑥ 이해관계자의 요구, ⑦ 비용 절감, ⑧ 규제강 화, ⑨ 정책적 인센티브의 순으로 동참의 이유를 꼽았다.

첫 번째(온실가스 감축/기후위기 대응)와 두 번째(CSR/ESG) 이유는 캠페 인에 참여하는 거의 모든 기업들이 핵심적 원인으로 꼽고 있는 만큼, RE100 참여가 기후위기에 효과적으로 기여할 뿐만 아니라 기후위기 대응에 있어서 기업의 사회적 역할을 강조하는 인식이 퍼져있는 것으로 보인다. 이는 오늘 날 불고 있는 ESG 열풍과도 궤를 같이 한다. 다른 한편, ⑦의 비용절감에도 주목할 필요가 있다. 통상적으로 재생에너지는 화석연료를 기반으로 한 전 력수급 시스템보다 경제성이 낮은 것으로 여겨져 왔으나, 기후위기의 심화와 그에 따른 사회적 외부비용의 내재화, 그리고 규제의 강화로 인하여 재생에

---

16) *Id*

[그림 8-1] RE100의 추진 동인

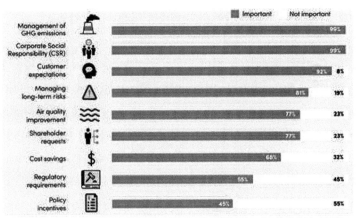

출처: RE100 Annual Report (2020)

너지는 더 이상 값비싼 에너지원이 아닌, 오히려 화석연료에 비하여 저렴한 전력원으로 자리매김하게 되었다는 것이다.[17] 다만, 재생에너지가 가지는 변동성은 전력시장이 개방되어 있는 몇몇 선진국가에서 전력요금의 급등(spike)을 초래하곤 하기 때문에 전력 소비자들은 공급자와의 장기계약을 통하여 안정적인 가격에 전력을 공급받을 수 있는 PPA를 더욱 선호하게 된 것이다.[18]

2. 국내 기업의 RE100 참여 현황

지금까지 살펴본 바에 의하면, RE100은 세계적인 흐름으로 보인다. 그럼에도 국내에서는 2021년 7월 기준, SK그룹을 시작으로 아모레퍼시픽, LG에너지 솔루션, 한국수자원공사, 그리고 현대차 그룹만이 참여를 선언한 상황이다.[19]

---

17) BloombergNEF, 1H 2020 LCOE Update, 2020.
18) Clean Energy Finance Forum, Navigating Risk: A Corporate PPA Guide, Yale Center for Business and the Environment, 2020. 4.

이처럼, 국내에서 RE100 참여율이 저조한 배경은 다양한 각도에서 논의되고 있다. 우선, 제조업의 비중이 높고 에너지 집약적인 산업구조를 가지는 까닭에 전기요금이 기업의 경쟁력에 미치는 영향이 크다는 점이 크게 작용한다. 또한, 우리의 에너지 시스템의 구조적 특성을 지적하지 않을 수 없다. 우리는 수직 통합적인 전력 수급 시스템의 구조를 가진다. 즉, 한국전력거래소가 전력시장 및 전력계통을 운영하는 역할을 하며, 급전이 필요한 경우에는 송배전망을 독점하고 있는 한국전력이 발전사업자들로부터 사들이는 수요 독점체계를 구성하고 있다. 따라서 모든 전력은 발전원에 상관없이 하나의 계통으로 통합되어 소비자에게 전달되기 때문에 최종 소비자가 발전사업자뿐 아니라 발전원을 선택할 수 없는 구조이다. 요컨대 민간 사업자는 자신의 소비전력을 재생에너지로 충당하고 싶어도 이를 가능하게 하는 제도적 여건이 마련되지 않은 것이다. 그러한 까닭에 현재로서는 오직 녹색 요금제와 인증서 구매를 통해서만 RE100에 참여할 수 있으나, 해당 방식은 기업의 입장에서 볼 때 비용 효율성이 떨어질 뿐 아니라 재생에너지 보급을 확대한다는 RE100 캠페인의 취지와는 달리 참여를 위한 참여가 되어 버리는 모순이 발생하게 되는 것이다.[20] 한편 국내 경제의 큰 부분이 해외 수출에 의존하고 있고, 글로벌 대기업들의 RE100 참여 압박이 거세지고 있는 추세를 고려하면 시급한 대응책이 요구된다.[21]

---

19) 전기신문, 정택중 한국RE100협의체 의장 "수출경쟁력이던 낮은 전기요금, 역으로 수출 발목 잡는 상황," 2021. 7. 5.; 이투뉴스, 현대차그룹 5개사 RE100 참여 선언, 2021. 7. 8.

20) 개정 전기사업법 시행령에 따라 2021년 10월부터 직접 PPA가 본격 시행되었다. 관련 내용은 제3장에서 살펴본다.

21) 애플이 자사 제품에 반도체를 납품하는 SK하이닉스에 RE100 참여를 요구하였다는 점에서, 우리 기업들에게 RE100의 참여가 비공식적 규제로 작용할 수 있다는 우려가 나오고 있다. 관련해서는 한국일보, 신재생에너지 전력만 쓰는 RE100 "한국기업 속수무책, 수출 길 막힐라," 2021. 2. 25.

Ⅲ. 국내 RE100 지원제도 검토

1. 국내의 RE100 지원제도 개괄

산업통상자원부는 2020년 9월 2일, 그린뉴딜 정책간담회를 통하여 국내 기업의 'RE100 활성화를 위한 지원방안'을 제시하였다.[22] 구체적으로 ① 녹색 프리미엄, ② 인증서(REC) 구매, ③ 제3자 전력구매계약(PPA), ④ 지분 투자, ⑤ 자가발전의 5가지 재생에너지 구매·사용 방안을 마련했으며, 국내 기업이 해외 RE100에 참여할 수 있도록 제도를 정비하였다. 이를 정리하면 아래 [표 8-1]과 같다.

[표 8-1] 국내 RE100 이행 지원방안

이행수단	개요	
녹색 프리미엄		한전에서 공고하는 입찰에 참여하여 기존 전기요금에 더하여 프리미엄을 납부하는 방식
인증서 (REC)		에너지공단이 개설한 플랫폼을 통해 인증서 구매 후 「재생에너지 사용 확인서」 발급
제3자 PPA		한전 중개로 소비자와 발전사업자 간 전력구매계약을 체결 후 「재생에너지 사용 확인서」 발급

---

22) 관련 자료는 한국에너지공단 웹페이지 참조.

이행수단	개요	
지분 투자		재생에너지 사업에 지분을 투자하고, 제3자 PPA 또는 REC 계약을 체결 후, 「재생에너지 사용 확인서」 발급
자가 발전		자기 소유의 자가용 재생에너지 설비를 설치하고 「재생에너지 사용 확인서」를 발급

여기에 더하여 산업통상자원부는 위의 수단을 이행하기 위하여 "신재생에너지 설비의 지원 등에 관한 규정(산업통상자원부 고시 제2020-217호)"을 통하여 RE100 제도운영의 법적 근거를 마련하였다.[23] 특기할만한 점으로, 이번 제도 정비에서는 위 고시의 제64조 제1항에서 '재생에너지 사용 확인서'를 배출권거래제와 연계하여 활용할 수 있다고 규정한 것을 들 수 있으며,[24] 동조 제2항에서 구체적인 대상, 수단, 에너지원, 방법, 절차 등은 환경부의 고시에 따르도록 명시하고 있다.[25] 또한, 2021년 1월에는 「전기사업법」의 시

---

23) 구체적으로는, 재생에너지 전기의 사용 및 확인 근거(제55조) RE100 이행지원을 위한 전담기관 및 운영기관(제56조) 재생에너지 사용수단 신설 및 확인서 발급절차(제57~제63조) 재생에너지 사용실적의 온실가스 감축 실적 인정 규정(제64조) 녹색프리미엄 재원 활용 근거 마련(제65조) 재생에너지 사용 심의위원회 근거 마련(제66조) 등.

24) 제64조(온실가스 감축실적 등의 활용) ① 전기소비자가 제57조제1항 제2호, 제3호, 제4호, 제5호의 방법으로 재생에너지 전기를 사용하는 경우에는 별지 제3호의 「재생에너지 사용 확인서」를 발급받아 배출권거래제 이행을 위한 온실가스 감축 실적 등의 용도로 활용할 수 있다. 이를 위하여 환경부에서는 「온실가스 배출권거래제의 배출량 보고 및 인증에 관한 지침 (환경부고시 제2019-245호)」을 일부 개정하여 관련 내용을 반영하였다. 특히, 제18조 제6항 "할당대상 업체가 「신에너지 및 재생에너지 개발. 이용. 보급 촉진법」 제27조에 따라 태양광, 풍력, 수력의 재생에너지원에서 생산한 전력을 다음 각 호의 어느 하나에 해당하는 방법으로 사용하고 재생에너지 사용 확인서를 발급받아 온실가스 감축실적으로 활용하려는 경우에는 해당 재생에너지 전력 사용량에 대한 온실가스 간접배출량을 제외할 수 있다."

25) 제62조 ② 제1항의 온실가스 감축실적 등의 용도로 활용하기 위한 대상, 수단, 에너지원,

행령을 개정하여, 제3자 PPA를 허용하는 근거를 마련하였다.[26]

정부에서 발표한 이행수단 가운데 '제3자 PPA'에 관하여 조금 더 자세히 살펴볼 필요가 있다. 해당 방식은 수직 통합된 우리의 전력망을 고려하여, 그 체제를 크게 변경하지 않으면서도 기업과 재생에너지 발전사업자 간의 전력 거래를 허용하였다는 점에서 의의가 있다. 다만, 발전사업자와 전력 소비자가 직접적인 계약을 통하여 전력을 직접 사고파는 것이 아니라, 양자가 모두 한국전력과 개별적 계약을 맺는 방식으로 이루어진다. 즉, 발전사업자는 한국전력과 전력판매계약을 맺고, 전기사용자는 한국전력과 전력구매계약을 맺는 것으로, 여기서 말하는 '제3자'가 바로 한국전력에 해당하는 것이다.

이처럼 제3자 PPA를 이용한다면, 전력을 생산하거나 소비하는 양 당사자 모두 한국전력과 계약을 맺기 때문에 해당 전력계약의 요금과 보완공급 조건 등에서 한국전력의 공급약관 등을 준수할 필요가 있는 까닭에 혁신적이고 유연한 계약형태가 출현하기 어렵다는 지적이 있다.[27] 나아가 한국전력은 송배전망을 독점하고 있는 동시에 향후 재생에너지 발전사업자의 지위를 획득하리라 예상되기 때문에 전력망의 접속에 있어서 독립된 발전사업자보다 자신이 소유한 발전수단을 우선할 수 있다는 점에서 중립성이 의심된다는 견해도 존재한다.[28] 이에 산업통상자원부는 2021년 6월 21일 "신·재생 에

방법 및 절차 등은 환경부가 고시한 지침에 따른다.

26) 제19조(전력시장 외 전력거래) 제1항 제3호 「신에너지 및 재생에너지 개발·이용·보급 촉진법」 제2조 제5호에 따른 신·재생에너지 발전사업자(단, 자가용설비 설치자는 제외) 중 산업통상자원부장관이 정한 발전사업자가 1천킬로와트 초과의 발전설비용량(복수의 발전사업자의 발전설비 용량을 합산하는 경우도 포함)을 이용하여 생산한 전력을 전기판매사업자에게 직접 공급하는 거래를 체결하고, 해당 전력을 전기판매사업자가 산업통상자원부장관이 정한 전기사용자에게 공급하는 계약을 체결하여 전력을 거래하는 경우.

27) 이지우 & 김승완, Cost Analysis on RE100 Implementation Strategies of Electricity Consuming Company for RE100 Achievement, NEXT Group Working Paper 2021-01, 2021. 7면.

28) 송갑석 의원이 대표발의한 「전기사업법 일부개정안」(2102188)에서는 제7조 제3항의 겸업 금지 조항을 개정하여, 한전에게 재생에너지발전사업자의 지위를 부여하는 취지를

너지 발전전력의 제3자간 전력거래계약에 관한 지침(산업통상자원부 고시 제2021-108호)"을 고시하여 제3자 PPA에 있어서의 기본원칙 및 절차, 그리고 요금에 대한 구체적인 내용을 상세히 규정하였다.[29]

그 내용을 살펴보면, 본 고시 제6조 제2항에서 발전단가는 발전사업자가 전기사용자와 합의하여 결정한다고 명기하고 있으며, 제15조에서는 시스템의 구축·운영, 검침, 요금의 청구 등에 소요한 금액을 수수료로 한국전력이 받을 수 있다고 규정하고 있다. 이와 같은 방식은 당장의 RE100의 실현에는 적용 가능한 수단이지만, 앞으로 분산전원을 활성화하기 위한 수단으로는 적합하지 않다고 생각된다. 그 배경에 관해서는 후술한다.

담고 있다. 이는 기존의 전기사업법 시행령 제3조에서 규정하고 있는 겸업 금지의 예외 사항을 법률로 상향시키는 차원임과 동시에, 재생에너지의 규모의 경제를 실현시킨다는 관점에서도 제정의 설득력을 가진다. 또한, 추후 살펴볼 직접 PPA를 허용한 「전기사업법 일부개정법률」에서도 '재생에너지전기공급사업'이라는 유형을 신설하였지만, 실질적으로 기존의 겸업 금지를 해제한 취지로 읽힌다. 다만, 이러한 움직임에 대한 우려도 존재한다. 이투뉴스, [직격인터뷰] "한전 발전사업 허용은 시장 공정성에 대한 문제," 2020. 10. 16.; 전기신문, 한전의 신재생 직접 발전에 대한 찬반 논쟁, 2021. 11. 3.

전기사업법 제7조(전기사업의 허가)
③ 동일인에게는 두 종류 이상의 전기사업을 허가할 수 없다. 다만, 대통령령으로 정하는 경우에는 그러하지 아니하다.

전기사업법 시행령 제3조(두 종류 이상의 전기사업의 허가)
법 제7조제3항 단서에 따라 동일인이 두 종류 이상의 전기사업을 할 수 있는 경우는 다음 각 호와 같다.
1. 배전사업과 전기판매사업을 겸업하는 경우
2. 도서지역에서 전기사업을 하는 경우
3. 「집단에너지사업법」 제48조에 따라 발전사업의 허가를 받은 것으로 보는 집단에너지사업자가 전기판매사업을 겸업하는 경우. 다만, 같은 법 제9조에 따라 허가받은 공급구역에 전기를 공급하려는 경우로 한정한다.

29) 해당 지침에서는 제3자 PPA를 시행함에 있어서, 기본원칙(제3조), 적용대상(제4조), 계약(제7-9조), 공급부족량 거래(제10조), 초과발전량 거래(제11조), 요금산정(제15-18조) 등을 규정하고 있으나, 발전량을 기준으로 계약하도록 고수하고 있어, 유럽 등에서 보여지는 혁신적인 계약 형태가 출현하기는 어려우리라 예상된다. 관련 계약형태에 관해서는, RE-Source, Risk mitigation for corporate renewable PPAs, 2020. 03. 그 중에서도 16-7면

물론 제3자 방식도 나름의 강점을 가진다. 예컨대, 신용도가 낮은 중소기업의 경우는 한전이 계약을 맺어줌으로써 재생에너지사업을 위한 금융조달이 용이해지고 계약의 안정성을 확보할 수 있기 때문이다.[30]

2. 전기사업법 일부개정(2021.4.20.) 및 시행령 일부개정(2021.10.19.)

한편 RE100 추진을 요구하는 민간영역에서는 제3자 PPA가 가지는 위와 같은 한계를 지적하면서, 한국전력을 통하지 않는 '직접 PPA 방식'[31]을 요구해 왔다. 이러한 주장은 2019년 7월 29일 발의된 「전기사업법 일부개정안」이 2021년 3월 24일 국회 본회의를 통과하면서 본격화되었다. 해당 개정법률에 따르면, '재생에너지 전기공급사업'(이하, "공급사업")이라는 새로운 유형의 사업이 신설되었고,[32] '재생에너지전기공급사업자'(이하, "공급사업자")는 전력시장을 거치지 않고 소비자와 직접 계약 및 공급할 수 있다고 규정하고 있다.[33]

개정법률은 현행법 체계에서의 전력시장을 유지하면서, 직접 PPA를 '허용'하기 위한 핀 포인트(pin-point) 개정이기 때문에, 비교적 포괄적이고 일반적인 규정으로 구성되어 있으며, 나머지 구체적인 사항은 제16조의5 제3항에 따라 산업통상자원부령으로 정하도록 위임하고 있다. 바꾸어 말하면, 동 개

---

30) 중소·중견기업의 PPA 계약에 따른 보증상품을 출시 예정이라고 한다. 자세히는, 기후변화센터 뉴스레터 7호 (2021. 6.). 또한, 글로벌 캠페인인 RE100의 참여 조건에는 매년 100GWh 이상의 전력량을 소비하는 대기업만이 대상이 되지만, 분산전원의 확대의 측면에서는 해당 기준을 점차적으로 완화하여 다양한 행위자들이 참여할 수 있도록 해야 할 것이다. 중소기업의 기후위기 대응의 필요성과 역할에 관해서는, 박기령, 기후위기 대응과 탄소중립 실현을 위한 중소기업의 중요성과 그 역할, 기후변화 이슈브리프, 법제연구원, 2021. 6. 30.
31) 또는 "기업 PPA"라고도 부른다.
32) 개정 전기사업법 제2조 12의8.
33) 개정 전기사업법 제16조의5.

정 법률을 통하여 직접 PPA의 시행을 위한 활로는 열렸지만, 단순 '허용'을 넘어 '활성화'로까지 나아가기 위해선 아직까지 수많은 난관이 남아 있다.

개정 전기사업법에 따라 일부 개정되어 2021년 10월 19일부터 시행된 시행령의 주요 내용은 크게 아래와 같다.

[표 8-2] 전기사업법 시행령 일부개정안 주요 내용

구분		주요 내용
직접 PPA	재생에너지전기 공급사업자 유형 (제19조)	① 1천 킬로와트 이상의 발전설비를 가지는 재생에너지발전사업자(4항) 또는 ② 다수 재생에너지발전사업자를 공동자원화(3항) 허용
	부족 전력 대안 (제20조)	3만 킬로볼트암페어 이상의 수전설비 용량을 가지는 전기사용자에게는 직접구매를 허용
	재생에너지 전기공급사업자 등록 기준 (별표1)	전기·정보통신·전자 등 분야 관련 인력 등록기준 설정
	전기공급 거부 사유(제5조의5)	약관 또는 계약에서 정한 기한까지 전기요금 미납 등 전기공급 거부 사유 규정
	발전량 정보 취득(제8조)	발전사업자는 시간대별로 전력 거래량을 측정할 수 있는 전력량계 설치 의무
RE 활성화	소규모 전력자원 기준(제1조의3)	소규모 자원 설비용량 기준 상향(1MW이하 → 20MW 이하)

출처: 산업통상자원부 (2021)

이하에서는 직접 PPA를 시행하고 확대시켜 나감에 있어서 예상되는 쟁점 및 과제를 간략히 살펴보고, 그에 따라 요구되는 법제도의 보완점을 제시하고자 한다.

Ⅳ. RE100 활성화를 위한 과제들

1. 안정적인 공급

우선 이번 개정법률이 RE100의 촉진을 목적으로 하고 있음을 고려하면,[34] 공급사업을 통하여 생산된 전력의 소비자는 일단 기업으로 특정해볼 수 있을 것이다. 제도의 시행 초기에는 전력소비량이 적은 중소기업이나 대기업의 전력소비량의 일부를 담당하겠지만, RE100의 참여기준이 연간 전기사용량 100GWh 이상의 대기업의 모든 소비전력을 재생에너지로 충당하는 것임을 고려하면, 하나의 공급사업자가 대기업과의 직접 계약을 통하여 모든 전력을 공급하는 것은 불가능에 가까울 것이다. 또한, 기업의 입장에서도 직접 PPA만을 가지고 RE100을 달성하는 것도 마찬가지로 어려운 과제이다. 그렇기에, 현재까지는 PPA로 기업의 소비전력의 일정 부분만을 충당하고, 나머지는 녹색 프리미엄 및 REC 거래 등으로 보완하고 있는 형태를 보이곤 한다. RE100과 PPA가 활성화된 미국과 유럽의 경우, 광활한 토지와 풍부한 풍력자원을 활용하여 대규모 발전단지를 구축하는 것이 가능하지만 우리는 그렇지 못하기 때문이다.

바꾸어 말하면, 우리는 다수의 공급사업자와 개별 대기업 간의 계약이 출현할 수 있을 것이다. 반대로, 소비자인 기업의 입장에서도 여러 계열사를 가진 대기업이라면 다수의 소비자가 존재할 수 있다.

위와 같은 유형의 계약이 출현하게 되면서 예상 가능한 과제는 '안정적인 공급'의 문제이다. 국내에서 기업들이 PPA를 통하여 전력을 안정적으로 공급받지 못한다면, 해당 제도를 활용할 요인이 없을뿐더러 RE100의 활성화에도

---

34) 법률개정이유에서 "재생에너지의 빠른 확대를 위하여 전기사용자의 자발적인 재생에너지 사용을 촉진"할 필요가 있으며, RE100을 예시로 꼽고 있다.

부정적인 영향을 미칠 것이다. 특히 정교한 작업이 요구되는 정밀제조업 또는 에너지 집약적인 사업을 영위하는 기업에게는 더욱 그러하다. 그럼에도 공급사업자는 문자 그대로 '재생에너지'를 활용하여 소비자에게 전력을 직접 공급해야 하기 때문에 공급 안정성의 측면에서 난관이 존재한다. 그중에서도 변동성이 심하고 예측 가능성이 낮은 태양광과 풍력을 주전원으로 사용하는 사업자의 경우에는 이러한 과제가 더욱 도전적으로 다가올 것이다. 무엇보다 직접 PPA는 전력시장을 통하지 않는 직접 계약이기 때문에, 시장을 통한 밸런싱을 활용하기 어렵다는 점이 사안을 더욱 복잡하게 만든다.

한편, 직접 PPA는 공급사업자와 구매자가 직접 계약을 체결하기 때문에, 만약 안정적인 공급에 차질이 빚어져 계약조건에서 명시한 전력량을 공급받지 못하는 상황이 발생한다면, 계약서에 명시된 절차를 통하여 보상 또는 보완공급이 이루어지도록 유도해야 한다는 주장이 가능할 것이다. 다만, 이 글은 직접 PPA의 계약당사자라는 개별적 입장을 넘어, 우리 사회에서 분산전원이 확대되기 위한 수단으로서의 RE100을 논하고 있기 때문에 거시적인 관점에서 안정성 문제를 바라봐야 한다고 판단된다.

위와 같은 태도를 취한다면, 안정성 문제는 다양한 에너지원과 기술 간의 조합, 그리고 최적화를 통하여 변동성을 완화하는 방식으로 해소될 수 있다. 예컨대, 태양광은 일조량이 풍부한 낮 시간대를 피크로 삼지만, 그 외의 시간에는 발전량이 급감하게 된다. 그렇기 때문에 태양광발전만으로는 기업의 전력수요를 충당하기 어렵다. 반면, 풍력발전의 경우는 문제가 조금 더 복잡하다. 태양의 움직임은 어느 정도 예측 가능하고, 시간별 또는 계절별 일조량 역시 데이터가 쌓이고 있는 반면, 바람이 언제 얼마나 부는지 충분한 경험이 축적되어 있지 않다.[35] 즉, 태양광과 풍력이라는 발전원에 더하여 수요

---

35) 다양한 예측모델이 개발되고 있으나, 여전히 풍량과 풍속을 읽기는 어렵다. Wen-Yeau Chang, A Literature Review of Wind Forecasting Methods, *Journal of Power and Energy*

자원(DR)과 에너지저장장치(ESS), 그리고 P2G(Power to Grid)를 핵심으로 하는 가상발전소(VPP), 그리고 ICT 및 빅데이터를 비롯한 기술적 시너지가 필수적이다. 여기서 한발 더 나아간다면, 이러한 기술을 포용할 수 있는 어그리게이터(aggregator)로서의 플랫폼과 시장이 존재해야 기술이 발아·육성되는 환경이 구축될 수 있는 것이다.36)

다만, 개정법률에서는 PPA에 활용되는 전력원을 "재생에너지를 이용하여 생산한 전기"라고 명시하고 있다. 개정법률의 제12조의 8에서 보다시피, 여기서 말하는 재생에너지란, 「신에너지 및 재생에너지 개발·이용·보급 촉진법」 제2조 제2호에 따른 재생에너지37)이기 때문에, 위에서 언급한 기술과 혁신을 조합하여 PPA의 거래형태를 다양화하기는 어려울 것으로 판단된다. 무엇보다 만약 공급사업자가 ESS를 활용한 발전설비 구성을 가진다면, 해당 개정안에서 언급하는 "재생에너지를 이용하여 생산한 전기"에 해당하는가 여부가 의문이다. 만약 해당하지 않는다면, 공급사업자들은 초과발전량을 제어할 수

Engineering, 2, 2014.

36) 국내에서도 이와 같은 필요에 따라 2019년 2월, 소규모 전력중개시장을 개설·운용하고 있다. 다만, 규모가 매우 작고 인센티브 구조가 작동하지 않는 등의 문제로 인하여 저조한 시장 참여 실적을 보이고 있다. VPP 전반에 관해서는, 한전경영연구원, VPP 운영현황 및 활성화 방안, 2021. 4.

37) "재생에너지"란 햇빛·물·지열(地熱)·강수(降水)·생물유기체 등을 포함하는 재생 가능한 에너지를 변환시켜 이용하는 에너지로서 다음 각 목의 어느 하나에 해당하는 것을 말한다.
    가. 태양에너지
    나. 풍력
    다. 수력
    라. 해양에너지
    마. 지열에너지
    바. 생물자원을 변환시켜 이용하는 바이오에너지로서 대통령령으로 정하는 기준 및 범위에 해당하는 에너지
    사. 폐기물에너지(비재생폐기물로부터 생산된 것은 제외한다)로서 대통령령으로 정하는 기준 및 범위에 해당하는 에너지
    아. 그 밖에 석유·석탄·원자력 또는 천연가스가 아닌 에너지로서 대통령령으로 정하는 에너지

있는 중요한 수단을 잃게 되는 것이다. 후술하겠지만 공급사업자들은 전력
시장에 참여하여 직접 전력거래를 할 수 없기 때문에 그 영향은 더욱 심각하
다. 우리 전기사업법은 이미 '소규모전력중개사업'이라는 형태의 새로운 유형
의 전력거래를 도입하였고, 여기에는 ESS가 포함되어있는 만큼 개정법률과
의 연계가 이루어지지 않은 부분은 아쉬움으로 남는다.[38]

만약 공급사업자가 재생에너지의 변동성으로 인하여 전기 소비자에게 계
약에서 명기한 만큼의 전력을 공급하지 못하게 된 경우가 늘어나면 늘어날
수록 직접 PPA를 둘러싼 법적 갈등과 사회적 논란이 증폭될 것이며, 이는 궁
극적으로 RE100을 통한 민간영역에서의 재생에너지 활성화에 부정적인 영향
을 미칠 것이다.

2. 보완공급

두 번째 쟁점은 보완공급이다. 만약 계약을 맺은 공급사업자가 계약 공급
량을 충당하지 못하거나 그렇게 예상되는 상황이 발생한 경우, 그것을 누가,
어떻게 보완할 것인가, 그리고 이에 대한 페널티를 마련할 것인가에 대한 논
의가 바로 그것이다. 여기에 관해서는 아래의 3가지 유형을 상정해볼 수 있다.

가. 공급사업자 또는 기업의 직접조달

해당 방안은 계약 부족분을 공급사업자 또는 기업이 조달하는 방식이다.

---

[38] 전력시장과 같이 복잡하고 전문화된 영역에서의 규제 및 법률은 이따금 개별적인 또는
대중적 대응으로 점철되곤 한다. 이는 법체계의 복잡성을 증진시키고 효율적인 규율의
작동을 저해하며, 이따금 예상치 못한 부작용을 낳기도 한다. Richard Stewart, A New
Generation of Environmental Regulation, *Capital University Law Review*, 29(21), 2001. 미
국의 전력시장을 사례로 삼은 문헌으로는, William Boyd & Ann Carlson, Accidents of
Federalism: ratemaking and Policy Innovation in Public Utility Law, *UCLA Law Review*,
63(4), 2016.

즉, 이들이 직접 전력시장에 참여하여 부족분을 구매하는 것이다. 다만, 전력거래 경험이 전무하리라 예상되는 기업에게 이를 부담 지운다면 현실적으로 큰 혼란이 예상되기 때문에 기업보다는 공급사업자가 직접 조달하는 방안이 보다 현실적이라 보인다. 그럼에도 개정 시행령은 제20조에서 재생에너지전기공급사업자를 통하여 전기를 공급받는 전기사용자에 대하여는 설비의 용량을 합산할 수 있다는 단서조항을 신설하여, 기존의 3만킬로볼트암페어 이상이라는 전력거래의 요건을 완화하였다. 바꾸어 말하면 공급사업자로부터 재생에너지전기를 공급받는 전기사용자는 직접 부족분을 구입할 수 있도록 전력시장으로의 진입문을 개방한 것이다.

동 시행령은 공급사업자가 아닌 전기사용자에게 전력시장 참여를 허용하는 방식을 채택하였다. 여기에 관해서는 비판적 검토가 요구된다. 무엇보다 전기사용자가 소비하는 전력의 부족분을 보완한다는 측면에서는 문제가 없어 보이지만, 만약 공급사업자가 초과 전력분을 생산한 경우의 안정적인 전력망 운용을 시야에 넣는다면, 소비자가 아닌 사업자를 시장에 참여시키는 것이 더욱 효율적이라 생각되기 때문이다.

어느 방식을 채택하는가와는 별도로 보완공급 그 자체가 초래하는 문제에 주목해야 한다. 시장을 통하여 공급받은 전력을 재생에너지 유래의 전력으로 인정할 수 있을 것인가가 바로 그것이다. 즉 추가성의 문제에 부딪히게 된다.[39] 물론 현행 RE100 체제하에서는 녹색 프리미엄 또한 한 유형으로 인정하고 있지만, 재생에너지의 확대라는 RE100의 궁극적인 목적에 비추어보면 고민이 생기는 지점이다.

---

39) 재생에너지의 추가성이란, 재생에너지의 확대(추가)에 실질적으로 기여하는가에 대한 판단이다. 예컨대, PPA나 REC 거래 방식은 재생에너지 설비와 발전량이 증가하는 수단이기 때문에 추가성이 인정되지만, 녹색 프리미엄은 추가성이 인정되기 어렵다. 관련해서는, EPA, "Capturing the Benefits of the Purchase," Chapter 8, *Guide to Purchasing Green Power*, 2018.

나. 한전의 공급

개정 시행령이 전기사용자의 전력시장 참여를 통한 보완공급을 선택하였으나, 논의의 다양성을 위하여 그 외의 방안에 관해서도 살펴보고자 한다. 그중에서도 한전이 직접 부족분을 보완하는 방식이 있다. 이는 이 글에서 검토하는 세 가지 방안 중 가장 안정적이고 실행이 용이한 방식일 것이다. 다만, 재생에너지의 변동성을 고려하면 계약 부족분은 당일 또는 전날과 같이 갑작스럽게 발생하는 경우가 대부분이기에, 안정적인 전력수급을 과제로 삼는 한전의 입장에서는 예상치 못한 수요로 인하여 공급계획에 차질이 발생할 우려도 존재한다. 이에 한전이 공급사업자에게 부족분을 공급하기 위해서는 한전 또는 전력거래소와 PPA 상의 공급사업자와의 면밀한 정보의 공유 및 모니터링 시스템이 갖추어져 있어야 할 것이다.[40] 이러한 배경을 고려하면, 한전에 의한 보완공급은 통상의 전력요금에 더하여 추가적인 페널티 성격의 전력요금이 책정되어야 함이 마땅하다.[41]

한발 더 나아가서, 한전이 공급사업자에게 부족분을 공급할 것인가 혹은 소비자에게 직접 공급할 것인가에 관해서도 고민이 필요하다. 일견 공급사업자에게 부족분을 공급하는 것이 적절하다고 보이지만, 효율성의 측면에서 한전이 직접 소비자에게 공급하는 것도 고려해 볼 수 있다. 다만 이를 가능하게 하기 위해서는 한전과의 계통연결이 유지되어 있을 뿐만 아니라, 전력 공급계약도 체결되어 있어야 한다. 다시 말해 하나의 수요자가 복수의 전력 공급사업자와 계약을 맺는다는 것을 뜻하기 때문에, 지금까지 상정하지 못한 방식일 뿐 아니라 실현가능성이 낮은 방안일 것이다.[42]

---

40) 여기서 스마트미터의 필요성이 부상한다.
41) 일본에서는 전력자유화 이후의 신규 소매사업자들이 수급의 균형을 맞추지 못한 경우에 '불균형(imbalance) 요금'이라는 일종의 페널티를 부과하고 있다. 해당 요금은 통상의 전력요금보다 비싸기 때문에 이를 회피하고자 하는 다양한 사업 및 서비스가 나타나고 있다.
42) **한국전력 전력공급약관 제18조 [전기사용장소]**
   ① 전기사용장소란 원칙적으로 토지·건물 등을 소유자나 사용자별로 구분하여 전기를

다. 제3자에 의한 공급

마지막으로 한전과 PPA 계약상의 공급사업자가 아닌, 제3자에 의한 공급이 고려될 수 있다. 일례로 일본의 경우는 이러한 역할을 전문으로 하는 새로운 유형의 사업도 나타나고 있다.[43] '에코스타일(Eco Style)'이라는 소매사업자는 소위 "밸런싱 그룹"이라는 서비스를 제공하는데, 이는 재생에너지를 주전원으로 하는 발전사업자들 간에 일종의 네트워크 또는 협력체계를 구축하여 서로 전력을 사고팔며 전력 부족분과 초과분을 자체적으로 최적화하는 서비스이다. 이러한 신산업의 등장은 기존의 재생에너지 발전사업자들에게 유리할 뿐 아니라 시장에 신규 진입하는 소규모 사업자들에게도 공급 차질로 인한 페널티를 예방할 수 있다는 점에서 매력적인 장치로 인식되고 있다. 또한, 궁극적으로는 전기소비자인 기업과 사회 전체에 상당한 이익을 제공할 수 있을 것이다. 무엇보다, 재생에너지로 생산된 전력을 사용하고자 하는 기업이 증가하고, 그러한 수요를 만족시키기 위하여 새로운 공급사업자가 늘어날수록 그들의 밸런싱 그룹의 규모도 점차 확대되기 때문에 더욱 효과적인 최적화가 가능하다는 점에서 사업의 확장 가능성도 높다고 평가된다. 에코스타일의 수익창출 모델은 단순히 밸런싱을 통한 전력의 매매에 그치지 않는다. 그들은 인공지능 및 빅데이터 기술을 활용하여 개별적으로 전력수급 현황을 가시화(可視化) 및 최적화하는 등의 맞춤형 컨설팅 서비스를 제공하

공급하는 장소를 말하며, 1구내를 이루는 것은 1구내를, 1건물을 이루는 것은 1건물을 1전기사용장소로 합니다. ② 2이상의 건물이 1구내를 형성하고 건물별로 소유자가 다를 경우에는 소유자별로 구분된 건물을 1전기사용장소로 할 수 있습니다.

동 약관 제18조의2 [전기사용계약단위]
한전은 1전기사용장소에 1전기사용계약을 체결합니다. 다만, 1전기사용장소에 2이상의 계약종별이 있거나, 1전기사용장소가 세칙에서 정하는 바에 따라 2이상의 전기사용계약 단위로 구분될 경우에는 2이상의 전기사용계약을 체결할 수 있습니다.

동 약관 제22조 [공급방법]
한전은 1전기사용계약에 대하여 1공급방식, 1공급전압 및 1인입으로 전기를 공급합니다. 다만, 부득이한 경우에는 인입방법을 달리할 수 있습니다.

43) 박찬국, 일본 전력시장 개혁에 따른 신사업 발전 방향, 연구보고서 14-10, 에너지경제연구원, 2014.

기도 한다.

엄밀히 말하자면 이와 같은 형태는 제3자로서 소비자에게 전력을 직접 공급하는 것이 아니라, PPA 계약 상 공급사업자에게 부족분을 보완해주는 일종의 공급 리스크의 헷징에 해당하는 바, 그 대상을 공급사업자에 한정하지 않고 전기소비자에게 직접 제3자가 보완전력을 공급하는 방안도 고려해 봄 직하다. 이러한 사업형태는 이미 재생에너지 보급률이 높은 유럽이나 미국의 경우에서는 정착이 된 사업유형이기도 하다.[44] 그 대표적인 사례가 바로 '물량확약계약(The Volume Firming Agreement)'과 '예상발전계약(Proxy Generation),' 또는 양자를 결합한 서비스이다. 구체적으로 전자는 전력시장이 개방된 지역에서 전력가격이 높을 때 전력량이 부족하거나 가격이 낮을 때 전력량이 초과하여 가격변동의 리스크가 발생하는 것을 완화하고자 전기소비자가 안정적인 출력의 발전설비를 가진 제3자와 별도의 재무 PPA를 맺어 비용변동의 리스크를 헷징하는 방식이다. 후자는 기상조건 및 발전효율을 통하여 특정 재생에너지 발전설비가 생산할 수 있는 발전량을 산정한 후, 해당 기준에 미치지 못하는 만큼을 발전사가 전기소비자에게 보상하는 형태이다. 이는 공급조건 등을 단순화할 수 있다는 점에서 공급사업자와 전기소비자 모두에게 선호되는 방식이다.[45]

---

44) 구글, 로얄DSM, 필립스와 같은 글로벌 기업들은 네덜란드의 Krammer와 Bouwdokken 지역에 대규모 풍력발전단지를 구축하기 위하여 Dutch Wind Consortium이라는 컨소시엄을 설립하였으며, 이로부터 각 기업들이 별도의 PPA 계약을 맺어서 각각의 밸런싱 그룹으로 활용하고 있다. Rocky Mountain Institute, The Dutch Wind Consortium: Successful Aggregation of Corporate Renewables Buyers in Europe, 2017.

45) 관련해서는, RE-Source, Risk mitigation for corporate renewable PPAs, 2020. 03. 특히, 28-9면에서 자세히 설명하고 있다. 해당 계약형태의 대표적인 예시는 2016년 마이크로소프트가 Nephila와 전력공급계약을 체결하고, Allianz가 리스크 헷징의 파트너로 나선 178MW 규모의 Bloom 풍력발전 프로젝트일 것이다. 해당 프로젝트를 다룬 문헌으로는, Kenneth Davies et al., Proxy Generation: PPAs The Next Evolution of PPAs for the Corporate & Industrial Buyer, 2019.

한편 국내에서는 전력시장이 개방되어 있지 않기 때문에 가격변동의 리스크는 크지 않지만, 전기소비자의 입장에서는 전력공급의 리스크를 완화할 수 있다는 장점은 여전히 남게 된다. 그렇기 때문에 해당 제도는 우리에게도 매력적으로 다가올 수 있을 것이다. 나아가 만약 어그리게이터 사업자가 제3자의 역할을 할 수 있다면, 안정적인 전력공급과 어그리게이터 시장의 활성화라는 두 마리 토끼를 잡을 수 있다는 점도 특기할만하다.

이처럼 제도적 장벽이 존재하지 않는다면 기업들이 자발적으로 RE100 목표를 달성하기 위하여 다양한 형태의 전력수급 수단을 강구할 것이며, 그 과정에서 창발적인 비즈니스 기회가 창출되는 것이다.

3. 망 이용요금

제3자 PPA는 한전의 중개를 통하여 관련된 시설의 이용요금을 수수료의 형태로 징수하지만, 직접 PPA는 전력시장을 거치지 않고 각각의 공급사업자와 소비자가 직접 계약을 맺어 전기를 매매하는 방식을 취하는 까닭에 한전의 인프라, 그중에서도 송배전망의 이용에 따른 비용을 어떻게 부담할 것인가에 대한 논의가 제기된다.

통상적으로, 전력거래소와 한전을 중심으로 한 현행 전력시장에서 전력을 공급받는 경우의 전력요금에는 전력망의 건설 및 유지보완을 비롯한 다양한 비용이 총괄원가방식을 통하여 소비자에게 최종적으로 부과되지만, 직접 PPA의 경우에는 한전의 요금 체계를 따르지 않기 때문에 전력 인프라의 건설 및 유지보수와 관련된 비용을 부담하지 않은 채로 송배전망을 이용하게 된다. 이는 일종의 무임승차에 해당하지만, 아직까지 국내에서 PPA와 같은 직접거래가 활발하게 이루어지지 않아 본격적인 논의의 대상으로는 떠오르지 못하고 있는 실정이다.[46]

그러나 전력시장을 거치지 않는 제3자 PPA와 같은 새로운 형태의 전력거래가 이루어지기 위하여는 관련 법제도의 정비가 반드시 필요하며, 그 중에서도 송배전망의 확충과 유지보수 비용의 분담 문제를 논하지 않을 수 없을 것이다.[47) 그럼에도 불구하고 국내에서 망 이용요금에 관한 논의는 "재생에너지의 확대를 저해하는 과도한 부담으로 이어져서는 안 된다"는 정도의 가벼운 논의에 머물러 있는 것이 현실이다.[48)

V. 과제해결을 위한 법제도의 개선

1. 공급사업자의 전력시장 참여

이 장에서는 앞에서 지적한 안정적인 전력공급 및 보완공급이 이루어지도록 현행 법제도의 개선을 시도해볼 것이다. 비록 개정 시행령이 전기사용자를 전력시장에 참여시키는 방식으로 통과되었음에도 불구하고, 이 글에서는 전기사용자가 아닌, 공급사업자의 전력시장 참여를 위한 법제도 개선을 고민한다. 이러한 시도를 통하여 학계와 실무에서의 건설적인 논의가 촉발되리라 믿기 때문이다. 현행 「전기사업법」 제44조에 의하면 전력거래소의 회원이 아닌 자는 전력시장에서의 거래가 허용되지 않는다는 제도적 난관이

---

46) 개정법률이 입안되는 과정에서도 해당 쟁점에 관한 지적이 있었으나, 구체적인 논의는 이루어지지 않은 것으로 보인다. 이와 관련해서는 제382회 국회 제4차 산업통상자원중소벤처기업위원회, 전기사업법 일부개정법률안 검토보고, 2020. 16면에서 다음과 같이 언급하고 있다. "다만, 법안 심사과정 또는 하위법령을 마련하는 과정에서 전력 과부 족 분 처리, 망 이용료 부과, 체리피킹 방지 등 제도운영에 있어서 필요한 세부사항에 대한 논의 및 보완이 필요할 것으로 보인다."

47) 한편, 국회에 계류된 「분산에너지 활성화 특별법안」(의안번호 11769)의 제22조에서 한국배전감독원의 설립이 내세워지고 있으나, 송배전망의 확충 및 유지보수의 투자회수를 위한 요금 체계의 근본적인 개혁 없이는 실질적인 효과를 가지기 어려울 것으로 예상된다.

48) 에너지데일리, 기업 PPA, 망 이용요금 부과 동의하되 재생에너지 확대 걸림돌 안돼야, 2021. 5. 12.

존재한다.[49] 또한, 전력거래소의 회원이 되기 위해서는 거래소에 자격 및 설비를 등록해야 한다.[50] 이를 가능하게 만들기 위해서는 전력시장운영규칙을 개정하여 공급사업자를 새로운 유형으로 추가하는 조치가 수반되어야 할 것이다.[51]

[표 8-3] 법조문 [제안 A]

법조문 [제안 A]
전기사업법 제39조 (회원의 자격) 한국전력거래소의 회원은 다음 각 호의 자로 한다. 1.~8. 생략 **9. 전력시장에서 전력거래를 하는 재생에너지전기공급사업자**

일단, 아래의 [제안 A]에서 보다시피, 전기사업법 제39조에서 나열하고 있는 전력거래소의 회원에 공급사업자가 추가되어야 할 것이다. 여기에 이어서, 전력시장운영규칙에 '재생에너지전기공급사업자'를 추가하여야 한다.

---

49) **전기사업법 제44조(전력시장에의 참여자격)** 한국전력거래소의 회원이 아닌 자는 전력시장에서 전력거래를 하지 못한다.
50) **전력시장운영규칙 제1.2.1조(등록의무)** ① 전력시장에서 전력거래를 하고자 하는 자(이하 "전력거래자"라 한다)는 다음 각 호의 분류에 의하여 전력거래소에 그 자격 및 설비에 대한 등록을 하여야한다.
 1. 판매사업자
 2. 발전사업자
 3. 구역전기사업자
 4. 자가용전기설비설치자
 5. 직접구매자
 6. 수요관리사업자[신설 2014.11.3.]
 7. 중개사업자 [신설 2018.12.12.] ② 전력거래자가 제1항 각 호의 2가지 이상의 자격으로 전력거래를 하고자 할 경우에는 2가지 이상의 자격에 대하여 각각 별도로 등록을 하여야 한다. ③ 제1항 제6호의 수요관리사업자의 등록은 제12장의 규정을 따른다.[신설 2014.11.3.] ④ 제1항 제7호의 중개사업자의 등록은 소규모전력중개시장운영규칙(이하 "중개시장운영규칙"이라 한다) 제17조의 규정에서 정한 바에 따른다. [신설 2018.12.12.]
51) 다만, 전기사업법상 발전사업자와 재생에너지전기공급사업자의 구분에 대해서도 명확한 논리적 설명이 부족한 것이 사실이다.

즉 아래의 [제안 B]와 같은 형식을 취할 것이다.

[표 8-4] 법조문 [제안 B]

법조문 [제안 B]
전력시장운영규칙 제1.2.1조 (등록의무) ① 전력시장에서 전력거래를 하고자 하는 자(이하 "전력거래자"라 한다)는 다음 각 호의 분류에 의하여 전력거래소에 그 자격 및 설비에 대한 등록을 하여야 한다. 1~7. 생략 **8. 재생에너지전기공급사업자**

다음으로, 현행 전기사업법과 시행령을 일부 개정하여, 공급사업자가 전기사용자와 맺은 공급계약의 초과분 또는 잉여분을 전력시장에 거래할 수 있도록 하여야 할 것이다.

개정법률 제16조의5에서 "전력시장을 거치지 아니하고" 전력을 공급한다고 하였으나, 아래 [제안 C]와 같이 단서를 두어, 전력시장을 통한 전력공급의 밸런싱을 가능하게 하였다.

[표 8-5] 법조문 [제안 C]

법조문 제안 C
전기사업법 제16조의5 (재생에너지전기공급사업자의 전기공급) ① 재생에너지전기공급사업자는 재생에너지를 이용하여 생산한 전기를 전력시장을 거치지 아니하고 전기사용자에게 공급할 수 있다. **다만, 대통령령으로 정하는 경우에는 그러지 아니하다.** ② 제1항에 따라 재생에너지전기공급사업지기 전기사용자에 게 전기를 공급하는 경우 요금 과 그 밖의 공급조건 등을 개별적으로 협의하여 계약할 수 있다. ③ 그밖에 제1항에 따른 전기공급에 필요한 사항은 산업통상자원부령으로 정한다.

이후, 전기사업법의 제31조에서 규정하는 전력거래와 관련된 조문의 개정을 통하여, [제안 C]에서 언급한 단서의 전력시장 거래를 허용할 필요가 있을 것이다. 이는 아래의 [제안 D]와 같을 것이다.

[표 8-6] 법조문 [제안 D]

법조문 제안 D
전기사업법 제31조 (전력거래) ①~⑥ 생략 ⑦ 재생에너지전기공급사업자는 동법 제16조의5 제1항의 단서의 대통령령으로 정하는 경우, 제43조에 따른 전력시장운영규칙으로 정하는 바에 따라 등록신청을 하여 전력시장에서 거래할 수 있다.

다음으로, 전기사업법의 시행령을 개정하여, 법 제16조의5의 1항에서 언급한 단서를 구체화시킬 필요가 있을 것이다. 이를 조문화하면 다음의 [제안 E]와 같이 표현될 수 있을 것이다.

[표 8-7] 법조문 [제안 E]

법조문 제안 E
전기사업법 시행령 제19조 (전력거래) ①~⑦ 생략 ⑧ 법 제16조의5 제1항 단서에서 "대통령령으로 정하는 경우"는 다음의 각 호의 어느 하나에 해당하는 경우를 말한다. 　1. 허가받은 공급능력으로 해당 특정한 공급계약의 수요에 부족하거나 남는 전력 　2. 발전기의 고장, 정기점검 및 보수 등으로 인하여 해당 특정한 공급계약의 수요에 부족한 전력 　3. 제⑧항 각 호에 따른 세부적인 사항은 산업통상자원부장관이 정하여 고시한다.

해당 조문을 통하여 계약량을 초과·부족한 전력량을 구매하거나 판매할 수 있도록 허용하였으며, 이로 인하여 공급사업자는 보다 수월하게 전력을 공급할 수 있을 것이라 생각된다. 개정 법률을 통하여 직접 PPA가 허용되었음에도 불구하고, 공급사업자는 단순히 전기소비자에게 전력을 공급하는 문이 열린 것뿐이지 그들이 어떻게 전력을 안정적이고 유연하게 공급할 것인가에 관해서는 침묵하고 있다. 개정 시행령은 그 간극을 전기사용자가 직접 전력시장에 참여하여 메우도록 허용하고 있으나, 이는 어디까지나 단편적 보완에 지나지 않는다. 위에서 제시한 내용들은 단순히 공급사업자와 전기사

용자 간의 전력공급의 차원을 넘어 그것이 보다 원활하고 안정적으로 이루어질 수 있도록 하는 것을 목적으로 한다.

2. 망 이용요금

앞 장에서 지적한 바와 같이 한전의 요금체계를 따르지 않는 직접 PPA는 통상적으로 전력요금에 포함되는 여러 비용을 부담하지 않는 구조를 가진다. 대표적으로 송배전망의 이용요금이 그러하다. 이는 단순히 전력망을 이용한다는 것을 넘어 송배전망의 확충 및 유지보수에 관한 비용이 부과되고 있지 않는다는 의미를 가진다. 예컨대 재생에너지전기를 공급하는 사업자는 자신의 발전설비를 통하여 생산한 발전단가에 사업운영비를 더한 만큼을 공급조건으로 계약을 체결한 후, 한전의 송배전망을 이용할 수도 있으나, 여기에 송배전망 이용에 관한 요금의 부과가 어려운 실정인 것이다.

우선, 현행 망 이용요금 관련 법률을 살펴보면, 전기사업법 제15조에서 "송전사업자 또는 배전사업자는 대통령령으로 정하는 바에 따라 전기설비의 이용요금과 그 밖의 이용조건에 관한 사항을 정하여 산업통상자원부장관의 인가를 받아야 한다"고 규정하고 있다. 그리고 동법 시행령 제6조에서는 그 조건을 규정하고 있는데, 개략적으로 살펴보자면, ① 이용요금이 적정원가에 적정 이윤을 더한 것일 것, ② 전기설비의 차별 없는 이용의 보장, ③ 전기설비의 이용에 대한 권리의무 관계의 명확한 규정이 꼽힌다. 나아가서, '지식경제부고시 제2012-67'에서 석성원가 및 석성보수, 그리고 이를 위한 요금체계를 규정하고 있다. 한편 전기요금은 공급약관을 규정하는 전기사업법 제16조에서 근거를 찾아볼 수 있는데, 한전이 결정한 공급약관에 따르면, 전기요금은 크게 ① 기본요금과 ② 전력량요금, 기후환경요금 및 연료비조정요금으로 구성된다. 여기에 전기요금 이외의 부담금인 전력산업기반기금도 더해진다. 이렇듯 현행 전기요금은 기본요금 외에도 몇 가지 항목이 구분되어 있지

만, 기본적으로는 총괄원가보상제도에 의해 소비자에게 부과되는 형태를 취하고 있다.[52]

이와 같은 구조에서 망 이용요금을 적절하게 회수하기 위해서는 현행의 전기요금 체계 외에 공급사업자에게 설비용량 및 발전량에 비례하여 책정되는 요금 항목을 신설하는 방안을 고려해볼 수 있다. 이러한 방식은 기존의 한전의 요금체계를 따르는 발전사업자 및 전기소비자와 유사한 수준의 망 이용요금을 부담하게 된다는 측면에서 형평의 원칙에 입각한 강점을 제공한다. 다만, 이를 허용하기 위해서는 기존의 전력요금 부과내역에서 송배전망의 이용요금을 분리하여 고지해야 한다. 그래야만 재생에너지 전기를 공급하는 사업자들에게도 유사한 수준의 이용부담금을 부과할 수 있기 때문이다.[53]

다만 이는 단순히 요금 항목을 구분하는 법령의 개정에 앞서서 현행의 전력 요금체계를 발본적으로 재구성해야 하는 큰 주제이기 때문에, 본 글에서 다루지 않고 향후의 과제로 남겨두고자 한다.

3. 법제도적 시사점

가. 전력시장의 개편

우선, RE100의 활성화와 이를 통한 분산전원의 확대를 위해서는 전력의 판매 경로를 다양화할 필요가 있다. 현재 우리는 발전자회사와 민간 발전사업자들이 생산한 전력을 한전이 전력거래소를 통하여 구매한 후, 이를 판매하는 방식을 취하고 있다. 바꾸어 말하면, 일정 규모 이상의 도매시장을 제외하면 전력의 대부분은 한전으로부터 구매할 수 밖에 없는 구조이다. 특히,

---

52) 한국전력 송배전용 전기설비 이용규정, 제43조 및 44조.
53) 김승완, 재생에너지 조달정책 직접 PPA 의 세부 설계방향, RE100 활성화를 위한 정책토론회 자료집 16면, 2021. 6. 14.

오늘날 논의되고 있는 한전의 재생에너지발전사업으로의 진출까지 실현된다
면 망중립성 문제를 비롯한 이슈가 본격적으로 등장할 것으로 우려된다.[54]

우리 개정법률과 개정 시행령을 살펴보면, 이와 같은 구조는 그대로 유지
한 채로 우회적인 법 개정을 통하여 여러 형태의 전력거래를 허용하는 접근
방식을 취하고 있으나 여기에는 극명한 한계와 그로 인한 부작용이 예견된
다. 즉 앞으로 발전, 송전, 배전, 그리고 수요의 영역에서도 다양한 기술을
통한 혁신과 비즈니스의 기회가 엿보이는 동시에 다양한 형태의 전력거래가
등장할 것으로 예상되는 만큼, 다양한 혁신적 플레이어들이 활발하게 참여하
여 경쟁을 촉진시킬 수 있는 환경을 조성해야 할 것이다.[55] RE100과 PPA가
활발하게 이루어지고 있는 미국에서도 전력시장이 개방된 지역과 그렇지 않
은 지역 간의 발전 정도의 차이가 명확하게 나타나고 있는바, 여기에 관한
사회적 논의가 반드시 수반되어야 할 것이다.[56]

더불어서 수직통합적인 전력시장의 구조를 유지한 채로 우회적인 법 개
정을 통하여 여러 형태의 전력거래를 허용하는 접근방식은 법체계의 명확성
과 통합성을 저해하는 결과를 초래할 수 있다. 전술하였듯이 다양한 형태의
전력거래가 등장할 것으로 예상되는 가운데, 전력시장의 기본 구조의 개혁
없이 법개정을 통하여 이를 포용하고자 한다면, 그로 인한 개별적이고 대증
적인 법률의 증가로 인하여 관련 법체계 전체의 복잡성이 극도로 증가할 것

---

54) 에너지신문, 한전 발전사업 참여, 송배전 분리 전제돼야, 2021. 2. 16.
55) 대표적으로 2021년 7월 27일 발의된 「전기사업법 일부개정안」(의안번호 11761)에서는
   "통합발전소 사업(자)"이라는 새로운 사업 주체를 신설하고 전력시장에의 참여를 허용하
   고 있다.
56) James Kobus *et al.*, The Role of Corporate Renewable Power Purchase Agreements in
   Supporting US Wind and Solar Deployment, Center on Global Energy Policy, Columbia
   University, 2021. 3. 특히 27-9면. 유사한 취지의 지적을 제기한 국내 문헌으로는 기후솔
   루션, RE100과 소비자 선택권 확보: 재생에너지 확대를 위한 전력거래 제도의 개편방향,
   재생에너지 확대를 위한 정책 제안서, 2021.

이다. 이는 결과적으로 법체계의 지속가능성을 저해하는 결과로 이어질 것이기 때문이다.[57]

나. 독립적인 감시기구의 설립

앞에서 강조한 바와 같이 전력시장이 개편되고 그 안에 활발한 경쟁이 촉발되기 위해서는 공정하고 공평한 게임의 규칙이 확립되어 있어야 할 뿐 아니라, 이를 숙지하고 여러 행위자를 조정할 수 있는 감시기구의 설립이 필수적이다. 이러한 맥락에서 분산전원의 활성화를 목적으로 배전감독원의 설립을 내용으로 하는 「분산에너지 활성화 특별법안」(의안번호11769)은 그 의미가 크다고 생각된다.

현재의 전력시스템 하에서는 전력시장의 감시에 관한 책임의 소재와 권한이 한전과 전력거래소, 그리고 전기위원회 등 여러 기관에 분산되어 있는 까닭에, 효과적인 규제와 감시가 어려운 실정이다.[58] 또한 전기위원회의 경우에는 산업통상자원부에 소속되어 있기 때문에 독립성과 중립성이 충분히 보장되어 있지 않다는 지적이 끊이지 않고 있을뿐더러 전기요금의 설정에 있어서도 실질적으로는 정치적 의도에 따라 좌지우지된다는 비판이 오래전부터 있어왔다.[59] 이러한 오명을 불식시키기 위해서라도 독립성과 중립성이 보장된 조직에 의한 전문적이고 객관적인 판단이 필요할 것이다.

한편, 미국은 시장 감시를 위한 위원회(Public Utilities Commission: PUC)가 각 주마다 설치되어 있어, 독립성과 전문성을 통한 규제가 이루어지고 있

---

57) 관련해서는 J. B. Ruhl, Complexity Theory As a Paradigm for the Dynamical Law-and-Society System: A Wake-Up Call for Legal Reductionism and the Modern Administrative State, *Duke Law Journal*, 45(5), 1996.

58) 문영환, 전력감독원 신설, 대한전기학회 하계학술대회, 2021. 7. 15.

59) 에너지경제연구원, 전기요금체계 개편안에 대한 평가와 향후 과제 모색 토론회, 2021. 1. 21.

는바, 여기에 대한 세밀한 검토를 통한 거버넌스의 구축은 향후 반드시 논의
되어야 할 중요한 논제임에 틀림이 없다. 나아가서 독립적인 규제기관의 필
요성은 의사결정과 그 근거의 투명한 공개를 요구하는 주장의 근거로도 활
용될 수 있다. 미국의 경우, 발전사업자와 송배전사업자가 분리되어 있는 지
역에서 독립적인 계통운영기구(Regional Transmission Organization: RTO)가
공개하는 다양한 정보와 데이터가 혁신적인 신사업의 시장참여를 촉진시킨
다는 견해가 받아들여지고 있기 때문이다.[60]

다. 전력요금 체계의 개편

전력시장의 참여자와 그들 간의 거래유형이 다양화되면서 전력요금의 체
계 또한 개편되어야 할 것이다. 우리의 전력시장 가운데 발전부문, 특히 도
매시장은 이미 경쟁이 도입되어 있으며, 한전은 직접 발전이 아닌, 전력시장
에서 발전사업자들로부터 전력을 구매하여 최종전기소비자들에게 판매하고
있는 형태를 취하고 있음에도 불구하고 현행 전력요금 체계는 여전히 한전
이 발전·송전·배전, 그리고 판매를 독점적으로 영위하고 있는 것으로 간주하
고 있으며 이에 터 잡아서 최종 요금을 규제하고 있다. 즉 경쟁 체제의 도입
과 그에 따른 요금규제가 조화를 이루지 못하고 있는 상황이 계속되고 있는
것이다.

여기에는 우리의 전력요금이 다양한 요소들의 복합적인 고려에 의하여
산정되며, 이를 유지하기 위하여 총괄원가보상 방식에 터 잡은 운영체계가
유지되고 있기 때문이라 보여진다.[61] 이에 더하여 전력요금의 구체적인 내
역과 수치가 공개되지 않기 때문에 한전이 취하도록 규정되어 있는 '적절한

---

60) 전력시장에서의 데이터 공개의 중요성에 관해서는, William Sauer, Uplift in RTO and ISO
    Markets, FERC, 2014. 21면.
61) 전력요금의 개정을 위해서는 전기사업법뿐 아니라 물가안정에 관한 법률, 공공기관의
    운영에 관한 법률, 그리고 공기업·준정부기관 경영 및 혁신에 관한 지침을 준수해야 한다.

투자보수' 조차 산정되지 않았을 것이라는 우려도 제기되고 있다.[62] 이러한 불투명성과 불확실성은 시장에 왜곡된 가격 신호를 제공할 뿐만 아니라, 한전의 지속가능성에도 치명적으로 작용한다. 무엇보다 향후 송배전망의 보강을 비롯하여 대규모 인프라 투자가 예상되는 만큼 적절한 투자의 회수가 가능한 요금 메커니즘을 구축할 필요성이 강조된다.

VI. 결론

이 글에서는 RE100 캠페인의 활성화를 촉진시키기 위하여 국내 제도를 점검하고 향후 발생하리라 예상되는 다양한 쟁점에 조명하였다. 이를 정리해보면 다음과 같다.

우선 전기사업법 개정법률은 RE100의 확대를 위하여 직접 PPA를 '허용'하였지만, 그 '활성화'를 위해서는 아직까지 많은 과제가 남아 있다고 보여진다. 특히 RE100이 대기업의 '모든' 전력소비량을 재생에너지로 충당하는 것을 목적으로 한다는 점을 고려하면, 하나가 아닌 다수의 재생에너지전기공급사업자의 연합이라는 형태가 등장할 것으로 예상된다. 이러한 흐름을 뒷받침하기 위해선 혁신적 기술의 육성과 제도화를 촉진해야 하지만, 해당 개정안에서 규정하는 재생에너지전기공급사업자의 에너지원은 「신에너지 및 재생에너지 개발·이용·보급 촉진법」 제2조 제2호에서 명시한 "재생에너지"에 한정되기 때문에, ESS와 같은 변동성 완화기술을 활용하지 못한다. 이는 결국 다수의 공급사업자 간의 연합과 혁신적인 신산업의 등장을 저해하는 결과로 이어질 것이다. 두 번째로, 위와 같은 상황은 공급사업자의 원활한 전력공급을 더욱 어렵게 만드는 요인으로 작용할 것이며, 이에 대비하기 위한 보완공

---

62) 남일총, 전력산업에 대한 경쟁정책, KDI, 2012. 그중에서도, 제4장 제7절 "한국전력에 대한 요금규제(117-120면)"에서 날카롭게 지적하고 있다.

급의 방법과 주체에 관한 논의가 수반되어야 한다. 이 글은 공급사업자, 한전, 그리고 전기소비자에게 직접적으로 보완공급을 허용하는 방안을 살펴보았으며, 일본과 미국에서 나타나는 혁신적인 서비스의 사례도 함께 소개하였다. 마지막으로 직접 PPA는 전력시장을 거치지 않고 계약당사자 간의 직접 거래를 지향하는 까닭에 발생하는 송배전망 이용에 대한 비용 문제를 지적하면서 그 부담을 어떻게 제도화해야 하는가에 관하여 검토하였다.

마지막으로 이 글에서 제기된 문제들을 해소하기 위한 법제도의 정비를 시도하였다. 그 과정에서 개별적·대증적 대응이 아닌, 문제의 해결을 위한 근본적인 변화를 추구하기 위한 시사점을 도출할 수 있었다. 전력시장의 개편, 독립적인 감시기관의 필요성, 그리고 전력요금 체계의 재구성이 바로 여기에 해당한다. 이러한 쟁점들은 법령의 제·개정에 앞서 우리 전력시스템이 나아가야 할 방향에 관한 발본적인 논의에 터 잡아서 검토가 이루어져야 함에 따라, 시장 감시를 포함한 거버넌스의 구축과 전력 요금체계의 개편에 관해서는 별도의 글에서 면밀히 검토할 것이라는 향후 과제를 남겨두면서 글을 마무리하고자 한다.

제9장 국내 VPP(Virtual Power Plant) 산업 동향

김윤수(광주과학기술원 부교수)

I. 전력계통과 VPP의 개념

에너지의 생산효율성을 위해 기존의 발전소들은 대규모로, 넓은 부지를 사용할 수 있는 곳에 건설되어왔다. 국내의 경우, [그림 9-1](가)와 같이 해안가를 위주로 발전소들이 분포되어 있는 것을 알 수 있다. 한편, 에너지의 주요 소비 주체인 사람들은 [그림 9-1](나)와 같이 주로 수도권 및 광역시에 분포되어 있다. 에너지는 소비되기 때문에 생산되고, 소비와 생산이 동시에 일어난다. [그림 9-1]과 같이 에너지가 생산된 곳과 소비되는 곳이 다르기 때문에 생산된 에너지를 소비자가 있는 곳까지 매우 빠르게(거의 빛의 속도로) 전달해주기 위해 구축된 기반시설이 전력계통이다.

[그림 9-1] 국내 (가) 발전소 분포 및 (나) 인구 분포

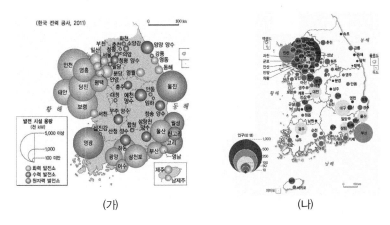

(가) (나)

[그림 9-2] 국내 태양광 및 풍력 발전설비 누적 용량 추이

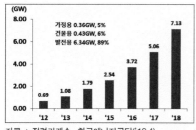

자료 : 전력거래소, 한국에너지공단('19.4)

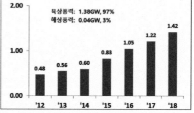

자료 : 전력거래소, 풍력산업협회('19.4)

약 2010년부터는 국내에 태양광발전 및 풍력발전 설비가 보급되기 시작했다. [그림 9-2]와 같이 태양광발전설비가 풍력발전설비에 비해 빠르게 보급되었으며 2021년 9월 기준 국내 태양광발전 누적 설비용량은 약 17GW 이상이다.[1] 총 101,502기의 태양광발전설비 중 101,476기(전체의 99.97%)가 10MW 이하의 설비이며 100,368기(전체의 98.88%)가 1MW 이하의 소규모 설비다.[2] 원자력 발전소 1기가 1GW, 보통의 화력발전소가 수 백 MW에 이르는 것을 감안할 때 상대적으로 용량이 굉장히 작다. 반면, 중앙급전발전기[3]가 415기, 그 외 발전기[4]가 102,068기에 이르는 것을 감안하면 설비 수는 매우 많다. 태양광발전소가 비중앙급전발전기의 거의 대부분을 차지하고 있는 셈이다.

상대적으로 적은 용량의 수많은 발전기는 전력계통을 운영하는 주체와 에너지를 판매하는 주체 모두에게 불편함을 초래한다. 전력계통을 운영하는 주체의 관점에서는 운영 효율성이 떨어지고 복잡성이 증가한다. 에너지를 판매하는 사업자 관점에서 역시 효율성이 떨어진다. 에너지를 판매하는 형태와 설비 용량에 따라 다르지만, 전력시장에 참여한다면, 시장에 참여하는

---

1) 전력거래소 전력통계정보시스템, 2021년 9월 24일 기준.
2) *Id*
3) 계통운영자(국내의 경우 전력거래소)의 급전지시를 받는 발전기를 의미한다.
4) 도서지역에 설치된 발전기는 제외한다.

절차에 따라 소비되는 시간적 비용이 용량과 거의 무관하다. 다시 말해서, 용량이 작을수록 소비 시간대비 수익성이 떨어진다.

이 문제들을 해결할 수 있는 방안이 VPP(Virtual Power Plant)다. VPP는 물리적으로 동일한 지점에 연계 혹은 존재하지 않는 복수의 소규모 발전설비들을 ICT를 통해 통합 관제하여 하나의 발전소처럼 운영하는 시스템과 이를 구성하는 발전설비들을 통틀어 일컫는 말이다. VPP를 운영하기 위해서 계통운영자와 발전설비 소유자 외에 복수의 발전설비들을 통합 관제하는 별도의 주체가 필요하다. 국내에서는 소규모전력중개사업자5)가 이 역할을 하고 있다. VPP는 소규모 발전설비가 포함되었다는 점에서 유사할 수 있는 개념인 마이크로그리드와의 비교를 통해 정의를 더욱 명확히 할 수 있다. 마이크로그리드는 그림 3(가)와 같이 소규모 발전설비와 부하로 구성되어 있으며 물리적으로 같은 전력선로에 연계되어 있다. 마이크로그리드의 주목적은 마이크로그리드 내의 부하에 전력을 안정적으로 공급하는 것이다. 반면 VPP는 그림 3(나)와 같이 소규모 발전설비들을 포함하고 있지만 부하는 고려 대상이 아니다. 물리적으로 같은 지점에 연결되어 있지도 않다6). 부하가 고려대상이 아니기 때문에 VPP 발전량 조절의 주목적도 특정 부하들의 안정적인 에너지 공급이 아니다. VPP 발전량 조절의 목적은 크게 두 가지로 나뉜다. 하나는 상업적 목적이고 다른 하나는 기술적 목적인데, 각각 Commercial VPP(CVPP)와 Technical VPP(TVPP)라고 불린다. 두 가지 VPP 산업 동향에 대해 각각 알아보기 전에, 이 두 가지 VPP가 등장하게 된 배경에 대해 먼저 알아본다.

---

5) 용어에 대해서는 논란의 여지가 있지만 현재 국내 환경에서는 소규모전력중개사업자가 VPP 사업자에 가장 근사하다.

6) 물리적 거리나 지역적 차이의 한계에 대한 명확한 정의는 없으나 본문 후반부에서 다룰 몇 가지 이유로 인해 같은 변전소 혹은 배전선로에 연결되어 있는 설비들에 대해서만 국한하려는 동향이 있다.

[그림 9-3] (가) 마이크로그리드와 (나) VPP의 개념적 차이

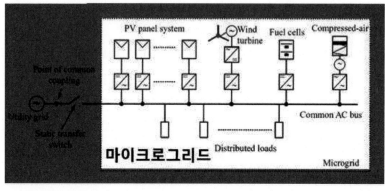

(가)

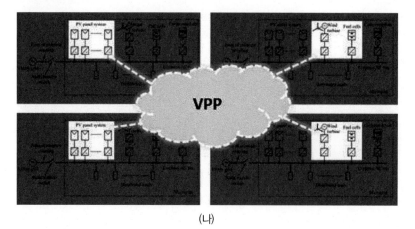

(나)

Ⅱ. 배전계통 산업 환경 변화

전력계통은 그림 4와 같이 크게 발전, 송전, 변전, 배전 부분으로 구성되어 있다. 그 중, 대부분이 전력선로로 구성된 부분은 송전계통과 배전계통이다. 송전계통은 발전소에서 생산된 에너지를 수용가 인근까지 전송하는 것

이 주목적이고, 배전계통은 송전계통에서부터 전송된 에너지를 각 수용가에 공급하는 것이 주목적이다.

기존의 배전계통에는 발전기 없이 수용가, 즉 부하만 연계되어 있다. 그러므로 송전계통의 관점에서 보면 배전계통은 하나의 거대한 부하로 단순화하여 볼 수 있다. 따라서 송전계통에는 발전기와 부하가 모두 연계되어 있다고 볼 수 있다. 발전기와 부하가 모두 연계되어 있는 송전계통에서는 어느 지점에 연계된 발전기 혹은 부하가 얼마나 발전을 하는지 혹은 에너지를 소비하는지에 따라 송전선로에 흐르는 전력과 지점별 전압이 달라진다. 따라서 송전계통 운영자는 수요를 예측하고 전력시장에서 입찰된 발전기별 발전량 정보를 통해 송전계통을 해석할 필요가 있다. 송전계통을 해석한 이후, 선로용량 초과나 과전압 등의 문제가 발생을 한다면 문제를 해소하기 위해 발전량을 조절해야할 필요가 있다. 발전량의 조절은 곧 경제성에 영향을 미친다. 즉, 송전계통에서 에너지 수급 균형을 조절하기 위한 행위에는 경제적인 측면과 기술적인 측면이 모두 고려된다. 국내 송전계통의 경우 이 두 가지 측면에 모두 전력거래소가 관여하게 된다. 전력거래소가 송전계통을 해석하고 또 전력시장을 운영한다.

반면 기존의 배전계통은 부하만 연계되어 있었기 때문에 앞서 언급한 경제적·기술적 측면을 모두 고려해야할 일이 없었다. 배전계통에는 에너지 소비자만 연계되어 있었고, 한국전력공사(이하 한전)가 소비자들의 전력사용량을 계량하고 전기를 판매해왔다. 한전은 소비자들에게 전기를 안정적으로 공급할 수 있도록 배전계통과 그 설비들을 잘 관리해오는 게 배전계통 분야에서의 주된 업무였다. 따라서 송전계통과 같이 전력시장에서 발생하는 발전량 입찰 관리나 계통 해석을 토대로 하는 발전량 조절 같은 행위는 필요하지 않았다.

약 2010년을 전후로 하여 그림 4와 같이 배전계통에 분산자원들이 연계
되기 시작했다. 분산자원이 배전계통에 연계되기 시작한 초기에는 그 용량
이 크지 않았고 개체 수도 적었다. 분산자원을 위한 시장이 따로 필요한 정
도는 아니었고 분산자원은 주로 수용가의 계량기 후단(BTM, Behind-the-
Meter)에 연계되었다. 따라서 소비자가 사용한 전력량에서 분산자원이 발전
한 전력량을 차감하여 전기요금을 지불하는 상계거래의 형태만 존재했다.
그러다 2016년 10월 산업통상자원부가 1MW 이하의 소규모 신재생에너지에
대해 전력망 접속을 보장한다고 발표한 것과 맞물려 그 이후 배전계통에 연
계된 분산자원, 특히 태양광발전이 크게 증가하였다.

[그림 9-4] 전력계통의 구조와 최근 배전계통의 변화 - 분산자원의 배전계통 연계

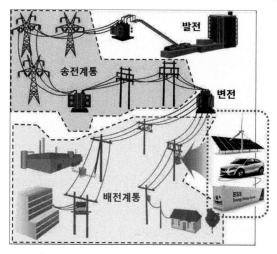

급격히 증가한 태양광발전은 몇 가지 문제를 야기하였다. 첫 번째 문제는
태양광발전이 배전계통에 접속할 수 있는 한계 용량에 다다른 지역이 발생
했다는 점이다. 여기에 더해 접속신청은 더욱 증가하며 태양광발전 접속에
대한 병목현상이 발생하였다. 2018년 11월 2일 기준으로 2016년 10월부터 2
년간 신청된 태양광발전 접속 건수와 용량은 각각 51,668건, 11,383MW였고,

이 중 설비용량 기준 약 80% 이상인 39,481건, 9,339MW가 접속대기 중이었
다.7) 그리고 대기 중인 용량 중 약 65%가 배전선로, 변압기, 변전소 등 설비
를 신설해야만 접속이 가능한 상황이었다. 현재는 대기 중인 접속신청 건수
가 줄어들긴 했지만 여전히 병목현상이 완전히 해소되지는 못했다.

[표 9-1] 재생에너지연계 ESS 지원정책

항목	최초 도입 시기	지원 기간	REC 가중치
풍력 연계 ESS의 REC 가중치	2014년 9월	2014 ~ 2015년	5.5
		2016년	5.0
		2017 ~ 2020년 6월	4.5
		2020년 7월 ~ 2020년 12월	4.0
태양광 연계 ESS의 REC 가중치	2016년 9월	2017 ~ 2020년 6월	5.0
		2020년 7월 ~ 2020년 12월	4.0

출처: 산업통상자원부

　　두 번째 문제는 에너지저장장치(ESS, Energy Storage System)에 관한 것이
다. 산업통상자원부는 재생에너지 출력 특성에 내재된 간헐성 문제를 해결
하기 위해 재생에너지와 ESS를 함께 설치하여, 재생에너지에서 생산된 전기
를 ESS에 저장했다 판매하는 경우 REC(신재생에너지공급인증서, Renewable
Energy Certificate)8) 가중치를 4배에서 5.5배까지 인정해주었다. 이러한 제도
와 맞물려 ESS 설치가 급증하였고 그 부작용으로 2017년 8월부터 2021년 7월
까지 총 30건에 가까운 ESS 화재가 발생하였다. 그리고 2021년 1월부로 재생
에너지 연계 REC 제도는 폐지되었다. ESS는 여전히 재생에너지의 간헐성 문
제를 해결할 수 있는 가장 좋은 수단 중에 하나다. 하지만 잇단 화재로 인해
ESS 설치를 장려하는 정책과 제도에는 약간의 제동이 걸린 상태라고 볼 수
있다.

---

7) 한국전력공사 계통연계부, "재생E 3020 정책이행을 위한 전력계통 수용성 제고," 발표자
　 료, 2018년 11월.
8) 신재생에너지로 전력을 생산할 경우 발급되는 인증서로 사업자들이 시장에 판매하여 추
　 가 수익을 창출한다.

마지막으로 세 번째 문제는 배전계통 운영에 관한 것이다. 다양한 주체들이 참여하여 논의가 필요한 안건이고 실제로 많은 논의들이 이루어지고 있다. 배전계통에 연계된 소규모 분산자원들이 크게 증가함에 따라 이 자원들을 위한 시장이 신설되었다. 2018년 12월에 소규모전력중개시장의 운영에 관한 규칙이 제정되었다.[9] 이에 따라 배전계통 운영에 관한 권한과 주체에 대해 논의할 필요성이 생겼다. 앞서 언급한대로, 송전계통의 경우 계통 해석 및 운영과 시장운영의 주체가 모두 전력거래소로 동일하며, 법적으로 그 권한도 보유하고 있다. 하지만 배전계통의 경우 계통과 시장 운영에 관한 두 주체가 다르고 계통 운영에 관해서는 권한의 범위가 모호해지는 문제가 발생하게 되었다. 송전계통과는 계통 해석과 운영의 결이 다르긴 하지만 한전이 이와 가까운 일을 해오고 있던 반면, 소규모전력중개시장은 여전히 전력 시장에 속하기 때문에 시장운영은 전력거래소에 권한이 있다.

[그림 9-5] 배전계통에 관여된 주체: (가) 약 2010년경 (나) 현재(2021년)

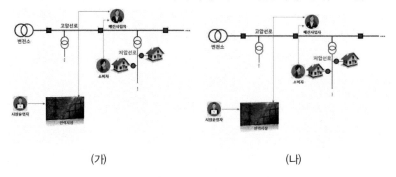

(가)   (나)

앞서 언급한 문제들은 첫 번째부터 세 번째까지 어느 정도 연대기적으로 발생했다고 볼 수 있다. 이러한 관점에서 볼 때 배전계통에 접속되는 분산자원들은 보조금 지원을 통해 확산되기 시작했다가 시장체제에서 살아남을 수 있는 방향으로 보급정책의 가닥이 잡혀가고 있다고 볼 수 있다. 이와 같은

---

9) 전력거래소, "소규모전력중개시장의 운영에 관한 규칙," 2021년 9월.

과정을 겪으면서 배전계통에 참여하는 주체에도 큰 변화가 있었다. 약 2010
년경까지는 그림 5(가)와 배전계통에는 전기판매업자(혹은 배전사업자)[10]와
소비자만이 있었고, 전기판매업자가 전력시장을 통해 구매한 전기를 소비자
에게 판매하는 형태였다. 하지만 현재는 분산자원의 증가로 인해 수요반응
(DR, Demand Response) 사업자, 소규모전력중개사업자, 전기자동차충전사업
자 등 다양한 주체들이 등장하여 전력시장이 더욱 다양해졌고 배전계통에서
도 시장참여에 관한 활동들이 활성화되었다.

분산자원의 증가와 관련된 이러한 변화들은, 앞서 언급한대로, 크게 두
가지 측면 - 기술적 측면과 경제적 측면 - 에서 배전계통에 영향을 미친다.
그리고 각각의 측면에 대해 VPP 산업이 발전하고 있다. 하나는 경제적인 측
면과 연관이 있는 CVPP, 다른 하나는 기술적 측면과 연관이 있는 TVPP다.

Ⅲ. CVPP 산업 동향

명확한 정의에 대해서는 깊이 논의할 필요가 있으나, 현재 국내 환경에서
는 소규모전력중개사업이 CVPP에 가장 근사하다고 볼 수 있다. 2개 설비 이
상의 소규모 분산자원 설비를 집합하여 집합된 자원의 총 설비용량이 1MW
이상인 경우 집합자원으로 등록이 가능하다. 2018년 12월에 규칙이 제정되어
2019년 1월부터 시장이 운영되었다. 2021년 6월 기준으로 총 59개의 중개사
업자와 602MW의 소규모자원이 중개시장 회원으로 가입되어 있으며 2021년
6월에만 47.3MW의 소규모자원이 신규 회원으로 가입했었다[11]. 중개시장이
개설되고 약 1년이 지난 시점인 2019년 11월 기준 중개시장에 계약된 소규모
자원이 66MW인 점을 감안하면 2년 사이 10배의 증가율을 보이며 크게 성장

---

10) 국내의 경우 대부분 배전사업과 전기판매업을 하나의 주체가 겸업한다.
11) *Id*

했다는 점을 알 수 있다.[12] 하지만 2021년 9월 기준 1MW 미만의 태양광발전 설비용량 총합이 약 12GW 이상인 점을 고려하면 전체 시장에서의 점유율은 여전히 미미하다. 최근 1년간 CVPP관련 시장동향은 그림 6과 같으며, 이를 통해 소규모전력자원이 꾸준히 증가했음을 알 수 있다. 특히 2021년 들어 집 합자원용량과 전력거래량이 크게 증가하고 있음을 알 수 있다. 2021년 3월부 터 6월까지 각각 93.7MW, 135.4MW, 45.9MW, 47.3MW의 신규자원이 등록되 었으며 전력거래소에서는 이에 대한 원인을 10월부터 시행될 재생에너지 예 측제도에 참여하기 위함으로 분석하고 있다.[13]

[그림 9-6] 2020년 6월부터 2021년 6월까지 CVPP관련 시장 추이[14]

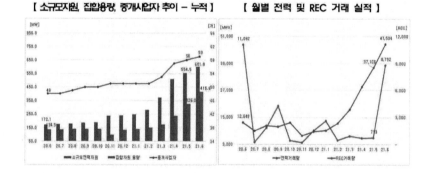

2021년 9월부로 개정된 소규모전력중개시장 운영 규칙에 따르면 소규모 전력자원은 중개사업자를 통해 전력시장운영규칙 제14장 "재생에너지 발전 량 예측제도" 참여권한을 위임할 수가 있다.[15] 재생에너지 발전량 예측제도 에 따르면 태양광 및 풍력을 발전원으로 하는 소규모재생전력자원의 집합된 총합이 20MW를 초과하는 경우에 참여할 수 있으며 시간대별 평균 예측오차

12) *Id*
13) 전력거래소 시장운영처, "2021년 6월 전력시장/신시장 운영실적," 2021년 7월.
14) 전력거래소 시장운영처, "2021년 6월 전력시장/신시장 운영실적," 2021년 7월.
15) 전력거래소, "소규모전력중개시장의 운영에 관한 규칙," 2021년 9월.

율이 6~8% 사이인 경우 kWh당 3원, 6% 이하인 경우 kWh당 4원의 정산금을 지급받을 수 있다.[16] 또한 자원 등록기간인 3개월의 평가결과 발전량 예측 오차율이 10%를 초과하면 자원을 등록할 수 없다. 이를 통해 태양광이나 풍력을 주요자원으로 하는 20MW를 초과하는 집합자원의 증가가 예상되며 재생에너지 발전량 예측 기술이 더욱 적극적으로 활용될 것으로 예상된다.

장기적으로 소규모전력중개시장은 일반적인 도매시장과의 구분이 없어지거나 부분적으로 통합되는 방향으로 발전해나갈 것으로 예상된다. 궁극적으로는 재생에너지도 다른 전원들과 동일한 시장에서 경쟁하여 생존할 수 있는 환경과 기술이 개발되어야하기 때문이다. 따라서 시장의 통합 진행 속도는 향후 재생에너지의 보급률 증가, 설비단가의 하락, 설비별 용량 규모 등에 따라 달라질 수 있다.

소규모집합자원이 일반 전력시장과 같은 시장에서 참여할 수 있을 가능성은 해외의 관련 규정 개정 사례들에서 엿볼 수 있다. 영국은 2019년 12월 중개사업자의 도매시장 참여를 허용하였다. 영국의 VPP 용량 규모는 약 6GW 이상이며 DR도 자원으로 고려한다.

북미의 경우 2020년 9월부로 FERC(Federal Energy Regulatory Commission) Order 2222의 개정을 승인하여 중개사업자가 도매시장[17]에 참여할 수 있도록 하였다. FERC Order 2222 #35.28: Non-discriminatory Open Access Transmission Tariff(OATT)를 수정 및 보완하였으며 이를 통해 DER(Distributed Energy Resource)이 집합(Aggregation)을 통해 시장 참여를 독려하였다. 소규모전력중개시장이 별도로 있는 국내와 달리 집합자원도 일반적인 도매시장에 참여한다는 점이 특이사항이다. 다만 상세한 규정은 지역별 계통운영자

---

16) 전력거래소, "전력시장운영규칙," 2021년 9월.
17) 북미의 도매시장을 의미하며 용량시장, 에너지시장, 보조서비스 시장이 포함된다.

의 규정을 따라야하기 때문에 가이드라인 위주로 구성되어 있다. OATT에서는 DERA(DER Aggregator)를 DER을 모집하는 주체로 정의하여 국내의 소규모전력중개사업자와 유사한 성격을 띠고 있으며 모집하는 자원에 대해서는 제한을 두지 않았다는 점이 국내와 다르다. 영국과 마찬가지로 DERA가 모집하는 자원에는 DR도 포함된다.

독일의 경우 신재생에너지법인 EEG(Erneuerbare-Energien-Gesetz[18])가 CVPP 산업과 큰 연관이 있다. 전반적으로는 재생에너지를 보급하는 것이 목적이고 부분적으로는 재생에너지가 중개사업자를 통해 시장에 참여할 수 있는 환경을 제공하였다. 2009년, 2012년, 2014년, 2017년, 2021년에 각각 개정이 있었고, 그 중 2014년의 개정 내용을 통해 EEG가 재생에너지로 하여금 일반 전력시장에서 기존 발전원들과 동등한 조건으로 경쟁할 수 있는 환경을 점차 갖추려고 한다는 단서를 찾을 수 있다. 2014년의 주요 개정 내용들은 아래와 같다.

- 재생e의 계통 접속관련(Sec. 2 ss. 1 EEG 2014): 재생e는 기존의 발전소들과 동일한 기능을 점차 제공해 나아가야 한다.
- 재생e의 시장참여(Sec. 2 ss. 1, 2 EEG 2014): 발전량을 직접 판매하는 판매자에 대한 재정적 지원은 원칙적으로 EEG 2014의 개정안을 토대로 한다.
- 더 저렴한 기술(육상풍력과 태양광)에 인센티브가 더 집중적으로 제공될 수 있다(Sec. 2 ss. 3 EEG 2014).
- 인센티브는 이해관계자 모두에게 합리적으로 분배되어야 한다(Sec. 2 ss. 4 EEG 2014).

해외 사례를 조사해보면 크게 두 가지 특징을 발견할 수 있다. 하나는 앞

---

18) 독일어로 신재생에너지법안을 의미한다.

서 언급한대로 분산자원의 주를 이루고 있는 재생에너지들로 하여금 일반적인 전력시장에 참여할 수 있도록 하는 것이고, 또 다른 하나는 에너지시장뿐 아니라 계통의 문제를 해소해주는 보조서비스 등에도 인센티브가 제공된다는 점이다. 후자의 특징은 TVPP와 더욱 밀접한 관련이 있다고 볼 수 있다.

Ⅳ. TVPP 산업 동향

배전선로에 접속 가능한 분산형전원의 최대 설비용량은 20MW다.[19] 소규모 전력집합자원의 최소 용량이 1MW인 점을 감안하면 VPP의 거의 모든 자원들이 배전계통에 연계되어 있다고 볼 수 있다. 분산자원이 배전계통에 없거나 연계용량이 적었을 때는 배전계통의 기술적 문제(설비용량 초과, 과전압 등)를 유발할 일이 없었다. 하지만 분산자원, 특히 태양광발전이 배전계통에 접속되는 용량이 증가하고 CVPP 시장이 점차 활성화됨에 따라 기술적 문제에 대한 우려가 생겨나기 시작했다. 게다가 재생에너지 3020 보급계획이나 2050 탄소중립 등을 실현하기 위해서는 재생에너지가 더욱 증가할 전망이기 때문에 계통 문제 해소를 지원해줄 수 있는 자원들이 필요해졌다.

이에 배전사업자인 한전은 분산자원을 감시하고 운영하기 위한 연구과제들을 수행해오고 있다. 2020년 상반기에 분산형전원을 감시 및 운영하기 위한 '분산형전원 종합운영시스템(K-DERMS) 구축' 과제와 집합자원을 감시하고 계통 지원을 위해 집합자원 발전량을 조절하기 위한 'DER 집합자원 전력 중개시장 모형 및 보조서비스 모델 개발' 과제를 착수하였다. 이 중 후자가 TVPP와 직접적으로 관련된 과제라고 볼 수 있다.

---

19) 한국전력공사, "분산형전원 배전계통 연계 기술기준," 2018년 4월.

그림 7을 통해 TVPP가 개발되기 전과 후의 차이를 확인할 수 있다. TVPP 개발 전에는, VPP인 중개사업자가 전력 및 REC를 시장에 곧바로 입찰하게 된다. 그리고 한전은 기존과 같이 도매시장에서 전력을 구매한다. 이러한 경우 VPP에서 생산되는 전력으로 인해 배전계통의 설비용량이 초과되거나 과전압이 발생하는 기술적(Technical) 문제를 미리 확인할 길이 없다. 전력거래소는 송전계통에 대해서는 계통 해석이 가능하지만 배전계통에 대해서는 계통 감시 및 해석이 불가능한 상황이다. 배전계통에 대한 감시 및 해석은 한전에서 가능하다. 따라서 TVPP가 개발되고 나면 그림 7의 우측과 같이 중개사업자(VPP)가 전력거래 입찰 정보를 한전과 전력거래소에 모두 전달하게 된다. 한전은 전달받은 전력거래 정보를 토대로 배전계통 해석을 수행한다. 해석 결과 문제가 없으면 거래를 진행하면 되고, 문제가 발생한 경우에 문제를 해소하는 방향으로 거래량 정정을 요청해야 한다. 거래량을 얼마나 정정해야 하는지, 어떤 근거를 기준으로 판단을 해야 하는지 등에 대해서는 여전히 논의가 필요하다.

[그림 9-7] TVPP관련 기술 개발 전(좌)과 후(우) 비교 (출처: 한전)

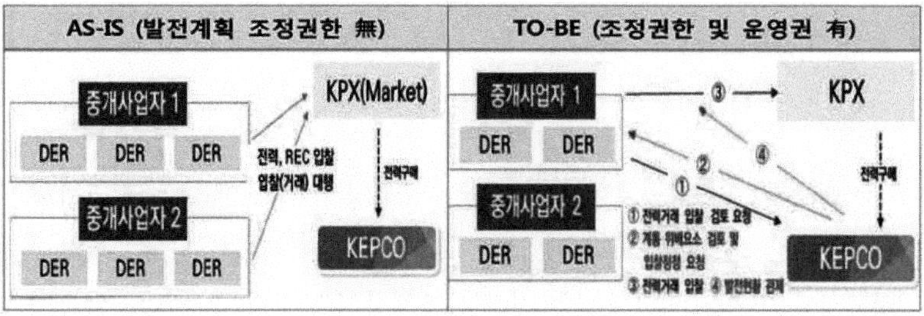

정정기준, 특히 출력제한에 대해 보편적이고 손쉽게 접근할 수 있는 방법 중 하나는 LIFO(Last-In, First-Out) 방식이다. 즉, 가장 최근에 접속된 자원이 가장 먼저 출력을 제한 받는 방식이다. 또 다른 방식은 총 출력 제한량을 각 설비의 용량에 기반하여 균등한 비율로 분배하는 방식이다. 두 방식 모두 사

업자들의 불만을 최소화할 수 있다는 장점이 있으나 기술적으로는 비효율적이다. 기술적으로 비효율적인 원인을 알기 위해 전력계통을 지원하는 기술의 범주에 대해 이해할 필요가 있다. 전력계통을 지원하는 기술의 범주는 크게 두 가지로 구분할 수 있다. 하나는 전력 수급 균형과 관련된 전역적인 문제이고, 다른 하나는 설비용량 및 전압과 관련된 국소적인 문제이다. 전자의 경우 LIFO나 균등 분배 방식으로도 충분히 효과를 볼 수 있지만 후자의 경우는 이 방식들이 매우 비효율적이다. 예를 들어 특정 지점에서 발생한 과전압 문제는 해당 지점의 인근에 있는 자원의 출력을 조절함으로써 가장 효과적으로 해결이 가능하다.

따라서 한전 TVPP 과제에서는 선로 구조와 설비 구성들을 토대로 출력 제한량을 최소화하면서도 국소적인 계통 문제를 해결할 수 있는 기술을 개발 중에 있다. 하지만 이 기술에도 여전히 논란의 여지는 있다. 주로 과전압이나 설비용량 문제가 발생하는 위치는 주어진 배전계통 구조와 설비 위치에 큰 영향을 받는다. 따라서 동일한 계통 문제에 대해 동일한 자원에 대해서만 거래 정정 요청이 지속적으로 발생할 수 있다. 기술적으로는 가장 효과적이지만 사업자의 관점에서는 여간 불만족스러운 일이 아닐 수가 없다. 따라서 TVPP를 개발함에 있어 다양한 주체들의 의견을 종합하여 절충안을 개발하는 방향으로 논의되고 있다.

거래량 정정 요청 권한도 중요한 논의사항이다. 거래량 정정을 요청한다는 것은 전력시장 운영 관점에서 보면 급전에 해당할 수 있다. 전력시장에서 급전 지시는 전력거래소에 권한이 있다. 반면 VPP의 경우 분산자원들이 배전계통에 연계되어 있기 때문에 급전 지시의 권한이 한전에 있는지 전력거래소에 있는지 논의가 필요하다. 2021년 7월 27일 김성환 의원 외 29인의 의원들이 '분산에너지 활성화 특별법안'(이하 특별법)을 발의하였는데[20], 이 법안에서 배전계통운영 권한 소재의 방향성을 엿볼 수 있다.

특히 TVPP와 연관이 있다고 볼 수 있는 내용 중 하나는 특별법 제5장의 내용이다. 제5장에서는 배전망 관리에 대한 내용을 다루고 있는데 이에 따르면 배전사업자는 배전망에 연계된 신재생에너지의 출력 예측, 감시, 제어 등을 통해 전력계통을 안정적으로 운영할 의무가 있다. 즉, 배전설비의 유지·보수, 전력 계량 등에 국한됐던 배전사업자의 역할에 배전망에 연계된 신재생에너지 제어의 의무도 부과하는 방향으로 작성이 되었다. 예상되는 부작용으로는 배전망 운영에 관한 공정성 문제가 있는데, 이를 위해 한국배전감독원(이하 배전감독원) 설립에 관한 내용이 제6장에서 다뤄지고 있다. 배전감독원의 주요 업무는 배전망의 공정한 운영 감독, 운영기준 관련 정책수립, 배전사업 중장기 기획 및 성과분석 등이 있다. 향후 특별법의 통과여부와 관계 없이 분산에너지 보급이 더욱 활성화될 것은 분명해 보이며 그 과정에서 배전망의 안정적인 운영에 대한 정책 및 기술에 대한 필요성은 자명하다.

V. 전망

다양한 시장이 신설되어왔고, 제도가 개선되어가고 있으며, 기술들이 개발되어 왔지만 이들이 본질적으로 해결하려는 문제는 동일하다. 재생에너지를 보급하는 동시에 변동성과 불확실을 해소하는 일이다. 해소할 수 있는 방안도 다양한 DR 제도, TVPP, 보조서비스 등으로 복잡하게 구성되어 있지만 역시 본질적으로는 한 가지 방안이다. 전력 생산 혹은 소비량을 조절하는 일이며 생산과 소비도 선력계통의 안정적인 운영 관점에서는 다르지 않다. 새생에너지 발전량의 증가는 전력 소비의 감소와 같다고 볼 수 있다. 이러한 관점에서 봤을 때, 해외 사례에서 알아본 바와 같이 DR도 VPP의 자원 중 하나로 포함될 수 있다. 너무 세분화된 자원의 구분은 행정적 비효율을 유발할

---

20) 김성환 외, "분산에너지 활성화 특별법안," 국민참여입법센터, 2021년 7월.

수 있다. 따라서 장기적인 관점에서는 VPP가 다루는 자원에 DR을 포함하여 조절 가능한 모든 자원이 포함될 수 있다.

TVPP와 CVPP의 경계가 허물어질 수도 있다. CVPP로 하여금 TVPP의 기능을 갖도록 의무화될 수도 있고, TVPP에 경제적 보상이 주어질 수도 있다. 둘 중 어떤 방향으로 산업이 진행되던지 간에 CVPP와 TVPP의 구분이 모호해지는 방향인 것은 확실하다.

마지막으로 P2P(peer-to-peer) 거래의 활성화 여부에 따라 VPP 시장이나 환경이 달라질 가능성이 있다. 2020년 11월 광주광역시 첨단지구가 ESS 발전 규제자유특구 심의를 통과하여 전국 최초로 신재생에너지에서 생산된 전력을 ESS에 저장하여 전력시장이나 전기판매업자를 거치지 않고 직접 전기차 충전소나 공공건물에 판매하는 실증사업을 진행 중에 있다. 또한 2021년 10월 21일부터는 재생에너지 발전사업자와 기업이 제3자를 거치지 않고 직접 전력거래가 가능한 직접 PPA(Power Purchase Agreement)가 시행된다. 현재는 1MW를 초과하는 발전설비를 대상으로 하여 VPP 자원과 중복되는 일이 거의 없을 것으로 보인다. 하지만 제3자의 개입, 거래수수료, 정보보안, 행정 절차 및 정산 복잡성 등의 문제를 해소할 수 있는 블록체인 기술 등의 접목으로 소규모 자원에 대한 개인 간의 거래가 기술적으로도 가능해지고 제도도 개선된다면 먼 미래에는 VPP 시장 규모의 축소도 조심스레 예상해볼 수 있다.

제10장 탄소중립 달성을 위한 석탄화력발전 폐지와 손실보상

전두영(서울대학교 법학전문대학원 박사과정, 변호사)

Ⅰ. 서론

최근 우리 정부는 제26차 유엔 기후변화협약 당사국총회에서 새로운 국가 온실가스 감축목표를 제출하였다. 이는 2018년 배출량(727.6백만톤) 대비 40%(291백만톤)를 감축한 436.6백만톤의 온실가스를 배출하는 것으로, 2018년 배출량 대비 26.3%의 온실가스를 감축하기로 한 기존 목표에서 한층 상향된 것이다. 우리 정부는 이미 2020년 9차 전력수급기본계획에서 2034년까지 석탄발전기 30기를 LNG 발전기로 전환하거나 폐쇄키로 확정한 바 있는데, 상향된 목표 달성을 위해 노후 석탄발전기의 전환 및 폐쇄 일정을 보다 앞당길 전망이다. 뿐만 아니라, 탄소중립위원회의 2050 탄소중립시나리오에 따르면, 2050년까지 탄소중립 목표를 달성하기 위해서는 기존 석탄발전기를 모두 폐지해야 한다.

[표 10-1] 민간석탄발전기 개요

회사	발전기명	용량	주주현황	상업가동 개시시점
GS 동해전력	북평 1,2호기	595MW 2기	GS ENR 51% 한국동서발전 34% ST 인터내셔널 코퍼레이션 15%	1호기: 2017. 03 2호기: 2017. 08
고성 그린파워	고성하이 1,2호기	1,040MW 2기	재무투자자 42% 한국남동발전 29% SK가스 19% SK건설 10%	1호기: 2021. 04 2호기: 2021. 10

회사	발전기명	용량	주주현황	상업가동 개시시점
강릉 에코파워	강릉안인 1,2호기	1,040MW 2기	농협은행 42% 남동발전 29% 삼성물산 29%	1호기: 2022. 09 2호기: 2023. 03
삼척 블루파워	삼척 1,2호기	1,050MW 2기	농협은행 55% 포스코에너지 29% 포스코건설 5% 두산중공업 9%	1호기: 2023. 10 2호기: 2024. 04

이러한 석탄화력발전기 중 상당수는 민간 발전사업자의 소유로서, 최근 상업가동이 개시되거나, 향후 상업가동개시를 앞두고 있다. 일반적인 석탄발전기의 내용연수를 고려해볼 때, 2050년 탄소중립의 달성은 민간 석탄화력발전기의 조기 폐지로 귀결될 수밖에 없다. 그뿐만 아니라 2050년 탄소중립 달성을 위한 부문별 로드맵이 수립되면 전환부문 역시 온실가스 감축목표를 달성해야 하는바, 자연히 2050년까지의 민간석탄발전기의 가동률도 감소해야 한다.

대한민국 헌법(이하 '헌법'이라고 한다)은 재산권을 원칙적으로 보장하면서도(헌법 제23조 제1항), 재산권이 공공복리에 적합하도록 행사되어야 하는 일정한 사회적 기속을 받는 권리임을 명시하였다(헌법 제23조 제2항). 나아가 불가피하게 재산권을 수용·사용·제한할 공익상의 필요가 있는 경우에는 그 수용·사용·제한뿐만 아니라 보상까지도 법률로써 규정하고 정당한 보상을 하도록 하였다(헌법 제23조 제3항). 헌법상 재산권 조항의 해석과 관련하여 경계이론·분리이론 등 다양한 견해가 있으나, 헌법재판소는 재산권 조항의 의미를 "사회적 구속의 범위 내에서는 재산권의 제한을 수인하도록 하되, 그 범위를 넘는 경우 입법자가 그 부담을 완화하는 보상 규정을 두어야 헌법상으로 허용될 수 있는 것"이라고 새기고 있다(헌법재판소 1998. 12. 24. 선고 89헌마214,90헌바16,97헌바78(병합) 전원재판부).

그렇다면 전환부문에서 온실가스 감축 정책 수립 시에도 이러한 헌법상의 제약을 고려할 필요가 있을 것이다. 물론 온실가스가 지구온난화를 촉발·촉진한다는 것이 과학적으로 증명된 오늘날, 온실가스 감축을 위해 배출계수가 상대적으로 높은 고체 화석연료인 석탄화력발전을 제한하는 것은 규제목적의 정당성 및 수단의 적절성이 인정될 여지가 크다. 하지만 아무리 규제의 목적이 정당하더라도 정책적 목표 달성을 위해 민간시설의 폐쇄 또는 사용 제한이 강제되고, 이것이 사회적 기속의 범위를 넘는 경우 손실보상이 필요한 재산권의 제한으로 포섭될 여지가 있으므로 정책 수립 시점부터 재산권 제한의 성격을 고려할 필요가 있다.

이에 본 논문에서는 탄소중립 달성 및 전환부문의 감축경로 이행을 위한 석탄화력 규제방안과 석탄화력 규제와 관련된 기본권인 재산권 제한에 대한 헌법상의 제약을 살펴본다. 이를 토대로, 헌법상 제한이 온실가스 배출규제에 어떻게 적용될 수 있는지 검토하고, 또 그러한 규제방식에 따라 필요한 손실보상과 그 범위가 어떻게 되는지 논하고자 한다.

Ⅱ. 온실가스 감축을 위한 석탄화력 규제방안

우리나라 기후위기 대응 체계는 중장기 국가 온실가스 감축목표를 설정한 후 이를 달성하기 위한 국가기본계획 및 하부계획을 수립·시행하는 하향식(Top-Down)으로 설계되어있다. 기후위기 대응을 위한 탄소중립·녹색성장기본법(이하, '탄소중립기본법'이라고 한다)은 중장기 국가 온실가스 감축목표를 정하고 있으며(법 제8조 제1항)[1], 중장기 감축목표를 달성하기 위해 산

---

1) 현재 탄소중립기본법상 중장기 국가 온실가스 감축목표는 파리협정에 따라 당사국이 스스로 발표하는 국가 온실가스 감축목표(Nationally Determined Contribution, NDC)를 의미한다.

업, 건물, 수송, 발전, 폐기물 등 부문별 온실가스 감축목표를 설정하도록 하고 있다(법 제8조 제2항). 중장기 국가 온실가스 감축목표 및 부문별 감축목표가 설정되면, 중장기감축목표와 부문별감축목표의 달성을 위하여 국가 전체와 각 부문에 대한 연도별 온실가스 감축 목표를 설정한다(법 제8조 제3항).

대한민국은 2021년 12월 UN에 2030년 온실가스 순배출을 436.6백만톤으로 제한하기로 하는 2030 국가 온실가스 감축목표(NDC)를 제출하였고, 감축목표의 달성을 위해 전환부문에서는 2018년 온실가스 배출량(269.6백만톤) 대비 44.4% 감축한 149.9백만톤의 온실가스를 배출하는 것을 목표로 하였다.[2] 이에 따라 각 부문에 대한 연도별 온실가스 감축목표인 2030 온실가스 감축 로드맵이 수정될 예정이다. 온실가스 감축 로드맵이 수정되면, 전환부문의 감축 목표도 변경될 것이며, 이는 전환부문의 관련 계획인 전력수급기본계획에 반영될 것이다.

전력수급기본계획은 중장기 전력수요 전망 및 이에 따른 전력설비 확충을 위해 2년 주기로 수립하는 계획이다. 전력수급기본계획은 15년 장기계획으로서, 장기 수급전망, 수요관리 목표, 발전 및 송·변전 설비계획, 분산형 전원 확대, 온실가스 미세먼지 감축방안 등을 담고 있다(전기사업법 제25조). 2020년 수립된 제9차 전력수급기본계획은 상향된 NDC를 반영하지는 못하였지만, 당시 2030 온실가스 감축 로드맵에 따른 전환부문의 감축목표를 달성하기 위한 온실가스 감축 방안을 담고 있었다. 제9차 전력수급기본계획은 온실가스 감축방안으로 ① 석탄발전 설비를 폐지하는 방안, ② 잔여 석탄발전 설비의 연간 발전량을 제약하는 방안(이하, '석탄발전상한제'라고 한다)을 제시하였으며, 최근(2021.12.10.) 발표된 '에너지 탄소중립 혁신전략'에서도 석탄발전의 과감한 감축방안으로서 설비폐지와 운영제한이 거듭 강조되었다.

---

2) 관계부처 합동, 2030 국가 온실가스 감축목표(NDC) 상향안, 2021. 10. 18. 6면.

1. 석탄발전기 폐지

석탄발전 설비폐지방안은 2030년 기준 가동 후 30년 도래 석탄발전 설비 24기를 폐지하는 것으로, 연차별로 노후석탄발전기를 일부 폐지하고 일부는 LNG로 연료전환을 추진하는 방안이다. 석탄발전기 24기 폐지 시 2030년 석탄의 발전량 비중은 34.2%로 예상된다.[3]

[표 10-2] 연차별 석탄 폐지 및 LNG 전환 계획

구분	'20~'24년	'25~'30년	'31~'34년
석탄 폐지	삼천포#1,2 호남#1,2 보령#1,2		
석탄폐지 후 LNG연료전환	삼천포#3,4	태안#1~4 하동#1~4 보령#5,6 삼천포#5,6 당진#1~4	태안#5,6 하동#5,6 영흥#1,2

[표 10-3] 석탄발전기 폐지 시 2030년 발전량 비중 전망

연도	원자력	석탄	LNG	신재생	양수	기타	계
2030년	25.0%	34.2%	19.0%	20.8%	0.7%	0.3%	100%

또한, 우리나라는 2050년까지 탄소중립을 달성할 것을 선포했으며 이에 대한 세부계획인 '2050 탄소중립 시나리오'를 공표한 바 있다. '2050 탄소중립 시나리오'는 LNG를 포함한 화력발전을 전면 중단하는 A안과, 석탄발전을 중단하고 LNG 발전을 일부 유지하는 B안이 있다.[4] 그러나 두 시나리오 모두 석탄발전 중단을 전제로 한다는 점에서는 차이가 없으므로, 2050년에 이르러서는 석탄발전이 모두 폐지되어야 한다는 결론에 이른다.

---

3) 산업통상자원부, 9차 전력수급기본계획(2020~2034), 2020. 12. 28. 41면
4) 관계부처 합동, 2050 탄소중립 시나리오안. 2021. 10. 18. 4면.

2. 석탄발전상한제

석탄발전상한제는 석탄발전 설비 폐지에 더하여 전환부문의 온실가스 감축목표에 맞춰 나머지 석탄발전 설비의 연간 발전량 상한을 제약하는 방안이다. 석탄발전상한제를 도입하면 일부 석탄발전설비의 폐지를 감안해도 감축목표를 상회하는 예상 온실가스 배출량만큼 석탄발전의 연간발전량을 제약하는 미세조정을 하게 된다. 이는 온실가스 배출권거래제와 같은 일종의 총량제이므로 감축목표 달성에 효과적인 방식이다. 제9차 전력수급기본계획에 의하면, 석탄발전기 폐지와 석탄발전상한제를 병행할 경우, 2030년 예상 온실가스 배출량이 1.926억톤으로 제9차 전력수급기본계획 수립 당시의 전환부문 감축목표인 1.93억톤을 달성할 것으로 전망된다.

[표 10-4] 석탄발전기 폐지 및 추가 석탄발전량 제약 시 2030년 발전량 비중 전망

연도	원자력	석탄	LNG	신재생	양수	기타	계
2030년	25.0%	29.9%	23.3%	20.8%	0.7%	0.3%	100%

탄소중립의 달성은 우리나라 온실가스 총배출량의 27.9%를 차지하는 석탄발전에 대한 규제의 성부에 달려있다고 해도 과언이 아니다[5]. 문제는 그 과정에서 중대한 재산권의 제한이 수반될 것이 예상됨에도 불구하고, 위헌의 소지를 남기지 않는 근거 법률의 형태는 어떻게 될 것이며 위헌성 심사를 피해갈 보상방안은 무엇일지에 대한 공감대가 부족하다는 점이다. 향후 구체적인 보상방안이 이해관계자들의 공감대를 얻지 못하면 소송으로 이어질 수 있고, 그 결과 국가적 과제인 탄소중립의 실현 자체가 좌초될 우려가 있다. 그러므로 이하에서는 석탄화력규제에 적용될 수 있는 헌법상 재산권 규정의

---

[5] 2050 탄소중립 시나리오에 따르면, 우리나라의 '18년 온실가스 총배출량은 727.6백만톤인데, 이 중 전환부문이 차지하는 비중이 269.6백만톤(37%)이며, 그 중 석탄화력발전이 차지하는 비중이 75.5%에 달한다.

의미와 관련 이론을 살펴보고, 이에 터 잡아 제기될 수 있는 헌법상 문제들을 검토하기로 한다.

Ⅲ. 헌법상 재산권 규정과 석탄화력규제

1. 석탄화력규제가 제한하는 기본권: 재산권

전기사업법은 전기사업 허가를 득한 발전사업자에게만 전기사업을 수행할 권리를 부여하므로(전기사업법 제7조, 제2조) 발전사업 허가 철회 시 발전사업자는 발전기를 사용수익할 수 없게 된다. 또한 석탄발전 상한제는 석탄발전사업자들로 하여금 발전기의 사용수익 범위를 양적으로 제한하게 되는 효과를 유발한다. 이러한 규제들이 영향을 미치는 것은 발전사업자의 발전기 사용수익권이고, 그 구체적 속성은 재산권이다.

헌법재판소는 "헌법이 보장하고 있는 재산권은 경제적 가치가 있는 모든 공법상·사법상의 권리"를 뜻하며(헌재 1992. 6. 26. 90헌바26), "사적 유용성 및 그에 대한 원칙적인 처분권을 내포하는 재산가치 있는 구체적인 권리를 의미한다"(헌재 2002. 7. 18. 99헌마574)고 새기고 있다. 그리고 이러한 취지에서, 개발제한구역으로 지정된 구역 안에서 건축물의 건축, 공작물의 설치, 토지의 형질변경 등을 할 수 없게 하는 법률조항에 따라 제한대상이 되는 것은 토지재산권의 한 내용인 토지사용권이라고 판시한 바 있다(헌법재판소 1998. 12. 24. 선고 89헌마214). 또한, 도로 등 영조물 주변 일정 범위에서 관할 관청 또는 소유자 등의 허가나 승낙 하에서만 광업권자의 채굴행위를 허용하는 조항은 재산권의 내용과 한계를 정하는 규정이라고 판시한 바 있다(헌법재판소 2014. 2. 27. 선고 2010헌바483 전원재판부).

이러한 판시를 고려해볼 때, 석탄화력발전 폐지를 위한 규제(발전사업허가 제한, 석탄상한제약)는 발전사업자의 (발전기에 대한) 사용수익권을 제한하는 것으로, 이는 재산권에 영향을 미치는 공권력의 행사에 해당한다.

2. 석탄화력규제로 제한되는 재산권의 속성

가. 재산권의 사회적 구속성

헌법은 "모든 국민의 재산권은 보장된다"고 선언하면서도, 그 내용과 한계는 법률로 정해지고(제23조 제1항) 재산권의 행사는 공공복리에 적합하도록 한다고 규정하여(제23조 제2항) 재산권 보장의 원칙을 천명하면서도 한편으로는 재산권이 절대적 권리가 아니라, 일정한 사회적 제약이 따르는 상대적 권리임을 명확히 하고 있다.

재산권의 구체적 모습은 재산권의 내용과 한계를 정하는 법률에 의하여 형성된다(헌법재판소 1993. 7. 29. 선고 92헌바20)[6]. 헌법재판소는 "입법자는 재산권의 내용을 구체적으로 형성함에 있어서 헌법상의 재산권보장(헌법 제23조 제1항 제1문)과 재산권의 제한을 요청하는 공익 등 재산권의 사회적 기속성(헌법 제23조 제2항)을 함께 고려하고 조정하여 양 법익이 조화와 균형을 이루도록 하여야 한다."고 판시하여(헌법재판소 1998. 12. 24. 선고 89헌마214등), 재산권의 제한에 대한 심사기준으로서 재산권이 갖는 개인의 자유보장적 측면과 사회적 구속성을 비교형량할 것을 제시한다.

이러한 재산권의 속성 때문에, 재산권 제한 심사에서 재산권의 객체의 의미가 강조되고 있다. 즉, 해당 권리나 재산이 갖는 속성에 비추어 개인의 자유보장적 요구가 사회적 구속성보다 강조되는 재산권의 경우 재산권에 대한

---

6) 이명웅. "재산권의 위헌심사기준─판례의 검토." 인권과 정의 제370호, 2007. 125면.

제한의 수준도 후퇴하여야 할 것이지만, 그렇지 않은 경우에는 재산권 제한의 정당성을 인정하는 경우가 많다. 같은 취지에서, 헌법재판소는 "재산권에 대한 제한의 허용정도는 재산권 객체의 사회적 기능, 즉 재산권의 행사가 기본권의 주체와 사회전반에 대하여 가지는 의미에 달려있다고 할 것인데, 재산권의 행사가 사회적 연관성과 사회적 기능을 가지면 가질수록 입법자에 의한 보다 광범위한 제한이 허용된다."고 판시하면서, 토지의 공급 제한성, 공공성 때문에 토지재산권은 다른 재산권에 비하여 보다 강하게 공동체의 이익을 관철할 것이 요구된다고 밝힌 바 있다(헌법재판소 1989. 12. 22. 선고 88헌가13 전원재판부).

나. 석탄화력규제의 경우

전기사업법은 전기사업 허가를 득한 발전사업자에게만 전기사업을 수행할 권리를 부여하고 있으므로(전기사업법 제7조, 제2조) 발전사업은 관허사업이다. 강학상 허가는 일반적 금지를 특정한 경우에 해제하는 것으로서 상대적 금지의 해제로서 제한된 자유를 공권력이 회복시켜주는 것이다. 자연히 허가로부터 발생한 발전사업자의 발전기 사용수익권 등의 재산권은 그 형성과정에서부터 사회가 개입한 것이므로 본질적으로 사회적 구속성의 요구가 클 수 밖에 없다.

특히 고체화석연료의 사용이 지구온난화를 촉발, 촉진시켜 각종 환경재난과 사회재난을 유발한다는 것이 과학적으로 증명된 오늘날 온실가스 배출행위는 환경오염행위로 평가할 수 있다는 점에서[7], 오염유발시설인 석탄화

---

[7] 같은 취지에서, 법원은 온실가스배출권 무상할당처분과 관련된 사건에서 "할당대상업체 입장에서는 할당받은 배출권의 범위 내의 온실가스 배출행위에 대해서는 사실상 오염·훼손된 환경을 회복·복원할 책임을 전부 면제받거나 회복복원 비용에서 유상 할당비용을 공제한 나머지 회복복원 비용에 상당하는 책임을 면제받는 효과를 누리게 된다"고 판시하여 온실가스 배출이 환경정책기본법 상의 오염원인자 책임원칙이 적용되는 오염행위임을 분명히 한 바 있다(서울행정법원 2017. 2. 2. 선고 2015구합55370, 서울고등법원

력발전기는 사회적 기속의 필요성이 크다고 생각된다. 헌법재판소는 "재산권의 이용과 처분이 소유자의 개인적 영역에 머무르지 아니하고 국민일반의 자유행사에 큰 영향을 미치거나 국민일반이 자신의 자유를 행사하기 위하여 문제되는 재산권에 의존하는 경우에는 입법자가 공동체의 이익을 위하여 개인의 재산권을 제한하는 규율권한은 더욱 넓어진다"고 거듭 판시해 온 바(헌법재판소 1999. 10. 21. 선고 97헌바26 전원재판부 결정, 헌법재판소 2009. 7. 30. 선고 2007헌바110 전원재판부 결정 등), 석탄화력발전기 역시 해당 시설의 이용이 오염을 유발해 국민 일반의 자유행사 및 환경권에 큰 영향을 미친다면 사회적 제약의 요청이 커질 수밖에 없기 때문이다.

3. 공용침해와 사회적 기속의 구분

헌법은 "공공필요에 의한 재산권의 수용·사용 또는 제한 및 그에 대한 보상은 법률로써 하되, 정당한 보상을 지급하여야 한다(제23조 제3항)"고 규정하여 공용침해에 대하여 정당한 보상을 하여야 하는 손실보상을 규정하였다. 한편 헌법은 재산권의 행사는 공공복리에 적합하여야 한다고 하여(제23조 제2항) 재산권의 사회적 구속성을 강조하기도 하므로, 국민이 재산권의 제한을 수인하여야 하는 '사회적 기속'과 보상이 필요한 '공용침해'의 기준이 무엇인지가 문제된다.

이와 관련하여, "도시계획시설 지정"과 관련한 헌법재판소의 판시는 보상이 필요한 공용침해에 내한 일응의 기준을 제시한 것으로 보인다. 헌법재판소는 해당 토지가 도시계획시설로 지정되어 토지소유자가 더 이상 그 토지를 종래 허용된 용도(건축)대로 사용할 수 없게 되었던 사건에서 도시계획시설 지정으로 인해 해당 토지의 매도가 사실상 거의 불가능하고 경제적으로

2018. 2. 9. 선고 2017누39763, 대법원 2018. 6. 15 선고 2018두38185))

의미 있는 이용가능성이 배제된다고 보았다. 이어 "도시계획시설결정이 있더라도 부지를 종래 용도대로 계속 사용할 수 있거나 법적으로 허용된 이용방법이 아직 남아 있는 경우에는 수인하여야 하는 사회적 제약의 범주 안에 있는 것이지만, 종래 용도대로 사용할 수 없거나 실질적으로 사용수익을 전혀 할 수 없는 경우에 아무런 보상 조치가 없다면 이는 수인하여야 할 사회적 제약의 범주를 벗어나는 것이 된다"고 판단하였다(헌법재판소 1999. 10. 21. 선고 97헌바26 전원재판부). 이러한 헌법 제23조 제3항의 의미는 공용침해에 해당하게 된다면, 그 보상규정 까지도 법률로써 규정하여야 하고, 보상의 내용 역시 '정당한 보상'이어야 위헌성이 제거될 수 있다는 의미로 해석된다.

4. 정당한 보상

헌법 제23조 제3항은 "공공필요에 의한 재산권의 수용·사용 또는 제한 및 그에 대한 보상은 법률로써 하되, 정당한 보상을 지급하여야 한다"고 규정하고 있으므로, '정당한 보상'의 의미가 문제될 수 있다. 헌법재판소는 "헌법이 규정한 '정당한 보상'이란 손실보상의 원인이 되는 재산권의 침해가 기존의 법질서 안에서 개인의 재산권에 대한 개별적인 침해인 경우에는 그 손실 보상은 원칙적으로 피수용재산의 객관적인 재산가치를 완전하게 보상하는 것이어야 한다는 완전보상을 뜻하는 것으로서 보상금액 뿐만 아니라 보상의 시기나 방법 등에 있어서도 어떠한 제한을 두어서는 아니된다는 것을 의미한다"고 하여, 정당한 보상이 완전 보상임을 명확히 하였다(헌법재판소 1990. 6. 25. 선고 89헌마107).

석탄화력발전 규제가 보상이 필요한 '공용침해'에 해당할 경우 정당한 보상의 수준과 범위가 문제될 수 있다. 이와 관련해서는 제9차 전력수급기본계획상 온실가스 감축방안으로 제시된 석탄발전 설비폐지방안과 석탄발전상한제의 경우를 나누어 각각 검토하고자 한다.

Ⅳ. 석탄화력 발전규제에 대한 헌법상 제한

1. 석탄발전기 폐지

먼저 석탄발전기 폐지를 위한 방안으로는 발전기 자체의 수용과 발전사업자 허가제도를 통한 폐지 방법을 고려해볼 수 있다. 수용은 재산권 보상에 대한 손실보상의 전형적인 형태로서, 손실보상의 범위와 규모를 일률적으로 정한 입법례로 '공익사업을 위한 토지 등의 취득 및 보상에 관한 법률'을 꼽을 수 있다. 하지만 탄소중립을 위한 석탄발전기 가동중단이라는 정책적 목적 달성을 위해 발전기 자체의 실질적인 수용이 필요한 것으로 보이지는 않으므로8), 본고에서는 논의의 대상을 발전사업자 허가의 철회에 한정하고자 한다. 발전사업자 허가를 철회함에 있어 ① 법률에 철회 요건을 새로이 창설하지 않고 법리에 기해 철회하는 방법과 ② 새로운 철회 요건을 창설하여 철회하는 두 가지 방법이 있는데, 각 방법의 법적 쟁점이 다르므로 항을 나누어 검토한다.

가. 법률에 철회 요건을 창설하지 않고 허가를 철회하는 경우

(1) 발전사업자 허가 및 허가 철회의 법적 성격

발전사업은 관허사업으로, 전기사업 허가는 전기사업이 계획대로 수행될 수 있을 것을 전제로 하여 전기사업을 적정하게 수행하는 데 필요한 재무능력 및 기술능력을 갖춘 자에게 발급된다(전기사업법 제7조). 단, 전기는 비저장성(동시성)을 갖고 있어 매 순간 수요와 공급을 일치시켜야 하는 동력이므로, 공급이 과다해도 전력의 안정적인 공급이 어려워질 수 있어 단순히 물적, 인적요건을 갖췄다고 하여 허가가 발급되는 것은 아니다. 우리나라는 상시

---

8) 규제적 수용이 인정되는 경우에도 교환가치 하락 분에 대한 가액보상으로 목적을 달성할 수 있을 것으로 보이므로, 일괄적으로 대상 발전기의 소유권을 이전시키는 절차인 수용이 필요하지는 않을 것으로 사료된다.

전력수급의 균형을 유지하기 위해 장기수요 예측을 한 후 이에 부합하는 설비를 갖출 수 있도록 발전 및 송·변전 설비계획을 전력수급기본계획에 담고, 이에 부합할 것을 전제로 허가를 발급하는 방식으로(전기사업법 시행령 제4조) 설비의 사전통제 및 미세조정을 하고 있다. 이런 점에서 석탄화력 발전 사업자들이 자발적으로 발전시설을 전환하거나 폐쇄하지 않을 경우, 발전사업자 허가의 철회가 대상 발전기를 폐지하는 방법이 될 수 있다.

전기사업법은 전기사업 허가를 득한 발전사업자만이 전기사업을 수행할 권리를 부여하고 있으며(전기사업법 제7조, 제2조), 허가를 받지 않고 전기사업을 한 자에 대한 처벌규정을 두고 있으므로(전기사업법 제101조) 전기사업 허가는 일반적 금지를 해제하여 영업자유를 회복시키는 행정행위로서, 권리영역의 확대를 가져오는 수익적·급부적 행위라고 볼 수 있다. 따라서 수익적 처분인 발전사업 허가를 철회하는 처분은 "수익적 행정행위의 철회"에 해당한다.

(2) 수익적 행정행위의 철회 요건

판례는 행정청이 일단 행정처분을 한 경우에는 행정처분을 한 행정청이라도 법령에 규정이 있는 때, 행정처분에 하자가 있는 때, 행정처분의 존속이 공익에 위반되는 때, 또는 상대방의 동의가 있는 때 등의 특별한 사유가 있는 경우를 제외하고는 행정처분을 자의로 취소·철회할 수 없고(대법원 1990. 2. 23. 선고 89누7061 판결), 특히 수익적 행정처분을 취소 또는 철회하거나 중지하는 경우에는 이미 부여된 그 국민의 기득권을 침해하는 것이 되므로, 비록 취소 등의 사유가 있다고 하더라도 그 취소권 등의 행사는 기득권의 침해를 정당화할 만한 중대한 공익상의 필요 또는 제3자의 이익보호의 필요가 있는 때에 한하여 상대방이 받는 불이익과 비교·교량하여 결정하여야 하고, 그 처분으로 인하여 공익상의 필요보다 상대방이 받게 되는 불이익

등이 막대한 경우에는 재량권의 한계를 일탈한 것으로서 그 자체가 위법하게 된다(대법원 2010. 4. 8. 선고 2009두17018 판결)고 판시한 바 있다.

이러한 판례를 반영하여, 새로 제정된 행정기본법은 적법한 행정행위의 철회와 그 요건을 명문화하였다. 행정기본법 제19조는 ① 법률에서 정한 철회 사유에 해당하게 된 경우, ② 법령등의 변경이나 사정변경으로 처분을 더 이상 존속시킬 필요가 없게 된 경우, ③ 중대한 공익을 위하여 필요한 경우에는 적법한 행정행위의 철회가 가능하다.

(3) 본 사안의 경우

먼저 전기사업법은 발전사업허가의 취소사유를 한정적으로 열거하고 있는바, 온실가스 감축 등 정책상 필요는 사업허가의 철회사유에 해당하지 않으므로 본 사안은 "① 법률에서 정한 철회 사유에 해당하게 된 경우"가 아니다. 발전사업자의 사업허가 취소사유로는 필요적 취소사유(전기사업법 제12조 제1항 제1호 ~ 제4호)와 임의적 취소사유가 존재하지만, 이는 발전사업자의 의무 위반을 규율하고 있을 뿐 허가자의 정책적 필요를 취소사유로 열거하고 있지 않다. 따라서 탄소중립 달성과 같은 정책적 목적 달성의 필요성은 법령상 취소사유에 해당하지 않는다.

따라서 발전사업 허가의 철회를 위해서는 ② 법령등의 변경이나 사정변경으로 해당 처분을 더 이상 존속시킬 필요가 없게 된 경우이거나, ③ 행정처분의 철회가 중대한 공익을 위하여 필요한 경우여야 하고, 나아가 철회로 인하여 당사자가 입게 될 불이익보다 철회로 달성되는 공익이 커야 한다. 대법원은 "수익적 행정처분으로 국민이 일정한 이익과 권리를 취득하였을 경우에 종전 행정처분을 취소하는 행정처분은 이미 취득한 국민의 기존 이익과 권리를 박탈하는 별개의 행정처분으로 취소될 행정처분에 하자 또는 취소해야 할 공공의 필요가 있어야 하고, 나아가 행정처분에 하자 등이 있다고 하더라도 취소해야 할 공익상 필요와 취소로 당사자가 입게 될 기득권과 신뢰보호 및 법률생활안정의 침해 등 불이익을 비교·교량한 후 공익상 필요가 당사자가 입을 불이익을 정당화할 만큼 강한 경우에 한하여 취소할 수 있다 (대법원 2012. 3. 29. 선고 2011두23375 판결)"고 판시한다. 이러한 판시의 취지는 수익적 행정행위의 철회는 설사 하자가 있는 행정처분이었다고 하더라도 이미 기 취득한 국민의 권리를 박탈한다는 침익적 요소로 인해 공익상 필요가 강하여야 한다는 것이다. 즉, 온실가스 배출량 감축이라는 공익상 필요가 발전사업자의 기득권에 대한 침해를 정당화할 만큼 중대한 것이어야 허가의 철회가 인정될 수 있을 것이다. 이에 따라, 온실가스 배출량 감축을 해야 할 공익상 필요가 허가의 철회를 정당화할 수 있는지 검토한다.

먼저, 온실가스 배출량 감축의 공익상 필요는 헌법상 환경권과 오염책임자 원칙에서 기인한다. 대한민국헌법 제35조 제1항은 '모든 국민은 건강하고 쾌적한 환경에서 생활할 권리를 가지며, 국가와 국민은 환경보전을 위하여 노력하여야 한다'고 규정하고 있고, 환경정책기본법 제7조는 '자기의 행위 또는 사업활동으로 환경오염 또는 환경훼손의 원인을 발생시킨 자는 그 오염·훼손을 방지하고 오염·훼손된 환경을 회복·복원할 책임을 지며, 환경오염 또는 환경훼손으로 인한 피해의 구제에 드는 비용을 부담함을 원칙으로 한다'는 오염 원인자 책임원칙(polluter pays principle)을 규정하고 있다. 온실가스의 배출이 지구온난화를 촉진하여 평균기온 상승, 해수면 상승 및 폭염·폭우·폭설·태풍과 같은 이상 기후를 촉발한다는 것이 과학적으로 증명된 만큼, 온실가스 배출 역시 국민들의 환경권을 침해하는 "환경오염"으로 볼 수 있으며, 최근 법원도 같은 취지에서 온실가스를 배출하여 환경을 오염시킨 자는 자신의 비용을 들여 오염·훼손된 환경을 회복·복원할 책임을 부담한다고 판시한 바 있다(서울행정법원 2017. 2. 2. 선고 2015구합55370 판결 등).

한편, 당사자의 신뢰보호 필요성은 처분의 성격과 근거 법률의 규정 형태에 비추어 구체적 사안에서 개별적으로 판단되어야 하는 요소인데, 전기사업법 규정 형태상 신뢰보호의 필요가 강한 것으로 생각된다. 전기사업법은 전기사용자의 이익을 보호하는 것을 목적으로 하고 있어(전기사업법 제1조) 전기의 안정적 공급이라는 입법취지 달성을 위해 발전사업자를 포함한 전기사업자에게 다양한 제약을 부과한다. 전기사업자는 허가권자가 지정한 준비기간에 사업에 필요한 전기설비를 설치하고 사업을 시작하여야 하며(동법 제9조), 정당한 사유 없이 전기의 공급을 거부할 수 없다(동법 제14조). 이는 전기사업법이 전력수급기본계획을 통해 장기전력수요를 예측하고, 그에 부합하는 전력공급이 원활하게 이루어질 수 있도록 발전설비를 사전에 계획하여 발전사업을 허가하는 방식으로 전력계통이 운영되는 것을 상정하고 있기 때문이다. 즉, 전기사업법이 전기의 안정적 공급이라는 공익을 위해 전기사업자의 진입과 퇴출을 통제하고 있는 만큼, 반대로 전기사업자 역시 허가권자의 필요에 의해 예기치 않은 퇴출을 당하지 않을 것이라는 신뢰를 보호해야 할 필요성이 클 것으로 생각된다.

이러한 발전사업 허가의 속성과 근거 법률인 전기사업법의 형태에 비추어 보면, 수익적 행정행위를 철회하는 것은 국민이 기 취득한 권리를 제한한다는 점에서 침익적 측면이 있으므로, 가급적 법률에 근거를 두는 것이 바람직할 것이다.

나. 법률에 철회 규정을 두는 경우

석탄발전기를 폐지하는 또 다른 방법은 법률에 새로운 발전사업자 허가 철회 사유를 규정하는 것이다. 이는 이미 취득한 발전사업자 허가에 하자가 있어 이를 소급적으로 소멸시키는 것이 아니라, 정책적 필요에 부합하지 않는다는 후발적인 사정에 따라 이미 받은 발전사업자 허가를 장래를 향해 소멸시키는 것이므로 '철회'의 성격을 갖는 규정이 된다.

이와 같은 규정에 기해 발전사업자의 허가를 철회하게 될 경우, 해당 조항의 합헌성이 문제된다. 즉, 헌법재판소가 행정처분의 근거가 된 법률을 위헌으로 결정하였다면 결과적으로 행정처분은 법률의 근거가 없이 행하여진 것과 마찬가지가 되어 하자가 있는 것이 되는 것이 되고, 이러한 내용상 하자는 처분 취소사유에 해당한다(대법원 1994. 10. 28. 선고 92누9463 판결). 따라서 해당 조항이 소급입법금지, 신뢰보호의 원칙, 평등의 원칙, 과잉금지원칙 등 헌법상의 원칙에 부합하는지가 주된 쟁점이 될 것이다. 특히, 발전사업자는 허가 철회의 법적 성격에 비추어볼 때, 석탄발전기 폐지가 발전사업자 허가를 받은 국민의 재산권을 과도하게 제한하는 것은 아닌지가 다투어질 수 있다. 아래에서는 발전사업자 허가 철회와 관련해 문제될 수 있는 헌법상 쟁점을 간단히 다루고, 특히 허가 철회의 재산권 제한의 특성과 그에 대한 보상규정의 필요성을 논하고자 한다.

(1) 소급입법금지의 원칙

헌법은 "모든 국민은 소급입법에 의하여 참정권의 제한을 받거나 재산권을 박탈당하지 아니한다"고 규정하여, 소급입법금지의 원칙을 천명하고 있다(헌법 제13조 제2항). 행정기본법은 이러한 헌법상의 소급입법금지의 원칙을 구체화하여, 행정법규 적용의 원칙으로 규정하였다(행정기본법 제14조 제1항)[9]. 따라서 재산권 제한조항은 소급입법금지 원칙의 헌법상 제한을 받는다.

대법원은 소급입법금지의 근거에 대하여 "법령의 소급적용, 특히 행정법규의 소급적용은 일반적으로는 법치주의의 원리에 반하고, 개인의 권리·자

---

9) 행정기본법 제14조(법 적용의 기준) ① 새로운 법령등은 법령등에 특별한 규정이 있는 경우를 제외하고는 그 법령등의 효력 발생 전에 완성되거나 종결된 사실관계 또는 법률관계에 대해서는 적용되지 아니한다.

유에 부당한 침해를 가하며, 법률생활의 안정을 위협하는 것이어서, 이를 인정하지 않는 것이 원칙"이라고 판시하여(대법원 2005. 5. 13. 선고 2004다8630 판결), 그 근거를 법치주의와 법적안정성에서 찾고 있다. 이러한 소급입법의 유형으로는 ① 구법 하에서 발생하여 이미 종료된 사실관계에 대하여 새로운 법규범을 적용하는 것(진정소급입법)과 ② 현재 진행 중인 사실관계에 새로운 법규범을 적용하는 것(부진정소급입법)이 있다. 새로운 입법으로 이미 종료된 사실관계에 작용케 하는 진정소급입법은 헌법적으로 허용되지 않는 것이 원칙이다. 반면 현재 진행중인 사실관계에 작용케 하는 부진정소급입법은 원칙적으로 허용되지만, 소급효를 요구하는 공익상의 사유와 신뢰보호의 요청 사이의 교량과정에서 신뢰보호의 관점이 입법자의 형성권에 제한을 가하게 된다(헌법재판소 1998. 11. 26. 선고 97헌바58 전원재판부).

헌법재판소는 환경규제의 경우 진행 중인 오염의 정화의무를 장래에 향해 발생시키는 것인지, 규제 시행 이전에 발생한 오염에 대한 책임을 부과하는지 여부를 기준으로 판단한다. 헌법재판소는 토양오염이 과거에 시작되어 규제 시행 당시 계속되고 있는 상태라면 이는 종료되지 않고 진행과정에 있는 사실에 해당하므로 부진정 소급입법으로서 종래의 법적 상태를 신뢰한 자들에 대한 신뢰보호의 문제를 발생시킬 뿐, 헌법상 소급입법금지에 위배되지 않는다고 판시한 바 있다(헌법재판소 2012. 8. 23. 선고 2010헌바28 전원재판부). 이러한 법리에 따르면 발전사업자 허가 철회 역시 그 목적이 과거에 시작되어 계속되고 있는 발전사업자의 온실가스 배출을 장래에 향해서 제한하고자 하는 것이므로, 부진정 소급입법에 해당하고, 따라서 헌법상 소급입법금지에 위배되지 않을 것으로 생각된다.

(2) 신뢰보호의 원칙

환경규제 법령이 부진정 소급입법에 해당하는 경우에도 입법자의 형성권은 신뢰보호의 필요성에 의해 제한될 수 있으므로, 발전사업자 허가의 철회가 신뢰보호의 원칙에 위반되는지 검토한다.

신뢰보호의 원칙이란 행정기관의 언동에 대한 개인의 보호가치 있는 신뢰를 보호하여야 한다는 원칙으로서, 행정절차법 제4조와 행정기본법 제12조로 법제화된 바 있다[10]. 일반적으로 행정상의 법률관계에 있어서 행정청의 행위에 대하여 신뢰보호의 원칙이 적용되기 위해서는, 첫째 행정청이 개인에 대하여 신뢰의 대상이 되는 공적인 견해표명을 하여야 하고, 둘째 그 개인에게 행정청의 그 견해표명이 정당하다고 신뢰한 데에 대하여 귀책사유가 없어야 하며, 셋째 그 개인이 행정청의 견해표명을 신뢰한 결과 이에 상응하는 어떠한 행위를 하여야 하고, 넷째 행정청이 그 견해표명과는 반대되는 취지의 처분을 함으로써 개인의 이익을 침해하는 결과를 초래하며, 다섯째 종전 견해표명대로 행정처분을 할 경우 이로 인하여 공익 또는 제3자의 정당한 이익을 현저히 해할 우려가 없을 것 등의 요건이 필요하다(대법원 2006. 2. 24. 선고 2004두13592 판결 등 참조).

우리나라 에너지법제에서 발전설비의 존속과 관련하여 공적 견해표명으로 평가될 수 있는 것은 전력수급기본계획이다. 전력수급기본계획은 전력수급의 안정을 위하여 산업통상자원부장관이 수립하는 행정계획으로서(전기사업법 제25조 제1항), 계획기간이 15년인 중장기 계획이다. 전력수급기본계획의 내용에는 전력수급의 기본방향에 관한 사항, 전력수급의 장기전망에 관한

---

10) 행정절차법 제4조(신의성실 및 신뢰보호) ② 행정청은 법령등의 해석 또는 행정청의 관행이 일반적으로 국민들에게 받아들여졌을 때에는 공익 또는 제3자의 정당한 이익을 현저히 해칠 우려가 있는 경우를 제외하고는 새로운 해석 또는 관행에 따라 소급하여 불리하게 처리하여서는 아니 된다.
행정기본법 제12조(신뢰보호의 원칙) ① 행정청은 공익 또는 제3자의 이익을 현저히 해칠 우려가 있는 경우를 제외하고는 행정에 대한 국민의 정당하고 합리적인 신뢰를 보호하여야 한다.

사항, 발전설비계획 및 주요 송전·변전설비계획에 관한 사항, 전력수요의 관리에 관한 사항 등이 포함된다(동법 제25조 제6항). 전력수급계획은 발전설비의 적정용량과 필요용량을 산정하고 이를 토대로 확정설비 용량을 결정하며, 공급물량 제외설비 현황을 고시한다.

전력수급기본계획의 기능과 특성에 미루어볼 때, 제9차 전력수급기본계획에서 2034년까지 공급물량에서 제외되지 않은 발전기의 경우 발전사업자가 자신의 허가가 취소되지 않을 것이라고 신뢰한 점에 발전사업자의 귀책사유를 찾아보기는 어려울 것으로 보인다. 또한 발전사업자는 허가가 존속될 것을 기대하고 설비를 가동하므로, 이는 신뢰에 근거한 지출과 행위로 볼수 있다. 따라서 행정청이 이와 반대되는 취지의 처분인 발전사업자 허가 철회 시에는 신뢰보호의 원칙 위반이 문제될 수 있다. 다만, 전력수급기본계획은 매 2년마다 새로이 수립되고 수립 이후 15년까지의 발전설비의 존속만을 그 내용으로 하고(전기사업법 시행령 제15조), 제9차 전력수급기본계획은 2034년까지의 설비계획을 내용으로 하고 있어 발전설비의 2035년 이후 폐지에 대해서는 정부의 공적 견해 표명이 존재하지 않는다. 따라서 2035년 이후의 발전사업자 허가 철회에 대해서는 신뢰보호의 원칙 위반이 존재하지 않을 것으로 보인다.

(3) 평등의 원칙

헌법 제11조에서 도출되는 기본원칙인 평등의 원칙은 본질적으로 같은 것을 자의적으로 다르게 취급함을 금지하는 것으로서 법령을 적용할 때뿐만 아니라 입법을 할 때에도 불합리한 차별취급을 하여서는 안 된다는 의미가 있다(대법원 2007. 10. 29. 선고 2005두14417 전원합의체 판결)[11]. 헌법재판

---

11) 평등의 원칙은 행정기본법 제9조로도 법제화되었다.
　　헌법 제11조 ①모든 국민은 법 앞에 평등하다. 누구든지 성별·종교 또는 사회적 신분에 의하여 정치적·경제적·사회적·문화적 생활의 모든 영역에 있어서 차별을 받지 아니한다.

소는 평등권에 있어서 차별취급의 판단기준에 대하여, "평등권은 당해 공권
력의 행사가 본질적으로 같은 것을 다르게, 다른 것을 같게 취급하고 있는
경우에 침해가 발생하는 것이지, 본질적으로 같지 않은 것을 다르게 취급하
는 경우에는 차별자체가 존재한다고 할 수 없다"고 보고 있다(헌법재판소
2006. 1. 17. 선고 2005헌마1214). 이러한 원칙 하에, 이미 유효하게 성립한
발전사업자의 허가를 장래를 향하여 실효시킬 경우, 그 기준을 무엇으로 하
는가에 따라 평등의 원칙 위반 여부가 문제될 수 있다. 구체적으로, 석탄화
력발전기의 가동연한을 기준으로 사업허가를 철회하는 방안이 있을 수 있는
바, 아래와 같은 예시 입법례를 대상으로 검토한다.

[표 10-5] 발전사업자 허가취소 예시 입법례

전기사업법	전기사업법
제12조(사업허가의 취소 등) ① 허가권자는 전기사업자가 다음 각 호의 어느 하나에 해당하는 경우에는 전기위원회의 심의(허가권자가 시·도지사인 전기사업의 경우는 제외한다)를 거쳐 그 허가를 취소하거나 6개월 이내의 기간을 정하여 사업정지를 명할 수 있다. 다만, 제1호부터 제4호까지 또는 제4호의2의 어느 하나에 해당하는 경우에는 그 허가를 취소하여야 한다. 1. ~ 14. (생 략) 15. 〈신 설〉	제12조(사업허가의 취소 등) ① 허가권자는 전기사업자가 다음 각 호의 어느 하나에 해당하는 경우에는 전기위원회의 심의(허가권자가 시·도지사인 전기사업의 경우는 제외한다)를 거쳐 그 허가를 취소하거나 6개월 이내의 기간을 정하여 사업정지를 명할 수 있다. 다만, 제1호부터 제4호까지 또는 제4호의2의 어느 하나에 해당하는 경우에는 그 허가를 취소하여야 한다. 1. ~ 14. (현행과 같음) 15. 발전사업자가 설계수명 30년이 도과한 노후 석탄화력발전기를 가동한 경우

예시 입법례는 석탄화력발전기만을 대상으로 하여 설계수명을 기준으로
사업허가를 철회하는 방안이다. 정부는 2021. 12. 10 발표한 「에너지 탄소중
립 혁신전략」에서, 설계수명 30년 이상 석탄발전기는 원칙적으로 폐지하고,
법적 근거 및 정당한 비용보전 방안을 마련하여 조기 감축 추진할 것을 밝힌

행정기본법 제9조(평등의 원칙) 행정청은 합리적 이유 없이 국민을 차별하여서는 아니
된다.

바 있는데, 이러한 전략 역시 ① 석탄화력발전기를 선별적으로 폐지 대상으로 하되, ② 설계수명 30년이 도과한 발전기를 시장에서 퇴출시키는 방안으로 보인다.

먼저 설계수명이 도과하지 않은 발전기와 그렇지 못한 발전기 사이에는 기대이익과 신뢰 보호여부에서 차이가 있으므로, 본질적으로 같지 않은 것을 다르게 취급하는 경우로 볼 수 있다. 민간석탄발전기는 연간 총괄원가가 시장정산금과 일치되도록 하는 정산조정계수를 적용받는데, 확정투자비는 총괄원가에 포함된 감가상각비요소로서 발전기 내용연수(30년)에 걸쳐 회수된다. 따라서 가동연한 30년을 보장할 경우, 해당 발전기는 확정 투자비를 회수할 수 있다. 따라서, 설계수명을 기준으로 가동연한을 보장하는 정책에 대해서는 차별자체가 존재하지 않는다고 판단될 여지가 있다.

또한 석탄화력발전기를 다른 발전기와 구분하여 폐지대상으로 하는 것이 형평의 관점에서 바람직한지가 문제될 수 있는데, 온실가스 감축의 측면에서 석탄화력발전기를 다른 발전기와 본질적으로 다른 것으로 판단하는 것은 정당성을 인정받을 수 있을 것으로 보인다. 석탄화력발전에서 연료로 사용하는 고체화석연료인 석탄(무연탄, 유연탄)은 다른 연료에 비해 온실가스 배출계수가 높아 석탄이 발전과정에서 다량의 온실가스를 배출하는 연료임은 분명하며[12], 현재로서는 석탄화력발전에서 배출되는 이산화탄소에 대한 저감기술이 상용화되어 있지 않아 저감 장치를 갖추는 등으로 온실가스 배출을

---

12) 온실가스 배출계수는 온실가스 배출 시설의 단위 연료 사용량, 단위 제품 생산량, 단위 원료 사용량, 단위 폐기물 소각량과 처리량 등 단위 활동 자료당 발생하는 배출량을 나타내는 계수로서, 발전기의 배출계수는 전기량의 측정기준인 1킬로와트시(Kwh)의 전기생산 당 발생한 온실가스의 이산화탄소환산량(CO2-eq)을 기준으로 평가할 수 있다. 2006 IPCC 국가 인벤토리 가이드라인 기본 배출계수에 따르면, 유연탄 및 무연탄의 이산화탄소 배출량은 98,300톤으로서 원유의 73,300톤, 천연가스의 56,100톤과는 큰 차이가 존재한다.

줄일 수도 없기 때문이다[13]. 해당 규제의 목적이 오염원인자 책임원칙에 따라 발전사업자가 온실가스 배출에 대한 책임을 지우는 것임에 비추어, 오늘날 지구온난화를 촉진하여 환경재난을 야기하는 온실가스의 배출은 오염물질 배출로 넉넉히 평가될 수 있고, 따라서 동일 발전량 발전에 대해 더 많은 온실가스를 배출하는 석탄화력발전기를 다른 발전기와 구별하는 것이 가능하다고 생각된다.

(4) 비례의 원칙

헌법재판소는 재산권은 입법자에 의한 형성을 필요로 하는 권리로서, 구체적인 재산권의 특성에 따라 재산권에 부과되는 제한과 의무의 강도가 달라질 수 있으나[14]. 이 경우에도 다른 기본권에 대한 제한입법과 마찬가지로 과잉금지의 원칙(비례의 원칙)을 준수해야 하고 재산권의 본질적 내용인 사적 이용권과 원칙적인 처분권을 부인하여서는 안된다고 판시한 바 있다. 비례의 원칙이란 "어떤 행정목적을 달성하기 위한 수단은 그 목적달성에 유효·적절하고 또한 가능한 한 최소침해를 가져오는 것이어야 하며 아울러 그 수단의 도입으로 인한 침해가 의도하는 공익을 능가하여서는 안 된다"는 헌법상의 원칙으로서(대법원 1997. 9. 26. 선고 96누10096 판결), 행정작용에 일반적으로 적용되어야 할 원칙이다(행정기본법)[15].

---

13) 바로 이러한 이유 때문에 「온실가스 배출권거래제의 배출량 보고 및 인증에 관한 지침」의 [별표 6] 배출활동별 온실가스 배출량 등의 세부산정방법 및 기준에서도 고체연료를 이용한 화력발전시설의 배출활동에 대하여는 F가스 등과는 달리 저감효율을 고려하지 않고 있다.

14) 예를 들어, 토지재산권의 경우 토지의 강한 사회성 내지 공공성으로 말미암아 다른 재산권에 비해 보다 강한 제한과 의무가 부과될 수 있다(헌법재판소 1999. 10. 21. 선고 97헌바26 전원재판부)

15) 행정기본법 제10조(비례의 원칙) 행정작용은 다음 각 호의 원칙에 따라야 한다.
   1. 행정목적을 달성하는 데 유효하고 적절할 것
   2. 행정목적을 달성하는 데 필요한 최소한도에 그칠 것
   3. 행정작용으로 인한 국민의 이익 침해가 그 행정작용이 의도하는 공익보다 크지 아니할 것

온실가스 배출효율이 낮은 석탄화력발전기를 폐지하는 것은 온실가스 감축을 위해 유효·적절한 수단으로서 그 정당성이 인정된다. 또한 최근의 급격한 기후변화로 인해 홍수, 가뭄, 한파, 산불 등의 자연재난과 화재, 감염병 등 사회재난이 발생하고, 이는 일자리 감소 등 경제침체를 비롯한 전방위적인 기후위기로 확산되는 추세임을 감안할 때 석탄화력발전 폐지의 정책적 목표가 갖는 공익 역시 분명해 보인다. 또한, 환경설비를 개선하고 주기적으로 설비를 보강할 경우 설계 수명 이후에도 석탄화력발전기의 실질적 운영이 가능하더라도, 설계수명 30년에 대해 가동연한을 보장하는 것은 설비 내용연수의 대부분을 보장하는 것으로 평가할 수 있을 것이다. 따라서 설계수명 30년이 도과한 노후설비에 한정하여 발전사업자 허가를 철회하는 정책은 최소침해성의 요건도 만족한 것으로 볼 수 있을 것이다.

(5) 정당보상의 원칙

발전사업자에 대한 재산권 제한이 재산권자가 수인하여야 할 사회적 기속이 아니라 공용침해에 해당한다면, 이에 대한 보상규정도 법률에 두어야 하고 그 보상의 내용도 완전보상이어야 한다. 정당보상의 선결문제로서, 사업허가 철회가 공용침해에 해당하는지 검토가 필요하다.

도시계획시설 지정과 관련한 헌법재판소의 판시내용은 보상이 필요한 공용침해의 기준으로 "종래 용도대로 사용할 수 있는지" 여부를 제시한다. 이러한 기준에 따르면 발전사업자 사업허가를 철회할 경우 종전 발전사업자는 해당 발전설비를 더 이상 종래 허용된 용도대로 사용할 수 없게 되는 것이므로 공용침해로 판단하여야 할 것이다[16]. 그러나 단순히 "이용가능여부" 만으로 공용침해 여부를 판단하는 헌법재판소의 기준은 다소 정교하지 못하다고

---

16) 이론적으로 발전설비를 타 발전사업자에게 매각하는 경우도 생각해 볼 수는 있으나, 발전사업자 허가는 물적요건에 대해 발급되는 허가로서의 속성이 커서 매각을 통한 처분 가치가 확보된다고 단정할 수 없다.

생각되며, 특히 환경법의 영역에 적용될 수 있는가에 대한 의문이 남는다.

환경오염의 경우 과학적 한계로 인해 인과관계 입증이 어려워 오염 당시에 그 오염의 결과를 즉각적으로 측정할 수 없는 경우가 많고[17], 과거에는 오염물질로 평가되지 않았던 것들이 사후적으로 오염물질로 밝혀지는 경우도 허다하다. 최근 사회적 이슈로 부상한 가습기 살균제 문제나 디젤 자동차 매연문제 역시 당시 과학기술의 수준으로는 그 위험성, 중대성을 파악할 수 없었던 경우이다. 이러한 오염원인자들에게까지 국가가 생산설비의 재산권을 중대하게 평가하여, 국민의 생명권, 건강권, 환경권을 우선할 '공공필요'의 기치 아래 이용가능성의 배제를 수용 내지 유사수용으로 평가하여 모든 가치 하락에 대해 보상해야 한다면, 국가가 불필요하게 사업자의 사업위험(Business risk)을 모두 떠안는 결과가 될 수 있을 것이다. 사업자들의 영업권 역시 재산권과 마찬가지로 사회적 기속을 받는 것인 점에 비추어, 일정 부분은 사회적 기속 내의 제한으로 보아 사업자들이 수인토록 하여 책임을 국가와 개인이 나누어지는 것이 바람직하다.

이러한 점에서 설비 내용연수의 대부분에 해당하는 설계수명에 대하여는 가동연한을 보장하되 설계수명이 도과된 설비를 폐지하는 현재의 정부 안(案)은 그 타당성을 인정할 수 있을 것이다.[18] 설계수명에 상당하는 가동연

---

17) 이러한 문제의식에서 국제환경법상 사전주의원칙(precautionary principle)이 수립되기도 하였다. 사전주의 원칙이란 과학적으로 입증이 곤란한 경우라도 환경에 가해지는 리스크의 정도가 크다면, 위험에 대한 입증이 완전하지 않거나 입증이 아예 곤란한 경우에도 선제적으로 환경조치를 취할 수 있도록 하는 원칙이다.

18) 물론 여기에 관한 반론도 보인다. 설계수명을 초과한 경우에도 적절한 보수를 통해 반영구적으로 사용할 수 있다는 것이 바로 그것이다. 이러한 주장은 특히 원자력발전을 둘러싼 담론에서 제기되곤 한다. 예컨대 일본은 후쿠시마 사고 이후 원자력발전소의 설계수명을 40년으로 규정하였으나 원자력규제위원회의 인가를 받는다면 20년 이내에서 1회 연장할 수 있도록 규정하고 있다. 다만 향후 사회적·기술적 규제인식이 강화됨에 따라 연장의 가능성에 의문을 제기할 수 있으며, 석탄화력발전의 경우는 높은 탄소배출

한을 보장하되, 설계수명 이후의 가동 제한에 대해서는 사회적 기속 내의 제한으로서 발전사업자가 수인토록 하는 것이 발전사업자와 정부 간의 정당한 위험부담의 배분으로 생각된다. 이 경우 가동연한이 도과한 설비 폐지에 대해서는 공용침해가 존재하지 않으므로, 보상 역시 불필요하다.

2. 석탄발전상한제

석탄발전상한제는 석탄발전 설비폐지에 더하여 전환부문의 온실가스 감축목표에 맞춰 나머지 석탄발전 설비의 연간 발전량 상한을 제약하는 방안이다. 석탄발전상한제는 제9차 전력수급기본계획에서 언급된 이래 "2050 탄소중립 시나리오안" 및 2021. 12. 10. 발표된 "에너지 탄소중립 혁신전략"에서도 전환부문의 탄소중립 이행전략으로서 제시되었다. 또한 이와 관련하여, 2021. 1. 26. 의안번호 2107642호로 「전기사업법 개정안」(이장섭 의원안)이 입안되어 현재 소위 계류 중이다. 석탄발전상한제가 온실가스 배출권거래제와 마찬가지로 총량제로서 운영될 경우, 전력시장에 참여한 모든 발전기들이 변동비를 기준으로 경쟁하여 시장가격을 결정하는 현재의 변동비반영발전시장 구조와는 양립할 수 없을 것이므로 전력시장에 지각변동이 있을 것으로 예상된다[19]. 본 원고에서는 현재 입안된 석탄화력발전 연간 발전량 제약안을 살펴본 후, 석탄발전상한제의 헌법상 제약을 검토하고자 한다.

가. 석탄발전상한제 개요 (의안번호 2107642호 이장섭 의원안)

(1) 목적

석탄발전상한제의 목적은 탄소중립의 달성을 위해 전체 온실가스 배출량

량으로 인해 설계수명의 연장이 더욱 불투명한 것이 사실이다.

19) 변동비반영발전시장에서는 변동비가 저렴한 순으로 시간별 전력수요가 모두 충족될 때까지 발전기의 가동여부와 발전량을 결정하므로 특정 연료를 사용하는 발전기의 발전량을 제한하기 어렵다.

의 약 40%를 차지하는 전환부문, 그 중에서도 전환부문의 약 70% 이상을 차
지하고 있는 석탄발전기의 온실가스 배출량을 감축하는 것이다. 특히, 석탄
발전기가 생산하는 연간 발전량을 일부 제한하여 ① 연도별 발전부문 온실가
스 감축목표량의 정확한 이행을 통해 국가 온실가스 감축목표 달성에 기여
하고, ② 국가경제와 국민생활에 절대적으로 필요한 전기에너지의 안정적 공
급을 실현하며, ③ 배출권가격 변동성 완화를 통한 산업계의 우려[20]를 해소
하고 제조업 경쟁력을 강화하며, ④ 소비자의 부담을 완화하는 것을 목적으
로 한다.

(2) 개정안 내용

개정안의 주요 내용은 ① 산업통상자원부 장관이 온실가스 감축을 위해
석탄을 연료로 사용하는 화력발전의 연간 발전량을 제한할 수 있도록 근거
를 마련하며, ② 발전량 제한을 받는 전기사업자에 대하여 지원 시책을 수
립·시행할 수 있도록 하고, ③ 한국전력거래소의 업무와 전력시장운영규칙에
포함되어야 하는 사항에 석탄발전량 제한에 따른 전력시장 및 전력계통 운
영에 관한 내용을 추가하는 것이다.

[표 10-6] 석탄화력발전 연간 발전량 제한(이장섭 의원안)

현행	개정안
〈신설〉	제29조의2(석탄화력발전의 발전량 제한) 산업통상자원부장관은 온실가스 감축을 위하여 대통령령으로 정하는 바에 따라 석탄을 연료로 사용하는 화력발전의 연간 발전량을 제한할 수 있다.
제30조(손실보상) (생략) 〈신설〉	제30조(손실보상 등) ① (현행 제목 외의 부분과 같음) ② 산업통상자원부장관은 제29조의2에 따른 발전량 제한을 받는 전기사업자에 대하여 지원 시책을 수립·시행할 수 있다.

---

20) 이는 인적 허가와 물적 허가의 속성을 함께 갖는 발전사업허가의 특성에도 기인한다.

현행	개정안
제33조(전력거래의 가격 및 정산) ① 전력시장에서 이루어지는 전력의 거래가격(이하 "전력거래가격"이라 한다)은 시간대별로 전력의 수요와 공급에 따라 결정되는 가격으로 한다. 　②·③ (생략)	제33조(전력거래의 가격 및 정산) ① ――――――――――――――――――――――――――전력의――――――――――――. 　②·③ (현행과 같음)
제36조(업무) ① 한국전력거래소는 그 목적을 달성하기 위하여 다음 각 호의 업무를 수행한다. 　1. ～ 8. (생략) 　〈신설〉 　9. 그 밖에 제1호부터 제8호까지의 업무에 딸린 업무 　②·③ (생략)	제36조(업무) ① ――――――――――――――――――――――――――――――. 　1. ～ 8. (현행과 같음) 　9. 제29조의2의 발전량 제한에 따른 전력시장 및 전력계통 운영에 관한 업무 　10. ――――――――제9호―――― 　②·③ (현행과 같음)
제43조(전력시장운영규칙) ① ～ ③ (생략) 　④ 전력시장운영규칙에는 다음 각 호의 사항이 포함되어야 한다. 　1. ～ 6. (생략) 　〈신설〉 　7. (생략)	제43조(전력시장운영규칙) ① ～ ③ (현행과 같음) 　④ ――――――――――――――――――――――――. 　1. ～ 6. (현행과 같음) 　7. 제29조의2의 발전량 제한에 따른 전력시장 및 전력계통 운영에 관한 사항 　8. (현행 제7호와 같음)

나. 헌법상 제약

현재의 변동비반영발전시장에서는 전력시장에 참여한 모든 발전기들이 변동비를 기준으로 경쟁하여 시장가격을 결정하고 있는바, 변동비반영발전시장에서는 발전비용이 저렴한 순으로 시간별 전력수요가 모두 충족될 때까지 발전기의 가동여부와 발전량을 결정하므로 특정 연료를 사용하는 발전기의 발전량을 제한하기 어렵다. 결국 석탄발전상한제의 운영을 위해서는 전력시장의 구조개편이 필수적인데, 이와 관련해 선도시장 도입 여부가 논의되고 있다. 선도시장은 기본적으로 PBP(Price-Based Pool)시장의 구조를 가지며, 발전사가 연료비와 고정비를 포함한 "가격"으로 입찰하고 경쟁을 통해 입찰된 물량을 입찰가격으로 정산하는 방식이다. 해당 제도와 관련하여, 소급입법금지, 신뢰보호의 원칙, 평등의 원칙, 과잉금지원칙 등 헌법상의 원칙에 부합하는지가 주된 쟁점이 된다. 아래에서는 석탄발전상한제와 관련해 문제될 수 있는 헌법상 쟁점인 비례의 원칙을 다루고, 손실보상 시 적정 보상의 내용에 대해 다루고자 한다.

(1) 비례의 원칙

입안된 석탄발전상한제는 온실가스 배출권거래제와의 관계에서 목적의 정당성 및 수단의 적절성이 문제될 수 있다. 우리나라는 온실가스 배출권거래제를 운영하여 전환부문을 포함한 6개 부문에서 배출되는 온실가스 배출량이 배출허용총량을 초과하지 않도록 관리해오고 있다. 온실가스 배출권거래제는 시장기능을 활용하여 효과적으로 국가의 온실가스 감축목표를 달성하는 것을 목적으로 하고 있다(온실가스 배출권의 할당 및 거래에 관한 법률 제1조).

배출권거래제는 온실가스 감축비용이 높은 할당대상업체는 배출권을 구입하고, 감축비용이 낮은 할당대상업체는 온실가스를 감축하고 배출권을 시장에서 매각하도록 유도하므로, 비용효과적으로 온실가스를 감축하도록 지원하는 역할을 한다. 이것을 부문으로 확장해 생각해보면, 배출권거래제의 역할이 한계감축비용이 낮은 부문이 온실가스를 감축하고 배출권을 판매하면 상대적으로 한계감축비용이 높은 부문이 온실가스를 많이 배출하고, 배출권을 구매하는 식으로 사회 전체적으로 분업을 발생시키는 것에 있다는 것을 알 수 있다. 즉, 온실가스 배출권거래제를 운영하는 국가에서 한계감축비용이 높은 부문이 온실가스를 배출하고, 감축비용이 낮은 부문이 온실가스를 감축하는 것은 사회적 효율성을 증가시키는 행위로서 자연스러운 현상이 된다.

그런데 온실가스 배출권거래제로 배출허용총량이 관리됨에도 불구하고 전환부문만의 목표를 달성하고자 한다면 전환부문은 온실가스 감축비용이 다른 부문에 비해 높더라도 일정량의 온실가스를 반드시 스스로 감축하여야 하므로, 비효율적으로 온실가스를 감축할 수 밖에 없게 된다. 규제목적의 정당성에 의문을 갖게 되는 부분이다. 또한 전환부문에서의 감축노력과 무관하게 우리나라의 온실가스 배출량은 온실가스 배출권거래제로 인해 배출허용총량으로 한정되고, 감축이 된다는 점에서 수단의 적절성이 문제될 여지가 있다.

다만, 해당 법안은 손실보상 조문을 두어 발전량 제한을 받는 전기사업자에 대하여 지원 시책을 수립·시행할 수 있도록 하였기 때문에 일정 부분 조절적 보상을 갖춘 것으로 보이므로, 일부 발전사업자가 제도 시행 즉시 퇴출되더라도 침해 최소성을 인정받을 수 있는 여지가 있을 것으로 판단된다.

(2) 정당한 보상

한편, 석탄발전상한제가 공용침해로 평가될 경우 정당한 보상의 수준이 문제된다. 헌법재판소와 대법원은 공용침해에 대한 '정당한 보상'의 의미는 '완전보상'으로서, 완전보상의 의미는 "피수용재산의 객관적인 재산가치를 완전하게 보상하는 것"이라고 하는바(헌법재판소 1990. 6. 25. 선고 89헌마107), 여기서 객관적인 재산가치는 일반적으로 유통되는 자산의 경우 공개시장에서의 공정가치가 그 기준이 될 것이다. 다만 발전기는 공개시장이 존재하지 않아 공정가치가 형성되지 않으므로, 사업허가 철회로 인해 사용수익권이 제한되기 전의 사용가치, 즉 해당 규제가 존재하지 않을 경우 사업자가 잔존 내용연수 동안의 설비의 사용과 궁극적인 처분으로 얻을 것으로 기대하는 현금흐름 또는 그 밖의 경제적 효익의 현재가치로 산정하여야 할 것이다.

그 구체적인 액수와 관련해서는 현행 전력시장에서의 정산기준이 유용한 지표가 될 수 있다. 현재 민간석탄발전기의 전력거래대금은 정산조정계수에 따라 조정되는데(전력시장운영규칙 제15.10조 제1항), 이 정산조정계수는 매년 연간 총괄원가와 시장정산금이 일치되도록 산정된다. 총괄원가에는 연료비, 감가상각비, 운전유지비 및 적정법인세비용 및 적정투자보수가 포함된다. 이 총괄원가와 용량정산금 및 에너지정산금이 일치하도록 적용되는 계수가 '정산조정계수'이다. 따라서 사업자가 설계수명까지의 설비의 사용을 통해 얻을 것으로 기대하는 현금흐름은 총괄원가로 볼 수 있으므로, 총괄원가는 '정당한 보상'의 일응의 기준이 될 수 있을 것으로 보인다.

V. 결론

우리나라 탄소중립 달성은 전환부문의 감축에 달려있다고 해도 과언이 아니다. 탄소중립 시나리오는 현재 전원믹스 중 40% 가량을 차지하는 석탄의 비중이 0%에 이르도록 한다는 과감한 가정 아래 세워졌다. 이러한 석탄발전 중단은 근거 법률 및 보상방안 마련을 전제로 한 것인데, 보상 수준에 대한 정부와 국민, 발전사업자 간 사회적 합의는 부족해 보인다. 최근 제정된 「기후위기 대응을 위한 탄소중립, 녹색성장기본법」도 정부가 다배출 기업을 지원할 근거규정을 두었지만 석탄화력발전을 둘러싼 이해관계자 간 첨예한 갈등을 해결하기에는 한계가 있다고 생각된다. 규제 수준과 보상 수준에서 이견이 존재한다면 소송으로 전화될 수 있고, 규제의 정당성과 합리성을 입증하지 못한다면 국가적 과제인 탄소중립 자체가 좌초될 수 있다. 앞으로의 전환부문의 과제는 법적 리스크를 감안해 규제를 설계하고, 그 과정에서 소요될 수 있는 비용을 정확히 파악하여 현실적인 계획을 세우는 것이 될 것이다.

제11장 이산화탄소 포집·저장(CCS) 단일법안의 주요 쟁점에 관한 검토

김원진(법무법인 율촌)

Ⅰ. 서론

탄소중립기본법은 지난 9월 24일 공포되어 2022년 3월 25일 시행[1]을 앞두고 있는 바, 동법 제34조[2]에서는 온실가스 감축 시책 중 하나로 탄소 포집·이용·저장기술의 개발과 발전을 지원하기 위한 방안을 마련하여야 한다는 것을 명시하고 있어 이산화탄소 포집, 이용, 저장(Carbon Capture, Utilization & Storage, 이하 "CCUS")기술을 탄소중립을 달성하기 위한 주요 방안으로 인정하고 있음을 알 수 있다.

이산화탄소 포집·저장(Carbon Capture and Storage, 이하 "CCS")기술은 발전소, 제철소, 시멘트 생신 시설 등에서 대규모로 발생하는 이산화탄소가 대기로 방출되기 전에 고농도로 압축한 후 액체 상태로 만들어 적절한 육상 또

---

[1] 탄소중립기본법 부칙 제1조에서는 이 법의 시행일에 대하여 정하고 있는 바, (i) 대부분의 조항은 법률 공포 후 6개월이 경과한 2022. 3. 25. 시행 예정이나, (ii) 기후대응기금에 관한 조항은 2022. 1. 1., (iii) 정의로운전환 지원센터 및 탄소중립 지원센터의 설립에 관한 조항은 2022. 7. 1., (iv) 기후변화영향평가에 관한 조항은 2022. 9. 25. 각각 시행 예정이다.

[2] 제34조(탄소포집·이용·저장기술의 육성) ① 정부는 국가비전과 중장기감축목표등의 달성에 기여하기 위하여 이산화탄소를 배출단계에서 포집하여 이용하거나 저장하는 기술(이하 "포집, 이용, 저장"이라 한다)의 개발과 발전을 지원하기 위한 시책을 마련하여야 한다. ② 탄소포집·이용·저장기술의 실증을 위한 규제특례 등에 관하여는 따로 법률로 정한다.

는 해양 지질 구조층에 저장하는 기술[3]을 의미하는 것으로, 탄소중립을 실현하기 위하여는 이산화탄소 배출량 자체를 감축하는 것이 가장 이상적일 것이나 아직까지 많은 나라에서는 탄소중립 뿐 아니라 2015년 파리협약에서의 합의[4]를 달성할 수 있는 정책을 내놓지 못하고 있는 실정이다. 우리 정부는 지난 11월 1일 제26차 유엔기후변화협약 당사국총회(COP26)에서 온실가스를 2018년 대비 '40% 이상' 감축하겠다고 기존의 2030 국가온실가스 감축목표보다 상향 선언[5]하였으나 이에 대하여는 제조업 위주인 우리나라 산업의 특성상 달성이 어렵다는 산업계의 지적이 이어지는 등 CCS 또는 CCU와 같이 이미 발생한 온실가스를 대규모로 감축할 수 있는 기술의 활용이 불가피한 상황으로 생각된다. 우리나라에서도 2014년 CCS 기술을 저탄소 녹색성장을 위한 중점 육성 기술로 선정하였고, 그 이후 CCS 플랜트 상용화와 국제기술 경쟁력 확보를 목표로 CCS 기술개발 추진 기반을 마련한 바 있으나, 아직 CCS 또는 CCU 기술을 위한 단일법률이 제정되어 있지 않아 통일적 관리 및 효율적 사업 진행이 이루어지지 못하고 있는 실정이다. 다소 늦기는 하였지만 2021. 4. 7. 우리 정부는 한국형 이산화탄소 포집·활용·저장(K-CCUS) 추진단을 발족하였으며, 관계부처 공동으로 "(가칭) CCUS 산업 육성 및 안전관리에 관한 법률"을 제정하기 위한 작업에 착수한 것은 긍정적으로 평가할 만하다.[6] 따라서, 이번 연구에서는 우리나라보다 앞서 CCS 법제를 정비한 국가들의 관련 법제도 및 이산화탄소지중저장 환경관리연구단(Korea CO$_2$

---

3) 김유진 외, "이산화탄소 지중저장 기술의 환경관리 연구현황: 토양 및 생태계 영향평가 중심으로," **공업화학 전망** 제21권 제4호, 2018, 25면
4) 파리협정 제2조에서는 산업화 이전 수준 대비 지구의 기온상승을 2°C보다 훨씬 아래로 (well below), 상승폭을 1.5°C 이하로 제한하기 위하여 노력할 것을 장기목표로 설정하였다.
5) 관련된 내용은 본 글의 제1장에서 상술하고 있다.
6) 산업통상자원부, '한국형 이산화탄소 포집·활용·저장(K-CCUS) 추진단 발족, 2050 탄소중립을 위한 이산화탄소 포집·활용·저장(CCUS) 기술개발·상용화 민관협력 가속화' 보도자료, 3면. 위 추진단에서는 2021년 내 (가칭) CCUS 산업 육성 및 안전관리에 관한 법률의 제정 작업에 착수하여 '22년 CCUS 법률안 마련 및 부처간 의견 조율과 공론화 통해 입법화 추진하고, '23년 하위법령을 제정할 계획이다.

Storage Environmental Management Research Center, 이하 "K-COSEM")에서 마련한 "(가칭) 이산화탄소 저장 등에 관한 법률안"[7])에 대한 검토를 통하여 향후 우리나라의 CCS 법제도 정비 시에 참고할 수 있는 시사점을 도출하고자 한다.

Ⅱ. 미국, EU 및 독일의 CCS 법령 체계 검토

1. 미국

미국은 전 세계에서 중국에 이어 두 번째로 이산화탄소 배출량이 많은 국가(전체 이산화탄소 배출량의 약 15%)로, 일찍이 CCS 기술에 대한 관심을 가지고 기후변화프로그램(Climate Change Technology Program, 이하 "CCTP")의 5대 전략기술개발 영역 중 하나로 CCS를 포함하여 적극적으로 기술개발을 추진[8])하고, 관련 법 제도를 정비하여 왔다. 미국의 CCS 관련 법령에 대하여는 환경보호청(Environmental Protection Agency, 이하 "EPA")이 담당하고 있다. 미국의 CCS 사업은 주로 해상이 아닌 '육상' 지질 구조층에 이산화탄소를 저장하는 방식으로 진행되다 보니, CCS를 관할하는 2개의 주요 법률 중 하나는 안전음용수법(Safe Drinking Water Act, 이하 "SDWA")이다. 이 법률은 1974년에 제정된 미국 연방 환경법률 중 하나로, 지상이나 지하의 수원으로부터 실제적으로 또는 잠재적으로 음용수로 사용하도록 설계된 물이 마시기에 적합하도록 보장하기 위하여 제정되었다.[9]) SDWA의 하위규정으로 지하주입관리

---

7) 고려대학교, 숭실대학교 산학협력단, "CO₂ 지중저장 환경관리 법제도 기반 연구 최종보고서," 2018. 36, 80면

8) 신경희, "CCS 관련 해외 환경관리 제도 및 연구 동향 분석," 한국환경정책평가연구원, 2010, 8면

9) 고문현, "미국 환경보호청(EPA)의 이산화탄소 지중저장 규칙과 그 시사점," 경상대학교 **법학연구** 제24권 제4호, 2016, 21-22면

규정(Underground Injection Control Program, 이하 "UIC")이 있는데, UIC는 관정을 통하여 지표면 아래 지역에 폐기물을 주입하는 모든 프로그램을 관할한다. EPA는 위 지하주입 관정을 등급(Well Class I~VI) 별로 나누어 규제하고 있는 바, 2014. 4. 1. 이산화탄소 지중처리를 위한 지하주입을 규제하기 위한 규정(UIC Class VI Rule)을 새로 도입하였다.[10] 이산화탄소의 지중저장을 위한 'UIC Class VI Rule'은 지하에 주입되는 이산화탄소가 상부에 존재하는 대수층으로 누출되지 않고 안전하게 저장될 수 있도록 이산화탄소 지중격리 주입정을 규제하는 기준 및 표준을 정하고 있는 바, 부지 선정에서부터 이산화탄소 주입, 모니터링, 검증, 주입정의 폐쇄, 폐쇄 후 관리에 관한 사업자의 책임까지 CCS의 전(全) 과정에 대하여 규정하고 있다. 또한, Class VI 관정허가를 받기 위하여는 이산화탄소의 예비 저장지 및 주변 지역에 대한 검토, 주입 예정인 이산화탄소의 특성 분석 자료 등을 EPA에 제출하여야 하며, 자료 검토 후 이산화탄소 주입에 의하여 지하수가 오염될 가능성이 있다고 판단되는 경우 관할 감독관이 요구하는 추가 자료를 제출하고, 필요시 개선조치를 하여야 하는 등 지하수의 안전성을 보장하기 위한 상세한 규정을 두고 있다.[11] 또한, Class VI 허가를 받아 이산화탄소를 주입한 이후에도 관정의 소유자 또는 운영자는 지하수의 안전을 위하여 이산화탄소가 주입된 부지를 최소한 50년 동안 모니터링하여야 하는 의무를 부담하며, 주입된 이산화탄소로 인하여 지하수가 오염될 수 있다는 증거가 발견되는 경우 주입을 중단하고 Class VI 허가를 받을 때 함께 승인을 받은 응급 및 복원대응계획을 시행하여야 하는 등 이산화탄소 주입 이후 단계의 안전성을 보장하기 위한 규정도 함께 두고 있다.[12]

미국의 CCS 기술·사업을 규율하는 또 다른 법률은 청정대기법(Clean Air

---

10) *Id*, 23-24면
11) *Id*, 25,28면
12) *Id*, 31면

Act, 이하 "CCA")으로, EPA는 CCA의 하위규정으로 이산화탄소 지중저장 규정(Subpart RR: Geologic Sequestration of Carbon Dioxide, 이하 "Subpart RR")을 마련하였으며, 이산화탄소 주입 시설물로부터의 온실가스 배출에 대한 보고의무에 대하여 규정하고 있다. 특히 Subpart RR에서는 이산화탄소 주입 시설물들은 이산화탄소의 배출, 수령, 주입, 누출 등 이산화탄소와 관계된 모든 행위에 대하여 보고하여야 하는 의무를 부담하며, 모니터링, 보고 및 검증 계획을 세워 EPA로부터 승인을 받도록 규정하고 있다. 이와 같이 EPA는 CCS의 시행을 위하여 두 가지 연방 규정을 두고 있는 바, SDWA의 하위규정인 UIC Class VI Rule에서는 이산화탄소의 주입으로 인하여 지하수가 오염되는 것을 방지함과 동시에 이산화탄소 지중저장의 효율성을 향상시키기 위하여 저장 부지 선정, 관련 인허가, 시험, 건설, 폐쇄 후 조치 등에 대하여 규정하고 있으며, CCA의 하위규정인 Subpart RR에서는 이산화탄소 주입, 누출 및 장기적 법적 책임 등에 대하여 규정하고 있다.[13]

한편, EPA와 함께 미국 에너지부(Department of Energy, 이하 "DOE")에서는 CCS 기술 관련 R&D와 시범사업의 시행 및 국제협력 등을 담당하고 있으며, 파이프라인(Pipeline)을 통한 이산화탄소의 수송에 관하여는 미국 교통부와 각 주의 정부가 담당한다. 미국의 경우 CCS 추진을 위하여 EPA, DOE 뿐만 아니라 법무부, 재무부, 노동부 및 과학기술 정책실 등 관련 정부조직들을 포함하는 'CCS 범부처 대책위원회(Interagency Task Force)'를 조직하여 운영하고 있는 바, 이 위원회에서는 CCS 실증 프로젝트 진행에 대한 목표 수립 및 CCS 관련 보고서(Report of the Interagency Task Force on CCS) 발간 등 범부처가 합동하여 효율적으로 CCS 기술 개발 및 상용화를 위하여 노력하고 있다는 것을 알 수 있다.[14]

---

13) 고려대학교, 숭실대학교 산학협력단 (전게 각주 7). 216면
14) 채선영 외, "이산화탄소 포집 및 저장 실용화를 위한 국내 정책 연구," **한국해양환경안전학회지** 제18권 제6호, 2012, 621면

또한, 미국에서는 2008년부터 CCS 또는 CCU 기술 개발을 촉진하기 위하여 내국세법(Internal Revenue Code)에서 위 분야에 대한 세금 혜택을 부여하고 있다. 즉, 포집한 이산화탄소를 석유회수증진(Enhanced Oil Recovery)에 활용하거나 저장을 하는 경우, 전자를 위하여 사용된 이산화탄소 1톤당 10달러, 저장된 이산화탄소 1톤당 20달러의 세금 혜택을 제공하는 것이었는데, 2018년 위 세금 혜택을 강화하여 인증을 받은 탄소배출시설에서 이산화탄소를 포집 및 저장 또는 활용시에 이산화탄소 1톤당 최대 50달러까지 확대된 세액 공제를 제공하고 그 혜택을 12년간 보장해주는 것으로 개정하였다(The Sequestration Tax Credit: Section 45Q).[15]

2. 유럽연합 (EU)

유럽에서는 일찍부터 온실가스를 감축하는 주요한 수단 중 하나로 CCS 기술을 인정하여 왔다. 특히 EU는 지난 2008년 기후변화에 효과적으로 대응하기 위하여 '기후행동 및 재생에너지 종합정책(Climate Action and Renewable Energy Package)'을 수립하고, EU 집행위원회에서 (i) 환경영향평가에 관한 지침(Council Directive on the assessment of the effects of certain public and private projects on the environment, Directive 85/337/EEC), (ii) 수자원 보호와 관리에 관한 지침(The Water Framework Directive 2000/60/EC), (iii) 대기오염 물질 배출 제한에 관한 지침(Directive on the limitation of emissions of certain pollutants into the air from large combustion plants, Directive 2001/80/EC), (iv) 환경영향에 대한 책임에 대한 지침(Directive on environmental liability with regard to the prevention and remedying of environmental damage, Directive 2004/35/EC), (v) 폐기물관리에 관한 지침(Directive on waste, Directive 2006/12/EC), (vi) 오염 방지 및 관리에 관한 지침(Directive

---

15) 최지나, "국내IP 환경동향보고: CCU 기술 정책 지원을 위한 주요국 동향," 환경부·한국환경산업기술원, 8-9면

concerning integrated pollution prevention and control, Directive 2008/1/EC)[16] 등 CCS의 위험성 관리를 중심으로 하여 적용해오던 여러 지침을 개정하고, 2009년 4월 CCS에 대한 통합적인 법체계를 마련하기 위하여 이산화탄소 지중저장에 관한 지침(Directive on the geological storage of carbon dioxide, Directive 2009/31/EC, 이하 "CCS 지침")을 제정하였으며, 이 지침은 같은 해 6월 26일 발효되었다.[17] CCS 지침은 전체 8장 41조 및 2개의 부속서로 이루어져 있으며 제1장에서는 목적, 적용범위 및 정의 규정(subject matter, scope and definitions)을, 제2장에서는 저장소 선정 및 탐사허가(selection of storage sites and exploration permits)를, 제3장에서는 저장허가(storage permites)를, 제4장에서는 운영, 저장소 폐쇄 및 폐쇄 후 의무(operation, closure and post-closure obligations)를, 제5장에서는 제3자 접근권(third-party access)을, 제6장에서는 일반 조항(general provisions)을, 제7장에서는 관련 지침 개정 (amendments)을, 제8장에서는 최종 조항(final provisions)에 대하여 규정하고 있으며, 부속서 I에서는 제4조 제3항에서 언급된 이산화탄소 저장단지 및 주변지역의 특성 및 평가 기준(criteria for the characterisation and assessment of the potential storage complex and surrounding area referred to in article 4(3))을, 부속서 II에서는 저장소 폐쇄 후 점검 및 제13조 제2항에서 언급된 점검 계획 수립 및 업데이트를 위한 기준(criteria for establishing and updating the monitoring plan referred to in article 13(2) and for post-closure monitoring)에 대하여 규정하여 이산화탄소의 포집, 수송 및 저장 등 CCS 사업의 전 주기에 대한 내용을 포함하고 있으면서도 EU 회원국의 개별 사정을 반영하여 CCS와 관련한 국내법을 제정하도록 위임하여 두었다.[18]

---

16) https://eur-lex.europa.eu/legal-content/EN/TXT/?uri=CELEX:32009L0031
17) 장은선 외, "이산화탄소 지중저장의 환경 관리를 위한 미국과 유럽연합의 법·제도 현황과 시사점," **지하수토양환경**, 제17권 제6호, 2012, 15-16면
18) 고문현 외, "CCS 관련 법적 쟁점," 숭실대학교 **법학논총** 제35집, 2016, 50, 52면

EU 회원국들은 CCS 지침 발효 후 2년 이내인 2011년 6월 25일까지 유럽연합의 CCS 지침을 국내법으로 전환하여야 하는 의무를 지게 되었다.[19] 그러나 회원국 중 9개 회원국들만이 2011년 6월까지 집행위원회에 국내법 전환을 완료하였다고 통보하였으며, 집행위원회의 공식서한을 통한 촉구 이후 2014년에 이르러서야 EU 모든 회원국들이 CCS 지침의 국내법 전환을 완료하였다.[20]

3. 독일

독일은 EU의 CCS 지침에 따라 2012년 6월 28일 '이산화탄소 포집, 수송 및 영구 저장을 위한 기술의 실증 및 응용에 관한 법률(Gesetz zur Demonstration und Anwendung von Technologien zur Abscheidung, zum Transport und zur dauerhaften Speicherun von Kohlendioxid, 이하 "이산화탄소 저장법")'을 제정하여 CCS 지침을 국내법으로 전환하였다. 독일 정부는 위 법률 제정 전인 2009년 및 2010년 이산화탄소 저장법안을 마련하였으나 잠재적 이산화탄소 저장장소를 많이 보유하고 있던 독일 북부 주들 및 해당 주의 주민들의 강력한 반대로 법률안은 통과되지 못한 바 있다. 이에 독일 정부는 (i) 사업자는 이산화탄소 저장소의 폐쇄 후 최대 40년 동안 책임을 지며, (ii) 연간 이산화탄소 최대 저장용량은 130만톤, 독일의 연간 저장용량은 400만톤으로 제한하고, (iii) 개별 주들은 관할지역 내에서 이산화탄소 저장을 거부할 수 있는 권한을 유지하는 내용의 수정법안을 통과시켜 마침내 독일 이산화탄소 저장법을 제정하였다.[21]

---

19) 고문현, "온실가스 감축을 위한 CCS 법 제정의 필요성과 주요내용," **토지공법연구** 제74집, 2016, 326-327면.

20) 정혁, "유럽연합 탄소포집저장(EU CCS) 정책 현황과 그 발전에 관한 고찰," **국제지역연구** 제18권 제5호, 2015, 41면.

21) 전경운, "이산화탄소의 지하 영구 저장을 위한 독일 이산화탄소 저장법(KSpG)에 대한 소고," **토지법학** 제33권 제2호, 2017, 267-269면.

독일 이산화탄소 저장법은 총 7장 46조로 이루어져 있는 바, 제1장 일반 규정, 제2장 수송, 제3장 영구 저장, 제4장 책임과 보전대책, 제5장 제3자의 접근권, 제6장 연구용 저장장치, 제7장 최종 규정 등으로 구성되어 있다. 또한, 법령의 명칭에서 알 수 있듯이 본 법률은 연구와 사후관리를 포함하여 지하 암석층에 이산화탄소를 영구 저장하는 기술의 실증 및 응용에 적용되는 것으로, 주로 CCS 연구 저장을 중심으로 규율하고 있으며, 제2조에서는 (i) 2016년 12월 31일 이전에 제출된 이산화탄소 저장시설의 경우, (ii) 연간 130만톤 이하의 이산화탄소를 저장하는 경우, (iii) 연구 목적을 위한 이산화탄소 저장의 경우, (iv) 배타적 경제수역과 대륙붕 영역에 이산화탄소를 저장하는 경우 등에 적용된다고 명시하고 있다.[22] 독일 정부는 이산화탄소 저장법이라는 개별 법률의 제정을 통하여 이산화탄소 지중저장에 관한 법적 근거를 마련하고, 위 법률 내에서 이산화탄소 운송 및 저장과 관련된 기존의 법령을 개정하는 방식을 취하여 환경영향평가법, 환경피해책임법, 순환경제법, 허가를 요하는 시설에 관한 명령, 대형연소 및 가스터빈시설에 관한 명령 등을 개정하였다.[23] 한편, 독일의 이산화탄소 저장법은 이산화탄소의 운송 및 저장에만 적용되고, 이산화탄소의 포집에는 적용되지 않으며, 이산화탄소를 포집하는 단계는 기존의 연방 임밋시온 방지법(Bundes-Immission schutzgesetz)에 의하여 규율하는 방식을 취하고 있다.[24]

독일의 이산화탄소 저장법은 이산화탄소 저장에 대한 주 정부 및 해당 주 주민들의 강한 반대를 극복하고 제정된 만큼, 이산화탄소 저장으로 인한 피해를 예방하고 피해가 발생하는 경우 사업주의 책임 및 피해보상에 대한 내용을 다수 포함하고 있는 것이 특징으로 보인다. 이산화탄소 저장법 제29조

---

22) 고문현 (전게 각주 19) 329면.
23) 조인성, "CO₂의 포집, 수송 및 저장을 위한 허가법에 관한 EU 지침 및 독일법의 주요 내용과 시사점," 전북대학교 **법학연구** 제43집, 2014, 306면.
24) 김광수, "이산화탄소 저감을 위한 CCS 법의 구성과 재구성," **행정법연구** 제55호, 2018, 117면.

에서 이산화탄소의 운송 및 저장과 관련된 활동 또는 저장시설로 인하여 발
생된 손해에 대하여 엄격한 위험책임을 인정하고, 제30조에서는 사업자의 담
보제공의무를, 제31조에서는 책임의 이전에 대하여 규정하고 있는 것이 그
대표적인 예라고 볼 수 있다. 독일 정부는 CCS 시설 설치에 대한 대중의 저
항을 완화하고 사회적 수용성을 제고하고자 이산화탄소 저장과 관련하여 위
험책임(Gefährdungshaftung)을 규정하였다. 동법 제29조 제1항에서는 "이 법
에서 규정된 활동의 수행으로 또는 이 법에 따라 승인된 시설이나 설비로 인
하여 사람이 사망하거나 신체나 건강이 훼손되거나 물건이 손상된 경우, 승
인보유자와 활동수행의 책임자, 시설이나 설비의 경우 책임있는 사업자가 그
로 인해 발생한 손해를 배상하여야 한다."고 규정하고 있으며, 동 조항은 불
가항력적 사유로 인한 면책규정을 규정하고 있는 독일의 환경책임법 제4
조[25]를 준용하고 있지 않아 손해가 불가항력적인 사유로 인하여 발생한 경
우에도 사업자 등의 책임이 인정되므로 엄격한 위험책임을 규정하였다고 할
것이다.[26] 한편, 이산화탄소 저장법 제30조 제1항에서는 (i) 이산화탄소 저장
소의 폐쇄 및 사후관리의무를 포함하여 본 법률에 의하여 발생하는 의무, (ii)
손해배상의무, (iii) 온실가스배출권거래법에 의하여 발생하는 의무, (iv) 환경
피해방지법에 의하여 발생하는 의무를 이행하기 위하여 이산화탄소 저장소
의 사업자는 제31조에 따른 책임의 이전시까지 담보를 제공하여야 한다고
규정하여 사업자의 담보제공의무를 입법하였다. 다만, 이러한 사업자의 담보
제공의무는 그 범위가 너무 광범위하며 40년이라는 장기의 책임기간까지 더
해져 독일 보험업계에서는 책임보험을 제공하기 어려운 결과가 발생한 것으
로 보인다.[27] 마지막으로 동법 제31조 제1항에서는 "사업사는 이산화탄소 서
장소가 폐쇄되고 40년이 경과한 후 제18조에 따른 사업자의 사후관리의무,

---

25) 환경책임법(Umwelthaftungsgesetz) 제4조에서는 불가항력으로 인하여 초래된 손해에 대
   하여는 배상의무가 발생하지 않는다고 규정하고 있다.
26) 전경운 외, "독일 이산화탄소 저장법상 사업자의 위험책임과 책임의 이전," **환경법연구**
   제40-1호, 2018, 119-122면
27) *Id*, 127-131면

손해배상의무, 온실가스 배출권 거래법과 환경피해방지법상의 의무를 연방 주에 이전되도록 해당 관청에 청구할 수 있다."고 규정하여 책임의 이전에 대하여 규정하고 있다. 즉, 이산화탄소 저장소의 폐쇄 후 40년 동안은 그 안전성에 대하여 사업자가 책임을 지도록 하고, 그 이후에는 국가가 사업자의 책임을 이전받아 장기간 이산화탄소 저장소를 안전하게 관리되도록 하고 CCS 기술 활용을 촉진하고자 한 것으로 볼 수 있다.[28]

Ⅲ. 우리나라 CCS 단일법안의 구성

K-COSEM 연구단의 제4세부분과 연구팀은 이산화탄소 지중저장 법제도 기반 및 대중수용성에 대한 연구를 진행하여 2016. 6. 가칭 '이산화탄소 저장 등에 관한 법률안(이하 "CCS 단일법안")'을 작성하였다. CCS 단일법안은 이산화탄소의 포집, 수송 및 저장에 관한 내용을 다루고 있으나 그 중 저장을 그 중심으로 보아 법률안의 명칭도 '이산화탄소 저장 등에 관한 법률안'으로 정하였다.[29] 그러나 CCS 기술이 성공적으로 수행되기 위하여는 저장 뿐 아니라 포집 및 수송 역시 중요한 부분이라는 점을 고려할 때, 법률안에도 이를 반영하여 '이산화탄소 포집, 수송 및 저장에 관한 법률' 등으로 명명하는 것이 바람직하다고 생각된다.

1. 제1장 총칙 (제1조 내지 제6조)

CCS 단일법안 제1장 총칙 부분에서는 단일법안의 제정 목적, 정의, 기본 원칙, 국가와 지방자치단체 등의 책무, 적용범위, 다른 법률과의 관계에 대하

---

28) Id, 134-135면
29) 고문현, "통합환경법의 일환으로서 가칭 「이산화탄소 저장 등에 관한 법률」안," **토지공법 연구** 제92집, 2020. 351면

여 규정하고 있다. 우선 CCS 단일법안은 기후변화에 능동적으로 대응하기
위하여 온실가스인 이산화탄소의 포집·운송·저장 등과 그에 필요한 기술의
연구·개발 등에 관한 사항을 규정하여 위 기술의 상용화 및 친환경적이며 지
속가능한 발전을 도모하며 국제사회에서 선진 일류국가로서 책임을 다하는
데 이바지함을 그 목적으로 삼고 있다(제1조).[30] 다음으로 정의 규정(제2조)
에서는 '배출', '포집', '저장' 등 본 법률안의 주요 개념에 대하여 정하고 있는
바, 그 중 '이산화탄소 스트림(CO_2 stream)'은 이 법에 따른 저장을 목적으로
포집된 이산화탄소로서 환경부령으로 정하는 기준에 적합한 것을 말하는 것
으로, 저장소에 저장할 수 있고 저장할 만한 경제적 실익이 있는 수준으로
포집할 것을 요구하는 것이다. 현재 CCS 단일법안에서는 이산화탄소의 농도
를 환경부령으로 정하도록 위임하여 두었는 바, 이산화탄소 스트림의 기준농
도는 사업자에게 영향을 미치기 때문에 우리나라의 상황을 고려하여 환경적,
사회적, 정책적 측면에서 적합한 이산화탄소 스트림에 대한 기준을 마련하여
야 한다.[31] 또한, 제3조에서는 이산화탄소 저장 등의 기본원칙에 대하여 규
정하고 있는 바, 지속가능한 발전의 토대 위에서 장기적인 안전성이 유지되
도록 하고, 다른 녹색기술과 녹색산업과의 조화와 균형이 이루어지도록 하
며, 이산화탄소 저장사업의 효율성과 안전성을 높이고, 기후변화에 대한 대
응 관련 성장잠재력과 경쟁력이 높은 산업에 대한 투자와 지원을 강화하는
등 총 9개의 기본원칙을 정하고 있다.

또한, 제4조에서는 국제규범에 부합하는 이산화탄소 배출 및 처리 전략,

---

30) 독일의 이산화탄소 저장법 제1조에서는 '미래세대'에 대한 책임하에 인간과 환경을 보호
하는 것을 목적으로 하는 것과 상이한 점은 주목할 만하다 (KSpG § 1 Zweck des
Gesetzes: Dieses Gesetz dient der Gewährleistung einer dauerhaften Speicherung von
Kohlendioxid in unterirdischen Gesteinsschichten zum Schutz des Menschen und der
Umwelt, auch in Verantwortung für künftige Generationen. Es regelt zunächst die
Erforschung, Erprobung und Demonstration von Technologien zur dauerhaften Speicherung
von Kohlendioxid in unterirdischen Gesteinsschichten)
31) 고문현 (전게 각주 29) 344-345, 353면.

이산화탄소 포집, 수송 및 저장 기술 개발, 관련 사업 발전, 대국민 홍보와 소통 시책을 강구할 국가의 책무 및 이산화탄소 포집, 수송 및 저장을 위한 국가 시책에 협력하고, 지역주민과 소통할 지방자치단체의 책무를 규정하고 있다. 한편, 제4조의2에서는 국가 및 지방자치단체 외에 이산화탄소의 포집, 수송 및 저장을 담당하는 주체로서의 기업은 기업활동의 과정에서 이산화탄소의 배출을 줄이도록 노력하여야 하며, 대규모로 이산화탄소를 배출하는 경우 배출되는 이산화탄소를 포집, 수송 및 저장하는 방안을 검토하고, 정부 및 지방자치단체가 시행하는 이산화탄소의 포집, 수송 및 저장에 관한 정책에 대한 참여 및 협력하여야 할 책무가 있다고 규정하였다.[32]

다음으로 제5조에서는 단일법안의 적용 범위에 대하여 규정하고 있는 바, 이산화탄소 저장소의 탐사, 이산화탄소 포집, 수송, 저장에 관련된 시설 및 장치의 검사, 감독, 인허가, 저장소 폐쇄 및 사후관리, 저장 관련 모니터링, 안전성 조치에 관한 사항에 등에 대하여 적용된다고 규정하고 있으며, '이산화탄소의 지하 저장지층 등에의 저장에 관한 실험과 실증'에도 본 법안이 적용된다는 점을 명시하여 EU CCS 지침보다 적용 범위를 넓게 규정하였다.[33] 마지막으로 제6조에서는 이산화탄소의 포집, 수송 및 저장에 관하여는 다른 법률에 특별한 규정이 있는 경우를 제외하고는 본 법안이 정하는 바에 따르며, 이산화탄소 스트림에 대하여는 기존 폐기물관리법 및 고압가스안전관리

---

32) 고려대학교, 숭실대학교 산학협력단 (전게 각주 7). 40-41면. 다만, CCS 단일법안 제4조의2의 표제는 '기업의 책무'이나, 본 조항에 대한 해설에서는 '이 법의 목적 달성을 위하여 국가나 지방자치단체 등이 수행해야 할 책무 등을 정한 규정'이라고 되어 있어 표제와 부합하지 않는 것으로 보이며, 위 단일법안에서는 이산화탄소의 저장을 국가사무로 규정하였으나, 이산화탄소의 포집, 수송이나 저장에 이르는 여러 단계를 담당하는 민간 주체들이 포함되어 있어 이러한 민간주체, 즉 기업의 책무를 정하고 있는 조항으로 생각된다.

33) EU CCS 지침에서는 원칙적으로 EU 내의 배타적 경제수역과 대륙붕에서의 이산화탄소 저장에 대하여 적용되며, 100톤 미만의 연구와 관련된 프로젝트에는 적용되지 않는다고 규정하고 있다.

법이 적용되지 않는다고 규정하였다.

2. 제2장. 이산화탄소 포집·수송 및 저장 기본계획의 수립 등 (제7조 내지 제10조)

제2장에서는 이산화탄소 포집, 수송 및 저장을 안전하고 효과적으로 수행할 수 있도록 하기 위한 기본계획 및 그 시행계획 등에 대하여 규정하고 있는 바, 제7조에서는 환경부장관으로 하여금 5년마다 이산화탄소 포집, 수송 및 저장 기본계획을 수립하도록 규정하였다(제1항). 위 기본계획에는 (i) 포집, 수송 및 저장 정책의 기본 방향과 목표, (ii) 국내외 동향과 관련 산업의 발전 전망, (iii) 관련 기술의 연구, 개발과 사업화, (iv) 국제경쟁력 강화를 위한 시책, (v) 이산화탄소 저장소 부지 선정 및 확보, (vi) 이산화탄소 포집, 수송 및 저장 시설에 대한 투자계획, (vii) 안전성 확보, (viii) 국민 소통과 사회적 수용성 향상에 관한 사항, (ix) 이산화탄소 포집, 수송 및 저장 관련 시범사업, (x) 이산화탄소 저장 후 모니터링 기술 등이 포함되어야 한다(제2항). 본 조항에서는 환경부장관을 기본계획의 수립 주체로 규정하였는 바, 이산화탄소 포집, 수송 및 저장과 관련하여서는 환경부 외에 산업통상자원부 등도 주관부서로 볼 수 있으므로 기수변화 대응 뿐 아니라 관련 사업 발전 촉진 등에 대응하기 위하여는 총괄적 업무를 담당할 부처를 하나로 특정하는 방안 또는 각 부문별로 기본계획의 수립 주체를 달리하는 방안을 고려할 수 있을 것으로 생각된다.[34] 또한, 제8조에서는 환경부장관과 관계 중앙행정기관의 장이 위 기본계획에 따라 매년 이산화탄소 서상 시행계획을 수립, 시행하도록 하였다. 위 시행계획에는 (i) 기본계획의 해당 연도 추진을 위한 세부계획, (ii) 기본계획과 관련 있는 다른 계획과 정책의 조정, (iii) 해당 연도의 추진 목표와 성과관리, (iv) 관계 중앙행정기관, 지방자치단체 기타 저장사업에

---

34) 고려대학교, 숭실대학교 산학협력단 (전게 각주 7). 42-43면

참여하는 법인, 단체나 기관의 역할에 관한 사항 등이 포함되어야 한다.

뒤이어 제9조에서는 국무총리 소속 하에 '이산화탄소 포집 및 저장위원회(이하 "위원회")'를 두어 (i) 기본계획의 수립, 시행, (ii) 시행계획의 수립과 전년도 시행계획의 추진실적 점검, (iii) 포집 및 저장에 필요한 제도 도입 및 개선, (iv) 포집 및 저장 시책에 관한 행정기관 간 업무협력 등에 대하여 심의하도록 하였다(제1항). 위원회는 위원장 1명을 포함한 25명 이내의 위원으로 구성하며(제2항), 위원장은 국무총리가, 위원은 이산화탄소의 포집 및 저장과 관련이 있는 중앙행정기관[35]의 장 또는 이산화탄소 포집, 수송 및 저장에 관한 전문성이 풍부한 사람으로 위원장이 직접 또는 관계 중앙행정기관의 장의 추천을 받아 위촉하는 사람으로 하며(제3항), 효율적인 업무 수행을 위하여 위원회 안에 분야별 전문위원회(제5항) 및 전문적인 자문 지원을 위하여 자문단(제6항)을 둘 수 있도록 하였다.[36]

3. 제3장. 이산화탄소 포집시설 등 (제11조 내지 제23조)

제11조에서는 전기사업법 제7조에 따라 허가를 받은 발전사업자로서 이산화탄소를 배출하는 사업자는 발전소 등 이산화탄소를 대량 배출하는 경우 이산화탄소 포집시설을 설치하여야 하는 '포집시설 설치의무자'로 규정하고(제1항), 포집시설 설치의무자는 환경부장관에게 설치계획서를 제출하여야 승인을 받아야 한다고 하면서(제3항), 포집시설 설치계획에 대한 승인, 변경승인 및 변경신고 수리의 기준에 대하여 정하고 있다(제5항). 본 조항에서는 포집시설 설치의무자에 해당하는 사업자의 범위에 대하여 직접 규정하거나

---

35) 기획재정부, 미래창조과학부, 행정자치부, 산업통상자원부, 환경부, 국토교통부, 해양수산부, 국민안전처, 국무조정실 및 그 밖에 대통령령으로 정하는 중앙행정기관의 장
36) CCS 단일법안에는 '분야', '부문'이라는 용어가 혼용되고 있으므로 분야와 부문이 동일한 의미를 가지는 경우에는 용어를 통일하고, 다른 의미를 가지는 경우에는 제2조 정의규정에서 각 용어의 의미를 명확하게 규정하는 것이 바람직한 것으로 생각된다.

하위법령에 위임하고 있지 않으며, 포집시설 설치의무자에 해당하는 경우 설치 의무가 발생하는 이산화탄소 포집시설의 기준과 규모에 대하여도 법률에서 전혀 정하지 않고 대통령령에 위임하였는 바, 포집시설 설치의무자의 범위나 포집시설의 기준과 규모에 대하여 단일법안에서 그 대강의 내용을 규정하여 두거나 최소한 이를 정할 수 있는 기준을 제시하는 것이 바람직하다고 생각된다.[37] 또한, 동 조항과 관련하여 부칙 제2조에서는 제11조는 이 법 시행 후 최초로 건설하려는 발전소 및 이산화탄소 배출시설부터 적용하도록 되어 있는 바, 동 법안이 시행되기 전 설치되어 운영 중인 발전소 등에 대하여는 규정을 두고 있지 아니하여 신규 발전소와 기존 발전소 간 형평성이 문제될 수 있으며, 특히 포집시설 설치 비용을 사업자에게 전가하고 있는 단일법안의 구성을 고려할 때 더욱 그러하다.[38] 따라서 기존 발전소 중 이산화탄소 포집시설을 위한 추가 부지 확보가 가능한 경우에는 신규 발전소와 마찬가지로 포집시설 설치의무를 부과하거나 신규 발전소에 대하여 설치 비용 일부 보전 등의 인센티브 제공을 통하여 양자간 평형성을 보장할 수 있는 방안이 마련되어야 할 것이다. 또한 사업자가 발전시설 등으로부터 배출되는 이산화탄소를 감축하기 위한 방안에는 CCS 외에 온실가스 배출권 구매 등 다른 방안들도 있으므로 CCS와 온실가스 배출권 구매제도와의 관계 등에 대하여도 CCS 단일법안에 포함하는 것을 고려할 필요성이 있다.

한편, 제13조 이하에서는 포집시설의 설계 및 시공, 완공검사 등과 환경안전관 리와 관련된 내용을 규정하고 있으며, 제21조에서는 운영 중인 포집시설에 포집된 이산화단소가 포집기준에 위배되는 경우 환경부장관이 포집시설 설치의무자에게 필요한 조치를 취하도록 개선명령을 내릴 수 있도록 하고 이를 따르지 않는 경우에는 포집시설의 운영을 정지할 수 있도록 하였

---

37) 고문현 (전게 각주 29). 357면
38) 이산화탄소 포집, 운송 및 저장에 있어서 가장 많은 비용이 발생하는 단계는 포집단계로 총 비용의 약 75% 내지 90%를 차지한다.

다. 또한 제23조에서는 포집시설의 설치의무를 위반하거나 포집된 이산화탄소의 조성 기준을 충족하지 못한 경우, 포집시설의 고장 등으로 포집시설을 운영하지 못한 경우 등에 대하여 설치용량에 미달하는 이산화탄소의 양을 기준으로 하여 과징금을 부과, 징수할 수 있도록 하였다. 이는 포집시설설치의무자가 이산화탄소 할당량을 포집하지 않은 경우 등에 형사처벌보다는 경제적 제재를 가하는 것이 효과적이라는 고려에서 비롯한 조항[39]으로, 징수한 과징금은 관련 기금의 재원으로 활용할 수 있다는 점에서 바람직한 것으로 생각된다.

4. 제4장. 이산화탄소의 수송 (제24조 내지 제29조)

제4장에서는 이산화탄소의 포집에 이어 이산화탄소의 수송에 대하여 규정하고 있는 바, 제24조에서는 이산화탄소의 수송사업자로 기본적으로는 한국이산화탄소저장관리공단(이하 "공단")을 두고, 이에 더하여 대통령령으로 정하는 요건을 충족하는 사업자도 이산화탄소 수송사업을 영위할 수 있도록 하였다. 또한, 제25조에서는 수송사업자가 이산화탄소 수송관 등 수송시설을 설치하거나 설치를 변경하고자 할 때에는 환경부장관 또는 해양수상부장관(수송시설이 해양에 설치되는 경우)의 승인을 받도록 하되 경미한 시설의 설치 또는 설치 변경의 경우에는 신고(제1항)를 하도록 하는 한편, 이산화탄소소송시설의 설치를 승인하거나 변경승인한 경우 수송로의 경로를 공표하도록 하여 수송로에 관한 국민의 알 권리가 보장되도록 하였다(제3항). 이어서 제26조에서는 인허가 의제에 대하여 규정하여 수송시설의 설치를 승인하거나 신고를 수리한 경우에는 (i) 도로법상 도로 점용허가, (ii) 농지법상 농지전용허가, (iii) 자연공원법상 공원구역에서의 행위허가, (iv) 공유수면 관리 및 매립에 관한 법률상 공유수면 점·사용허가 및 매립면허, (v) 국토의 계획

---

39) 고려대학교, 숭실대학교 산학협력단 (전게 각주 7). 52-53면.

및 이용에 관한 법률상 개발행위허가, 실시계획 인가, (vi) 하천법상 하천 점
용허가, (vii) 공유재산 및 물품 관리법상 행정사용의 사용·수익허가, (viii) 국
유재산법상 국유재산의 사용·수익허가 등을 받은 것으로 보고 있다. 제29조
에서는 이산화탄소를 안전하고 효율적으로 수송하기 위하여 수송시설의 운
영계획서를 승인받는 등 수송시설 설치자가 수송시설을 운영할 때 저장된
이산화탄소가 누출되지 않도록 필요한 조치를 하게 할 의무를 부과(제3항)하
고, 공단은 이산화탄소 수송관 등 수송시설에서의 이산화탄소 누출을 모니터
링하고 누출 사실을 발견한 경우 지체 없이 환경부장관에 보고하도록 하며
(제5항), 환경부장관은 이산화탄소의 누출 보고를 받은 경우 지체없이 조사
하여 그 결과를 공단에 통보하여야 하며 필요한 시정조치를 명하여야 한다
(제7항).

5. 제5장. 이산화탄소 저장소의 운영 등 (제30조 내지 제43조)

제5장에서는 이산화탄소 저장소의 설치 및 운영에 대하여 규정하고 있는
바, 제30조에서는 이산화탄소의 저장사업에 대하여 규정하면서 공단이 포집,
수송된 이산화탄소의 저장에 대하여 관장한다고 하였으며(제1항), 이에 따라
공단은 이산화탄소 저장계획을 수립하여 환경부장관의 승인을 받아야 한다
(제2항). 한편, 공단이 고의 또는 과실로 저장소의 설치 공사를 부실하게 하
거나 저장소의 사후관리나 모니터링을 부실하게 하여 타인에게 손해를 입힌
경우에는 그 손해를 배상하도록 규정하였다(제5항). 제31조에서는 공단으로
하여금 저장계획에 따라 저장시설을 확보하도록 노력할 의무를 부과하고, 국
내에서 저장시설을 확보하지 못하거나 저장용량이 부족한 경우 해외에서 이
산화탄소의 저장 및 처리가 가능한 방안을 마련할 수 있도록 하였으며(제1
항)[40], 공단이 육상 지하 도는 해수면 지하에 이산화탄소 저장소를 탐사하고

---

40) 폐기물의 해양투기를 규제하기 위한 런던협정(Convention on the Prevention of Marine
   Pollution by Dumping Wastes and Other Matters) 상 이산화탄소 포집 및 해저 저장이 해

자 할 때에는 탐사 승인을 받아야 하고(제2항), 탐사 승인을 받은 날로부터 2년 이내에 탐사를 완료하여야 하며(제3항), 환경부장관은 이산화탄소 저장소 탐사 결과 및 위원회의 심의를 거쳐 저장소의 위치 및 면적 등을 결정하고 결정된 저장소의 위치 및 면적 등 정보를 공표하여 국민의 알 권리가 보장되도록 하였다(제4항). 위와 같이 저장소가 결정된 이후 공단은 제32조에 따라 저장소 설치 승인, 변경 승인 또는 신고를 하여야 한다.

한편, 제35조에서는 공단이 이산화탄소의 주입량 및 잔여량 현황, 저장 관련 관리 현황 등에 대하여 국민에게 알려야 한다고 규정하였으며, 제36조에서는 포집시설 설치의무자로 하여금 이산화탄소의 저장 및 관리에 소요되는 비용을 공단에 납부하도록 하고(제1항), 납부된 금액은 기금의 세입으로 하며(제2항), 공단이 저장소의 탐사나 주입시설 등 저장에 필요한 시설공사 비용을 충당하기 어려운 경우에는 포집시설 설치의무자에게 미리 저장비용을 납부하게 할 수 있도록 하였다(제4항). 앞에서 살펴본 바와 같이 사업자에게 이산화탄소의 저장 및 관리에 소요되는 비용을 모두 전가하는 경우 사업자가 CCS 기술의 활용을 주저할 우려가 있으므로 세제상 혜택 등 인센티브를 마련하거나 관련 기금으로 비용 일부를 충당하는 방안을 고려하는 것이 바람직한 것으로 생각된다.

또한, 제38조에서 공단으로 하여금 저장소의 운영시 이산화탄소가 누출되지 않도록 필요한 조치를 취하여야 할 의무를 부과하고, 제39조에서는 이산화탄소 저장 단계에서 이산화탄소의 누출이 발생하는 경우 환경부장관이 지체 없이 조사를 실시한 후 누출의 원인과 누출의 양 등을 위원회에 보고하

양투기의 규제대상인지 여부에 대하여 논란이 있었으나, 2009년 런던의정서의 개정으로 CCS를 위하여 이산화탄소 스트림의 해외 반출을 허용하는 규정을 두었다. 그러나 위 개정안은 당사국의 2/3 이상이 비준하여야 발효되나 포집기술 개발 및 저장소 선정의 어려움 등으로 현재까지 당사국들의 비준이 이루어지지 않고 있다.

고 공단에 대하여 필요한 시정조치를 명하도록 하여 공단의 이산화탄소 누출 관리를 철저하게 감독하는 조항을 두었다. 이어 제41조에서는 이산화탄소 누출이 확인되는 경우 공단은 그 누출된 양에 상응하는 규모로 온실가스 배출권의 할당 및 거래에 관한 법률에 따른 배출권을 구매하도록 하여 이산화탄소의 누출에 대한 제재를 부과하고 있다. 또한, 제68조의 벌칙 규정에 따라 배출권 구매의무를 위반하는 경우에는 형사처벌이 가능하도록 하였다. 한편, 제42조에서는 이산화탄소 저장소를 폐쇄하고자 하는 경우 환경부장관의 승인을 받아야 하며(제1항), 승인을 받은 경우 공단은 이산화탄소 주입 종료 후 30년간 저장소에 대한 관리 책임을 지고, 30년이 경과한 날부터는 국가에서 관리 책임을 진다고 규정하였으며(제3항), 환경부장관은 이산화탄소 저장소 폐쇄 후 공단의 사후관리 책임 이행을 위하여 보험 또는 담보를 요구할 수 있다고 규정하여(제4항) 독일 이산화탄소 저장법에서 규정하고 있는 책임의 이전 및 사업자의 담보제공의무와 유사한 조항을 두었다.

6. 제6장. 한국이산화탄소저장관리공단 (제44조 내지 제49조)

제6장에서는 이산화탄소의 저장, 관리를 효율적으로 수행하기 위하여 공단을 설립하고(제44조), 공단은 (i) 이산화탄소 수송, 저장사업, (ii) 이산화탄소 수송, 저장에 관한 시범사업, (iii) 이산화탄소 수송, 저장기술에 관한 국제협력 사업, (iv) 전문 교육, 홍보 사업, (v) 이산화탄소 수송, 저장 등에 관한 조사, 연구 및 정책 연구, 개발사업 추진 등의 사업을 진행하며, 위 사업은 국내 뿐 아니라 국외에서도 시행될 수 있도록 규정하였다(제45조).

7. 제7장. 이산화탄소 저장관리기금 (제50조, 제51조)

제7장에서는 이산화탄소 저장관리기금에 대한 내용을 규정하고 있는 바, 이산화탄소 수송 및 저장에 관한 사업 등에 필요한 재원을 확보하기 위하여

이산화탄소 저장관리기금(이하 "기금")의 설치하고, 위 기금은 (i) 이산화탄소 수송시설 및 저장소의 설치, 이산화탄소 수송 및 저장 사업, 저장소의 탐사 사업, 저장 시범사업 및 연구·개발사업 등 공단이 수행하는 사업에 필요한 금액을 출연, (ii) 이산화탄소 누출에 대하여 배출권 구매, (iii) 기금의 조성과 그 관리, 운영에 필요한 경비에 사용되는 용도로 사용하도록 하였다(제50조).

8. 제8장. 포집·수송 및 저장 관련 산업의 육성 (제52조 내지 제55조)

제8장에서는 정부가 이산화탄소 포집, 수송 및 저장 기술의 연구·개발과 산업화를 위하여 연구센터를 설립, 운영하고 관련 전문인력을 양성하며, 국제협력사업 및 관련 산업의 해외진출 지원, 기술의 표준화, 금융 및 세제지원과 관련한 시책을 추진하도록 하며(제52조), 한국이산화탄소저장환경센터를 설립하여 국제적인 기후변화 대응 등과 관련한 환경정책 수립, 홍보 지원 및 이산화탄소 포집, 소송 및 저장 관련 정부 위탁업무의 수행하도록 하였다(제55조).

9. 제9장. 포집·수송 및 저장에 관한 대국민 소통 (제56조 내지 제58조)

제9장에서는 이산화탄소 포집, 수송 및 저장 사업 등의 단계별로 관련 정보의 공개와 홍보, 저장소 등 설치지역 지원 등에 대하여 규정하고 있는 바, 국가 및 지방자치단체는 (i) 이산화탄소 포집, 수송 및 저장의 필요성, 국제적인 관점에서의 지구환경 및 기후변화 대응의 중요성과 재정투자의 효율성, (ii) 이산화탄소의 포집, 저장, 저장소 탐사, 모니터링 등 사후관리, 수송수단 및 수송경로, 저장소의 설치와 폐쇄 등 포집, 수송 및 저장과 관려난 단계별 정보에 대하여 일반국민에게 공개하고 적극적으로 홍보하여야 한다(제56조). 또한, 환경부장관은 이산화탄소 포집, 수송 및 저장 사업에 대한 국민의 이해 증진, 정보 공유와 공감대 형성, 국민 의견의 수렴과 조정을 위하여 이산

화탄소 포집·수송 및 저장 협의회를 운영하여야 하며, 이산화탄소 수송로 또는 저장소가 설치된 시·도의 시·도지사와 관련 기관·단체, 포집·수송 및 저장사업자, 연구기관 및 민간 전문가와 관련 기업 등이 참여하는 이산화탄소 수송로 지역협의회를 운영할 수 있도록 하였다(제57조).

10. 제10장. 보칙 (제59조 내지 제65조)

제59조에서는 환경부장관은 이산화탄소의 포집·수송과 주입·저장을 안전하고 효율적으로 관리하기 위하여 필요한 경우, 포집시설 설치의무자 또는 공단에게 보고 또는 자료를 제출하게 할 수 있고, 관계 공무원으로 하여금 사무소나 사업장 등에 출입하여 관계 서류나 시설·장비 등을 검사하게 할 수 있다(제1항). 또한, 제61조에서는 이산화탄소의 포집·수송 및 저장과 관련된 시설의 설치에 따른 환경영향평가는 환경영향평가법이 정하는 바에 따른다고 규정하여 둔 바, 본 조에 따르면 환경영향평가법이 적용된다고만 규정하고 있으므로 본 조문이 없다고 하더라도 환경영향평가법은 적용될 것이나 확인, 강조의 의미에서 규정한 것으로[41] 이산화탄소 포집·수송 및 저장과 관련하여 특별하게 적용되는 사항이 있는 경우 CCS 단일법안에서 별도 규정하고, 본 법안에서 정하는 내용 외에는 환경영향평가법이 적용된다고 규정하는 것이 바람직한 것으로 생각된다.

11. 제11장. 벌칙 (제66조 내지 제71조)

CCS 단일법안의 마지막인 제11장에서는 본 법안을 위배한 경우 형사처벌, 양벌규정 및 과태료 부과에 대한 내용을 규정하고 있는 바, 제66조 내지 제69조에서는 포집된 이산화탄소 저장용기, 수송로 또는 저장시설을 파괴하

---

41) 고려대학교, 숭실대학교 산학협력단 (전게 각주 7), 74면.

거나 부당하게 조작하여 사람을 사망하게 하거나 수송 또는 저장을 방해한 경우, 이산화탄소 포집시설 승인 또는 변경승인을 받지 않거나 포집시설 설치계획 승인 등이 취소되었음에도 포집시설을 운영한 경우, 승인을 받지 아니하고 저장소를 설치, 운영한 경우, 저장소의 폐쇄승인을 받지 않고 저장소를 폐쇄한 경우, 탐사 승인을 받지 않고 탐사를 한 경우, 이산화탄소 누출에 다른 배출권 구매의무를 위반한 경우 등에 형사처벌을 부과하고 있으며, 제70조에서는 양벌규정을, 제71조에서는 본 법에 따른 신고 또는 변경신고를 하지 않거나 거짓으로 신고한 경우 등에 과태료를 부과하고 있다.

Ⅳ. CCS 단일법안의 주요 쟁점

1. 정부 주도의 CCS 사업 진행

위에서 살펴본 바와 같이 우리나라의 CCS 단일법안에서는 한국이산화탄소저장관리공단을 설립을 전제로 이산화탄소의 수송 및 저장 사업의 주체는 기본적으로 공단으로 하되, 수송의 경우에만 공단 및 대통령령으로 정하는 요건에 맞는 사업자로서 환경부장관이 정하는 자도 수송사업자가 될 수 있도록 규정하고 있다. CCS 사업의 운영기간이 길고, 저장소 운영 중 또는 폐쇄 후 이산화탄소 누출 사고가 발생하는 경우 그 피해가 중대하고 광범위한 점 등을 고려할 때, CCS 사업을 주도적으로 담당하는 주체가 정부가 될 것인지 민간이 될 것인지는 각 국가마다 여러 상황을 고려하여 결정할 것이기는 하나, CCS 기술의 상용화 및 효율적인 CCS 사업 진행을 위하여는 미국이나 독일과 같이 이산화탄소 수송 및 저장 부문에도 민간사업자가 참여할 수 있도록 하고 공단은 민간부문과 함께 사업에 참여하도록 하거나 시범사업이나 국제협력 사업 참여 또는 CCS 신기술 관련 조사·연구 및 정책 연구·개발사업을 주된 업무로 정하는 것을 고려할 필요가 있는 것으로 보인다. 또한, 현재 CCS 단일법안은 위와 같이 공단만이 저장사업자가 될 수 있다고 규정하였음에도 불구하고 제36조에서 포집시설 설치의무자가 이산화탄소 저장 및 관리에 드는 비용을 모두 부담하도록 규정하고 있어 포집시설 설치의무자의 강한 저항이 예상되며 만약 포집의무자에게 다른 방식으로 이산화탄소 배출을 감축할 수 있는 선택권이 주어진다면 탄소 포집 시설을 설치하지 아니하고 온실가스 배출권 구매 등 다른 대안을 선택할 가능성도 배제할 수 없는 것으로 생각된다.

한편, 현재 우리나라의 CCS 단일법안은 독일의 이산화탄소 저장법을 기본 모델로 하여 그 초안이 작성된 것으로 보이나 독일은 우리나라와는 달리 민간 부문에서 CCS 포집, 수송 및 저장사업을 진행하는 것을 허용하고 있는바, 이러한 차이점을 고려하지 않고 인용한 내용은 현재 우리나라의 CCS 단일법안의 체계에는 부합하지 않는 것으로 보인다. 특히 독일의 이산화탄소 저장법 제31조에서 규정하고 있는 '책임의 이전' 조항의 경우, 이산화탄소 저장소 폐쇄 이후 최대 40년 동안에는 민간사업자에게 관리 의무를 부과하고 그 이후에는 민간사업자의 관리 책임을 면제하고 대신 국가가 책임을 이전받아 이산화탄소 저장소 관리 의무를 부담하겠다는 취지로 도입된 것인데, 우리나라의 CCS 단일법안 제42조 제3항에서는 위 조항을 그대로 수용하여 저장소 폐쇄 후 30년간은 공단에서 관리 책임을 지고, 30년이 경과한 이후에는 국가가 그 책임을 이전받는다고 규정되어 있으나 공단 운영의 재원은 결국 대부분 세금으로 충당되므로 결국 이산화탄소 저장소의 폐쇄 후 관리의무는 국가에 맡겨져 있는 것과 다르지 않은 결과가 되어 책임의 이전 조항의 취지가 반감되는 문제가 발생하는 것으로 사료된다. 따라서 정부 주도의 CCS 사업 구조를 선택할 것인지에 대한 논의를 통하여 K-CCS 사업 구도를 확정한 후 그에 맞추어 구체적인 CCS 법률 체계를 마련하여야 할 것이다.

2. CCS 사업으로 인하여 발생하는 손해에 대한 위험책임 인정 여부

앞에서 살펴본 바와 같이 CCS 단일법안 제30조에서는 공단이 고의 또는 과실로 저장소의 설치 공사를 부실하게 하거나 저장소에 대한 사후관리 또는 모니터링을 부실하게 하여 타인에게 인적 손해 또는 물적 손해를 입힌 경우에는 그 손해를 배상하여야 하는 책임이 있다고 규정하여 공단에 귀책사유가 있는 경우에 대하여만 손해배상의무를 명시하고 있다. 그러나 CCS는 아직 상용화가 이루어지지 않은 신기술이며 그 운영 또는 저장소 폐쇄 후 이산화탄소 누출 등 사고가 발생하는 경우 그 피해가 광범위하고 중대할 가능성이 높은 반면, 기후위기에 대응하고 탄소중립을 달성하기 위하여 사회 전체가 그 위험을 함께 부담하는 것이므로 공단에 귀책사유가 있는 경우가 아니라고 하더라도 저장소 인근 지역에 발생하는 피해를 보상한다는 규정이 동 법률안에 포함되는 것이 바람직하다고 생각된다. 해당 조항의 내용을 구성함에 있어서는 독일 이산화탄소 저장법 제29조에서와 같이 위험책임을 규정하는 것을 고려할 만하다. 다만, 독일 이산화탄소 저장법에서는 불가항력적 사유로 손해가 발생한 경우에도 면책을 인정하지 아니하는 엄격한 위험책임을 규정하고 있는 바, 현행 CCS 단일법안과 같이 공단(정부)이 주도적으로 CCS 사업을 진행하는 경우에는 엄격한 위험책임을 인정하되, 민간부문에서도 이산화탄소 운송 및 저장 사업에 참여할 수 있도록 CSS 단일법안을 개정하는 경우에는 형평의 원칙을 고려하여 불가항력적 사유로 인한 피해가 발생한 경우에까지 손해배상의무를 규정하는 것은 재고가 필요하다고 생각된다.

3. 이산화탄소 저장관리기금 조성

현재 CCS 단일법안 제7장에서는 이산화탄소 저장관리기금을 별도 설치하도록 규정하고 있다. CCS 수송 및 저장 사업, 탐사사업, 저장 시범사업, 연구·저장사업 등 공단에서 수행하는 CCS 관련 사업 및 활동 등에 사용하기 위한 재원을 안정적으로 확보하기 위하여 별도 기금을 조성하는 것은 바람직하다고 생각된다. 그러나 지난 9월 24일 공포된 기후위기 대응을 위한 탄소중립기본법 제69조에서는 탄소중립 사회로의 이행을 촉진하는 데 필요한 재원을 확보하기 위한 기후대응기금을 설치하고, 기후대응기금은 같은 법에서 온실가스 감축 시책 중 하나로 규정한 탄소포집·이용·저장기술의 육성에도 사용될 수 있으므로 결국 CCS 사업이라는 하나의 목적을 위하여 CCS 단일법안의 이산화탄소 저장관리기금 및 탄소중립기본법상 기후대응기금의 두 기금이 중복되는 문제가 있으므로 탄소중립기본법상 기후대응기금의 용도를 명확하게 개정하거나 양 기금을 통합하여 운영하는 방안을 고려할 필요가 있는 것으로 생각된다. 한편, 현재 CCS 단일법안은 공단이 수행하는 CCS 사업, 이산화탄소 누출에 따른 배출권 구매, 기금의 조성 및 관리·운용에 필요한 경비 충당 등에 이산화탄소 저장관리기금을 활용할 수 있다고 규정하고 있으나, CCS 누출 등으로 인하여 인근주민 및 환경에 발생하는 피해보상을 위하여 사용할 수 있는 근거가 마련되어 있지 아니하므로 CCS 단일법안에서 CCS 사업 시행 등을 위한 별도 기금을 조성하는 경우에는 CCS 사업으로 인하여 발생할 수 있는 피해보상을 위하여 기금을 사용할 수 있다는 점을 명시하는 것이 바람직한 것으로 생각된다.

4. 주민수용성 제고

현행 CCS 단일법안 제9장에서는 CCS 사업의 필요성 및 중요성을 일반국민에게 홍보하고, 사업 진행 단계별 정보에 대하여 공개하도록 하며, CCS 사업자, 연구기관 및 민간전문가와 관련 기업 등이 참여하는 이산화탄소 포집·수송 및 저장 협의회를 운영하여 관련 정책과 사업 등에 대한 국민의 이해 증진, 정보 고유와 공감대 형성, 관련 의견 수렴과 조정이 이루어질 수 있도록 하여 CCS에 대한 대중 수용성 또는 주민 수용성을 제고하기 위한 기본적인 규정들은 마련하여 두고 있다. 독일에서도 이산화탄소 감축에 효과적인 CCS 기술을 활성화하고자 하였으나 CCS에 대한 인근주민 등 대중의 이해와 인식 부족으로 강한 저항에 부딪혀 CCS 법제 마련이 지연된 바 있는 것은 앞에서 살펴본 바와 같다. CCS와 관련된 갈등은 지역주민과 정부 및 지방자치단체 모두 관련되어 있어 공공갈등 중에서도 관리가 쉽지 않은 갈등 유형이므로, 이에 대하여는 지방자치단체 및 지방의회가 갈등 해결의 가교 역할을 하여 적극적으로 주민과 소통하는 것이 필수적이라고 할 것이다.[42] 또한 이산화탄소 저장소 입지결정 등 CCS 사업 과정에서 관련 이해관계자들의 의견을 공정하게 청취하고 의사결정이 이루어지는 '절차적 '민주성'이 확보되도록 하여야 할 것이다. 마지막으로 태양광이나 풍력발전에서와 같이 지역주민의 사업 참여를 통하여 이익이 공유될 수 있는 사업 모델 마련 등 실질적으로 주민 지원을 위한 제도나 방안을 강구하는 것도 주민 수용성 제고에 효과적일 것으로 생각된다.

5. CCU 규정 추가 및 인센티브 제공

현행 CCS 단일법안은 이산화탄소의 포집, 운송 및 저장에 대하여만 규정하고 있으나, 이산화탄소를 포집한 후 저장할 수도 있지만, 포집한 이산화탄소를 다양한 화학원료, 에너지원, 건축자재 등으로 전환시켜 다시 활용하는 기술(Carbon Capture and Utilization, 이하 "CCU")도 존재[43]하며 CCU 기술로 생산된 제품을 판매하는 경우 매출도 발생하므로 기업들의 적극적인 참여가 촉진될 것이며, 관련 산업의 활성화 역시 도모할 수 있을 것이다. 또한, CCU도 CCS에서의 이산화탄소 포집 및/또는 운송 부분이 공통적으로 적용될 것

---

42) 김동련, "국책사업 시 주민소통 방안에 관한 연구 -R&D 국책연구사업을 중심으로-," **토지공법연구** 제88집, 2019, 232면. 특히 지난 경주 중저준위 핵폐기물 방폐장의 경험을 상기해볼 수 있다.
43) 이혜진 외, "CCU 기술 도입의 경제적 파급효과 분석," **에너지경제연구** 제18권 제1호, 2019, 3면.

이므로 단일법안 제정 시 CCU와 관련된 내용도 함께 규정하는 것이 체계적인 사업 진행 및 관리에 효율적일 것으로 생각된다.

또한, CCS 단일법안에서는 공단(정부)이 CCS 저장사업의 운영주체로 규정되어 있어 민간기업의 CCS 사업 진출을 유도·촉진하기 위한 방안을 포함하고 있지 않다. 그러나 현행 단일법안에 따르더라도 CCS 포집 및 운송은 민간기업의 적극적인 참여가 필요하므로 CCS 포집시설 설치 및 운송사업 운영에 대하여 미국의 세액 공제 혜택(The Sequestration Tax Credit: Section 45Q)과 같은 세제 혜택 방안을 마련하거나 앞에서 제시한 바와 같이 CCS 기금을 CCS 사업에 필요한 자금을 보조하는 용도로 활용하는 방안 등을 검토하는 것이 바람직한 것으로 생각된다.[44]

V. 결론

이상에서 2050년까지 탄소중립을 달성하기 위한 주요한 수단 중 하나인 CCS에 대하여 미국, EU 및 독일의 법제 현황에 대하여 검토한 후, K-COSEM에서 작성한 "(가칭) 이산화탄소 저장 등에 관한 법률안"의 구성 및 주요 쟁점에 대하여 살펴보았다.

국제에너지기구(International Energy Agency, 이하 "IEA")는 2020년도 보고서(World Energy Outlook 2020)에서 CCUS를 탄소중립의 목표를 달성하기 위한 주요한 부분으로 평가[45]하고 있으며, 우리 정부도 2021년 4월 한국형 이산화탄소 포집·활용·저장(K-CCUS) 추진단을 발족하였으며, 관계부처 공동

---

44) 이순자, "CCUS와 탄소배출거래제에 대한 연구," **토지공법연구** 제92집, 2020, 269-271면
45) IEA에서는 2050년까지 CCS 기술이 전 세계 이산화탄소 감축량의 17%를 담당할 것이라고 전망한 바 있다.

으로 "(가칭) CCUS 산업 육성 및 안전관리에 관한 법률"을 제정하기 위한 작업에 착수한 바 있다. CCS는 그 단독으로도 탄소배출을 감축시킬 수 있는 방안으로도 활용할 수 있지만, 수소에너지(블루수소)와의 연계[46] 등 저탄소 수소시대를 열기 위하여 필수적인 기술로서 탄소중립으로의 전환을 이룩하기 위한 가교로서도 기능할 수 있을 것이다.[47]

위와 같은 CCS 사업의 중요도에도 불구하고 CCS 사업 과정에서 이산화탄소가 누출되는 경우 등 CCS로 인하여 인근주민 및 환경에 피해가 발생하는 경우 그 피해 정도가 중대하고 광범위할 것으로 예상되며, 이러한 이유로 우리나라 뿐 아니라 다른 나라에서도 CCS 저장소 설치에 관한 주민 수용성 이슈 해결은 성공적인 CCS 사업 진행에 필수적이므로 CCS에 대한 국민적 공감대를 형성할 수 있도록 지역주민, 학생 등에게 주기적인 교육이나 홍보를 하고, CCS 사업으로 인한 이익을 지역주민과 공유할 수 있는 사업모델을 마련하는 등 대중의 신뢰를 얻는 것이 필요한 것으로 생각된다. 그 외 본 연구에서 다른 국가의 CCS 법제도와의 비교 고찰을 통하여 제시한 민간사업자의 사업 진출 허용, 위험책임의 도입, 이산화탄소 저장관리기금 마련, 주민수용성 제고, CCU 및 인센티브 규정 추가 제안 등이 우리 정부가 준비하고 있는 "(가칭) CCUS 산업 육성 및 안전관리에 관한 법률" 제정 시 CCUS 기술에 관한 체계적이고 통합적인 법체계 마련에 조금이라도 기여할 수 있기를 희망한다.

---

46) 천연가스를 고온·고압 수증기와 반응시켜 나오는 개질수소 및 석유화학 공정에서 발생하는 부생수소의 생산 과정에서 발생하는 이산화탄소를 포집·저장하여 탄소배출을 줄이는 블루수소 생산을 위하여 활용될 수 있다.

47) 이순자 (전게 각주 44). 264-265면.

제12장 유럽 그린딜이 한국판 뉴딜에 주는 정책 시사점
- 탄소가격제를 중심으로 -

조혜인(법무법인 광장)

I. 서론

최근 전세계적으로 폭염이나 집중호우와 같은 극단적인 기후 이상현상이 발생하고 있다. 국제사회는 2015년 COP21에서 파리협정(Paris Agreement)을 채택하여 기후변화 대응 및 실질적인 온실가스 감축을 위한 시스템을 마련하였고, 지난 11월 영국에서 개최된 COP26에서는 기후행동 및 지원에 대한 터닝포인트 마련을 위한 글래스고 기후협약(Glasgow Climate Pact)이 체결되었다. 탄소배출량 감축 및 탄소중립은 전 세계적으로 정책의 핵심요소가 되고 있는 것이다.

IPCC가 2021년 8월 9일 발표한 기후변화 2021 보고서(Climate Change 2021: Physical Basis)에 따르면, 어떤 시나리오에 따르더라도 적어도 2050년까지 지구 표면의 온도는 상승할 것이나, 2050년 탄소중립 달성 후 순 탄소배출량이 마이너스가 되는 경우 산업화시대 대비 2081~2100년 기온 상승은 약 1.5℃에 멈출 수 있다고 한다.[1] 이러한 상황에서 최근 영국, 유럽, 일본, 미국 등 25개국이 공식적으로 탄소중립을 선언하고, 중국 역시 2060년 탄소중립 목표를 발표하는 등, 저탄소경제로의 전환이 새로운 글로벌 표준이 되었다고 해도 과언이 아니다.

---

[1] IPCC, Summary for Policymakers, Intergovernmental Panel on Climate Change, 2021. 8. 9. SPM-17, 28면.

이처럼 다가온 기후위기에 대응하고 신성장동력을 제공하기 위하여 EU 집행위원회는 2019. 12. 유럽 그린딜(European Green Deal)을 발표하였고, 위 정책에 따라 유럽기후법(European Climate Law)을 제정하였다. 2030년까지의 탄소배출량 감축을 위한 구체적인 실행계획인 'Fit for 55' 입법패키지를 발표하기도 하였다. 이처럼 EU는 기후변화에 대응하여 온실가스, 에너지, 산업, 건물, 교통, 식품, 생태계, 오염 등 사회 전 분야를 전환하기 위한 전방위적 로드맵을 마련하고 있는바, 배출권거래제(ETS, Emission Trading System)와 같이 탄소배출에 가격을 매겨 자발적인 감축을 유도하는 탄소가격제도는 매우 중요한 정책수단이라고 할 수 있다.

한편, 한국의 산업구조는 온실가스 및 화석연료의 소비가 많은 제조업 위주이고 재생에너지 보급이 타 선진국에 비해 낮은 편이라는 점을 고려할 때 2050 탄소중립은 매우 도전적인 과제이다. 그럼에도 정부는 한국의 경제구조상 무역의존도가 높아 무역상대국의 강화된 탄소감축 정책에 영향을 받게 되므로, 탄소중립을 향한 새로운 국제질서에 선제적으로 대응할 필요가 있다고 인식하고 있다.[2] 이에 따라 한국 역시 2020. 7. 14. 한국판 그린딜에 '그린뉴딜'을 포함하여 발표하였고, 2050년 탄소중립 선언, 2030년 국가 온실가스 감축목표 설정 등을 바탕으로 다양한 정책을 도입하고 있다.

우리나라는 EU ETS를 참고하여 배출권거래제를 실시하고 있고, EU 탄소국경조정 매커니즘의 도입에 따라 산업상 큰 영향을 받게 될 것으로 예상된다. 이러한 상황에서, EU의 탄소가격제도가 한국판 뉴딜과 탄소중립 목표에 어떠한 개선점을 줄 수 있는지에 대하여 검토하여 볼 필요가 있다.

---

2) 환경부, 환경부 탄소중립 이행계획, 2021. 3. 2.

Ⅱ. 2050년 기후중립 달성을 위한 유럽 그린딜 관련 정책

1. 유럽 그린딜의 정책 개요

가. 2050년 기후중립 달성을 위한 유럽 그린딜의 발표

EU 및 그 주요 회원국들은 전 세계 기후변화 대응과 관련하여 가장 선도
적인 목소리를 내고 있으며, 2018년부터 2050년까지 기후중립을 달성하겠다
는 목표를 꾸준히 제시하고 있다. EU 집행위원회는 2018. 11. 당시 2050년까
지 기후중립(climate neutrality)을 달성하려는 장기비전인 "A Clean Planet for
All"을 제시하였다. 또한 EU 회원국들은 2018. 12. 21. 에너지 동맹 거버넌스
및 기후행동에 대한 규정(Governance of the Energy Union and Climate
Action)[3]에 따라 2021년부터 2030년까지의 에너지·기후계획을 제출하고,
2050년까지 넷 제로(net zero) 달성을 위한 장기 전략을 채택하기로 하기도
하였다. 또한 유럽의회(European Parliament)는 2019. 3., EU정상회의는 2019.
12. 2050년까지 기후중립을 달성한다는 목표를 승인하였다.[4]

2019년 말 출범한 新 EU 집행위원회는 강력한 기후정책을 도입하고자 하
였는바, 위 집행위원회는 출범 2주 후 2019. 12. 11. 기후변화에 대응한 새로
운 성장전략으로 '유럽 그린딜(European Green Deal)'을 발표하였다.[5] 유럽
그린딜은 EU 내 온실가스, 에너지, 산업, 건물, 교통, 식품, 생태계, 오염 등
사회 전 분야를 전환하기 위한 전방위적 로드맵으로서,[6] 공정하고 번영한

---

3) REGULATION (EU) 2018/1999 OF THE EUROPEAN PARLIAMENT AND OF THE COUNCIL
   on the Governance of the Energy Union and Climate Action, 2018. 12. 21.
4) European Commission, Communication from he Commission to the European Parliament,
   the Council, the European Economic and Social Committee and the Committee of the
   Regions; the European Green Deal, COM(2019) 640 final, 2019. 12. 11.
5) European Commission, The European Green Deal, 2019. 12. 11.
6) 김수현 & 김창훈, "유럽 그린딜의 동향과 시사점," 에너지경제연구원, 2020. 6. 16., 1면

사회, 현대화되고 자원효율적이며 경쟁력있는 경제, 온실가스 감축 등을 위한 정책목표이다. 이는 기후와 양립이 가능하고 지속 가능한 경제로의 전환을 지향하며 파리협정과 2030 의제, 지속가능발전 목표를 이행하기 위한 EU 전략의 필수적 부분이라고 할 수 있다.[7]

EU의 온실가스 배출량은 1990년부터 2018년까지 23% 감소하였는데 이러한 상태를 유지하는 경우 2050년까지 온실가스 감축은 60%에 그칠 것인바, 현재의 수준을 유지하여서는 탄소중립을 이룩할 수 없다.[8] 위와 같은 판단 하에, EU는 2030년까지 EU의 온실가스를 1990년 대비 55% 감축시키도록 목표를 강화하였다.

유럽 그린딜 중 경제의 전환과 관련된 주요 정책 분야는 청정하고 안전한 적정가격 에너지 공급, 청정 에너지 및 순환 에너지를 위한 산업 동원, 에너지·자원 효율적인 건축 및 수선, 지속가능하고 스마트한 교통수단으로의 전환 가속, 공정하고 건강하며 환경우호적인 식품 시스템 설계, 생태계 및 생물다양성의 보존 및 복원, 환경상 유해성 제거를 위한 오염원 제로화이다. EU 정책에 지속가능성을 주요 가치로 편입시키기 위하여 녹색 금융·투자 및 공정한 전환의 추구, 국가재정의 녹색화 및 정확한 가격신호 제시, 연구와 혁신의 촉진, 교육과 훈련의 활성화, 녹색 선언 등의 목표도 제시하고 있다.

또한 유럽 그린딜은 2020. 3.까지 2050년까지 탄소 순 배출을 0(zero)로 하는 기후중립 달성을 위한 유럽 기후법(Climate Law)을 제안하고, 2021. 6.까지 ETS의 강화 및 토지이용, 토지이용 변화 및 산림에 대한 내용이 포함된 기후 관련 정책안을 제시하기로 하는 내용도 포함되어 있다. 나아가 EU는

---

7) 윤순진, "한국판 그린뉴딜의 현재와 과제," 전기저널, 2021. 1. 7.
8) European Commission , A Clean Planet for all A European strategic long-term vision for a prosperous, modern, competitive and climate neutral economy, 2018. 11. 28.

기후변화 및 환경파괴가 국제적인 대응이 필요한 문제임을 인식하고, 유럽 그린딜을 통해 환경, 기후 및 에너지정책을 촉진하며 국제적 기후행동을 촉구하고 긴밀한 협력을 꾀하고자 한다.

나. 유럽 기후법(Climate Law) 제정

유럽 기후법은 기후중립에 대한 구속력 있는 목표를 설정하고 이를 달성하기 위한 프레임워크를 제정하기 위한 법률이다. EU 집행위원회는 2020. 3. 4. 2050년까지 기후 중립을 달성하려는 목표에 법적 구속력을 부여하기 위한 규정을 제안하였다.[9] 이후 2020. 9. 17. 발의된 프레임워크 규정에 따르면 2030년 온실가스 감축목표를 1990년 대비 55% 이상 감축으로 하고 이에 대해 구속력을 부여하기로 하였다.

해당 법률안에 대해서는 2021. 4. 회원국들의 합의가 이루어졌고 2021. 6. 24. EU 집행위원회의 승인을 얻었는바, 이로 인해 2050년 기후중립 달성은 단순한 정책목적에 그치는 것이 아니라 법률적 근거를 갖게 되었다. 유럽 기후법이 기후변화 대응을 위한 구체적인 방안을 제시하고 있지는 아니하지만, 그 내용을 간단히 살펴보면 아래와 같다.

EU는 2050년까지 온실가스 순 배출량(배출량에서 제거량을 뺀 값)이 0이 되도록(net zero) 해야 한다(Article 2).

이러한 탄소중립을 달성하기 위한 1차 단계로 2030년까지 온실가스 순 배출량을 1990년 대비 최소 55% 감축하여야 하는바, EU와 회원국은 배출량을 감축하는 동시에 225,000,000이산화탄소 상당량톤을 한도로 하여 자연적 온실가스의 제거(흡수)를 확대할 예정이다. 또한 EU 집행위원회는 이러한 기

---

9) Regulation of establishing the framework for achieving climate neutrality and amending Regulation(EU) 2018/1999 (European Climate Law)

후목표 달성을 위한 법률 검토 및 입법조치를 시행하고, 2040년 기후목표를 설정할 예정이다(Article 4).

나아가 EU 및 회원국은 기후변화 적응(adaptation)을 위한 전략을 채택, 검토하고(Article 5), 1차적으로는 2023. 9. 30.까지, 그 후로는 매 5년 마다 EU 회원국의 탄소중립 및 기후변화 적응에 대한 평가 그리고 각 국가의 조치가 목표달성에 부합하는지에 대한 평가를 실시한다(Article 6, 7).

다. 기타 정책 도입 현황[10]

(1) 유럽 그린딜 투자계획의 투자 규모

유럽 그린딜에 따라 정립된 기후행동을 위하여, 2020. 1. 유럽 그린딜 투자계획(EGDIP, European Green Deal Investment Plan)이 공개되었다. 유럽 그린딜 투자계획은 그린딜 추진을 위한 자금에 대한 전략으로, 크게 자금(Funding), 프레임워크의 구축(Enabling framework), 구현을 위한 지원(Support for implementation)으로 구성되어 있다.[11]

위 계획에 따르면 유럽 위원회는 2021년부터 2030년까지 최소 1조 유로의 투자를 동원하고, 그 자금은 절반 정도는 EU 예산을 통해, 나머지는 공공·민간 자금조달을 통해 마련할 계획이다. 이러한 재정 시스템은 주로 EU 분류체계(taxonomy)[12]를 중심으로 구축될 예정이고, 유럽 그린딜의 목표를 달성하기 위해 수정될 수 있다. 또한 각 회원국들에게 지속가능한 투자 전략을 설계하기 위한 기술적 도움을 제공하여 관련 투자를 구현할 수 있도록 지원

---

10) European Commission, EU climate action and the European Green Deal, https://ec.europa.eu/clima/policies/eu-climate-action_en (2022. 1. 28. 방문)

11) European Parliament, European Green Deal Investment Plan: Main elements and possible impact of the coronavirus pandemic

12) EU 분류체계(taxonomy)란 환경적으로 지속가능한 경제활동에 대한 분류 시스템으로서, 유럽 그린딜의 실행을 위한 지속가능 투자의 수단으로 사용될 것으로 전망된다.

한다.

(2) 기타 관련 정책 도입현황

위와 같은 법적, 재정적 조치 외에도, 유럽 그린딜과 관련한 다양한 전략과 계획이 제시되고 있다. 대표적으로는 기후행동에 시민 및 모든 사회 구성원이 참여하도록 하는 유럽 기후 협약(European Climate Pact), 2030년까지 온실가스 배출을 55%까지 감축하도록 하는 2030 기후목표계획(2030 Climate Target Plan)이 도입되었다. 관련된 정책분야 역시 에너지, 산업, 농식품, 생태계, 수소, 탄소감축, 건축, 수송, 기후변화, 해양 등 다양한 분야를 아우르고 있다.[13)]

2. 'Fit for 55'의 발표

가. 개요

기후법에 따르면 EU는 2030년의 온실가스 감축목표는 1990년 대비 55%인 바, EU 집행위원회는 2021. 7. 14. 위 목표 달성을 위한 입법 패키지인 'Fit for 55'를 발표하였다.[14)] 위 입법 패키지는 12개의 법률과 1개의 지원기금으로 구성되어 있고, 기후, 에너지와 연료, 교통, 건축물, 토지사용 및 산림 등 탄소중립과 연관된 주요 산업분야와 연계되어 있다. 그 주요 내용은 다음과 같다.

---

13) 장영욱·오태현, "EU 탄소감축입법안('Fit for 55')의 주요 내용과 시사점," 세계경제 포커스, 대외경제정책연구원, 2021. 7. 22., 4면.

14) European Commission, Communication from the Commission to the European Parliament, the Council, the European Economic and Social Committee and the Committee of the Regions; 'Fit for 55': delivering the EU's 2030 Climate Target on the way to climate neutrality, COM(2021) 550, 2021. 7. 14.

[표 12-1] Fit for 55

가격	목표	규제
■ 항공을 포함한 ETS 강화 ■ 해운, 육상교통 및 건축물에 배출권거래제 확대 ■ 에너지 조세지침 (directive) 개정 ■ 새로운 탄소국경조정매커니즘	■ 노력분담(Effort sharing) 규정(regulation) 개정 ■ 토지 사용, 토지사용 변화 및 산림 규정 개정 ■ 재생에너지 지침 개정 ■ 에너지효율 지침 개정	■ 승용차 및 승합차에 대한 이산화탄소 배출 강화 ■ 대체연료에 대한 새로운 인프라 ■ 보다 지속가능한 항공연료 ■ 보다 청정한 해운연료
지원방안		
새로운 사회 기후기금(Social Climate Fund) 조성, 현대화기금(Modernasation Fund) 및 혁신기금(Innocation Fund) 강화		

Fit for 55 정책 중 탄소가격제와 직접적으로 관련된 것은 '가격' 부문의 EU ETS과 탄소국경조정 매커니즘으로, 그 내용을 간략히 살펴보면 다음과 같다.

나. EU ETS의 확대 강화

(1) 기존 EU ETS상 감축목표의 강화

EU ETS는 2005년 도입된 이래 지난 16년 간 비용효과적인 배출량 감소 효과를 보여 왔으며, 그로부터 발생하는 수익을 통해 보다 청정한 생산을 가능하도록 하였다. Fit for 55 패키지의 중요한 변화는 기존 제도인 EU ETS를 강화하고 새로운 분야까지 적용을 확대하는 것이다.

유럽 위원회는 기존에 EU ETS가 적용되던 사업에 대하여 2030년까지 온실가스를 2005년 대비 61% 감축할 것을 요구하고 있는바, 이러한 목표달성을 위해 연간 배출량 감소폭을 기존의 2.4%에서 4.2%로 확대할 것을 제안하였다(Article 9).[15] 이와 더불어 각 회원국으로 하여금 기후와 연관된 부문에

---

15) European Commission, Proposal for a DIRECTIVE OF THE EUROPEAN PARLIAMENT AND OF THE COUNCIL, amending Directive 2003/87/EC establishing a system for greenhouse gas emission allowance trading within the Union, Decision (EU) 2015/1814 concerning the

모든 경매수익을 사용하도록 제안하였다(Article 10).

(2) 항공·해운·육상교통·건물 분야에 대한 EU ETS의 확대

운송수단으로 인한 온실가스 배출량은 EU 내의 온실가스 배출 중 25% 가량을 차지하고 있으며, 다른 산업부문의 탄소배출량이 꾸준히 감소세를 보이고 있는 것과는 달리 여전히 1990년 대비 높은 수준을 유지하고 있다.[16] 그러나 EU는 기존에 해운에 대해서는 EU ETS를 적용하지 아니하고, 항공에 대해서는 유럽 내(EU 회원국, 아이슬란드, 리히텐슈타인 및 노르웨이)의 비행에만 EU ETS를 적용하고 있었다. 해운과 항공의 경우 EU 역외에서 탄소가 배출되는 경우가 많아 EU ETS를 곧바로 적용하는 데 어려움이 있다는 점을 고려한 것이다.

EU는 Fit for 55의 도입에 따라 운송수단에 대한 탄소배출규제를 강화하고 친환경 운송수단의 개발을 장려하기 위하여, 승용차, 항공 및 해운산업에 대하여 규제를 확대 적용할 예정이다.[17] Fit for 55에 따르면, 항공 부문의 배출량 감축을 위해 국제 항공에 대한 무상할당량을 점진적으로 축소하여 2027년에 완전히 폐지할 예정이며, 2023년부터 2025년까지 해운 부문에 EU ETS를 확대할 예정이다.

한편, Fit for 55는 육상운송에서 사용되는 연료의 탄소배출에 대해서도

---

establishment and operation of a market stability reserve for the Union greenhouse gas emission trading scheme and Regulation (EU) 2015/757, 2021. 7. 14.

16) European Commission, Transport emissions, https://ec.europa.eu/clima/policies/transport_en (2022. 1. 29. 방문)

17) European Commission, Reducing emissions from the shipping sector, https://ec.europa.eu/clima/policies/transport/shipping_en (2022. 1. 29. 방문); European Commission, Reducing emissions from aviation, https://ec.europa.eu/clima/policies/transport/aviation_en (2022. 1. 29. 방문)

배출권거래 시스템을 적용할 방안을 모색할 것임을 밝히고 있다. 유럽 의회가 발간한 보고서에 따르면, 도로운송에서 발생하는 배출량 규모는 ETS가 적용되는 총 배출량의 50%에 이른다. 이러한 육상교통의 가장 직접적인 규제 지점은 운송연료의 공급자에 대한 규제이다. 운송연료 공급자는 자신이 생산 또는 수입한 연료에 대하여 배출권을 제출하고, 그러한 가격은 소비자에게 전가시키는 방법을 생각할 수 있다. 다만 현재 EU ETS의 배출권 가격은 톤당 40~50유로로, 이는 휘발유 가격을 리터 당 10~12센트 증가시킬 뿐이어서 감축효과가 크지 않을 수 있다. 따라서 육상교통 부문에서의 배출권거래제는 최저 가격제도 도입 또는 배출권의 공급 감소 등 제도를 도입해야 하고, 동시에 탄소누출을 방지하기 위한 제도가 함께 시행되어야 할 것이다.[18]

다. 탄소 국경조정 메커니즘
(CBAM, Carbon Border Adjustment Mechanism)의 도입

(1) 탄소 국경조정 메커니즘에 대한 기존 논의

환경규제는 국가의 주권이 미치는 국내에만 적용됨이 원칙이다. 그러나 세계 각국이 서로 다른 수준의 탄소배출 감축 목표를 설정한다면, 더 높은 수준의 목표를 가진 국가에는 산업 경쟁력 저하 및 탄소 누출(carbon leakage)이 발생하게 된다. 전 세계에서 가장 강력한 탄소규제를 채택하고 있는 EU로서는 위와 같은 불이익을 조정할 필요성을 느끼고 있었다.

당초 EU는 탄소누출 가능성이 큰 업종에 대해 배출권을 무상할당함으로써 탄소누출을 방지하고자 하였으나, 탄소중립 목표를 달성하기 위해서는 무상할당의 비중을 점차 축소할 계획이므로 이를 보완할 수단으로서 탄소국경조정제도를 논의하고 있는 것이다.[19]

---

18) CristinaURRUTIA·Jakob GRAICHEN·Anke HEROLD, 2030 climate target plan: exetension of European Emission Trading System(ETS) to transport emissions, European Parliament, 2021. 6.

CBAM은 수입국 시장의 온실가스 배출규제에 의해 발생하는 비용을 반영하여 교역 상품의 가격을 조정하는 조치로서, 온실가스 배출에 대한 국가 간 감축목표의 차이를 보정하는 무역제한 조치를 의미한다. 이러한 탄소국경조정은 다양한 형태로 부과될 수 있으므로 탄소국경세(carbon border tax)보다 광의의 의미로 해석된다. EU는 2007년부터 CBAM에 대한 논의를 진행하여 왔는데, 유럽 위원회가 2020. 11. 채택한 유럽 그린딜에 대한 입법문서(communication)에도 탄소 국경조정 메커니즘(이하 'CBAM')에 대한 제안이 포함되어 있었다.[20] 이러한 탄소국경조정제도는 수입품에 대해 탄소세를 매기는 방식이 대표적이나, 관세부과뿐만 아니라 ETS 할당량 구매를 하는 방식, EU의 배출권거래제를 대체하는 방식 등 다양한 방안이 검토되었다.[21]

(2) CBAM의 도입형태에 대한 논의

EU 집행위원회는 Fit for 55 발표와 함께 CBAM의 구체적인 내용을 담은 법률안(이하 "CBAM 법률안")[22]을 발표하였다. 위 법률안에 따르면, CBAM의 도입방법에 대해서는 탄소세와 유사한 방안 2가지와, EU ETS와 일부 연계된 4가지의 방안이 제시되었다. 각 방안의 구체적인 내용은 다음과 같다.

[표 12-2] CBAM 법률안

1. EU 배출량 평균을 반영한 기본값에 따라 탄소세를 부과하되 실제 집약도를 입증할 수 있도록 허용하는 방안

---

19) 김수현·김장훈 (전계 각주 6). 92면.

20) European Parliament, CARBON BORDER ADJUSTMENT MECHANISM AS PART OF THE EUROPEAN GREEN DEAL / BEFORE 2021-7, legislative train 11,2020 ; European Commission, EU Green Deal(carbon border adjustment mechanism)

21) 김수현·김장훈 (전계 각주 6).

22) European Commission COM(2021) 564 final, Proposal for a REGULATION OF THE EUROPEAN PARLIAMENT AND OF THE COUNCIL establishing a carbon border adjustment mechanism, 2021. 7. 14.

> 2. EU ETS와 유사한 시스템을 수입자에게 부과하는 방안. 수입자는 인증서(certificate)를 구매하여 제출하는데, 이 때 인증서는 EU ETS와 직접 연결되어 있지는 않으나 EU ETS의 탄소가격을 반영하고, EU ETS와 유사하게 연 단위로 신고 및 제출을 하며, 제품의 탄소집약도는 EU 내 배출량 평균을 기본값을 적용하되 수입업자가 실제 집약도를 입증할 수 있도록 한다.
> 3. 2와 유사하나, 기본값이 아니라 수입업자가 입증하는 실제 집약도에 따라 탄소집약도를 결정하는 방안.
> 4. 3과 유사하나, EU ETS상 무상할당을 점차 폐지하고 CBAM을 단계적으로 도입하는 방안. CBAM은 해당 부문에 대한 무상할당 비율에 따라 줄어듦.
> 5. 3과 유사하나, 완제품 또는 반제품의 부품까지 포함하는 방안.
> 6. EU ETS 무상할당을 유지하면서, 국내 및 수입제품의 소비를 포괄하는 탄소 집약적 자재에 대하여 소비세 관세를 부과하는 방안.

최종적으로는 위 4. 항의 방법이 가장 타당한 것으로 채택되었고, 이에 따라 EU는 EU ETS와 연계된 CBAM 제도를 도입하되, 무상할당이 완전히 폐지될 때까지 무상할당제도를 반영하도록 하였다.

CBAM과 EU ETS는 모두 온실가스 감축을 위해 온실가스에 가격을 매기는 제도이다. 반면 ETS는 탄소배출 기업에 할당되는 배출량의 상한이 정해져 있는 반면, CBAM의 경우 제품의 수입량을 제한할 수는 없으므로 CBAM 인증서의 상한을 정할 수 없다. 또한 ETS는 EU 내의 설비에만 적용되나 CBAM은 EU의 영외에서 수입되는 물품에 적용된다는 점에서도 차이가 있다. 다만 CBAM은 제도 특성상 탄소 누출을 방지하기 위해 EU ETS와 긴밀하게 연결되어야 하는바, 가격 왜곡을 방지하기 위해 EU ETS상 배출권의 가격을 반영하도록 설계되도록 하였다.

(3) 법률상 규정된 CBAM 제도의 내용

CBAM 법률안의 내용을 간단하게 설명하면 다음과 같다.

EU 영외에서 생산된 시멘트, 전기, 비료, 철강 및 알루미늄 제품을 EU 영내로 수입하고자 하는 자는(Article 2 (1), Annex I) 1년 간 수입할 물품의 예상되는 가액 및 수량을 물품 별로 관계 당국에 신고하여 권한을 부여받는다 (Article 5, 17). 각 회원국은 이러한 업무를 수행하기 위한 관할 기관(competent authority)을 지정하고, 그 목록을 EU 공식 저널(Official Journal of the European Union)에 게재한다(Article 11).

위와 같은 신고를 거친 수입자(authorised declarant)는 매 분기 말을 기준 으로 기본값(default value)에 따라 산정된 제품 함유 배출량의 80% 이상을 구매하여 인증서 계좌에 보유하고 있어야 한다(Article 22(2)). CBAM 인증서 는 1톤 당 1개씩 발행되고(Article 3 (18)), 그 가격은 EU ETS상 배출권의 매 주 종가 평균 가격으로 한다(Article 21).

그리고 인증된 수입자(authorised declarant)는 다음 해 5월 31일까지 수입 품의 물량, 제품에 내재된 탄소배출량, 배출량에 상응하는 인증서 수량을 기 재한 CBAM 신고서를 제출하고(Article 6), 같은 날까지 인증서 계좌에 필요 한 CBAM 인증서를 보유하는 방식으로 인증서를 제출해야 한다(Article 22(1), (2)).

CBAM 신고서에 포함되어야 하는 내용을 구체적으로 설명하면 다음과 같 다(Article 6).

- 각 제품 별 수량. 전기의 경우 메가와트, 그 외의 경우 톤으로 표시

- 제품 별로 내재된 배출량. 전기의 경우 메가와트-시간 당 CO_2e 배출량(톤), 그 외의 경우 제품 별 톤 당 CO_2e 배출량(톤)으로 표시. 구체적인 계산은 Article 7, Annex III에 따라 실제 내재 배출량을 기준으로 하되, 실제 배출 량을 결정하기 어려운 경우 기본적으로 제시된 값(default value)에 따름.

■ 총 배출량에 따라 제출되어야 하는 CBAM 인증서의 수. 이 때 제품 생산국
에서 이미 탄소가격을 지불한 경우(Article 9) 및 EU ETS상 무상할당 부문
에 해당하는 제품인 경우(Aricle 31)에는 해당 부분을 제외하고 산출함.

이러한 CBAM 제도는 2023. 1. 1.부터 적용되고, 2023년부터 2025년까지
는 전환기간으로서 완화된 규제가 적용된다(Article 36). 전환기간 동안 수입
자는 실제로 CBAM 인증서를 제출하는 대신 관할 기관에 분기 별 CBAM 보
고서(CBAM report)를 제출하는데, 관할 기관은 수입자가 위 제출의무를 위반
한 경우 비례적이고 설득력 있는 처벌을 부과하여야 한다(Article 35).

(4) WTO 협정 위반 가능성

1947년 관세 및 무역에 관한 일반 협정(General Agreement on Tariffs and
Trade, GATT)은 제1조 최혜국대우(Most Favored Nation)와 제3조 내국민 대
우(National Treatment)를 통해 타국의 동종 제품(like product) 간 차별, 국산
제품과 동종인 수입제품 간 차별을 금지하는 무차별 원칙을 천명하고 있다.
그런데 상품의 탄소집약도를 이유로 경제적 불이익을 부과하는 CBAM을 도
입하는 경우, GATT의 최혜국대우와 내국민대우에 위반되는 것으로 간주될
소지가 있다.[23]

---

23) 다만 GATT 제20조 일반적 예외 규정에 따르면, (b) 인간, 동물 또는 식물의 생명 또는
건강을 보호하기 위하여 필요한 조치 또는 (g) 고갈될 수 있는 천연자원의 보존과 관련
된 조치로서 국내 생산 또는 소비에 대한 제한과 관련(결부)되어 유효하게 되는 경우에
는, 그러한 조치가 '동일한 여건이 지배적인 국가 간에 자의적이거나 정당화할 수 없는
차별의 수단을 구성하거나 국제무역에 대한 위장된 제한을 구성하는 방식으로 적용되지
아니한다는 요건을 조건으로' 하여 예외가 인정된다. 즉, CBAM이 GATT 제20조 예외조
항에 해당하는 경우에는 국제통상법에 위배되지 않는다고 인정될 수 있다. Mehling, M.
& Ritz, R., 2020. "Going beyond default intensities in an EU carbon border adjustment
mechanism," Cambridge Working Papers in Economics 2087, Faculty of Economics,
University of Cambridge., 8-11면; 김수현·김장훈 (전게 각주 6). 77-80면.

이러한 점을 의식하여, 유럽의회는 2021. 2. 'WTO와 합치되는 EU CBAM' 보고서를 채택하였고,[24] 2021. 3. 10. CBAM제도의 도입에 대한 결의문[25] 채택시 CBAM은 기후보호원칙에 기반하여 WTO 규정 및 EU 자유무역협정과 부과하도록 설계되어야 하는바, CBAM의 목표는 기후보호 및 탄소가격 부과를 통한 글로벌 투자감축 촉진에 있으며 보호주의, 불공정한 차별, 또는 위장된 국제무역 제한의 수단으로 악용되어서는 아니된다는 점(Article 7), CBAM은 세금, EU ETS 등 다양한 형태로 실행될 수 있으나 EU ETS와 상호보완성 및 일관성을 유지해야 하며 EU 역내 기업을 이중보호하여서는 안된다는 점(Article 14) 등이 명시되었다.

III. 탄소감축을 위한 한국판 뉴딜 및 탄소중립 관련 정책

1. 한국판 뉴딜의 개요

가. 한국판 뉴딜의 발표

문재인 대통령은 2020. 4. 22. 제5차 비상경제회의에서 포스트 코로나 시대의 혁신 성장을 위한 대규모 국가 프로젝트로서 '한국판 뉴딜'을 처음 언급하였고, 같은 해 5. 7. 제2차 비상경제 중앙대책본부 회의에서 3대 프로젝트와 10대 중점 추진과제를 담은 추진방향을 발표하였다. 이후 한국판 뉴딜 전담조직이 구성되어, 7. 14. 보다 구체적인 추진계획이 발표되었다.

한국판 뉴딜은 고용안전망 강화라는 기반 하에 '디지털 뉴딜'과 '그린뉴딜'이라는 두 개의 큰 축으로 설계되어 있으며, 역점분야 28개 과제를 선정하고

---

24) European Parliament, Report towards a WTO-compatible EU carbon border adjustment mechanism, 2021. 2. 15.

25) European Parliament resolution towards a WTO-compatible EU Carbon Border Adjustment Mechanism (2020/2043(INI))

그 중에서 10대 과제를 집중 추진할 것을 예정하고 있다. 이 중에서 '그린뉴딜'(이하 "한국판 그린뉴딜")은 경제기반의 친환경·저탄소 전환을 가속화하기 위한 정책으로서, 계속해서 증가세를 보이고 있는 국내 온실가스 배출과 탄소중심 산업생태계를 개선하여 탄소중립(net-zero) 사회로 나아간다는 목표를 가지고 있었다.

정부는 한국판 뉴딜의 재원조달을 위하여 정책형 뉴딜펀드 신설, 뉴딜 인프라펀드 육성, 민간 뉴딜펀드 활성화라는 3가지 방안을 제시하였고,[26) 기획재정부는 정책형 뉴딜펀드는 가급적 투자대상을 폭넓게 허용함으로써 민간의 자율과 창의를 최대한 활용할 예정임을 밝혔다.[27)

나. 한국판 뉴딜 2.0 추진계획 발표

정부는 2021. 7. 14. 한국판 뉴딜이 최초로 발표된 날로부터 1년만에 한국판 뉴딜 2.0 추진계획을 발표하였다.[28) 이처럼 한국판 뉴딜을 수정, 개편한 것은 최초의 한국판 뉴딜 추진 이후 1년간 코로나 19에 따른 심각한 경기침체와 일자리 충격 등 대내외적 환경이 급격하게 변화하였고, 새로운 대응방안 마련의 필요성이 제기되었기 때문이다.[29)

새로운 한국판 뉴딜에서는 기존의 '안전망 강화' 분야를 '휴먼 뉴딜'로 대폭 확대 개편하고, 기존 디지털 뉴딜 및 그린뉴딜의 신규 과제의 추가 발굴하며 기존 과제를 확대·개편한다. 특히 그린뉴딜의 경우, 그 외연 확대를 위해 탄소중립 추진기반 구축을 추가 과제로 채택하였는바 온실가스 측정·평가 시스템을 정비하고 산업계 탄소감축 체제를 구축하는 것을 정책목표로

---

26) 기획재정부 보도자료, 한국판 뉴딜 당정추진본부 제5차 회의 개최, 2021. 4. 1. 관계부처 합동, 국민참여형 뉴딜펀드 조성 및 뉴딜금융 지원 방안, 2020. 9. 3., 6-11면
27) 기획재정부 보도참고자료, 「정책형 뉴딜펀드 투자 가이드라인」기사 관련, 2020. 9. 28.
28) 관계부처 합동, 한국판 뉴딜 2.0: 미래를 만드는 나라 대한민국, 2021. 7. 14.
29) 기획재정부 보도자료, 정부합동 「한국판 뉴딜 2.0 추진계획」 발표, 2021. 7. 15.

삼고 있다. 저탄소 사회로의 전환을 효율적으로 지원할 수 있도록 그린뉴딜
사업의 범위와 규모를 확대한다는 것이다.

다. 한국판 뉴딜 1.0의 성과와 탄소가격제의 활용

한국판 뉴딜이 최초로 발표된 후 1년 간 탄소배출량 감축과 관련지어볼
수 있는 성과는 다음과 같다.[30]

[표 12-3] 한국판 뉴딜의 성과

마중물 투자	전기·수소차 보급 확대 충전 인프라 확충 신재생에너지 보급 지원(재생에너지 설비 구축 4.8GW)
제도 개선	신재생에너지 공급 확대(2021. 4. 신재생법 개정을 통한 신재생에너지 의무할당 비율 증가) 스마트·그린 산단 조성 및 녹색산업 거점단지 구축
민간 참여	신안 해상풍력단지(2030년까지 8.2GW 해상풍력단지 조성) 울산 부유식 해상풍력(2030년까지 6GW급 부유식 해상풍력단지 조성 및 그린수 소 생산) 새만금 대규모 수상 태양광 등 투자계획 발표, 2030년까지 수소경제 전 분야에 43.4조 원 투자 추진

위와 같은 성과보고에서 확인할 수 있듯이, 한국판 그린뉴딜은 주로 녹색
산업 육성을 위한 지원정책에 치중하고 있고, 직접적인 탄소배출량 감축을
강제하는 제도는 예정하고 있지 아니하였다. 특히, 최초로 발표된 한국판 뉴
딜은 국내 온실가스 배출과 탄소중심 산업생태계를 개선하여 탄소중립
(net-zero) 사회로 나아간다는 목표를 제시하였으나, 구체적으로 그러한 탄소
중립의 이행 시점에 대해서는 침묵하고 있었다.

다만 한국정부는 2020. 10.과 2020. 12. 10. 2050 탄소중립 비전을 선언하
면서, 석탄발전을 재생에너지로 대체하여 새로운 시장과 산업을 창출하고 일

---

30) 관계부처 합동, 2021 (전게 보고서 28) 6, 7면

자리를 만들겠다는 의지를 밝혔다.[31] 나아가 최근에는 한국판 뉴딜과 탄소중립을 포스트 코로나 시대의 양대 핵심 아젠다로 삼고, 한국판 그린뉴딜과 탄소중립의 성과 창출을 위한 실행계획을 수립하고 있는 것으로 보인다.[32]

2. 2050 탄소중립 달성을 위한 정책 도입

가. 2050 탄소중립 추진전략의 발표

정부는 탄소중립 목표의 추진을 위해 관계부처 합동으로 2020. 12. 7. 「2050 탄소중립」추진전략을 발표하고, 범부처 TF를 구성하여 운영하고 있다.[33] 한국의 경우 타 국가에 비해 배출정점 이후 탄소중립까지의 기간이 촉박하고 산업구조상 제조업과 탄소 다배출업종의 비중이 높으며 주요국 대비 석탄발전 비중이 높은 상황으로서 탄소중립은 도전적인 과제이다. 그러나 무역의존도가 높은 한국의 경제·산업구조 특수성상 탄소중립이라는 새로운 국제질서 대응을 위한 변화가 불가피하므로, 다. 위 추진전략에 따르면 정부는 기존의 '온실가스 감축' 중심의 기후변화 적응적 감축에서 새로운 경제·사회의 발전전략 수립을 통한 능동적 대응을 도모하고자 한다는 것이다.

위 추진전략상 추진 정책은 재정, 녹색금융, R&D, 국제협력 등 탄소중립에 대한 제도적 기반 하에, ① 경제구조의 저탄소화, ② 신 유망 저탄소산업 생태계 조성, ③ 탄소중립 사회로의 공정전환을 목표로 하고 있다. 또한 탄소중립 친화적 재정프로그램을 구축하는 방안 중 하나로, 세제, 부담금, 배출권거래제 등 탄소가격 부과 수단들을 종합적으로 검토하여 가격체계를 재구축할 것을 예정하고 있다.

---

31) 최우리, 문대통령 "2050년 탄소중립 선언... 석탄발전, 재생에너지로 대체", 한겨레, 2020. 10. 28.

32) 관계부처 합동, 2022년 한국판 뉴딜 및 탄소중립 주요 실행계획, 2021. 12. 30.

33) 관계부처 합동, 「2050 탄소중립」추진전략, 2020. 12. 7.

나. 2030년 국가 온실가스 감축목표(NDC) 및 장기저탄소발전전략(LEDS) 제출

파리협정(Paris Agreement)은 각 당사자로 하여금 달성하고자 하는 국가 결정기여를 제출하도록 규정하고 있는바, 이에 따라 각 당사국은 2020년까지 국가 온실가스 감축목표(NDC, Nationally Determined Contribution) 및 장기저 탄소발전전략(LEDS, Long-term greenhouse gas Emission Development Strategy) 을 제출해야 한다. 동 협정에 서명하고 이를 비준한 한국은 2020. 12. 30. '2030 국가온실가스 감축목표(NDC)' 및 '2050 장기저탄소발전전략(LEDS)'을 유엔기후변화협약 사무국에 제출하였다.[34]

'2030 국가온실가스 감축목표(NDC)'에 따르면, 한국은 2030년 국가 온실 가스 감축목표로 2017년 배출량 7억 910만 톤 대비 24.4% 감축을 제시하고 있다. 그러나 이러한 감축목표는 과거 국가 온실가스 감축목표와 동일한 것 으로서, 탄소감축의 의지나 2050년 탄소중립 선언의 진정성을 의심하는 비판 이 제기되었다.[35]

구체적으로 보면, 한국은 과거 박근혜정부 당시 자발적인 잠정 감축목표 로 2030년까지 배출전망(BAU, Business As Usual) 대비 37% 감축을 결의한 바 있었는데,[36] 2030년 BAU 배출량은 8억 506만 톤인바 37% 감축시 배출량 은 5억 3587만 톤이다. 이에 반해 NDC상 2017년 배출량 7억 910만 톤에서 24.4% 감축시 배출량은 5억 3607만 톤으로, 계획상 탄소배출량 감축을 위해

---

34) 환경부 보도자료, 우리나라 국가온실가스감축목표 및 장기저탄소발전전략 유엔기후변화 협약 사무국 제출, 2020. 12. 31.
35) 최우리, '걷다가 뛰겠다'는 정부의 온실가스 감축계획, 한겨레신문, 2020. 12. 15.제2차 환 경노동위원회 소위원회 회의록, 2021. 7. 20., 1-11면.
36) 환경부 보도자료, 2030년 우리나라 온실가스 감축목표 BAU(851백만톤) 대비 37% 감축으 로 확정, 2015. 6. 30. 관계부처 합동, 2030년 국가 온실가스 감축목표 달성을 위한 기본 로드맵 수정안, 2018. 7.

전혀 상향된 목표를 제시하고 있지 않은 것이다.

이러한 점을 고려하여 위 NDC에는 2025년 이전에 2030 목표 상향을 적극적으로 검토할 것을 명시하였고, 실제로 2021. 12. 23. 2030년까지 온실가스 배출량을 2018년 대비 40%(7억 2760만 톤) 감축하기로 하는 내용의 상향된 개정 NDC가 유엔기후변화협약 사무국에 제출되었다.[37]

위 NDC에 따르면, 탄소중립기본법 시행, 탄소중립위원회 운영, 재정 지원 등을 통해 발전, 산업, 건물, 수송, 농업, 폐기물, 탄소흡수원 등 전 부문에서 탄소감축 노력을 시행할 것이다. 특히, 한국은 배출권거래제도를 시행하고 있고 국가 온실가스 배출량의 73.5%가 동 제도의 규제를 받는 바, 제3차 배출권거래제 기본계획은 2030년 국가 온실가스 감축목표 달성에 기여할 것을 목표로 규정하고 있고 할당의 범위도 넓어졌다는 점 등을 설명하고 있다.

한편, 제출된 장기저탄소발전전략(LEDS)에 따르면, 한국이 제시하는 2050 탄소중립의 5대 기본 방안은 ① 깨끗하게 생산된 전기·수소의 활용 확대, ② 에너지 효율의 혁신적인 향상, ③ 탄소 제거 등 미래기술의 상용화, ④ 순환경제 확대로 산업의 지속가능성 제고, ⑤ 탄소 흡수 수단 강화이다. 또한 2017년 기준 국가 온실가스 총 배출량의 36%를 차지하는 에너지 공급 부문, 37%를 차지하는 산업부문, 14%를 차지하는 수송부문, 기타 건물, 폐기물, 농축수산 부문에 대한 탄소감축 비전과 전략이 제시되어 있다.[38]

---

37) 외교부·환경부, 상향된 '2030 국가 온실가스 감축목표(NDC)' 유엔기후변화협약 사무국 제출, 2021. 12. 23.
38) 대한민국 정부, 지속가능한 녹색사회 실현을 위한 대한민국 2050 탄소중립 전략, 2020. 12., 7-10면

다. 환경부 2021 탄소중립 이행계획

환경부는 2050년 탄소중립을 위해 정부 정책에 대한 명확한 방향성을 제시하기 위하여, 2021 탄소중립 이행계획을 발표하였다. 위 계획에 따르면, 환경부 소관업무에 대한 탄소중립 이행을 위한 12대 과제와, 제도적 기반강화를 위한 정책은 다음과 같다.

[표 12-4] 환경부 2021 탄소중립 이행계획

경제구조의 저탄소화	新유망 저탄소 산업기술 생태계 조성	기후위기 적응 및 공정 전환
■ 에너지 전환 ■ 탈탄소 산업구조 ■ 미래 모빌리티 ■ 탄소중립 도시·건물 ■ 흡수원 관리 ■ 폐기물 제로 순환경제 ■ 농축산·식품 부문 관리	■ 신유망 산업 ■ 혁신생태계 저변 ■ 녹색기술 혁신	■ 기후위기 적응 ■ 취약산업·계층 보호 ■ 지역공동체 중심 ■ 기후탄력성 강화
제도적 기반 강화		
■ 2050 탄소중립 시나리오 마련 및 NDC 상향 ■ 기후변화영향평가 도입 및 기후대응기금 조성 추진 ■ 탄소중립을 위한 인식 제고·교육 강화 ■ 탄소중립 글로벌 리더십 제고		

경제구조의 저탄소화 부문 중 '탈탄소 산업구조' 부문은 배출권거래제의 범위 확대와 개선에 대한 계획을 담고 있어 자세히 살펴 보기로 한다. 탈탄소 산업구조 부문은 아래와 같이 6개의 세부 이행계획으로 구성되어 있다.

첫째, 배출권거래제 대상기업에 대한 탄소감축 지원사업을 확대한다. 온실가스 감축효과가 검증된 설비나 신재생에너지 시설 등 할당업체 설비전환과, 맞춤형 감축방안을 제시하는 탄소중립 컨설팅 등 지원을 확대하는 것이다.

둘째, 배출권거래제 탄소배출량 측정·관리체계 지원이다. 업체의 여건을 반영한 사업장 고유 배출량 산정방법(Tier 3)의 개발을 지원하기 위하여 2021 년 동안 시범적으로 10개 회사에 13.7억 원을 투입하여 지원하고, 배출량이 수시로 변동되는 반도체, 디스플레이 업종에 ICT 기술을 접목한 온실가스 실시간 측정방법(Tier4)을 개발, 보급한다.

셋째, 중소규모 배출원에 대한 목표관리제를 강화한다. 배출량이 할당대 상업체에 미치지 못하는 업체들은 목표관리제의 적용을 받는데, 목표관리제 상 계획기간을 1년에서 3년으로 연장하여 국가 온실가스 감축목표와 연동하여 체계적인 목표를 부여하고, 미준수업체에 대한 제재 및 목표 초과달성에 대한 인센티브를 확대할 예정이다.

넷째, 통합허가제도를 활용하여 저탄소 전환을 촉진한다. 2017년 시행된 환경오염시설의 통합관리에 관한 법률에 따르면 오염물질 배출량이 일정량 이상인 특정 업종의 사업장은 대기환경보전법, 물환경보전법, 토양환경보전법, 폐기물관리법 등 여러 환경법률상 허가를 통합하여 받아야 하는바, 위 법률상 허가검토 과정에서 온실가스 저감 기법을 적극 반영함으로써 탄소저감을 유도하겠다는 것이다.

다섯째, 불소계 온실가스 종합대책을 마련하여 불소계 온실가스 관리를 강화하는 것이다. 냉매의 경우 냉매 관리 의무 대상시설을 확대하고 냉매 유통 추적관리 시스템을 통해 냉매 누출을 최소화하며, 비냉매의 경우 라벨링 체계 등 신규 관리체계를 도입한다.

여섯째, 2021년 하반기에 배출권거래제 기술혁신·이행 로드맵을 수립하여, 우리나라 온실가스 배출량의 73.5%를 담당하고 있는 배출권거래제의 기능강화 및 기술혁신 로드맵을 마련한다.

라. 배출권거래제도의 제3차 계획기간 운영계획

한국판 그린뉴딜은 그 자체로는 탄소중립 이행계획을 이유로 배출권거래제의 적용범위를 더욱 넓히거나 온실가스 감축목표를 상향시키는 것을 예정하고 있지는 않았다. 그러나 현재 정책운영상 그린뉴딜과 탄소중립이 통합적으로 이루어지고 있으므로, 배출권거래제 대상기업에 대한 탄소감축 지원사업 확대 등 정책 역시 한국판 그린뉴딜의 일환으로 볼 수 있을 것이다.

한국은 「온실가스 배출권의 할당 및 거래에 관한 법률」(이하 '배출권거래법')을 제정하고 2015년부터 배출권거래제를 시행해오고 있는바, 2021. 12. 28.자 2022년 정무보고에 따르면 배출권거래제 강화에 따라 2018년부터 2020년까지 탄소배출량 5천 700만 톤 가량이 감축되었다. 위 법률에 따르면, 정부는 10년을 단위로 하여 5년마다 배출권거래제에 관한 중장기 정책목표와 기본방향을 정하는 배출권거래제 기본계획을 수립하고(제4조), 계획기간 시작 6개월 전까지 해당 계획기간에 대한 국가 배출권 할당계획을 수립해야 한다(제5조).

이에 환경부는 2019. 12. 30. 제3차 배출권거래제 기본계획을 수립하고, 2020. 9. 29. 제3차 계획기간(2021~2025) 국가 배출권 할당계획을 확정하여 시행하고 있다. 위와 같은 할당계획에 2050년 탄소중립 또는 한국판 그린뉴딜 2.0의 취지가 명확히 반영되어 있지는 아니하다. 그러나 위 기본계획에 따르면, 제3차 계획기간은 배출권거래제의 실효성 강화 및 형평성 제고, 시장기능 강화, 감축투자 기반 구축 등을 주요 목표로 하고 있는 반면, 제4차 계획기간에는 2030 국가 감축 목표 달성을 위해 총력을 경주할 것을 예정하고 있는 바, 탄소중립을 위한 중간 목표인 2030 감축목표는 반영되어 있음을 확인할 수 있다. 그런데 위 기본계획은 개정 NDC상 상향된 감축목표를 반영하고 있지 아니한 바, 그에 따라 마련된 할당계획상 배출허용총량 역시 기존

감축목표를 기준으로 수립되어 있는 상황이다.

한편, 제3차 계획기간 할당계획에는 제2차 계획기간(2018~2020)에 비해 탄소감축을 위한 규제강화가 반영되어 있으므로 본 항에서 주요한 변동내용을 살펴보도록 한다.

배출권거래제가 적용되는 6개 부문(전환, 산업, 수송, 건물, 폐기물, 공공·기타)은 그대로 유지되나, 적용대상 업종이 11개 추가되고 4개가 제외되어[39] 총 69개가 되고, 할당대상업체는 96개 늘어나 685개 업체로 확대되었다. 또한 유상할당의 비중이 제2차 계획기간의 3%에서 10%로 증가하였는바, 유상할당 대상인 41개 업종에 대해서는 90%만 무상할당을 하는 한편 무역집약도가 높은 업체 또는 지자체, 학교, 병원 등에 대해서는 100% 무상할당을 하도록 예외를 두었다.

배출권 할당 방식은 실질적 형평성 제고 및 감축투자 유도를 위해 BM(Benchmark) 방식을 확대하여, 사업장·공정·시설 등에서 생산·제공하는 제품·용역에 따른 배출량이 명확히 구분·비교되는 경우에는 그 제품생산량 또는 용역량 대비 배출량을 기준으로 하여 제품 BM을, 제지·목재 업계에 대해서는 열·연료 사용량 대비 배출량을 기준으로 하여 열·연료 BM을 적용한다. 다만 그 외의 업체에 대해서는 기존과 같이 GF(Grandfathering) 방식을 적용한다.

---

39) 추가 편입된 업종은 다음과 같다(괄호 안은 KSIC 코드, 이하 같음): 토사석광업(071), 기타 섬유제품 제조업(139), 기타 비금속 광물제품 제조업(239), 사진장비 및 광학 기기 제조업(273), 전동기, 발전기 및 전기 변환·공급·제어 장치 제조업(281), 해체, 선별 및 원료 재생업(383), 건물 건설업(411), 철도 운송업(491), 육상 여객 운송업(492), 도로 화물 운송업(493), 해상 운송업(501). 삭제된 업종은 다음과 같다: 가정용 기기 제조업(285), 기타 운송 관련 서비스업(529), 보험업(651), 사회 및 산업정책 행정(842)

배출권을 보유한 자는 주무관청의 승인을 받아 다음 이행연도 또는 다음 계획기간의 최초 이행연도로 이월할 수 있는데(배출권거래법 제28조 제1항), 제3차 계획기간 할당계획에서는 잉여 배출권이 계속해서 이월되어 온실가스 감축 동기가 저해되는 것을 막기 위하여 이에 제한을 두었다. 제1, 2차 이행연도의 배출권을 각 제2, 3차 이행연도로 이월하는 경우 배출권의 순 매도량(매도량 - 매수량)의 2배, 제3, 4차 이행연도의 배출권을 각 제4, 5차 이행연도로 이월하는 경우 순매도량 만큼만, 제5차 이행연도의 배출권을 제4차 계획기간 제1차 이행연도로 이월하는 경우 제3차 계획기간의 연평균 순매도량 만큼만 이월이 가능하다.

3. 관련 법률 정비 현황

가. 기후위기 대응을 위한 탄소중립·녹색성장 기본법 (이하 "탄소중립 기본법") 제정

그린뉴딜 및 탄소중립과 관련하여, 국회에서는 「탈탄소사회로의 정의로운 전환을 위한 그린뉴딜정책 특별법안」, 「기후위기 대응을 위한 탈탄소사회 이행 기본법안」, 「기후위기대응법안」, 「기후위기 대응 기본법안」, 「기후위기 대응과 정의로운 녹색전환을 위한 기본법안」, 「탄소중립 녹색성장 기본법안」, 「기후위기 대응 및 탄소중립 이행에 관한 기본법안」, 「정의로운 전환기금 설치에 관한 법률안」 등 다수의 법률안이 발의되었다. 위 각 법률은 2021. 5. 24.부터 환경법안심사소위에 상정되어 논의되었으며, 환경노동위원회는 2021. 8. 19. 전체회의를 열어 위 각 법률에 대한 심사결과를 종합한 「기후위기 대응을 위한 탄소중립·녹색성장 기본법안」을 의결하였다.[40]

탄소중립 기본법은 2021. 9. 24. 제정되어 2022. 3. 25. 시행될 예정인 바,

---

40) 대한민국 국회 보도자료, 국회 환노위 「기후위기 대응을 위한 탄소중립·녹색성장 기본법안」 제정, 2021. 8. 19.

2050년 탄소중립 목표를 규정하고(제7조), 2030년까지 온실가스 배출량을 2018년 대비 35% 이상의 범위 내에서 대통령령으로 정하는 비율만큼 감축하도록 명시하며(제8조), 탄소중립사회로의 이행을 위한 정책수단 마련(제23조 내지 제36조) 및 그 재정적 기반으로서의 기후대응기금을 신설(안 제69조 내지 제74조)하는 내용을 담고 있다.

나. 탄소중립 이행을 위한 기타 법률 개정

(1) 산업집적활성화 및 공장설립에 관한 법률(이하 "산업집적법") 개정

산업집적법은 2020. 12. 8. 일부개정되었는바, 위 개정에 따라 스마트그린산업단지의 개념 및 사업추진체계 등이 명문화되고 단지 지정에 따른 지원정책을 수립할 수 있는 법적 근거가 마련되었다.

스마트그린산업단지란 입주기업체와 산업집적기반시설·산업기반시설 및 공공시설 등의 디지털화, 에너지 자립 및 친환경화를 추진하는 산업단지로서(산업집적법 제2조 제14호의2), 스마트그린산단으로 지정된 경우 일반적인 산단에 비해 일정한 규제가 완화되는 혜택을 받는다. 구체적으로 일반 산안에서는 전체 산업단지 면적의 10%까지 실시할 수 있는 산업단지구조고도화 사업을 30%까지 계획할 수 있고(산업집적법 제45조의2, 제45조의16 제1항). 일정지역에 대해 지식기반산업집적지구를 우선승인할 수 있으며, 입주가능시설 및 부대시설의 제한이 완화된다(산업집적법 제45조의16 제2항, 제3항).

(2) 신에너지 및 재생에너지 개발·이용·보급 촉진법(이하 "신재생에너지법") 개정

현행 신재생에너지법은 공급의무자의 신재생에너지 의무공급량을 총 전력생산량의 10% 이내의 범위에서 연도별로 대통령령으로 정하도록 규정하고 있다(신재생에너지법 제12조의5 제2항). 위 의무공급량 비율은 2022. 1. 4. 전까지는 2021년 9%, 2022년 10%, 2023년 이후 10%였다(신재생에너지법 시행령 제18조의4 제1항 [별표 3]).

그런데 2030년까지 재생에너지 비중을 20%로 끌어올리는 '재생에너지 3020 정책'의 실효적인 추진을 위해서는 위와 같은 상한을 높일 필요가 있다는 인식 하에, 산업통상자원부는 신재생에너지법 일부 개정을 통해 위 비율의 상한을 25%로 상향하였고, 위 개정법률안은 공포 후 6개월 후인 2021. 10. 21. 시행되었다.

이러한 법률개정으로 인해, 시행령상 구체적인 RPS 비율 역시 2022년 12.5%, 2023년 14.5%, 2024년 17.0%, 2025년 20.5%, 2026년 이후 25.0%로 상향되었다.

(3) 전기사업법 개정

최근 주요 글로벌 기업들이 기업 활동에 필요한 전력의 100%를 재생에너지로 공급하겠다는 RE100 캠페인에 가입하고 있고 이러한 기업들은 협력업체에도 재생에너지를 사용할 것을 요구하고 있으나, 한국의 경우 재생에너지만을 골라 구매하는 것이 불가능하므로 스스로 재생에너지를 생산하는 경우 외에는 RE100에 동참할 수 없었다. 현재 한국의 전력시장은 동일인에게 두 종류 이상의 전기사업(발전사업·송전사업·배전사업·전기판매사업 및 구역전기사업)을 허가할 수 없고, 전력거래는 전력거래소가 개설한 전력시장에서만 이루어지도록 하며, 전기사용자는 전력시장에서 전력을 직접 구매할 수 없기 때문이다.

이에 산업통상자원부는 전기사업법의 일부 개정을 통해 재생에너지전기공급사업을 겸업이 가능한 전기신사업의 한 종류로 추가하여 기업이 재생에너지전기공급사업자와의 자율적인 전력구매계약을 통해서 재생에너지 전기를 사용할 수 있도록 근거를 마련하였는바, 이러한 개정법률은 2021. 10. 21. 부터 시행되었다.

개정법률을 구체적으로 살펴 보면, 재생에너지 전기공급 사업을 '전기신사업'에 추가하고, 재생에너지를 이용하여 생산한 전기를 전기사용자에게 공급하는 것을 주된 목적으로 하는 사업을 '재생에너지전기공급사업'으로 정의하였다(전기사업법 제2조 제12호의2, 제12호의8). 이러한 재생에너지전기공급사업자는 정당한 사유 없이 전기공급을 거부하여서는 아니되지만, 재생에너지를 이용하여 생산한 전기를 전력시장을 거치지 아니하고 전기사용자에게 공급할 수 있으며, 이 때 요금과 기타 공급조건을 협의하여 계약할 수 있다(전기사업법 제14조, 제16조의5).

한편, 발전사업자 및 전기판매업자는 전력시장에서 전력거래를 해야 하나 대통령령으로 정하는 일정한 경우에는 예외가 인정되는데, 전기사업법은 2021. 1. 12. 시행령 일부개정을 통해 일정한 요건을 갖춘 신재생에너지발전사업자가 1천kW 초과의 발전설비용량을 이용하여 생산한 전력을 전기판매업자에게 공급하고 전기판매사업자가 이를 일정한 요건을 갖춘 전기사용자에게 공급하는 경우를 위와 같은 예외사유로 추가하였다(전기사업법 시행령 제19조 제1항 제3호). 이에 따라 1천kW를 넘는 전력을 공급하는 경우, 일정한 전기사용자에 대해서는 전력시장을 거치지 않고 전기 공급이 가능하다.

(4) 수소경제 육성 및 수소 안전관리에 관한 법률(이하 "수소법") 제정, 시행

한국은 탄소배출량 감축을 위해 2019. 1. 수소경제 활성화 로드맵을 발표하고, 수소를 에너지원으로 사용하는 수소경제로의 전환을 위해 수소법을 제정하여, 2021. 2. 5. 시행하였다. 수소법은 수소경제 이행을 위해 기본계획 수립, 행정적·재정적 지원을 통한 수소전문기업 육성, 수소연료공급시설 설치, 수소경제 이행을 위한 기반 조성 등을 규정하고 있다. 또한 정부는 2050 탄소중립 달성을 위해 청정수소 활용을 의무화하는 방안을 추진하기 위한 수소법령개정을 논의 중이다.

Ⅳ. 유럽 기후정책이 한국에 주는 시사점

1. 한국의 국가 온실가스 배출량 감축 현황

한국의 온실가스 배출량은 1990년부터 1997년까지는 연평균 8.1%의 가파른 증가추세를 보였고, 2000년대에도 IMF 이후 경기회복에 따라 온실가스 배출량이 증가하는 경향을 보였으나, 2013년 이후에는 크게 증감하지 않고 안정적인 배출추세를 유지하고 있다.[41]

환경부가 2021. 6. 9. 발표한 바에 따르면, 2020년 온실가스 잠정 배출량은 전년도보다 5,100만 톤이 감소한 6억 4,860만 톤으로, 이러한 수치는 전년 잠정치 대비 7.3%, 현재까지 최정점을 기록했던 2018년의 7억 2,760만 톤 대비 10.9% 감소한 것이기는 하다.[42] 그러나 감소세가 장기간 계속되고 있다고 보기는 어려워 보인다.

분야별로 살펴보면 에너지 분야와 산업공정 분야가 전년 대비 각각 7.8%, 7.1% 감소한 것으로 추정되었는데, 주요 감소 부문은 발전·열생산, 수송, 화학, 철강이다. 한편, 가정 및 축산 부문은 전년 대비 증가하였다. 또한 온국내 총생산(GDP) 대비 배출량 및 인구당 온실가스 배출량 역시 감소한 것으

---

41) 대한민국 정부, 지속가능한 녹색사회 실현을 위한 대한민국 2050 탄소중립 전략, 28, 29면
42) 환경부 보도자료, 온실가스 배출량 2018년 이후 2년 연속 감소 예상, 2021. 6. 9.

로 분석되었는데, 이러한 개선은 미세먼지·기후변화 대응을 위한 석탄발전 감소, 배출권거래제 등으로 온실가스 배출량이 7.3% 줄어들었기 때문으로 분석된다.

2. 탄소감축 목표 명확화 필요성

유럽 그린딜 및 유럽기후법은 2030년까지 1990년 대비 55% 감축이라는 중간 목표와, 2050년까지 탄소중립을 달성한다는 장기 목표를 명시적으로 제시하고 있다. EU의 경우 1990년부터 이미 탄소배출량이 꾸준히 감소해왔으나 사회경제적인 구조적 전환을 통해 감소의 폭을 더 늘리기 위하여 위와 같은 상향된 목표를 제시한 것이다.[43]

반면, 한국은 기존 NDC에 '2030년까지 2017년 배출량 7억 910만 톤 대비 24.4%를 감축하고 2025년 이전까지 감축목표를 상향하기 위한 적극적인 검토'를 한다는 목표를 제시하여 제출하였다. 위와 같은 중간목표는 기존 목표

<'15 ~ '20년 온실가스 총배출량 추이>

(단위 : 백만톤 CO2eq.)

구분	확정				잠정*	
	'15년	'16년	'17년	'18년	'19년*	'20년*
총배출량 (전년 대비 증감률)	692.5	693.5 (0.1%)	709.7 (2.3%)	727.6 (2.5%)	699.5 (-3.9%)	648.6 (-7.3%)
에너지	600.7	602.7 (0.3%)	615.7 (2.2%)	632.4 (2.7%)	611.2 (-3.3%)	563.7 (-7.8%)
산업공정	54.3	53.2 (-1.9%)	55.9 (5.1%)	57.0 (1.9%)	51.0 (-10.5%)	47.4 (-7.1%)
농업	21.0	20.8 (-0.8%)	21.0 (0.7%)	21.2 (1.1%)	21.0 (-0.8%)	21.3 (1.2%)
폐기물	16.6	16.8 (1.7%)	17.2 (2.2%)	17.1 (-0.7%)	16.3 (-4.5%)	16.3 (-0.1%)

43) 장영욱·오태현, 2021 (전게각주 13) 10, 11면

인 2030년 BAU 대비 37% 감축과 동일한 수준이고, 감축목표 상향을 위한 뚜렷한 방안도 제시되어 있지 않았다. 그러나 상향된 목표를 규정한 개정 NDC에 따르면, 2030년까지 온실가스 배출량을 2018년 대비 40% 감소시킨다고 하므로, 기존 탄소감축목표에 비해서는 상향된 목표가 수립되었다고 볼 수 있다.

그 외에 한국판 뉴딜 2.0 및 관련 정책목표상으로도 '2050년 탄소중립을 달성'한다거나 'NDC 목표를 달성'한다는 등으로만 기재되어 있어, 구체적인 감축목표를 명확히 하고 있다고 보기 어렵다. 이는 향후 NDC의 수정을 통한 감축목표 상향을 염두에 둔 것으로 선해할 수 있으나, 2050년 탄소중립이라는 장기적 목표달성을 위해 중간목표를 명확히 하고 구체적인 감축방안을 제시할 필요가 있다.

3. 배출권거래제의 강화 및 개선

한국은 개정 NDC를 통해 상향된 탄소배출감축목표를 수립하였으나, 제3차 배출권거래제 기본계획은 제3차 계획기간의 배출허용총량은 기존 로드맵에 따라 배출허용총량을 설정하도록 되어 있고, 그에 따라 제3차 계획기간 배출권 할당계획상 배출허용총량 역시 기존 NDC 목표를 기준으로 설정되어 있다.

제3차 계획기간이 종료되는 2025년까지의 배출량 할당을 감소시키는 것은 정책의 기대가능성 측면에서 바람직하지 않을 수 있다. 그러나 상향된 목표달성을 위해서는 제4차 계획기간부터는 규제 강화가 불가피할 것인바, 그로 인한 부작용을 최소화하면서도 배출량을 감축시킬 방법에 대한 사전 논의가 필요하다고 보인다.

한국의 배출권거래제는 EU ETS를 모델로 삼아 설계·운영되어 왔다. EU

ETS는 2005년부터 도입된 탄소가격제의 대표적인 정책도구로서, 세계적으로 가장 규모가 크고 장기적으로 운영되고 있는 배출권거래제이다. 따라서 배출권거래제 운영을 개선함에 있어서도 유럽 그린딜로 인한 EU ETS 강화·확대되는 내용을 참고할 수 있을 것이다.

탄소배출량 감축을 위한 대표적인 방안으로는 유상할당 비율과 적용대상 업종의 확대를 고려해볼 수 있는 바, EU ETS의 변화를 고려할 때 다음과 같은 개선이 가능할 것이다.

첫째, 유상할당 비율을 높이는 방안을 생각해볼 수 있다. 배출권가격은 온실가스 배출량과 음(-)의 관계를 가지고 있으므로,[44] 배출량 감소를 위한 정책 설계시 유상할당의 확대를 고려할 필요가 있다.

EU ETS의 경우 배출권에 대하여 전부 유상할당을 하는 것이 원칙이고, 예외적으로 탄소누출의 우려가 있는 경우 인정되던 무상할당은 단계적으로 폐지될 예정이다.[45] 한국의 경우, 기본계획상 유상할당 비중을 확대할 것을 예정하고 있음에도 제3차 계획기간에 적용되는 유상할당 비율은 10%로서 이는 우리 법이 허용하는 최소 비율에 불과하고 무상할당 제도의 축소 내지 폐지도 예정되어 있지 않다. 향후에는 산업별, 업종별 분석을 통해 유상할당 비율을 증가시키고, 전부 무상할당 업체를 축소시키는 등의 대응이 필요할 것으로 보인다.

특히 EU ETS는 3기(2013~2020년) 동안 전력부문의 경우 100% 유상할당을

---

44) 김영덕 & 한현옥, 배출권거래제 하에서의 온실가스 배출 의사결정 형태에 대한 분석, 한국기후변화학회지 11(5-2), 2020. 10., 544, 545면

45) European Commission, Revision for phase 4(2021-2030), https://ec.europa.eu/clima/policies/ets/revision_en (2022. 1. 29. 방문)

도입하였으므로,[46] 이러한 점을 참고할 필요가 있다고 생각된다. 한국의 경우 정책적으로 전기요금을 균등하게 낮은 수준으로 유지하고 있고 전력요금 변동에 대한 전기 수요자의 수용성이 매우 낮아 영업적자의 수준이 매우 심각한 편이라는 점에서, EU의 사례를 그대로 적용하기는 어려울 것이다. 그러나 현재 국가 온실가스 배출총량 중에서 에너지 부문이 차지하고 있는 비중이 압도적으로 높은 반면 발전소에서 실질적으로 배출권거래제로 인해 부담하는 비용이 매우 낮은 편이라는 점을 고려할 때, 에너지전환을 위해 석탄화력발전소의 경우 유상할당 비율을 다소 증가시키는 방안 등을 검토해볼 필요가 있다.

둘째, BM(Benchmark) 방식에 따른 배출량 산정대상 사업을 확대하는 방안이 있을 것이다. 현재 EU ETS의 경우, 배출권을 100% 무상할당하는 경우에도 GF(Grandfathering) 방식이 아니라 BM 방식에 따라 산정된 배출량에 대해서만 배출권을 무상할당한다. 이 경우 무상할당 대상 업체이더라도 해당 산업부문 내 기준업체에 비해 탄소배출량이 많은 경우, 그 초과분에 대해서는 배출권을 구매·제출해야 한다. 반면 한국은 제3차 계획기간 동안에는 제지, 목재 업계를 제외하면 제품·용역에 따른 배출량이 명확히 구분·비교되는 경우에만 한정적으로 해당 방식이 적용된다. 그러나 녹색경제·녹색사회로의 전환을 위해서는 민간부문의 탄소감축 노력이 필요한바, BM방식의 적용을 확대할 필요가 있다고 보인다.

이 때 BM방식은 기술의 발전을 반영하여 그 산정방식을 주기적으로 개선해야 하는 바, EU집행위의 경우 EU ETS상 BM 갱신 3년 전에 갱신에 대한 방향을 결정하였다. 이러한 점을 고려하여, 국내에서도 사전에 갱신 주기와 방법에 대한 규칙을 마련할 필요가 있을 것이다.[47]

---

46) European Commission, EU Emissions Trading System(EU ETS), https://ec.europa.eu/
    clima/policies/ets_en (2022. 1. 29. 방문)

셋째, 교통 및 건물에 대한 배출권거래제의 확대적용 방안이다. EU는 Fit for 55를 통해 EU ETS를 항공, 해운 및 육로교통에 대해 확대적용한다는 방침을 밝혔다. 한국의 경우 제3차 계획기간 할당계획상 배출권거래제 적용부문에 철도 운송업, 육상 여객 운송업, 도로 화물 운송업, 해상 여객 운송업을 포함시켰으나, 대부분의 업종이 무상할당 대상 업종으로 지정되었다. 일반적인 육로교통의 경우 교통수단이 전국에 산재해있어 직접적인 탄소감축 정책이 어려울 수 있으나, 전력에 대한 간접배출제도가 도입된 것과 같이 운송연료 공급자에게 배출권거래제를 적용하여 최종 소비자에게 비용을 전가하는 방안 등을 검토해볼 필요가 있을 것이다.

4. EU CBAM 도입에 대한 대응

EU CBAM은 고탄소 수입품목에 대한 추가 관세로서 EU 영내 산업 보호를 위한 무역장벽에 해당한다는 비판을 받고 있다. 한국 역시 EU가 탄소국경조정제도를 설계함에 있어 WTO 규범에 합치하게 설계해야 하고 불필요한 무역장벽으로 작용하게 해서는 안되며, 각국의 탄소중립 정책 반영이 필요하다는 입장을 견지해 왔다.[48]

관련 연구에 따르면, CBAM이 모든 수입에 대하여 적용된다면 수입에 내재된 배출량 규모가 크고 배출 집약도가 높을수록 관세율 추정치가 높아지는 경향을 보였는바, 한국의 경우 약 1.9%의 관세율을 적용받는 것과 같은 수준의 비용을 감딩해야 할 것으로 예상된다.[49] 산업통상자원부가 EU CBAM

---

47) 손인성 & 김동구, EU ETS 4기의 주요 제도 설계가 향후 국내 배출권거래제 운영에 미칠 영향 분석, **자원·환경경제연구** 제30권 제1호, 2021. 155면

48) 산업통상자원부, 산업부 유럽연합(EU) 「탄소국경조정제도」 영향 긴급 점검, 2021. 7. 15., 2면

49) 문진영·오수현·박영석·이성희·김은미, 국제사회의 온실가스 감축목표 상향과 한국의 대응방안, KIEP 정책연구 브리핑, 대외경제정책연구원, 2021. 7. 5., 7, 8면

법안의 발표에 따라 시행한 긴급점검에 따르면, EU가 도입하는 CBAM과 관련하여 국내 철강, 시멘트, 비료, 알루미늄, 전기 중 철강, 알루미늄 기업이 영향권에 있는 것으로 파악되고, 그 중에서도 철강 산업에 미치는 영향이 클 것으로 전망된다.[50) 따라서 이러한 EU CBAM의 도입에 적극적으로 대응할 필요가 있다.

CBAM 법안에 따르면, 제품 생산국에서 이미 탄소가격을 지불한 경우에는 제출해야 하는 CBAM 인증서의 수에서 해당 가격을 제외할 수 있고, 이러한 탄소가격과의 상쇄와 관련하여, EU는 타 국가와 협약을 체결하는 것을 고려할 수 있다(Article 2(12), 9).

따라서 CBAM 법안 Article 9에 따른 감면을 받을 수 있는 요건을 확인하고, 필요한 경우 관련 협약을 체결하여 CBAM 제도 시행시 발생하는 충격을 최대한 완화할 필요가 있다. 배출권거래법상 할당대상업체들은 국내 배출권거래법에 따라 모니터링 계획서 및 명세서를 작성하고 제3자의 검증을 받도록 되어 있으나, 한국 내에서 이루어지는 온실가스 배출량의 MRV(Monitoring, Reporting, Verifying) 절차가 EU에서도 그대로 인정될 수 있을지는 다소 불

---

50) 산업통상자원부 (전게 각주 48).

〈EU 탄소국경조정제도 대상품목 對EU 수출 현황〉

(단위 : 백만불, 톤)

품목	2018		2019		2020	
	금액	물량	금액	물량	금액	물량
철·철강	2,485	2,946,121	2,124	2,783,801	1,523	2,213,680
알루미늄	110	30,652	155	46,892	186	52,658
비료	1	957	1	8,005	2	9,214
시멘트	0	73	0	24	0	80
전기	0	0	0	0	0	0

(출처 : 한국무역협회 통계자료, 2021년 기준)

분명한 바, EU와 협약 체결시 위와 같은 내용도 함께 포함되도록 해야 할 것이다.

또한, 환율 및 산업구조의 차이로 인해 발생하는 배출권 가격 차이를 상쇄하는 방안이 가능한지에 대한 검토도 필요할 것으로 보인다.

한편, 한국 배출권거래시장의 KAU 가격이 EU ETS와 비슷한 수준을 유지하는 경우 사업자가 CBAM에 따라 부담해야 하는 금액은 감소하므로, 국부 유출을 방지하기 위해서는 EU와 비슷한 수준의 배출권가격을 유지할 수 있도록 온실가스 감축목표를 상향시킬 필요가 있다는 견해도 있다.[51] 이러한 견해 역시 탄소중립 정책을 도입함에 있어 고려가 필요한바, 구체적인 실행은 위 3.항에서 살펴본 바와 같은 제도 강화를 통해 이루어져야 할 것이다.

5. 탄소중립 목표를 반영한 관련 법률의 정비

관련 정책목표에 탄소중립에 대한 명확한 목표를 제시함에 더하여, 유럽기후법과 같이 법률상 2050년 탄소중립 및 탄소감축목표를 법제화하는 것이 바람직하다. 실제로 국내에서는 탄소중립기본법이 제정되었다. 그런데 유럽기후법은 일종의 기본법적 법률로서 분야별 감축목표를 정하는 것에 그친 반면, 탄소중립기본법은 기후변화와 관련하여 보다 구체적인 제도를 예정하고 있다.

한국은 과거에 이미 저탄소 녹색성장의 기반을 조성하고 녹색기술과 녹색산업을 새로운 성장동력으로 활용하기 위한 기본법으로서 저탄소 녹색성장 기본법(이하 "녹색성장법")을 제정하고, 지속가능한 발전의 이룩을 위한

---

51) 제2차 환경노동위원회 소위원회 회의록, 2021. 7. 20. 3면

지속가능발전법, 신재생에너지로의 전환을 천명하고 있는 에너지법 등을 두고 있었으므로(이하 합하여 "기존 법률"), 한국판 그린뉴딜의 목표를 법제화하는 방식에 대해서도 신중한 검토가 필요하다.

탄소중립기본법은 녹색성장법을 폐지하도록 규정하고 있는 바(부칙 제2조), 해당 법률은 상당부분 녹색성장법의 내용을 흡수·보완한 것으로 이해된다. 그런데 기존 녹색성장법에 대해서는 녹색경제·녹색산업, 녹색생활, 지속가능한 발전 등에 대한 조문이 포함되어 있는데 관련 분야를 아우르는 범부처적인 기본법을 제정하는 것이 적절한지에 대한 의문이 지속적으로 제기되어 왔고,52) 특히 지속가능발전법과의 관계가 정립되지 않았다는 문제가 있는바,53) 녹색성장법을 대체하는 탄소중립기본법 역시 동일한 비판을 피하기는 어려워 보인다.

또한, 탄소감축목표 및 기후변화대응 방안을 법제화하기 위하여 기존 법률과 신규 법률인 탄소중립기본법이 이원적으로 존재하는 상황에서, 탄소배출 감축 및 지속가능한 발전 추구라는 공통의 목표를 가지고 있다는 특성상 중첩되는 모호한 부분이 있을 수밖에 없다. 이 경우 어떤 법을 우선 적용해야 하는지의 문제가 발생할 수 있다.

더욱이 탄소중립법은 기존 법률의 내용뿐만 아니라 기후변화 대응 및 적응, 사회안전망 구축, 녹색경제 및 녹색산업의 육성 등 다양한 분야와 주제를 아우르는 내용을 담고 있는 법률로서, 에너지기본법·지속가능발전법 등 타 법률과의 관계에 대해 추가적인 검토가 필요할 것이다.

---

52) 이준서, 에너지전환 정책의 현황과 쟁점, **환경법연구** 제42권 2호, 2020., 118-120면.
53) 김현준, 저탄소 녹색성장 기본법의 법적 성질 및 다른 법률과의 관계, **공법연구** 제39권 제2호, 2010, 508면.

V. 결론

2050년 탄소중립과 관련하여 EU와 한국의 최신 정책동향 및 입법현황을 살펴보았다. EU는 2050년 탄소중립을 목표로 에너지, 산업 및 순환경제, 건축, 수송, 친환경 농식품, 생물다양성 관련 정책을 제시한 유럽 그린딜을 시작으로, 유럽기후법을 통해 2030년까지 탄소배출량을 1990년 대비 55%까지 감축하고, 2050년까지 탄소중립을 달성하여야 함을 법제화하였다. 또한 2030년까지의 탄소배출량 감축을 위한 구체적인 실행계획인 'Fit for 55' 입법패키지를 발표하여, EU ETS를 강화하고 탄소국경조정제도(CBAM, Carbon Border Adjustment Mechanism)을 도입하기로 결정하였다.

한국은 2020년 7월 한국판 뉴딜의 일부로 그린뉴딜을 발표하고 2050년 탄소중립을 선언하였으며, 또한 2030년까지의 중간목표를 2018년 대비 40% 감축으로 상향시키고, 관련 입법 역시 이루어졌다. 다만 유럽 그린딜에 비해 한국판 그린뉴딜은 탄소중립에 대해 구체적으로 명시하고 있지 아니한 바 목표를 명확히 할 필요가 있다. 또한 fit for 55에 따른 EU ETS의 강화를 참고하여 현행 배출권거래제를 강화·확대하고, EU CBAM의 도입에 대응하기 위한 긴밀한 정책논의를 할 필요가 있을 것이다. 나아가 국내 탄소중립기본법은 다른 법률과의 관계를 고려하여 추가 정비가 필요할 것이다. 다만 관련 법률 및 정책의 타당성이나 해석상 오류 등에 대해서는 추후의 연구과제로 남겨둔다.

참고문헌

제1장 그린뉴딜의 법정책학

[단행본]

몽테스키외, 『법의 정신』, 동서문화사, 1978.

앤서니 기든스, 『기후변화의 정치학』, 홍욱희 옮김, 에코리브르, 2009.

양 건, 『법사회학』, 아르케, 2004.

조홍식, 『사법통치의 정당성과 한계』, 박영사, 2010.

[논문]

안상욱 & 한희진, "프랑스 재정 및 예산분야의 기후변화 대응: 녹색국채와 녹색예산 사례," **국제지역연구** 제25권 제2호, 2021.

양천수, "법진화론의 새로운 가능성" **법철학연구** 제15권 제2호, 2012.

박지혜, "국가 온실가스 감축목표의 법적 위상과 구속력 — 新기후체제의 요청과 향후 과제를 중심으로" **환경법연구** 제42권 제2호, 2020.

박호숙, "합리적 정책결정에 있어서 정책대안의 비교·평가방법," **지방행정연구** 제3권 제1호, 1988.

하연섭, "Charles E . Lindblom의 정책연구: 정치와 시장 사이의 점증주의와 다원주의," **행정논총** 제52권 제2호, 2014.

허성욱, "정치와 법—법원의 법률해석 기능에 대한 실증적 고찰에 관하여," 서울대학교 **법학** 제46권 제2호, 2005.

Atkinson, Michael M., "Lindblom's Lament: Incrementalism and the Persistent Pull of the Status Quo," *Policy and Society,* 30, 2011.

Cary Coglianese & Jocelyn D'ambrosio, "Policymaking under pressure: The perils of incremental responses to climate change," *Connecticut Law Review,* 40(1411), 2008.

Colin S. Diver, "Policymaking Paradigms in Administrative Law," *Harvard Law Review,* 95(2), 1981.

Charles E. Lindblom, *Politics And Markets: The World's Political-economic Systems,* Basic Books, 1980.

Charles E. Lindblom, "The Science of "Muddling Through"," *Public Administration Review,* 19(2), 1959.

＿＿＿＿＿＿＿＿＿, "Still Muddling, Not Yet Through," *Public Administration Review,* 39(6), 1979.

Daniel Farber, *Eco-Pragmatism: Making Sensible Environmental Decisions in an Uncertain World,* University of Chicago Press, 1999.

Daniel Farber & Philip Frickey, *Law and Public Choice,* University of Chicago Press, 1991.

Gregory, Robert "Political Rationality or 'Incrementalism'? Charles E. Lindblom's Enduring Contribution to Public Policy Making Theory," *Policy and Politics,* 19(2), 1989.

J. Cook *et al,,* "Consensus on consensus: a synthesis of consensus estimates on human-caused global warming," *Environmental Research Letters,* 11(4), 2016.

J. B. Ruhl, "Complexity Theory As a Paradigm for the Dynamical Law-and-Society System: A Wake-Up Call for Legal Reductionism and the Modern Administrative State," *Duke Law Journal,* 45, 1996.

＿＿＿＿＿＿＿, "Law's complexity: primer," *Georgia State University Law Review,* 24(4), 2008.

＿＿＿＿＿＿＿, "Panarchy and the law," *Ecology and Society,* 17(3), 2012

J. B. Ruhl & Daniel Martin Katz, "Measuring, Monitoring, and Managing Legal Complexity," *Iowa Law Review,* 101, 2015

J. B. Ruhl & Jamse Salzman, "Climate change, dead zones, and massive problems in the administrative state: A guide for whittling away," *Vanderbilt Law Review,* 73(6), 2020.

J. B. Ruhl & Harold j Ruhl, Jr., "The Arrow of the Law in Modern Administrative States: Using Complexity Theory to Reveal the Diminishing Returns and Increasing Risks the Burgeoning of Law Poses to Society," *U.C. Davis Law Review,* 30(2), 1997.

John A. Ferejohn & Barry W. Weingast, "A Positive Theory of Statutory Interpretation," International Review of Law and Economics, 12, 1992.

John P. Dwyer, "The Pathology of Symbolic Legislation," *Ecology Law Quarterly,* 17(233), 1990.

Lee, Jae-Hyup & Woo, Jisuk, "Green New Deal Policy of South Korea: Policy Innovation for a Sustainability Transition," *Sustainability,* 12(23), 2020.

Michael C. Dorf & Charles F. Sabel, "A Constitution of Democratic Experimentalism," *Columbia Law Review*, 98(2), 1998.

Richard J. Lazarus, "Super Wicked Problems and Climate Change: Restraining the Present to Liberate the Future," *Cornell Law Review*, 94(5), 2009.

Timothy M. Lenton *et al.*, "Climate Tipping Points-Too Risky to Bet Against," *NATURE*, 575, 2019.

Weiss, Andrew & Edward Woodhouse, "Reframing Incrementalism: A Constructive Response to the Critics," *Policy Sciences*, 25(3), 1992.

[기타]

국회기후변화포럼, 기후위기 대응, 21대 국회 입법방안 공청회, 2020. 6. 26.

사단법인 선·강원대 환경법센터 공동심포지엄, 독일 연방헌법재판소 연방기후보호법 위헌 결정 자료집, 2021. 6. 9.

박기령, 그린뉴딜의 목적과 입법과제 그리고 법규범의 역할, 법연, special issue-03, 법제연구원, 2020.

_____, 기후변화 대응을 위한 기후변화영향 평가에 관한 법제연구, 기후변화법제연구, 법제연구원, 2014.

Climate Analytics, 탈탄소 사회로의 전환 :파리협정에 따른 한국의 과학 기반 배출 감축 경로, 2020.

Carbon Market Watch, The 2030 Effort Sharing Regulation, 2016.

Climate Change Committee, Local Authorities and the Sixth Carbon Budget, 2020.

IPCC, Climate Change 2013 : The Physical Science Basis, 2013.

IPCC, Global Warming of 1.5℃ Summary for policymakers, 2018.

OECD, Paris Collaborative on Green Budgeting: Climate Change and Long-term Fiscal Sustainability, 2021.

제2장 탄소중립의 시대의 차세대 전력망

환경부, "온실가스 배출량 2018년 이후 2년 연속 감소 예상," 2021.6.8.

관계부처 합동, "2050 탄소중립 시나리오안," 2021.10.18.

관계부처 합동, "2030 국가 온실가스 감축목표 상향안," 2021.10.18.

인더스트리뉴스, "태양광에너지용 한국전력 계통연계 현황과 대책," 2018.11.27.

에너지 Time 뉴스, "신재생 전력망연계 가능한 '이동형 변전소' 개발 착수,"
    2018.08.08.
전력신문, "한전, 계통안정화용 ESS 개발 추진," 2017.12.04.
한국수출입은행, "2021년 3분기 태양광 산업 동향," 2021.11.04.
뉴스로드, "[그린뉴딜②] 한국 풍력발전, 어디까지 왔나," 2020.10.14.
우리금융경영연구소 경제연구실, "글로벌 ESS 시장 전망과 시사점," 2018.4.26.
이순정, "해외 주요국의 변동성 재생에너지 수용비용 비교". 전기저널, 2020.12.17.

제3장 그린뉴딜 건축도시 에너지 생태계 진화

[단행본]

Ibrahim Dincer *et al.*, Energetic and Environmental Dimensions, Academic Press,
    2018.
Kevin B. Jones & David Zoppo, A Smarter, Greener Grid: Forging Environmental
    Progress through Smart Policies and Technologies, Praeger, 2014.
Michel Breheny, *Centrists, Decentrists and Compromisers: Views on the Future of
    Urban Form, the Compact City,* Routledge, 1996

[논문]

Andrej Adamuscin *et al.*, "The challenge for the development of Smart City Concept
    in Bratislava based on examples of smart cities of Vienna and Amsterdam,"
    EAI Endorsed Transactions on Smart Cities, 16(1), 2016
Anthony Court *et. al.*, "Using Life-Cycle Assessment to Compare Environmental
    Impacts of Structural Systems-Structural Engineers Association of California
    Sustainable Design Committee Case Study," *Sustainable Structure Symposium,*
    2014.
Colin Rowe & Robert Slutzky, "Transparency: Literal and Phenomenal," *Perspecta,* 8,
    1963.
Georgel Creamer, The Social Paradox of Zoning and Land Controls in an Expanding
    Urban Economy, *Denver Law Review,* 39(5), 1962,
Orlando Troisi *et al.*, "Covid-19 sentiments in smart cities: The role of technology
    anxiety before and during the pandemic," *Computers in Human Behavior,*
    126, 2021.

Stella Balikçi, Mendel Giezen & Rowan Arundel, "The paradox of planning the compact and green city: analyzing land-use change in Amsterdam and Brussels," *Journal of Environmental Planning and Management,* 2021.

[기타]

A European Green Deal, Striving to be the first climate-neutral continent, European Commission, 2019.

Elizabeth McDonald *et al,* "Eleven organizations urge national plan for energy-efficient buildings," Royal Architectural Institute of Canada, 2016. 8. 3.

European Union, Making Our Homes and Buildings Fit for a Greener Future, 2021. 7.

Lozzi Giacomo *et al,* "Research for TRAN Committee - COVID-19 and urban mobility: impacts and perspectives," European Parliament, Policy Department for Structural and Cohesion Policies, Brussels, 2020.

Luca Mora & Mark Deakin, "Untangling Smart Cities," From utopian dreams to innovation systems for a technology-enableed urban sustainability, Elsevier, 2019.

제4장 에너지법의 이념 및 기본 원리와 상호 작용

[단행본]

김철용, 『행정법』, 박영사, 2011.

고학수 & 허성욱, 『경제적 효율성과 법의 지배』, 박영사, 2009.

박균성 & 함태성, 『환경법』, 박영사, 2008.

이형연 & 박진상 & 이한웅, 『스마트그리드와 분산에너지원의 이해』, 에경미디어, 2015.

이재협 & 조홍식, 『스마트그리드 법정책』, 박영사, 2017.

이상돈 & 홍성수, 『법사회학』, 박영사, 2000.

조홍식, 『사법통치의 정당성과 한계』, 박영사, 2010.

조홍식, 『기후변화시대의 에너지법정책』, 박영사. 2013.

조지프 스티글리츠, 『불평등의 대가』, 열린 책들, 2013.

존 롤즈 『공정으로서의 정의: 재서술』, 이학사, 2016.

존 롤즈 『정의론』, 이학사, 2003.

칼 라렌츠 『정당한 법의 원리』, 양창수 번역, 박영사, 2008.

Adrian J. Bradbrook & Richard L. Ottinger, *Energy Law and Sustainable Development,* IUCN, 2003.

Carsten Corino, *Energy Law in Germany: and its foundations ininternational and European law,* C.H. Beck, 2003.

José Goldemberg and Thomas B. Johansson (ed.), *World Energy Assessment Overview: 2004 Update,* United Nations Development Programme, 2004.

Raphael J. Heffron, *Energy Law: An introduction,* Springer, 2015.

[논문]

김광수, "지속가능사회의 법해석과 사법", **환경법연구** 제37권 제3호, 2015.

남궁술, "형평에 대하여 - 그 역사적 조명과 아리스토텔레스的 정리 -", **법철학연구** 제8권 제2호, 2005.

류지한, "권리에 기초한 공리주의 비판", **철학논총** 제59집, 2010.

박경철, "환경법의 근본이념과 기본원칙", **강원법학** 제22권, 2006.

황계영, "지속가능발전의 개념과 법적효력에 관한검토", **환경법연구** 제39권 제3호, 2017.

박훤일 & 윤덕찬, "스마트그리드 사업과 개인정보보호 - 스마트그리드 거버넌스의 제안", **기업법연구** 제26권 제2호, 2012.

백수원, "스마트그리드 환경에서 개인정보보호를 위한 법적 과제", **과학기술법연구** 제19집 제2호, 2013.

오재호, "사회적 선택과 공리주의의 정당화", **철학논총** 제51집, 2008.

오재호, "계약론을 통한 공리주의 비판", **철학** 제112집, 2012.

윤순진, "지속가능한 발전과 21세기 에너지정책: 에너지체제 전환의 필요성과 에너지정책의 바람직한 전환방향", **한국행정학보** 제36권 제3호, 2002.

진상현, "에너지정의(energy justice)의 개념화를 위한 시론적 연구", **환경사회학연구** 제15권 1호, 2011.

정승연, "일본의 에너지정책 변화에 관한 연구: 후쿠시마 원전사고 이후를 중심으로", **세계지역연구논총** 제30집 제3호, 2012.

조홍식, "환경법 소묘 - 환경법의 원리, 실제, 방법론에 관한 실험적 고찰 -", 서울대학교 法學 제40권 제2호, 1999.

홍성방, "사회국가의 정당성", **안암법학** 제25권, 2007.

허성욱, "지속가능한 발전의 원칙에 대한 법경제학적 고찰 - 효율성과 형평성을 함께 고려하는 환경법의 일반원리로서의 가능성에 관하여 -", **환경법연구** 제27권 제4호, 2005.

허성욱, "한국에서 빅데이터를 둘러싼 법적 쟁점과 제도적 과제", **경제규제와 법**, 제 7권 제2호, 2014.

Alexandra B. Klass, "Climate Change and the Convergence of Environmental Law and Energy Law", *Fordham Environmental Law Review*, 24, 2013.

Amy J. Wildermuth, "The Next Step: The Integration of Energy Lawand Environmental Law", *Utah Environmental Law Review*, 31, 2011.

David E. Adelman and David B Spence, "Ideology vs. Interest Group Politics in U.S. Energy Policy", *North Carolina Law Review*, 95, 2017.

Hari M.Osofsky & Jacqueline Peel, "Energy Partisanship", *Emory Law Journal*, 65, 2016.

Irma S. Russel, "The Sustainability Principle in Sustainable Energy", *Tulsa Law Review*, 44, 2008.

J. B. Ruhl, "The Co-Evolution of Sustainable Development and Environmental Justice: Cooperation,then Competition, then Conflict", *Duke Environmental Law & Policy Forum*, 9, 1999.

LincolnL. Davies, "Alternative Energy and the Energy-Environment Disconnect", *Idaho Law Review*, 46, 2010.

Lincoln L. Davies, "Beyond Fukushima: Disasters, Nuclear Energy, and Energy Law", *Brigham Young University Law Review*, 2011(6), 2011.

Melissa Powers, "The Cost of Coal: Climate Change and the End of Coal as a Source of 'Cheap' Electricity", *University of Pennsylvania Journal of Business Law*, 12, 2010.

[기타]

구지선, 에너지의 보편적 공급에 관한 공법적 연구- 전기의 공급관리를 중심으로 -, 동국대학교 대학원 박사학위논문, 2012.

도현재 & 서정규, 경쟁시장 하에서의 가스공급 안정성 연구, 에너지경제연구원, 2008.

도현재 외, "21세기 에너지안보의 재조명 및 강화 방안," 에너지경제연구원, 2003.

이문지, "주요 국가의 에너지 개발법제에 관한 비교법적 연구 - 유럽각국 -," 한국법 제연구원, 2009.

안영환·오인하, "에너지부문의 기후변화 적응전략에 관한 탐색적 연구", 에너지경제 연구 제9권 제2호, 2010.

제9차 전력수급기본계획(2020-2034), 산업통상자원부, 2020.

제3차 지속가능발전 기본계획 2016~2035, 정부 관계부처 합동 자료, 2016.

제5장 바이든 행정부의 기후정책

[단행본]

Joel B. Eisen, *Advanced Introduction to Law and Renewable Energy*, Edward Elgar Publishing, 2021.

[논문]

Alexandra B. Klass & Elizabeth J. Wilson, "Interstate Transmission Challenges for Renewable Energy: A Federalism Mismatch," *Vanderbilt Law Review*, 65, 2012.

Chloe N. Kempf, "Why Did So Many Do So Little? Movement Building and Climate Change Litigation in the Time of Juliana v. United States," *Texas Law Review*, 99, 2021.

Michael C. Blumm & Mary C. Wood, ""No Ordinary Lawsuit": Climate Change, Due Process, and the Public Trust Doctrine," *American University Law Review*, 67(1), 2017.

Schwinn, Steven D. "When a Federal Appeals Court Reviews a District Court's Order Remanding a Case to State Court, Does the Appeals Court Have Jurisdiction to Review All the Grounds for Removal, or Only the Federal-Officer or Civil-Rights Grounds for Removal?: 48 Preview US Sup. Ct. Cas. 21, (2021)," *UIC Law Review*, 796, 2021.

[기타]

Coral Davenport, What Will Trump's Most Profound Legacy Be? Possibly Climate Damage, N.Y. Times, Jan. 19, 2020.

David Shepardson, U.S. electric vehicle backers say infrastructure bill falls short, Reuters, July 30, 2021,

Ishaan Tharoor, Biden sweeps away Trump's climate change denialism, Washington Post, 2021. 2. 1.

Jacob Pramuk, President Biden unveils his $2 trillion infrastructure plan - hereare the details, CNBC, Mar. 31, 2021

Jeff Brady, 'Energy Justice' Nominee Brings Activist Voice to Biden's Climate Plans, NPR, June 8, 2021.

Juliet Eilperin & Brady Dennis, Biden picks former EPA chief Gina McCarthy as White House climate czar, Wash. Post, Dec. 15, 2020.

Kelsey Snell, The Senate Approves The $1 Trillion Bipartisan Infrastructure Bill In A Historic Vote, NPR, Aug. 10, 2021.

Lauren Fox & Melanie Zanona, GOP pressure to block bipartisan infrastructure bill builds in the House, CNN, Sept. 8, 2021,

Lindsay Wise, McConnell Says '100%' of His Focus Is on Blocking Biden Agenda, WallSt. J., May 5, 2021,

Lisa Friedman, Biden Introduces His Climate Team, N.Y. Times, Dec, 19. 2020.

Rebecca Leber, The US is inching closer to passing a game-changing climate policy, Vox, Aug. 25, 2021.

Richard L. Revesz, Using the Congressional Review Act to Undo Trump-Era Rules, Bloomberg Law, Aug. 30, 2021.

Stacy Feldman & Marianne Lavelle, Donald Trump's Record on Climate Change, Inside Climate News, Jan. 2. 2020.

Statement on Acceptance of the Paris Agreement on Climate Change on Behalf of the United States, 2021 Daily Comp. Pres. Doc. 49, Jan. 20, 2021.

Third stimulus bill: The American Rescue Plan is signed into law, Vox, Feb. 3, 2021

Tony Romm, With bulk of agenda on the line, Democrats gird for battle over $3.5trillion budget plan, Washington Post, Sept. 7, 2021.

Yuka Hayashi, Biden Signs Buy American Order for Government Procurement, Wall Street Journal, 2021.1.25.

제6장 중국의 탄소중립 국가계획에 대한 법적 연구

[논문]

LI Junfeng, LI Guang, "Carbon Neutrality: opportunities and challenges for development transformation in China," *Environment and Sustainable Development*, 46(1), 2021.

[기타]

British Petroleum, Statistical Review of World Energy, 2021.

China is formulating aroadmap for carbon peak and carbon neutralization, China Economic Net, 2021. 7. 24.

LIU Zimin, the key path to achieving China's carbon neutrality goal: replace coal power with renewable energy, China Power Enterprise Management, 2020. 12. 17.

The National Energy Administration, Annual Working Conference, 2020. 12.

The People's Bank of China, China's central bank sets key tasks for 2021, 2021.

제7장 하와이의 100% 재생에너지 시스템으로의 전환과 마이크로그리드의 새로운 잠재력

[단행본]

Brown, C.B., "Financing at the Grid Edge" In Gerrard, M., Dernbach, J., (Eds) *Legal Pathways to Deep Decarbonization in the United States*, Environmental Law Institute, 2019.

Klass, A.B., "Transmission, Distribution, and Storage: Grid Integration" In Gerrard, M., Dernbach, J., (Eds.) *Legal Pathways to Deep Decarbonization in the United States*, Environmental Law Institute, 2019.

Mostert, H. & Naude, T., "State Protection of Energy Consumers: Between Human Rights and Private Sector Regulation". In *Energy Justice and Energy Law*, Oxford University Press, 2020.

Redgwell, C. & Rajamani, L., "And Justice for All? Energy Justice in International Law" In *Energy Justice and Energy Law*, Oxford University Press, 2020.

Roggenkamp, M. & Diestelmeier, L., "Energy Market Reforms in the EU: A New Focus on Energy Consumers, Energy Poverty, and Energy (in)Justice?" In *Energy Justice and Energy Law*, Oxford University Press, 2020.

Stokes, L.C., *Short Circuiting Policy: Interest Groups and the Battle over Clean Energy and Climate Policy in the American State*, Oxford University Press, 2020.

Wolsink, M., "Fair Distribution of Power Generating Capacity: Justice in Microgrids utilizing the Common Pool of Renewable Energy." In Bickerstaff, K. *et al.,* (Eds) *Energy Justice in a Changing Climate: Social Equity and Low-Carbon Energy Just Sustainabilities*, Zed Books, 2013.

Zehr, H., *The Little Book of Restorative Justice; Revised and Updated,* Good Books, 2014.

[논문]

Aghahosseini, A. *et al.,* "Analysing the feasibility of powering the Americas with renewable energy and inter-regional grid interconnections by 2030," *Renew. Sustain. Energy Rev.,* 105, 2019.

Aghahosseini, A. *et al.,* "Techno-Economic Study of an Entirely Renewable Energy-Based Power Supply for North America for 2030 Conditions," *Energies,* 10, 2017.

Anderson, K. *et al.,* "Quantifying and Monetizing Renewable Energy Resiliency". Sustainability, 10, 2018.

Banerjee, A. *et al.,* "Renewable, ethical? Assessing the energy justice potential of renewable electricity." *AIMS Energy,* 5, 2017.

Bertheau, P. *et al.,* "Visualizing National Electrification Scenarios for Sub-Saharan African Countries." *Energies,* 10, 2017.

Bilich, A. Langham, K. *et al.,* "Life Cycle Assessment of Solar Photovoltaic Microgrid Systems in Off-Grid Communities," *Environmental Science & Technology,* 51, 2016.

Bischoping, G.T., "Providing Optimal Value to Energy Consumers through Microgrids," *University of Pennsylvania Journal of Law and Public Affairs,* 4, 2018.

Blanco, H. & Faaij, A., "A review at the role of storage in energy systems with a focus on Power to Gas and long-term storage," *Renew. Sustain. Energy Rev.,* 81, 2018.

Bogdanov, D., Breyer, C., "North-East Asian Super Grid for 100% renewable energy supply: Optimal mix of energy technologies for electricity, gas and heat supply options," *Energy Convers. Manag.,* 112, 2016.

Bronin, S., "Curbing Energy Sprawl with Microgrids," *Conn. Law Rev.,* 43, 2010.

Brown, T., *et al.,* "Response to 'Burden of proof: A comprehensive review of the feasibility of 100% renewable-electricity systems'," Renew. Sustain. Energy Rev., 92 2018.

Canaan, B. *et al.,* "Microgrid Cyber-Security: Review and Challenges toward Resilience," *Appl. Sci.,* 10, 2020.

Carley, S. & Konisky, D.M., "The justice and equity implications of the clean energy transition," *Nat. Energy,* 5, 2020.

Ceseña, E.A.M. *et al.,* "Techno-economic and business case assessment of multi-energy microgrids with co-optimization of energy reserve and reliability services," *Appl. Energy,* 210, 2018.

Dolan, S.L. *et al.,* "Life Cycle Greenhouse Gas Emissions of Utility-Scale Wind Power: Systematic Review and Harmonizationm" *Journal of Industrial Ecology,* 16, 2012.

Eisen, J.B. & Welton, S., "Clean Energy Justice: Charting an Emerging Agenda," *Harvard Environmental Law Review,* 43, 2019.

Eras-Almeida, A. & Egido-Aguilera, M., "Hybrid renewable mini-grids on non-interconnected small islands: Review of case studies," *Renew. Sustain. Energy Rev.,* 116, 2019.

Finley-Brook, M. & Holloman, E.L., "Empowering Energy Justice," *International Journal of Environmental Research and Public Health,* 13, 2016.

Fripp, M., "Intercomparison between Switch 2.0 and GE MAPS models for simulation of high-renewable power systems in Hawaii," *Energy Sustain. Soc.,* 8, 2018.

Gundlach, J., "Microgrids and Resilience to Climate-Driven Impacts on Public Health," *Houst. J. Health Law Policy,* 18, 2018.

Hansen, K. *et al.,* "Status and perspectives on 100% renewable energy systems." *Energy,* 175, 2019.

Hatziargyriou, N.D. *et al.,* "Quantification of economic, environmental and operational benefits due to significant penetration of Microgrids in a typical LV and MV Greek network," *Eur. Trans. Electr. Power,* 21, 2011.

Heard, B. *et al.,* "Burden of proof: A comprehensive review of the feasibility of 100% renewable-electricity systems," *Renew. Sustain. Energy Rev.,* 76, 2017.

Heath, G.A. *et al.,* "Harmonization of initial estimates of shale gas life cycle greenhouse gas emissions for electric power generation," *Proceedings of the National Academy of Sciences,* 2014.

Hirsch, A., & Parag, Y.m Guerrero, J., "Microgrids: A review of technologies, key drivers, and outstanding issues," Renew. Sustain. Energy Rev., 90, 2018.

Hodge, B.S. *et al.,* "Addressing technical challenges in 100% variable inverter-based renewable energy power systems," *Wiley Interdiscip. Rev. Energy Environ.,* 9, 2020.

Hsu, D.D. *et al.,* "Life Cycle Greenhouse Gas Emissions of Crystalline Silicon

Photovoltaic Electricity Generation: Systematic Review and Harmonization," *Journal of Industrial Ecology*, 16, 2012.

Hussain, A. *et al.*, "Microgrids as a resilience resource and strategies used by microgrids for enhancing resilience," *Appl. Energy*, 240, 2019.

Jacobson, M.Z. *et al.*, "100% clean and renewable wind, water, and sunlight all-sector energy roadmaps for the 50 United States," *Energy Environ. Sci.*, 8, 2015.

Larsen, P.H. *et al.*, "Projecting future costs to U.S. electric utility customers from power interruptions," *Energy*, 147, 2018.

Lee, J.-H. & Woo, J., "Green New Deal Policy of South Korea: Policy Innovation for a Sustainability Transition," *Sustainability*, 12, 2020.

MacKenzie, M.K. *et al.*, "Environmental Justice for Indigenous Hawaiians: Reclaiming Land and Resources," *Natural Resources & Environment*, 21, 2007.

Majzoobi, A. & Khodaei, "A. Application of microgrids in providing ancillary services to the utility grid," *Energy*, 2017.

McCauley, D. & Heffron, R., "Just transition: Integrating climate, energy and environmental justice," *Energy Policy*, 119, 2018,

Milis, K. *et al.*, "The impact of policy on microgrid economics: A review. Renew," *Sustain. Energy Rev.*, 81, 2018.

Nejabatkhah, F. *et al.*, "Cyber-Security of Smart Microgrids: A Survey," *Energies*, 14, 2020.

Papageorgiou, A. *et al.*, "Climate change impact of integrating a solar microgrid system into the Swedish electricity grid," *Applied Energy*, 268, 2020.

Powers, M., "An Inclusive Energy Transition: Expanding Low-Income Access to Clean Energy Programs," *N.C. J. Law Technol.*, 18, 2017.

Prina, M.G. *et al.*, "Classification and challenges of bottom-up energy system models —A review," *Renew. Sustain. Energy Rev.*, 129, 2020.

Qi, J. *et al.*, "Cybersecurity for distributed energy resources and smart inverters," *IET Cyber-Physical Syst. Theory Appl.*, 1, 2016.

Raugei, M. *et al.*, "What Are the Energy and Environmental Impacts of Adding Battery Storage to Photovoltaics? A Generalized Life Cycle Assessment," *Energy Technol.*, 8, 2020.

Schultz, A. & O'Neil, R., "Coastal Resilience for the Electric Power System: A National Overview and the Oregon Example," *Sea Grant Law Policy J.*, 9, 2018.

Smith, C. *et al.*, "Comparative Life Cycle Assessment of a Thai Island's diesel/PV/wind hybrid microgrid," *Renewable Energies*, 80, 2015.

Syrri, A.L.A. et al., "Contribution of Microgrids to distribution network reliability," 2015.

Ton, D .T. & Smith, M.A., "The U.S. Department of Energy's Microgrid Initiative," *Electr. J.*, 25, 2012,

Ustun, T.S. *et al.*, "A. Recent developments in microgrids and example cases around the world—A review," *Renew. Sustain. Energy Rev.*, 15, 2011,

Van Nostrand, J. M. "Keeping the Lights on during Superstorm Sandy: Climate Change and Adaptation and the Resiliency Benefits of Distributed Generation," *N. Y. Univ. Environ. Law J.*, 23, 2015.

Van Nostrand, J.M. "Keeping the Lights on during Superstorm Sandy: Climate Change and Adaptation and the Resiliency Benefits of Distributed Generation," *N. Y. Univ. Environ. Law J.*, 23, 2015.

Veilleux, G. *et al.*, "Techno-economic analysis of microgrid projects for rural electrification: A systematic approach to the redesign of Koh Jik off-grid case study," *Energy Sustain. Dev.*, 54, 2020.

Wang, R., Lam *et al.*, "Life cycle assessment and energy payback time of a standalone hybrid renewable energy commercial microgrid: A case study of Town Island in Hong Kong," *Appl. Energy*, 250, 2019.

Weinand, J.M. *et al.*, "Reviewing energy system modelling of decentralized energy autonomy," *Energy*, 203, 2020.

Welton, S. "Clean Electrification." *University of Colorado Law Review*, 88, 2017

Whitaker, M. *et al.*, "Life Cycle Greenhouse Gas Emissions of Coal-Fired Electricity Generation: Systematic Review and Harmonization," *Journal of Industrial Ecology*, 16, 2012.

Williams, N.J. *et al.*, "Enabling private sector investment in microgrid-based rural electrification in developing countries: A review," *Renewable and Sustainable Energy Reviews*, 52, 2015.

Yamamoto, E.K. & Lyman, J.-L., "Racializing Environmental Justice," *University of Colorado Law Review*, 72, 2001.

Zhou, S. & Noonan, D.S., "Justice Implications of Clean Energy Policies and Programs in the United States: A Theoretical and Empirical Exploration," *Sustainability*, 11. 2019.

[기타]

Booth, S.S. *et al.*, Microgrids for Energy Resilience: A Guide to Conceptual Design and Lessons from Defense Projects, National Renewable Energy Laboratory, 2019.

California Public Utilities Commission, Decision Adopting Short-Term Actions to Accelerate Microgrid Deployment and Related Resiliency Solutions, 2020.

Cook, J. J. *et al.*, Check the Stack: An Enabling Framework for Resilient Microgrids, National Renewable Energy Laboratory, 2018.

IEA, Africa Energy Outlook 2019.

IEA, Global Alliance for Buildings and Construction, 2019.

IPCC, 1.5도씨 특별보고서, 2018.

LaCommare, K. *et al.*, Evaluating Proposed Investments in Power System Reliability and Resilience, Lawrence Berkeley National Laboratory, 2017.

Robles, F., Puerto Rico Spent 11 Months Turning the Power Back On. They Finally Got to Her. The New York Times, 14 August 2018.

Rojas, R., 'Totally Preventable': How a Sick Woman Lost Electricity, and Her Life. The New York Times, 13 July 2018.

제8장 분산전원 활성화를 위한 법제도의 정비

[논문]

문영환, 전력감독원 신설, 대한전기학회 하계학술대회, 2021. 7. 15.

송위진, "전환연구와 탈추격론의 확장," **과학기술학연구** 제16권 제1호, 2016.

Allie Goldstein *et al.*, "The private sector's climate change risk and adaptation blind spots," *Nature Climate Change*, 9, 2019.

John Dryzek *et al.*, "Climate Change and Society: Approaches and Responses," John Dryzek, Richard Norgaard, and David Schlosberg (ed.) *The Oxford Handbook of Climate Change and Society*, The Oxford University Press, 2011.

J. B. Ruhl, "Complexity Theory As a Paradigm for the Dynamical Law-and-Society System: A Wake-Up Call for Legal Reductionism and the Modern Administrative State," *Duke Law Journal*, 45(5), 1996.

J. Cook, *et al.*, "Consensus on consensus: asynthesis of consensus estimates on human-caused global warming," *Environmental Research Letters,* 11(4), 2016.

Richard Stewart, "A New Generation of Environmental Regulation," *Capital University Law Review,* 29(21), 2001.

Vaclav Smil, "From wood to coal to oil, energy transitions take along time," *energy skeptic,* 2018. 11. 17.

Wen-Yeau Chang, "A Literature Review of Wind Forecasting Methods," *Journal of Power and Energy Engineering,* 2, 2014.

William Boyd & Ann Carlson, "Accidents of Federalism: ratemaking and Policy Innovation in Public Utility Law," *UCLA Law Review,* 63(4), 2016.

[기타]

기후솔루션, "RE100과 소비자 선택권 확보: 재생에너지 확대를 위한 전력거래 제도의 개편방향," 재생에너지 확대를 위한 정책 제안서, 2021.

김승완, 재생에너지 조달정책 직접 PPA의 세부 설계방향, RE100 활성화를 위한 정책토론회 자료집, 2021. 6. 14.

남일총, 전력산업에 대한 경쟁정책, KDI, 2012.

박기령, 기후위기 대응과 탄소중립 실현을 위한 중소기업의 중요성과 그 역할, 기후변화 이슈브리프, 법제연구원, 2021. 6. 30.

박찬국, 일본 전력시장 개혁에 따른 신사업 발전 방향, 연구보고서 14-10, 에너지경제연구원, 2014.

이지우 & 김승완, Cost Analysis on RE100 Implementation Strategies of Electricity Consuming Company for RE100 Achievement, NEXT Group Working Paper, 2021.

에너지경제연구원, 전기요금체계 개편안에 대한 평가와 향후 과제 모색 토론회, 2021. 1. 21.

한전경영연구원, VPP 운영현황 및 활성화 방안, 2021. 4.

EY한영·그린피스, 기후변화 규제가 한국수출에 미치는 영향분석, 2020. 1.

Benjamin Sovacool, The history and politics of energy transitions: Comparing contest-ed views and finding common ground, WIDER Working Paper 2016-81, 2016.

BIS, Green Swan: Central banking and financial stability in the age of climate change, 2020. 1.

Climate Group & CDP, Growing renewable power: Companies seizing leadership opportunities, 2021. 1. 27.

Clean Energy Finance Forum, Navigating Risk: A Corporate PPA Guide, Yale Center for Business and the Environment, 2020. 4.

EPA, Capturing the Benefits of the Purchase, Chapter 8, Guide to Purchasing Green Power, 2018.

Facebook, Achieving our goal: 100% renewable energy for our global operations, 2021. 4. 15.

IPCC, The Sixth Assessment Report: The Physical Science Basis of Climate Change, 2021.

James Kobus *et al.*, The Role of Corporate Renewable Power Purchase Agreements in Supporting US Wind and Solar Deployment, Center on Global Energy Policy, Columbia University, 2021. 3.

Kenneth Davies *et al.*, Proxy Generation: PPAs The Next Evolution of PPAs for the Corporate & Industrial Buyer, 2019.

Our World in Data, Emissions by sector, 2016.

RE100, Annual Report, 2020.

RE-Source, Risk mitigation for corporate renewable PPAs, 2020. 03.

Rocky Mountain Institute, The Dutch Wind Consortium: Successful Agregation of Corporate Renewables Buyers in Europe, 2017.

William Sauer, Uplift in RTO and ISO Markets, FERC, 2014.

제9장 국내 VPP(Virtual Power Plant) 산업 동향

분산에너지 활성화 특별법안(김성환 의원안), 2021. 7. 27. 의안번호 11769호.

전력거래소 시장운영처, "2021년 6월 전력시장/신시장 운영실적," 2021. 7.

전력거래소, "전력시장운영규칙," 2021. 9.

전력거래소, 소규모전력중개시장의 운영에 관한 규칙, 2021. 9.

전력거래소, 전력통계정보시스템, 2021. 9. 24.

한국전력공사 계통연계부, "재생E 3020 정책이행을 위한 전력계통 수용성 제고," 2018. 11.

한국전력공사, "분산형전원 배전계통 연계 기술기준," 2018. 4.

제10장 탄소중립 달성을 위한 석탄화력발전 폐지와 손실보상

[논문]
박보영, 행정상 보상에 관한 헌법적 조망, **인권과 정의**, 479, 2019.
장민선, "미국 연방대법원의 규제적 수용 판단기준에 관한 연구," **세계헌법연구** 제16
　　권 제1호, 2010.
김명석 & 조성봉, "원가기반 제한경쟁과 비용왜곡 요인-변동비 반영 전력시장에서
　　의 실제변동비 반영사례를 중심으로," **자원·환경경제연구** 23(3), 2014.

[기타]
1. 법률
대한민국헌법. 1988. 2. 25. 시행. 헌법 제10호, 1987. 10. 29. 전부개정.
전기사업법. 2021. 10. 21. 시행. 법률 제18097호, 2021. 4. 20. 일부개정.
행정기본법. 2021. 9. 24. 시행. 법률 제17979호, 2021. 3. 23. 제정.
행정절차법. 2020. 6. 11. 시행. 법률 제16778호, 2019. 12. 10. 일부개정.
전기사업법 개정안(이장섭 의원안). 2021. 1. 26. 입안. 의안번호 2107642호.

2. 판례
헌법재판소 1992. 6. 26. 선고 90헌바26 전원재판부.
헌법재판소 2002. 7. 18. 선고 99헌마574 전원재판부.
헌법재판소 2014. 2. 27. 선고 2010헌바483 전원재판부.
헌법재판소 1998. 12. 24. 선고 89헌마214,90헌바16,97헌바78(병합) 전원재판부.
헌법재판소 1993. 7. 29. 선고 92헌바20.
헌법재판소 1989. 12. 22. 선고 88헌가13 전원재판부.
헌법재판소 1999. 10. 21. 선고 97헌바26 전원재판부.
헌법재판소 1990. 6. 25. 선고 89헌마107.
헌법재판소 1998. 11. 26. 선고 97헌바58 전원재판부.
헌법재판소 2012. 8. 23. 선고 2010헌바28 전원재판부.
헌법재판소 2006. 1. 17. 선고 2005헌마1214.
대법원 2010. 4. 8. 선고 2009두17018 판결.
대법원 1990. 2. 23. 선고 89누7061 판결.
대법원 2006. 8. 25. 선고 2004두2974 판결.
대법원 2012. 3. 29. 선고 2011두23375 판결.
대법원 1994. 10. 28. 선고 92누9463 판결.

대법원 2005. 5. 13. 선고 2004다8630 판결.
대법원 2006. 2. 24. 선고 2004두13592 판결.
대법원 2007. 10. 29. 선고 2005두14417 전원합의체 판결.
대법원 1997. 9. 26. 선고 96누10096 판결.
서울행정법원 2017. 2. 2. 선고 2015구합55370 판결.

3. 정부자료
산업통상자원부. 9차 전력수급기본계획(2020~2034). 2020. 12. 28.
관계부처 합동. 2050 탄소중립 시나리오안. 2021. 10. 18.
관계부처 합동. 2030 국가 온실가스 감축목표(NDC) 상향안, 2021. 10. 18.
관계부처 합동. 에너지 탄소중립 혁신전략. 2021. 12. 10.
UNFCCC, Glasgow Climate Pact, 2021.

4. 기타
온실가스종합정보센터. 2019 배출권거래제 운영결과보고서, 2021.
Global coal to Clean Power Transition statement. UN Climate Change Conference
        (COP26) at the SEC -Glasgow 2021.

제11장 이산화탄소 포집·저장기술(CCS) 단일법안의 주요 쟁점에 관한 검토

[논문]
고문현, 온실가스 감축을 위한 CCS 법 제정의 필요성과 주요내용, **토지공법연구** 제
        74집, 2016.
_____, 이산화탄소 포집·저장 관련 대중소통 가이드라인의 기본원칙, **토지공법연
        구** 제84집, 2018.
_____, 통합환경법의 일환으로서 가칭 '이산화탄소 저장 등에 관한 법률안,' **토지공
        법연구** 제92집, 2020.
고문현 외, 기후변화에 대응한 이산화탄소 지중저장을 위한 체계적인 환경관리와
        대중수용성 제고를 위한 법제도 기반 연구, **토지공법연구** 제88집, 2019.
_____, CCS 환경관리에 대한 입법 동향 연구, 숭실대학교 **법학논총** 제36집,
        2016.
_____, CCS 관련 법적 쟁점, 숭실대학교 **법학논총** 제35집, 2016.
김광수, 이산화탄소 저감을 위한 CCS 법의 구성과 재구성, **행정법연구** 제55호, 2018.

김경호 외, 이산화탄소의 산업자원 이용, **공업화학 전망** 제19권 제4호, 2016.

김동련, 한국 CCS 정책과 입법방향, 토지수용과 대중수용성을 중심으로, **토지공법연구** 제74집, 2016.

김동련, 국책사업 시 주민소통방안에 관한 연구, R&D 국책연구사업을 중심으로, **토지공법연구** 제88집, 2019.

김유진 외, 이산화탄소 지중저장 기술의 환경관리 연구현황, 토양 및 생태계 영향평가 중심으로, **공업화학 전망** 제21권 제4호, 2018.

류권홍, 지하 토지 공극의 소유권 귀속, 이산화탄소 포집저장과 관련된 미국 사례를 중심으로, **동아법학** 제67호, 2014.

문홍만 외, CO$_2$ 해상 지중저장을 위한 주입설비 설계 및 구축 연구, **지질공학회지** 제28권 제2호, 2018.

박문숙, 국제법적 측면에서의 이산화탄소 포집저장기술 법제화 방안에 대한 소고, 중앙법학회 **중앙법학** 제21집 제2호, 2019.

박세은 외, 이산화탄소 지중저장 부지 선정을 위한 해저면 탄성파 탐사자료의 영상화: 포항 영일만 해저면 탐사자료의 2차원 역시간 구조보정, **지구물리와 물리탐사** 제24권 제3호, 2021.

이순자, CCS의 사회적 수용성 제고를 위한 법적 과제, 환경법연구 제40-1호, 2018.

_____, CCUS와 탄소배출거래제에 대한 연구, **토지공법연구** 제92집, 2020.

_____, 영국의 이산화탄소 포집 및 저장과 평가에 관한 연구, **유럽헌법연구** 제28호, 2019.

_____, 수소에너지와 CCS의 법정책적 연구, **환경법과 정책** 제23권, 2019.

_____, 이산화탄소 포집 및 저장단계에서 리스크를 관리하기 위한 법적 연구, 건국대학교 **일감법학** 제40호, 2018.

이순자 외1, 기후변화 대응을 위한 해양 이산화탄소 저장에 대한 법적 검토, 해양관련 국제법 및 국내법을 중심으로, **토지공법연구** 제69집, 2015.

이종영 외1, 독일의 이산화탄소 포집, 저장에 관한 법률, **유럽헌법연구** 제16호, 2014.

이준서, 이산화탄소 포집 및 저장(CCS)으로 인한 리스크 관리를 위한 법적 과제, **환경법연구** 제40-1호, 2018.

이혜진 외, CCU 기술 도입의 경제적 파급효과 분석, 에너지경제연구 제18권 제1호, 2019.

임효숙, 탄소 포집 및 저장(CCS) 위험 관리 방안 수립 시 사전예방원칙 적용 필요성과 유용성, **환경정책연구** 제13권 제1호, 2014.

유태신 외, CCS 지중저장에 대한 지진 위험의 법률적 대처방안, 숭실대학교 **법학논총** 제44집, 2019.

유태신 외, 신기후체제에 대한 정부 대책과 CCS 활용 방안, **유럽헌법연구** 제25호, 2017.

성봉근 외, 유럽의 CCS 및 CCU 법정책적 변화와 탄소배출거래제의 관련성에 대한 연구, **유럽헌법연구** 제34호, 2020.

전경운, 이산화탄소의 지하 영구 저장을 위한 독일 이산화탄소 저장법(KSpG)에 대한 소고, **토지법학** 제33권 제2호, 2017.

전경운 외, 독일 이산화탄소 저장법상 사업자의 위험책임과 책임의 이전, **환경법연구** 제40-1호, 2018.

조인성, CO_2의 포집, 수송 및 저장을 위한 허가법에 관한 EU 지침 및 독일법의 주요 내용과 시사점, 전북대학교 **법학연구** 제43집, 2014.

_____, 독일 CO_2 영구저장의 실험과 연구에 과난 법의 주요 내용 및 시사점, **강원법학** 제43권, 2014.

_____, CO_2의 포집, 수송 및 저장을 위한 허가법에 관한 EU 지침 및 독일법의 주요 내용과 시사점, 전북대학교 **법학연구** 제43집, 2014.

_____, 독일 CO_2 저장법(KSpG)상 CO_2 지중 저장의 책임 리스크와 그 시사점, 서울대학교 **법학** 제56권 제2호, 2015.

_____, 이산화탄소 포집 및 저장(CCS)의 사업화에 관한 사회적 수용성 제고를 위한 법제방안, 일본, 미국 및 독일에서의 논의를 중심으로, **유럽헌법연구** 제17호, 2015.

_____, CCS 절차의 리스크를 통제하기 위한 행정법적 과제, **한남법학연구**, 2015

_____, 독일 Schleswig-Holstein주, Niedersachsen주 및 Mecklenburg-Vorpommern주 이산화탄소저장법의 주요 내용과 시사점, **과학기술법연구** 제22집 제2호, 2016.

_____, 이산화탄소 지중 저장에서의 환경사전배려, 한남대학교 **과학기술법연구** 제23집 제2호, 2017.

정혁, 유럽연합 탄소포집저장(EU CCS) 정책현황과 그 발전에 관한 고찰, **국제지역연구** 제18권 제5호, 2015.

____, EU의 "2030 기후, 에너지 정책 기본 틀" 목표 달성을 위한 노력, EU ETS와 CCS를 중심으로, **유럽연구** 제33권 제2호, 2015.

장은선 외, 이산화탄소 지중저장의 환경 관리를 위한 미국과 유럽연합의 법·제도 현황과 시사점, **지하수토양환경**, 제17권 제6호, 2012.

최영진, 런던의정서상 CCS의 국가 간 이동에 관한 연구, 전북대학교 **법학연구** 통권 제63집, 2020.

홍선기 외, 뉴질랜드 환경법에서의 CCS 및 시사점, 숭실대학교 **법학논총** 제39집,

2017.

[기타]

민세주, 글로벌 B2B 기업들의 탄소중립 전략 분석, POSRI 이슈리포트, 2021

신경희 외, CCS 사업의 전략환경평가, 환경포럼 17-01, 2013.

12장 유럽 그린딜이 한국판 뉴딜에 주는 정책 시사점

[논문]

김영덕·한현옥, 배출권거래제 하에서의 온실가스 배출 의사결정 형태에 대한 분석, **한국기후변화학회지** 제11권 제2호, 2020.

김현준, 저탄소 녹색성장 기본법의 법적 성질 및 다른 법률과의 관계, **공법연구** 제 39권 제2호, 2010.

이준서, 에너지전환 정책의 현황과 쟁점, **환경법연구** 제42권 2호, 2020.

손인성·김동구, EU ETS 4기의 주요 제도 설계가 향후 국내 배출권거래제 운영에 미 칠 영향 분석, **자원·환경경제연구** 제30권 제1호, 2021.

송병준·신의찬, The Institutional Development of EU Climate Change Policy and its Expansion: from ETS to European Green Deal, **EU연구** 제59호, 2021.

[기타]

1. 정책자료(국내)

관계부처 합동, 2030년 국가 온실가스 감축목표 달성을 위한 기본 로드맵 수정안, 2018. 7.

_____, 국민참여형 뉴딜펀드 조성 및 뉴딜금융 지원 방안, 2020. 9. 3.

_____, 「2050 탄소중립추진전략」, 2020. 12. 7.

_____, 한국판 뉴딜 2.0: 미래를 만드는 나라 대한민국, 2021. 7. 14.

_____, '22년 한국판 뉴딜 및 탄소중립 주요 실행계획, 2021. 12. 30.

기획재정부 보도자료, 한국판 뉴딜 당정추진본부 제5차 회의 개최, 2021. 4. 1.

_____, 정부합동 「한국판 뉴딜 2.0 추진계획」 발표, 2021. 7. 15.

_____, 「정책형 뉴딜펀드 투자 가이드라인」기사 관련, 2020. 9. 28.

대한민국 국회 보도자료, 국회 환노위 「기후위기 대응을 위한 탄소중립·녹색성장 기 본법안」 제정, 2021. 8. 19.

대한민국 정부, 지속가능한 녹색사회 실현을 위한 대한민국 2050 탄소중립 전략,

2020. 12.

산업통상자원부, 산업부 유럽연합(EU) 「탄소국경조정제도」 영향 긴급 점검, 2021. 7. 15.

환경부, 환경부 탄소중립 이행계획, 2021. 3. 2.

환경부 보도자료, 2030년 우리나라 온실가스 감축목표 BAU(851백만톤) 대비 37% 감축으로 확정, 2015. 6. 30.

환경부 보도자료, 우리나라 국가온실가스감축목표 및 장기저탄소발전전략 유엔기후변화협약 사무국 제출, 2020. 12. 31.

외교부·환경부, 상향된 '2030 국가 온실가스 감축목표(NDC)' 유엔기후변화협약 사무국 제출, 2021. 12. 23.

제2차 환경노동위원회 소위원회 회의록, 2021. 7. 20.

2. 정책자료(국외)

CristinaURRUTIA·Jakob GRAICHEN·Anke HEROLD, 2030 climate target plan: exetension of European Emission Trading System(ETS) to transport emissions, European Parliament, 2021. 6.

IPCC, Summary for Policymakers, Intergovernmental Panel on Climate Change, 2021. 8. 9.

European Commission, EU Emissions Trading System(EU ETS).

European Commission, Reducing emissions from the shipping sector.

European Commission, Reducing emissions from aviation.

European Commission, Revision for phase 4(2021-2030).

European Commission, Transport emissions, https://ec.europa.eu/clima/policies/transport_en

Mehling, M. & Ritz, R., 2020. "Going beyond default intensities in an EU carbon border adjustment mechanism," Cambridge Working Papers in Economics 2087, Faculty of Economics, University of Cambridge.

3. 보고서

김수현·김장훈, 유럽 그린딜의 동향과 시사점, 에너지경제연구원, 2020. 6.

_____, 유럽그린딜(European Green Deal) 추진동향 및 시사점, KOTRA, Global Market Report 20-024, 2020. 10.

문진영·오수현·박영석·이성희·김은미, 국제사회의 온실가스 감축목표 상향과 한국의 대응방안, KIEP 정책연구 브리핑, 대외경제정책연구원, 2021.

윤순진, 한국판 그린뉴딜의 현재와 과제, 전기저널, 2021.

장영욱·오태현, 유럽 그린딜이 한국 그린뉴딜에 주는 정책 시사점, 대외경제정책연
        구원, 오늘의 세계경제 Vol. 20 No. 24, 2020.
        _____, EU 탄소감축 입법안('Fit for 55')의 주요 내용과 시사점, 대외경제정
        책연구원, 세계경제 포커스 Vol. 4 No. 44, 2021.

4. 언론보도
최우리, 문대통령 "2050년 탄소중립 선언... 석탄발전, 재생에너지로 대체", 한겨레,
        2020. 10. 28.
_____,'걷다가 뛰겠다'는 정부의 온실가스 감축계획, 한겨레신문, 2020. 12. 15.

이재협

서울대학교 사회과학대학 인류학과 졸업
미국 펜실베니아 대학교 미국학과 졸업(미국학 박사)
미국 노스웨스턴 대학교 로스쿨 졸업(법학 JD)
외교통상부 통상교섭본부 통상전문관 역임
한국외대 국제지역대학원, 경희대학교 법과대학 교수 역임
현 서울대학교 법학전문대학원 교수
현 서울대학교 환경에너지법정책센터장

그린뉴딜 시대의 친환경 전력에너지 전환을 위한 법체계 구축

초판 1쇄 발행 | 2022년 12월 26일
초판 2쇄 발행 | 2023년 10월 10일

엮 은 이   이재협

발 행 인   한정희
발 행 처   경인문화사
편   집   한주연 김지선 유지혜 이다빈 김윤진
마 케 팅   전병관 하재일 유인순
출 판 번 호   제406-1973-000003호.
주   소   경기도 파주시 회동길 445-1 경인빌딩 B동 4층
전   화   031-955-9300 팩   스   031-955-9310
홈 페 이 지   www.kyuninp.co.kr
이 메 일   kyungin@kyunginp.co.kr

ISBN   978-89-499-6682-3 93360
값 30,000원